金融資本論と恐慌・産業循環

中田常男

八朔社

凡　例

一　『金融資本論』は、原則として、R. Hilferding, *Das Finanzkapital, Eine Studie über die Jüngste Entwicklung des Kapitalismus*, Dietz Berlin, 1955. を用いる。邦訳については、林要訳『金融資本論』大月書店文庫版①②、岡崎次郎訳『金融資本論』岩波書店文庫版㊤・㊦を用いる。『金融資本論』からの引用の際には原則として上記原典を用い、林訳の頁数を①②、岡崎訳の頁数を㊤㊦で示す。たとえば、*Das Finanzkapital*, S. 185. 訳①二六一、㊤二七四頁と表示する。

二　引用の訳文は、行論の都合上、岡崎訳・林訳のいずれかを用いている。

三　『資本論』(K. Marx, *Das Kapital*, Bd. 1, 2, 3.) は、Marx-Engels werke, Bd. 23, 24, 25, Dietz Verlag, Berlin. 1962-1964. 邦訳『マルクス＝エンゲルス全集』第二三―二五巻を用いる。邦訳の頁は、たとえば、*Das Kapital*, I, S. 194. 訳一七六頁。なお『金融資本論』中の『資本論』からの引用頁はヒルファディングによる「注記」を参照。本書では岩波文庫版のみを記す。たとえば、『資本論』岩・七・二四五頁。

四　『剰余価値学説史』(K. Marx, *Theorien über den Mehrwert*) はMarx-Engels, werke, Bd. 26, Dietz Verlag, Berlin, 1967-1968. 邦訳『マルクス＝エンゲルス全集』第二六巻Ⅰ・Ⅱ・Ⅲ、邦訳の頁は、たとえば、*Mehrwert*, II, S. 514. 訳六九五頁。

五　『英国恐慌史論』は都合によって、次のいずれかを用いている。

(1)　M. Tugan-Baranowsky, *Studien zur Theorie und Geschichte der Handelskrisen in England*, 1901. 救仁郷繁訳『英国恐慌史論』ぺりかん社、一九七二年。邦訳の頁は、たとえば、*Studien zur Theorie*, S. 18. 訳二六頁。

(2)　M. Tougan-Baranowsky, *Les Crises industrielles en Angleterre*, 1913.（フランス語版）、鍵本博訳『英国恐慌史論』日本評論社、昭和六年。邦訳の頁は、たとえば、*Les Crises*, S. 216. 訳二一五頁。

六　M. Tougan-Baranowsky, *Theoretische Grundlagen des Marxismus Leipzig*, 1905. 松浦要訳「マルクス主義の理論的基礎」(『社会分配論』暸文堂、一九二〇年、所収)、邦訳の頁は、たとえば、*Theoretische Grundlagen*, S. 18. 訳二六頁。但し邦訳では「マルクス主義の理論的基礎」の原文にある、いわゆる「逆転表式」は除かれている。

七　原著者の強調は原則として省略する。引用文中の傍点は引用者の強調である。

八　引用文中の〔　〕は引用者による補足を、……は途中省略を示す。

まえがき

本書は『金融資本論』＝恐慌・産業循環論の研究である。『金融資本論』は「理論篇」と「政策篇」とに大別されたうえで「現代」資本主義論として統一し体系化されたものである。この「現代」資本主義論の全体系構成に関しては拙著『擬制資本論の理論的展開』（未来社、一九九三年）序章で論述している。本書『金融資本論と恐慌・産業循環』は「理論篇」の最後の部分に位置する第四篇「金融資本と恐慌」を主たる対象とした理論的分析である。第四篇「金融資本と恐慌」は「理論篇」の最終部分であるだけでなく、「理論篇」の総括的位置にあり、また「政策篇」との媒介環をなし、第二一章、第二二章、とくに第二二章「資本輸出と経済領域をめぐる闘争」――世界市場と資本輸出・恐慌――との理論的関連性、つまり論理の上向的展開において重要な位置を占めている。

「理論篇」は第一篇「貨幣と信用」、第二篇「資本の可動化。擬制資本」、第三篇「金融資本と自由競争の制限」、第四篇「金融資本と恐慌」から成っている。この最後の篇「金融資本と恐慌」の分析的研究は、すでに第一篇「貨幣と信用」、第二篇「資本の可動化。擬制資本」を研究対象とした前著『擬制資本論の理論的展開』、第三篇「金融資本と自由競争の制限」を対象とした拙著『金融資本と独占の理論』（未来社、一九九三年）を理論的前提・基礎とするものである。

この「理論篇」全体に関する従来の研究は比較的少なくその内容も内在的な分析的研究というより、「超越的」な、一面的・皮相的なものが多く見られる。問題は概して研究とはいい難く、その「超越的」批判がむしろ大きな「歴史的流れ」を形成し、それが一定の「学問的権威」を確立していたことである。すでに前著『擬制資本論の理論的展開』で述べたことであるが、まずこの分野の研究は、従来個別的・分散的なテーマに基づく研究が比較的多く、概ね否定的評価が支配的であった。ヒルファディングの信用論は「利子生み資本範疇の欠如ないし無理解である」と論断され、そこから彼の流通信用、資本信用とマルクスの商業信用、銀行信用とを機械的に対比することによって、彼の展開した両者の共通性、関連性および統一性——信用の基本的規定性と変動的規定性——の論理を拒否し、ヒルファディングによるマルクスの信用論の継承と発展を否定された。

その批判的方法・在り方はヒルファディングの理論に内在し体系的に分析するのではなく、むしろ特定の評価基準に従って裁断するといった、いわゆる「プロクルテスのベッド」に類したものが多く見られる。そのなかには『金融資本論』のもつ理論的弱点を鋭く衝いたものもあるが、そうした指摘もそれ自体、単に否定的評価の一環として述べられているが故に、批判の論拠としては客観性を欠くことになり、『金融資本論』の基本的内容を不等に歪めてしまう結果となっている。こうした認識は『金融資本論』第三篇「金融資本と自由競争の制限」を分析対象とした拙著『金融資本と独占の理論』、さらに第四篇「金融資本と恐慌」を分析対象とした本書『金融資本論と恐慌・産業循環』においてむしろ深刻である。ここでは従来の研究の多くが、特定の評価基準に基づいて裁断されるといった極端な論断が顕わになっているからである。

ヒルファディングの独占資本主義論は従来の『金融資本論』研究においてはほとんど無視または軽視されるか、歪曲されるかして『金融資本論』の中でもその正当な評価と位置を与えられてこなかった。批判の特徴は独占そのものが欠落しているとみなされてきた。独占は貨幣・信用的次元でのみ把握され、金融資本成立の論理は「産業的集積→独占の形成」を欠いた流通主義であり、信用一元論であると論難されてきた。しかし独占資本主義論は『金融資本論』の中でも第三篇「金融資本と自由競争の制限」として第一一章「利潤率の均等化における諸障害とその克服」、第一二章「カルテルとトラスト」、第一三章「資本主義的独占と商業」、第一四章「資本主義的独占と銀行。資本の金融資本への転化」、第一五章「資本主義的独占の価格決定。金融資本の歴史的傾向」の五つの章から成る重要な部分である。それは文字通り金融資本論体系の基軸論理であり、マルクス経済学においてはじめての本格的な独占資本主義の体系的理論である。この理論部分が否定され、『金融資本論』から放逐されてしまったのである。

『金融資本論』の研究史上、わが国においても一九八〇年代までこうした見解が支配的であり、大きな「歴史的流れ」を形成し「学問的権威」を維持していたといえる。そうした中にあって彼の独占形成論が分析的な研究対象になり、一定の評価を受けるようになる。星野中「ヒルファディング『金融資本論』の基本的構造とその問題点」(内田義彦・小林昇編『資本主義の思想構造』岩波書店、一九六八年)である。一つの節目をなすものとして評価されうる。しかしそれは金融資本成立の論理系譜上から独占形成の論理がいわば「はみだした」別個の論理として二元論的に位置づけられたものである。一九六〇年代後半から一九七〇年代初めにかけて貨幣・信用論、株式会社論、株式会社と独占の理論等に及ぶ『金融資本論』に関する内在的研究が見られるようになる。こうした傾向については拙著でも論述しているが、松井安信編著『金融資本論研究』(一九八三年)は『金融資本論』研究史上、はじめての総合的・体系的論争史であり、その個別的分野を含む総括的評価は多少議論の余地を残すとしても画期的作業であり、高く評価されるべきであろう。

本書の対象であるヒルファディングの恐慌・産業循環論についていえば、彼の恐慌論は不比例説であり、トゥガン不比例説の継承であり、同類であり、その代表的論者であると批判されてきた。その批判の特徴は資本の蓄積＝生産過程を欠いた流通主義であり、生産と消費の矛盾を否定した、単なる不比例説であり、恐慌なき組織資本主義論であると論難されてきた。流通主義的であるという批判は「理論篇」全体を貫く批判的見地である。その中にあって特筆すべき研究として高山満氏の『金融資本論』＝恐慌・産業循環論研究がある。その研究は基本的な見方において拙論と異なるが、長期にわたる詳細な「分析的」研究を特徴とする。

ところでトゥガンはマルクスの労働価値論→剰余価値説を否定し、資本の価値形態を拒否し資本の有機的構成の高度化説を否定した。したがって有機的構成の高度化→利潤率の傾向的低下を拒否し、この論理を彼の恐慌論から放逐した。ヒルファディングはそれを規定的要因として彼の恐慌・産業循環論を展開している。またトゥガンは生産と消費の矛盾を否定し、第I部門の無制限的発展の論理を展開した。しかしヒルファディングは生産と消費の矛盾を否定しなかっただけでなく、生産と消費の間に一定率の資本の価値増殖という条件を挿入することによって生産と消費の矛盾に資本主義的内容規定を与え、それを「能動的矛盾」として把握している。これらの点からだけでも両者の見解はまったく異なるものであり、恐慌・産業循環論全体を通しても両者に共通する論点は何一つない。トゥガンはマルクスの恐慌に関する所説を全的に否定した。ヒルファディングは全的に継承し、それをふまえたうえで、これらの基本的論理が周期的恐慌＝産業循環の過程において如何に自己を貫徹させていくか——それはまた価値法則が価格と利潤（率）の周期的変動を通じて如何に自己を貫徹させるかの証明でもある——をより具体的に分析的に検討し理論的に発展させたのである。

『金融資本論』＝恐慌・産業循環論の研究に当たり、むろん「全体」を通じていえることであるが、とくに心掛けた点は徹底した内在的分析である。『金融資本論』の場合、上記の批判的見方が支配的な「歴史の流れ」の中で不等に差別され、誤解されてきた特異な存在である。それ故に、『金融資本論』＝恐慌・産業循環論の基本的論理を内在的、体系的に分析し、その特質を解明することに努めた。そのためには全体の文脈を重視して行間からくみ取ることである。個々バラバラに分解し分析するのではなく個別性をふまえながら、なによりも個々の関連性を徹底的に追求し総合的・体系的に把握することに努めた。拙論はあまりにもヒルファディング寄りではないか。彼の所説を評価しすぎではないかという不満を耳にしないわけではないが、しかし『金融資本論』から如何に積極的な面を引き出しうるか、そこから如何に新たな論理の展開を見出しうるか、を分析視点の基本に据えている以上、やむを得ないことだと思っている。

前著『金融資本と独占の理論』の「まえがき」で「本書は前書『擬制資本論の理論的展開』の姉妹篇である。この二つの書によって、私なりに『金融資本論』研究の体系的分析の理論的基礎を確定しえたつもりである」と述べ、そのうえで「これを土台にして、さらに歩を進め『金融資本と恐慌』の分析にむかいたい」と決意を示した。一九九三年六月一日の日付である。それから一六年を経てようやくその責務を果たしえた。不十分ではあるが、一応のけじめである。

本書と既発表論文との関連については、第八章「『金融資本論』と信用論」(1)、第九章「『金融資本論』と信用論」(2)は、前著『擬制資本論の理論的展開』を、また第十章「独占的結合の市場支配・価格支配メカニズム」、第十一章「独占的価格・『超過』利潤体系と再生産構造」は前著『金融資本と独占の理論』を、さらに第十二章「金融資本と恐慌・産業循環の変容」は「金融資本と恐慌に関する予備的考察」(『商学論纂』第35巻5・6号)を、ベースにしている。が、いずれも加筆・修正を加え見直したものである。それ以外の、序章、第一篇「トゥガンの恐慌・産業循環論」第一章、第二章、第三章、第二篇「ヒルファディングの恐慌・産業循環論」第四章、第五章、第六章、第七章はすべて書き下ろしである。

*

本書の出版は多くの方々のご協力・ご教示・ご批判に負うところである。まず富塚良三先生に感謝しなければならない。先生は恩師である。また大学院時代の学友、富塚ゼミナールの仲間、高知大学、三重大学の諸先生、また経済理論、信用理論、金融経済理論、金融資本論……等の研究を介してご教示・ご批判をいただいた諸先生方に厚く感謝を申し上げる。

最後になったが、桜美林大学の吉田三千雄教授に感謝を申し上げたい。彼は親しい友人であるが、本書の成るにあたってはたいへんお世話になった。また専門書の出版のとりわけきびしい現在の事情のもとで、本書の出版をお引き受け下さった八朔社の片倉和夫社長に心から敬意と感謝の気持を表したい。さらに出版・編集・印刷等にあたってお世話になった方々に厚くお礼を申し上げたい。

二〇一〇年八月

中田　常男

金融資本論と恐慌・産業循環——目次

第一篇　トゥガンの恐慌・産業循環論

第三篇　恐慌・産業循環と信用論

序章　分析の基礎視角と本書の構成

第一節　問題の所在――不比例・不均衡説と通説的批判

一　不比例・不均衡説に対する諸批判の特徴

従来、経済理論の研究分野では、ヒルファディングの恐慌・産業循環論は、トゥガン＝バラノフスキーの理論的影響を強く受けた「不比例説」に他ならず、この不比例説は総カルテルと関連し、さらに、組織された資本主義と結びついたものであるといわれてきた。その批判の特徴は概ね次のように指摘できよう。ヒルファディングの恐慌論は資本主義的生産の基本的矛盾の分析に欠け、恐慌が内的諸矛盾との関連を断ち切られてしまっているということ、その結果、恐慌は、資本主義の内的諸矛盾の爆発としてではなく再生産過程の均衡＝比例の単なる攪乱にすぎないものとして、もっぱら外面的・派生的事象の分析にとどまっているということである。(1)

こうした批判的見方はヴァルガ、チューロック等を先駆として一九三〇年代に確立する。(2)以来、ヒルファディングの恐慌論に対する通説的見解となり、その理論的特徴を示すものとみなされてきた。わが国でも、そうした批判的な影響を強く受けて安直な見方が主流を占めてきた。戦後もなお、その影響からぬけ出せずに、ヒルファディング恐慌論に対してはいわゆる「不比例説」のレッテルを張りつけたまま、批判のための批判の対象にはされるが、概ね経済学的研究の対象からは無視または軽視されるか、排除または敬遠されるかであった。いずれにせよ、その評価はごくわずかな例外[3]を除いて否定的・消極的な取り扱いをされてきたといえる。そうした中にあって、わが国における「不比例説」批判の通説的見解を代表する一つとして南克巳氏の所説がある。南氏は「不比例説」について次のように述べている。

「周知のごとく、不比例説は、社会的再生産の諸連関から、生産と消費との連関を排除（トゥガン）、あるいはそれを部門間の比例性に解消し、その独自な意味を省みない（ヒルファーディング）ところから出発する。つまり、再生産過程は、平板な産業部門間の併存関係として把握される。……ここでは、ただこうした方法が、不可避的に部分恐慌説に導かざるをえないことを指摘すればたりる。不比例説のこのような手法からは、なによりもまず、再生産過程を構成する異質的な構造が看過されることになる。すなわち、資本を補塡するⅠ部門と所得を補塡するⅡ部門との質的連関、より詳しくいえば、高次の生産手段部門Ｉａから低次の生産手段部門Ｉｂ、さらに最終消費資料部門Ⅱへという系統的な迂回構造がみうしなわれざるをえない。そして、なによりもこうした質的連関にあらわれる生産の消費にたいする不均等発展の矛盾が、その視野から脱落せざるをえない。だから、資本主義的再生産の矛盾は、もっぱら、こうした質的内容を抜きにした機械的な産業部門間の不均衡として把握されざるをえない。だからまた、こうした立場から、提出される不比例説では、部分恐慌は説明されても恐慌の周期性および全般性は説明のつかぬものとならざるをえない。こうした部門間の不均衡ならば、資本主義的再生産の各部面にわたって、常住不断に生起し、多かれ少なかれ、再生産の攪乱を伴いながらも、全般的に波及することなく、部分的に調整されうるものと考えられるからである。それは、日々の価格変動としてあらわれる矛盾にすぎず、むしろ競争の過程で進行する価格運動の自動調整のメカニズムのうちにくみいれられるものにすぎないと思われる。……恐慌の説明を、もっぱら『価格調整上の攪乱』をもたらす諸要因にもとめたヒルファーディングの恐慌理論の難点は、この点に認めてよいであろう[4]。」

「〔不比例説の特徴的なことは〕マルクスが恐慌の〈究極の根拠〉と規定した、生産の無制限な拡大傾向に対立する大衆の〈制限された消費〉の問題、また資本主義生産に内在的なこの矛盾を〈全般的過剰生産〉として表現する重要な一契機たる〈消費需要〉の問題が、たんなる不比例一般の問題に解消され、理論的視野から完全に放逐された点である。だがそのような観点からは、恐慌はたんなる無政府的生産一般に由来するなにか〈偶発的〉な不均衡＝生産の過不足、したがって〈部分的過剰生産〉に帰着せざるをえない。そこで、この偶発的・部分的過剰を周期的・全般的過剰生産として顕現させる別の要因が恐慌の直接の原因として導入されるが、すでに資本主義生産に内在的な矛盾を放逐し去ったこの立場からは、その原因はもっぱら、貨幣＝信用関係（トゥガンの貸付資本不足）や価格形成＝利潤率均等化機構（ヒルファディング）の攪乱といった外面的事象に求められることになる。……こうした理解が、〈組織された資本主義〉（ヒルファディング）の主張と結びつき、〈恐慌なき循環〉なるブルジョア的調和論に帰結したとしても、なんら不思議ではない。[5]」

第一の見解（前段部分）をふまえて、論点が簡潔に整理されている第二の見解（後段部分）に焦点を向けることにしよう。この南氏の見解は、注記[5]『経済学辞典』の一項目という極めて限定・制約されたものであり、それ故に論点の提示、論証抜きの批判点の列挙にとどまっているのもやむをえないであろう。が、にもかかわらず、それは、トゥガン、ヒルファディングに代表される「不比例説」なるものの簡にして要をえた解説として評価し容認されてきたといえよう。わが国においては、かかるものとして「不比例説」が理解され、それが『資本論』の理論＝恐慌論と峻別され、対極的立場にあるものとして徹底した批判に曝されてきたといっても過言ではあるまい。そのような扱い方それ自体、その是非が問われなければならないであろうが、とりあえず、ここでの問題は、そういうものとしての「不比例説」の論理系譜上に、ヒルファディングの恐慌論を据え、不比例説を「トゥガン→ヒルファディング」という継承で捉えて、両者の所説をまったく同一視し、不比例説として一括して扱われている点である。そこでは、マルクスの恐慌論に関する両者の理論的差異性は単なる量的側面の部分的要素に過ぎないとまで極言されているのである。

叙上の如く、例えば恐慌の原因についていえば、両者の見方は資本主義的生産の内在的矛盾に求めるのではなく、もっぱら外面的・派生的事象に求めているということであり、その差異は、トゥガンが「貨幣＝信用関係」の攪乱に、ヒルファディングが「価格形成＝利潤率の均等化機構」の攪乱に……というように、いずれも単なる量的な問題、派生的な事象に求めたに過ぎず、恐慌分析に関して、両者は、まったく共通しており同類であり、トゥガンからヒルファディングへの継承の関係にあるというわけである。

いわゆる「継承説」を主張される論者はむろん一様ではない。立論を異にし、論旨も多様である。にもかかわらず共通していえることは、いずれの論者も不比例説がトゥガンに始まりヒルファディングに受け継がれたと主張されている点であり、また、この不比例説において両者はまったく同一視され、一括されている点である。それは、あたかも〈混声合唱〉のごとき観を呈し、わが国における恐慌論研究史上にはかりしれない影響をもたらした。

トゥガンからヒルファディングへの「継承」を説く、あるいは同類と見なす論者のなかには上述の南克巳氏のほかに、林直道『景気循環の研究』（三一書房、一九五九年）、吉村達次『恐慌論研究』（三一書房、一九六一年）、富塚良三『恐慌論研究』（未来社、一九六二年）、種瀬茂「恐慌論の具体化と競争論」（『経済』79号、一九七〇年、『競争と恐慌』有斐閣、所収）、松井清『改訂 世界経済論体系』（日本評論社、一九七二年）、戸原四郎『恐慌論』（筑摩書房、一九七二年）、大内力・伊藤誠「マルクス恐慌論展開のこころみ」（『資本論講座 7』青木書店、一九六七年）、吉原泰助「経済学説」（『経済学辞典』大月書店、一九七九年）等を挙げることができよう。(6)

二　不比例・不均衡説と南克巳氏の所説

ここでは、通説的見解を代表するものとして、上記の南氏の所説を考察の対象として取り上げることにしよう。その内容は、一見して分かるように一九三〇年代に確立した、ヴァルガ、チューロック等を先駆とする「不比例説」批判の内容に沿ったもの、あるいは概ねそのものであると思われる点でも象徴的である。繰り返すことになるが、ここでの検討対象として次の論点・疑問点を挙げることができよう(7)。

ヒルファディングの恐慌論は、①「生産の無制限的拡大への傾向」と「大衆の制限された消費限界」との間の矛盾、つまり「生産と消費との矛盾」＝「内在的諸矛盾」の問題を理論的視野から完全に放逐し去ってしまったといえるだろうか。②恐慌を単なる無政府的生産一般に由来する偶然的な不均衡＝生産の過不足に、つまり、もっぱら外面的・派生的諸事象に求めたに過ぎないといえるだろうか。かかるものとして、③トゥガン－バラノフスキーとまったく同質・同類のものであり、不比例説として「恐慌なき循環」なるブルジョア的調和論に帰結したといえるだろうか。

結論を先取りすれば、そうした理解の仕方には根本的な難点がある。ヒルファディングの所説の特徴は、そのような通説的な批判的理解とは異なり、むしろ逆に、一方ではトゥガンの恐慌論＝不比例説批判を主たる側面としながら、他方では過小消費説をも批判しているというその点にある。いわばこの両面批判を通じてマルクス恐慌論の体系化を試みたものと考えられる。その点は『金融資本論』第四篇「金融資本と恐慌」全体を分析対象とする本書第二篇「ヒルファディングの恐慌・産業循環論」第五章「恐慌・産業循環論」の基本的構成(1)、第六章「ヒルファディングの再生産表式論」、第七章「恐慌・産業循環論の基本的構成」(2)において明らかにされる。ここでは、当時の歴史的背景＝問題状況は捨象し、かつ両面のうち過少消費説に関する議論は必要最小限に止めるとして、さし当たり前者＝不比例説の問題に焦点を合わせて検討してみよう。前提としてトゥガンの「不比例説」との関連が問題になる。

そこでまず、トゥガンに代表される不比例説とはどのような意味内容のものであるか。それがヒルファディングの恐慌論にどう引き継がれてきたのか。肯定的・発展的であるのか、あるいは拒否的・否定的であるのか。いずれにせよ、肝要なことは両者が『資本論』の理論をどう受けとめ、そこから恐慌の理論をどのように展開させているのかという点である。換言すれば『資本論』の理論をいかに継承し、発展させたのか、それとも、それを拒否し、いかなる独自の理論を展開されたのかということになろう。もちろん、通説的見解は後者の論理系譜上にトゥガンの不比例説を位置づけ、ヒルファディングをその理論的継承者として一括し批判の対象にしてきたことはいうまでもない。だが、それは理論的分析に値する批判といえるだろうか。ここでは、そうした問題視角からトゥガンの「不比例説」を取り上げることにするが、全体として彼は「現代」資本主義経済の再生産と恐慌の分析において『資本論』の理論をいかに捉えたのか。つまり、いかに継承し発展せしめたのか。あるいは拒否ないし否定し、いかに独自の説――再生産と恐慌の理論――を展開せしめたのか。そこから彼の恐慌論の一つの柱である不比例説の特質が明らかにされるであろう。

第二節　課題と方法

本書の目的は『金融資本論』研究であり、その直接の対象は『金融資本論』第四篇「金融資本と恐慌」である。この部分は『金融資本論』――〈理論篇〉――の最終部分に当たり、いわば総括的位置を占めるが、また同時に金融資本の蓄積様式の論理系譜上に措定されうる、「世界市場と恐慌」に関する理論の分析視角からすれば、第五篇「金融資本と経済政策」における世界市場と貿易・資本輸出と直接の理論的関連性をもつものとして、「理論篇」と「政策篇」を繋ぐ媒介環としての位置にあると考えられる。

本書の構成は第一篇「トゥガンの恐慌・産業循環論」、第二篇「ヒルファディングの恐慌・産業循環論」、第三篇「恐慌・産業循環と信用論」、第四篇「金融資本と恐慌・産業循環の変容」の四つの篇からなっている。

第一篇は、①「トゥガンの恐慌・産業循環論の理論的前提」、②「トゥガンの再生産表式論」、③「トゥガンの恐慌・産業循環論」から成っている。

①では、トゥガンの恐慌・産業循環論――不比例・不均衡説――の理論的基礎を分析し、それがトゥガンの恐慌論の展開を如何に規定する関係にあるか、を明らかにする。彼の理論はマルクスの理論――労働価値論―剰余価値論―資本の有機的構成の高度化説―利潤率の傾向的低下の法則――を全面的に否定したうえに成り立つものである。その特徴は新利潤論と社会的生産物の実現の理論とにある。前者は資本価値の形態規定性（C＋V＋M）を否定し、利潤（R）を可変資本（V）との関係m→vではなく、不変資本＋可変資本との関係m→（c＋v）で理解したこと、したがって、利潤は労働力価値Vを越える剰余労働部分＝剰余価値Mとしてではなく、費用価格C＋Vを越える部分として位置づけていること、しかし実際には、彼は生産物の価値構成（不変資本C＋可変資本V＋剰余価値M）を拒否し、生産手段P＋賃金A＋利潤Rに置き換え、『資本論』の理論から完全に解放され、「独創的」とも思われる「社会的生産物の実現の理論」を提起したこと、である。この「社会的生産物の実現の理論」と「新利潤論」との一体的運用を理論的基礎にして、彼の再生産表式論が展開されていることを明らかにする。

②ではトゥガンの再生産表式論の批判的検討を試みている、トゥガンはマルクスの再生産表式論を全的に否定し、独自の表式論を展開している。その特徴は生産と消費の矛盾を否認したうえで、第Ⅰ部門の無制限的拡大とその拡大に対応して第Ⅱ部門の無制限的縮小を可能にするものである。この場合、生産財需要と消費財需要とは本質的な差異はなく同等であり、同じ役割を果たす。彼によれば、それは単に生産物需要の性質の変化に過ぎないのであり、生産財需要は消費財需要に取って代わりうるのである。だから社会的需要には少しも変化は生じない、というわけである。これがトゥガンの見解であり、再生産表式展開の理論的基礎である。続いて、このトゥガンの再生産表式論に対して、従来の代表的な批判的見解として山田盛太郎氏の所説を、最近の批判的見解として松石勝彦氏の所説を取り上げ、各々その理論的特徴と批判的内容の有効性・正当性を検討する。そして最後に、トゥガン再生産表式の概念構成とその問題点を明らかにする。

③では、トゥガンの恐慌・産業循環論を取り上げているが、ここでは、先の再生産表式論とは異なり、資本主義社会の無政府的生産と社会的生産の均衡的配分組織の欠如を基本的論理に据えて「無政府的生産→不比例→過剰生産〔不断の現象〕→恐慌」という恐慌・産業循環論を展開している。その特徴はいわゆる万年恐慌論である。また繁栄から恐慌への転化の規定的要因として「貨幣資本の欠乏」説、不況から回復・好況への局面転換の規定的要因として「貨幣資本の過多」説を展開しているが、ここではそれぞれ分析的に取り上げ、トゥガン見解の問題点を明らかにする。

第二篇は①ヒルファディングの恐慌・産業循環論の基本的構成⑴、②再生産表式論、③恐慌・産業循環論の基本的構成⑵から成っている。

①では、彼は恐慌の一般的諸条件を、恐慌の第一の一般的条件、第二の一般的条件および第三の一般的条件とに分離し、その上向的展開の論理的関係性において各々その内容規定を与えている。第一の一般的条件に続く第二の一般的条件については生産の無政府性と包括的世界市場の形成をふまえて、支払手段としての貨幣の機能・諸支払の連鎖の形成から――支払手段の無媒介的矛盾――恐慌の可能性を明らかにしている。第三の一般的条件については生産の消費からの分離と労働者階級の貧困、生産の無制限的発展と消費の制限および生産と消費の矛盾を分析、さらに生産と消費の間に一定率の資本の価値増殖という条件を挿入することによって、生産と消費の関係に新たな内容規定を付与し、この論理段階における恐慌の現実性を解明している。すなわち蓄積がある点まで進むと「増加した資本が増加しないままの資本よりもより多くの利潤をあげえなく」なり、「利潤増大を目的とする蓄積が中断せざるをえなくなる。」「まさにこの点で、蓄積の必然的一前提たる消費の拡大がもう一つの条件たる利潤の実現と矛盾する。価値増殖の諸条件が消費の拡大に反逆するのである。これらの条件が決定的だから矛盾は高まって恐慌となる。(8)」この論理的規定性が恐慌の一般的諸条件＝第三の条件における恐慌の現実性である。すなわち、恐慌の一般的条件は単なる一般

的可能性ではなく「可能性」と「現実性」の二側面からなる包括的概念である。ここではこうした論点を分析的に解明する。

②では、ヒルファディングの再生産表式論がマルクスの再生産表式論の継承であり、その線に則して単純再生産→拡大再生産の表式展開を試みており、すでにこの時期——一九〇五年以前——において、彼は再生産の均衡諸条件に固定資本の補塡を取り入れ、その独特の回転様式から生ずる再生産の新たな均衡条件を指摘し、さらに、かかる固定資本の補塡を含む貨幣還流の法則を分析的に解明し、再生産の質的、量的側面の統一的分析視角から再生産表式の展開を試みている。その論理はマルクスの再生産表式の概念構成を継承するものである。したがって、それは、トゥガンの再生産表式論とはまったく異なるものである。トゥガンは、社会的生産物（W'）を素材視点から生産手段と消費手段との二部門分割、価値視点から不変資本（C）＋可変資本（V）＋剰余価値（M）の三部分分割、つまり「二部門分割」と「価値構成三部分分割」を基礎範疇とするマルクスの再生産表式を全的に否定した。彼は資本の価値構成C＋V＋Mを否定し、生産手段（P）＋賃金（A）＋利潤（R）を基礎範疇とする独自の再生産表式を作成し、消費に制限されずに生産の無制限的発展の可能性を提起したのである。ここではその根本的誤りを併せて解明する。

③では、ヒルファディングの恐慌・産業循環論の基本的構成⑵として産業循環論を中心に据えて、産業循環の一環としての周期的恐慌の理論を分析的に解明する。この論理次元では「恐慌は……利潤率低下の傾向が需要増加のもたらした価格および利潤の昂騰傾向に打ち勝つ瞬間に起こる」として、それが産業循環過程において周期的な価格高騰と利潤（率）の変動を通していかに現れるか、を分析的に解明する。

彼の恐慌論の基本的論理は「生産力の発展→固定資本の巨大化・資本の有機的構成の高度化→利潤率低下の潜在的進行→新投資の停止・販路の梗塞→過剰生産・過剰蓄積→価格の破壊→利潤率の急落→恐慌」という過剰生産恐慌論であり、利潤率の傾向的低下の法則を規定的要因として位置づけているものである。それはマルクスの恐慌論を継承したものであり、さらに、この基本的論理を産業循環の一環としての周期的恐慌の理論的展開にまで具体化したという点で、新たな理論的発展を示したものといえる。それはトゥガンの不比例・不均衡説→「万年恐慌」論とは本質的に異なるものである。繁栄期の第一段階→第二段階（繁栄の頂点）→恐慌→不況という産業循環の局面転換の過程分析を通じて、ヒルファディングは新たな事態の展開を次のように述べている。繁栄期には需要増大→生産の拡大→価格上昇・利潤増大→新投資の増大と固定資本の更新と拡大・集中→資本の有機的構成の高度化……」という事態が進行するが、価格騰貴の下では資本の有機的構成の高度化は直ちには利潤率の低下としては現れずに、潜在的に進行していくことになる。しかもこの過程の展開は各生産部門で異なり、不均等に発展する。不均等の規定的要因は有機的構成の差異にある。したがって大量の固定資本を擁し有機的構成の最も高い諸部面＝第Ⅰ部門では景気回復・繁栄の第一段階における需要の増大→生産の拡大→価格の上昇→利潤の変動は最も著しく大規模に現れる。が、そうでない生産諸部面＝第Ⅱ部門では小規模ゆえに、第Ⅰ部門の飛躍的発展に誘発されながら、その固有の条件に規定されて不均等に現れる。こうして部門間の不均等は著しく拡大し、再生産の均衡諸関係の攪乱→利潤率低下・不均衡化の潜在的進行→新投資の停止・販路の梗塞→過剰生産→不均衡化・価格破壊・利潤率の急落→過剰生産・過剰蓄積の顕在化という一般的〔全般的〕過剰生産恐慌の発現を一般理論的に、分析的に解明している。続いて恐慌→不況→景気回復という局面転換の過程を分析していくことになる。その論理の特徴はトゥガンの不比例・不均衡説とはもちろんのこと、南克巳の批判的見解ともまったく異なる内容のものである。

第三篇は①恐慌・産業循環と信用関係、②『金融資本論』と信用論から成っている。

①では、まず、繁栄の第一段階＝景気の回復・好況局面における再生産と信用の問題を取り上げ、そのなかで貨幣資本の豊富・過多と利子率の低位が景気の上向的展開に如何に作用するかを明らかにする。続く繁栄の第二段階では再生産の不均衡化→利潤率低下→過剰生産・過剰蓄積……の潜在的進行→新投資の停止・販路の梗塞……と利子率の

変動の観点から分析している。すなわち、証券取引の変動と再生産の攪乱・不均衡に対応して利子率の昂騰と価格形成の攪乱・困難化→利潤（率）の消失（崩落）、および証券取引所恐慌――投機取引の攪乱・崩壊と信用の動揺・破綻、さらには貨幣恐慌および信用恐慌の発生メカニズムを解明する。

②は本章の恐慌・産業循環論の体系構成からはみだした、いわば「補論的性格のもの」として設けたものである。本論での「恐慌・産業循環と信用論」ではヒルファディングの信用論を十分論究できていないこともあり、『金融資本論』における信用論の意義を考えたうえで、それを二つの章にまとめて全体構成の一環として組み入れたものである。したがって、この部分はヒルファディングの恐慌・産業循環論に直接関連し産業循環の局面転換の過程に直接関わる信用の展開の問題ではない。むしろその動態把握――信用の変動的規定――を、信用の基本的規定を基礎にして、「基本的規定」側面における信用の展開と「変動的規定」側面における信用の展開、およびこの二側面の内的関連に基づく重層的な展開を論理体系的に把握すること、そしてそれが、マルクスの信用論を如何に継承し発展させることができたのか。そうした問題視角から、ヒルファディングの信用論の理論体系を分析的に解明することを企図したものである。

ここでの主たる分析対象は信用貨幣と景気変動＝恐慌との関連、信用論の展開方向として銀行と流通信用→資本信用、および利子生み資本の基本的規定、利子率の規定性――基本的規定と変動的規定――、流通信用と資本信用との関連性――両者の統一的把握――の理論的分析である。そしてさらに、もう一つの信用論の論理系譜として資本所有の量的制限の止揚の論理がある。ヒルファディングによってはじめて前者の論理と内的に関連し統一的に展開されていることを明らかにする。

次の問題は「資本所有の量的制限の止揚」の論理系譜上に措定されるものであり、その直接の対象として『金融資本論』第二篇第一〇章「銀行資本と銀行利得」を中心に取り上げており、「現代」資本主義と信用・銀行制度の構造的変化に基づく銀行資本の再規定と『兼営』銀行＝総合銀行の分析である。ここでの主要な分析対象は銀行資本の再規定と銀行利得の変容に関する問題であり、銀行資本と平均利潤——自己資本の概念規定——、銀行資本と創業者利得——金融機能と金融利得——に関する理論的分析である。また銀行資本の集積と自己資本の拡大に関する問題であり、銀行資本（自己資本）の拡大と擬制資本の展開、銀行資本（自己資本）の拡大と産業支配の展開に関する理論的分析である。さらに銀行間の競争とその発展方向の分析へと続く。

第四篇は①独占的結合の市場支配・価格支配メカニズム、独占的価格・「超過」利潤体系と再生産構造、②金融資本と恐慌・産業循環の変容からなっている。

①では、『金融資本論』第三篇「金融資本と自由競争の制限」を対象にして、まず独占的諸結合の市場支配・価格支配の理論的基礎に当たる部分を分析的に把握することである。すなわち、産業的集積→競争制限・独占的諸結合の形成と銀行集積→銀行連合・銀行独占の形成の二側面と銀行資本と産業資本との緊密化→資本の金融資本への転化の論理を明らかにする。続いてその理論的基礎の上に独占的諸結合の市場支配・価格支配を独占的価格と「超過」利潤の解明をふまえて分析し、その一般理論的特徴を明らかにする。その論理の展開は「常に販路を見出す生産の基本額」と生産の割当・供給の調整を説き、その論理を基本として、独占的価格と「超過」利潤の一般理論化を導き出している。まず、その理論的基準——〈単一費用構造〉——を設定し、非独占的価格＝生産価格－「超過」利潤——独占的価格＝生産価格＋「超過」利潤——を明らかにする。続いて非カルテル化諸産業部門における利潤率の利子率化の分析をふまえて、独占的価格と「超過」利潤の一般理論的把握を可能にしたこと、そしてさらに独占的価格・「超過」利潤と一般的消費の関連を分析し独占的価格・「超過」利潤を総括的に把握したこと、こうした論点を解明する。

②では、以下の諸論点を分析的に検討している。ここでは『金融資本論』第二〇章「恐慌の性格における変化。カルテルと恐慌」を対象に独占的結合＝カルテルと恐慌・産業循環の形態変化の論理を展開していることである。独占

的価格・「超過」利潤体系に基づく独占的結合の市場支配・価格支配下での恐慌・産業循環の形態変化の問題を取り上げている。その変容過程は「集積」の発展と恐慌諸現象の変容として産業的集積の発展と銀行集積の発展の二側面および銀行資本と産業資本の緊密化の進展……のいわば総体的関連性から分析し、かかる集積の発展が恐慌現象に如何なる変化をもたらしうるのか、を明らかにしている。

ヒルファディングはこの変容過程の分析を基礎・前提として独占的結合と恐慌・産業循環の形態変化をカルテルと景気諸現象の変化として問題提起している。まずカルテルとアウトサイダーの場合の、「常に販路を見出す生産の基本額」の設定、続いてカルテル化諸産業と非カルテル化諸産業の場合の、支配と被支配＝収奪と被収奪に基づく産業部門間格差と景気諸変動の変化を説いている。すなわち独占的結合の市場支配・価格支配下での、カルテルの「生産の基本額」と「過少」生産、したがって過剰蓄積の矛盾の発現として部門間不均衡の拡大→販路梗塞→過剰生産・過剰蓄積→「生産の基本額」・カルテル価格・「超過」利潤の維持困難→「生産の基本額」の見直しとそれに対応して価格の引き下げを余儀なくされていく。景気変動のすべての局面を通じて常に販路を見出すはずの「生産の基本額」のさらなる見直しとそれに対応したカルテル価格の引き下げであり、「破綻」回避のための組織的対応であり、したがって恐慌現象の変容である。続く不況期の長期化と回復の緩慢化……の分析である。ここでは、このような独占的諸結合の支配下における恐慌・産業循環の形態変化に関するヒルファディングの所説（スケッチ）を分析的に解明することである。

（1）南克巳「資本の再生産＝流通過程と恐慌㈡」（神奈川大学『商経法論叢』Ⅷ－3、一九五七年二月）

（2）E・ヴァルガ「マルクス恐慌論とそれの社会ファシスト的歪曲」（太平洋研究会訳『貨幣の発展と恐慌』叢文閣、一九三六年）、T・チューロク「ヒルファディングの社会ファシスト的恐慌論」（プロレタリア科学研究所『マルクス主義の旗の下に』第21号、改編第二冊、一九三二年）

(3) 石田興平『再生産と貨幣経済』有斐閣、一九五二年、前田豊昭「ヒルファディングの恐慌論について」(広島大学『工業経営』7巻1号、一九五五年)、高山満「競争の形態変化と景気循環の変容(I - IV)」(『東京経大学会誌』75、76、84、85、一九七二—一九七四年)、および関連論文、松井安信編著『金融資本論研究』(北海道大学図書刊行会、一九八三年)、最近の論文としては上条勇「ヒルファディング恐慌論の意義と限界」(『金沢大学経済学論集』第25巻第2号、二〇〇五年三月)

(4) 南克巳、前掲論文、一二七—一二八頁。

(5) 南克巳『恐慌学説II』「不比例説と過少消費説」(『経済学辞典』岩波書店、一九九二年、二三三頁)

(6) 南克巳、前掲論文以外、主な論者の見解としては次のようなものがある。

①E・ヴァルガ、前掲書、訳一七一—二一一頁。

彼は次のように述べている。ヒルファディング恐慌論は再生産表式を「資本主義的生産の無恐慌過程の可能性を論証するもの」であり、「不均衡性をば資本主義の比例性の『常態』均衡状態からの単なる偶然的背理とみなした。」「資本主義の基礎的矛盾を無視し、消費から生産の絶対的独立性を機械的に確認することによって、マルクスの恐慌論を歪曲した。」「そのことによって彼は事実上資本主義社会の階級的諸矛盾を分析から除外した。」「〔部門間の不均衡も〕資本主義的矛盾の本質から生ずる諸原因によってではなく、純粋に技術的秩序の諸原因によって引き起こされるものである。」

②P. M. Sweezy. *The Theory of Capitalist Development*, New York, 1942, pp. 159-160. 都留重人訳『資本主義発展の理論』新評論、一九六七年、一九六—一九七頁。

彼は「この不比例説の新説〔トゥガン不比例説〕に対する信頼性を最終的に確定したのは、それが数年後にヒルファディングによって、彼の金融資本に関する有名な著書のなかで、少なくともその積極的意味において受けいれられたという事実である。……ヒルファディングが不比例説を支持したとき、この理論の地位は確定されたのである」と述べている。

③林直道、前掲書、一一六頁。

林氏は「この文章〔ヒルファディングの所説〕は、生産の無政府性の激化過程が同時に生産と消費の乖離過程でもあることを示している。ヒルファディングの立場ではまさにこのことが説明されない。彼が生産と消費の矛盾を認めようとしないわけであり、彼が不比例説の一代表と目されるゆえんでる」と述べている。

④吉村達次、前掲書、二三三—二三七頁。

吉村氏によれば、ヒルファディングの理論の根本的欠陥は——生産と消費の矛盾をまったく無視していることである(二三七頁)。「生産と消費の矛盾を過少消費説的に矮小化し、再生産の条件＝法則を生産と消費の矛盾から切り離し、もっぱら、恐慌的攪乱の原因を再生産の不比例に求めたのである」(同、二三三頁)

⑤富塚良三、前掲書、六頁。

富塚氏は「トゥガンの『部門間不均衡説』は、『金融資本論』〔*Das Finanzkapital*. 1910.〕の著者ルドルフ・ヒルファディングにおいて有力な弁護者を見出した」（同、六頁）と述べている。
⑥戸原四郎、前掲書、四二頁。
戸原氏は「これは〔不均衡説は〕ロシアの経済学者トゥガン-バラノフスキーによって『イギリス恐慌史論』（一八九四年）の第二編で体系化されて以来、ヒルファディングの名著『金融資本論』（一九一〇年）の第四編に踏襲され、さらに今日でも陰に陽に多数の支持者を見出している……」と述べている。
⑦松井清、前掲書、一八五頁。
松井氏は「不比例説の代表ヒルファーディングは、恐慌の原因を、諸部門間の不比例に帰着させ、全般的過剰生産恐慌を否定したミル、セイ、リカードの立場に転落している。ヒルファーディングの恐慌もしらない『組織された資本主義論』もこれに通じている」と述べている。
⑧吉原泰助、前掲論文、一四四頁。
吉原氏によれば「ロシア資本主義論争の一翼を担ったトゥガン-バラノフスキーは、古典派販路説とマルクス再生産表式の総合を主張し、生産手段生産部門主導の均衡的拡大再生産軌道の無矛盾的進行を説いて、恐慌の原因を貸付資本の欠乏に起因する、部門間均衡の攪乱のうちに求めた。かくしてトゥガンにおいてかの不比例説は再版され、トゥガンは近代ブルジョア景気理論の祖となった。こうした不比例説は、なおヒルファディングにおいてくり返され、そこでは、価格機構の攪乱による部門間均衡の破壊として恐慌が説かれ、独占段階における金融資本の支配の確立が恐慌を緩和するという見地さえ主張された。」
（7）南克巳、前掲論文。
（8）*Das Finanzkapital*, SS. 359-360. 訳②一一二―一一三、㊦一四一―一四二頁。
なお、ヒルファディングの「恐慌論」という場合、その論理構成からすれば、恐慌・産業循環論であるが、行論の都合上、「恐慌論」または「恐慌・産業循環論」のいずれかを用いている。

第一篇　トゥガンの恐慌・産業循環論

第一章　トゥガンの恐慌・産業循環論の理論的諸前提

第一節　マルクスの恐慌論の全的否定(1)

一　労働価値説－剰余価値論－資本の有機的構成高度化説の否定――利潤率の傾向的低下の法則の拒否

トゥガンによれば、「『英国恐慌史論』において現代経済生活における産業循環を証明し、その本質を研究しようと努めた。産業の循環的発展が最も明白に現れているイギリス商業恐慌史が私の試みに豊富な材料を提供してくれた。私は事実の研究から出発して、一つの新しい恐慌理論に到達した。それは、私の考えによれば、古典経済学説と『資本論』第二巻におけるマルクスの所論との総合である。(1)」(「はしがき」)。しかし彼の「総合の試み」は成功したであろうか。

ここでは、トゥガンが『資本論』の理論＝恐慌論をどのように捉えているか、が分析の対象になる。すなわち肯定的か否定的か、あるいは継承か否かである。そしてそこから彼はいかなる独自の理論を展開したのであろうか。まず彼はマルクスの恐慌論を次のように要約している。

「マルクスの恐慌論は次のように要約することができる。不変資本の相対的増加が利潤率の低下を招く。しかし利潤率は資本主義的生産の推進力である。利潤率の低下は、一定の点において、新しく蓄積された資本の資本主義的価値増殖を不可能ならしめ、この低下が資本主義的生産の制限となる。過剰資本は、以前の利潤率による価値増殖を行うことができない。かくして、資本の過剰生産が発生する。大衆の過少消費もまた、一般的な商品過剰生産を産み出す。しかしこのことは絶対的なものではなしに、ただ、与えられた歴史的な生産条件のもとにのみ当てはまる。この過剰生産によってひき起こされる販売不振は、資本の遊休、破壊、価値減少を生ぜしめる。――それと同時に、人為的な過剰人口を生む。しかし賃金の低下が剰余価値率を高める。販売不振によってひき起こされる価格暴落を原因とする不変資本の諸要素の低廉化が、与えられた利潤量の計算基礎である資本を減少させる。利潤率が上昇する――そして、同じ循環が新たに一巡することになる[2]。」

このようにトゥガンは、マルクスの恐慌論を「利潤率の低下→価値増殖の不可能・蓄積の低下→資本の過剰生産→恐慌」と、「過少消費→商品の過剰生産〔販売不振→資本の遊休、破壊、価値減少〕→恐慌」という二系列に整理・要約したうえで、そのようなものとしての、マルクスの恐慌論を批判し、独自の説を展開する。叙上の「整理の仕方」それ自体問題がないわけではないが、それはさておくとして、その批判の内容はマルクスの恐慌論の全面的な否定・拒否である。すなわち、トゥガンは「以上の理論〔引用部分〕に対する批判は、それ自体のなかに、マルクス経済学体系の最も重要な基礎に対する批判を含むものである[3]。」とまえおきしたうえで、「利潤率の傾向的低下の法則」を拒否し、マルクスの恐慌論を次のように全面的に批判する。

「われわれの分析によればマルクスの恐慌論には次のような欠点がある。(1)その〔マルクスの恐慌論の〕基礎となっている、機械的な『利潤率の傾向的低下の法則』は、真の法則ではない。マルクスがこの法則を労働価値説によって根拠づけているが、それは論理的な誤謬に基づくものである。正しく理解するならば労働価値説は逆に、この法則の根拠薄弱を証明している。(2)したがってこの『法則の内的諸矛盾の展開』に関するマルクスの考察のすべてが、的外れである。マルクスが仮定した、資本の過剰生産は現実的な意義をもたない。(3)マルクスが特徴づけた、資本主義的生産の諸限界も、やはり現実に存在しない[4]。」

要するに、①マルクスの恐慌論の基礎は利潤率の傾向的低下の法則である。②この法則の根拠は労働価値説であるが、その根拠づけは完全に誤っている。そのために逆に③労働価値説がこの法則の根拠薄弱を証明することになった。したがって「法則の内的諸矛盾の展開」に関するマルクスの考察はそのすべてが的外れである。このようにトゥガンは恐慌に関するマルクスの考察のすべてを誤りであると裁断し、マルクスの恐慌論を全面的に否定したのである。その点、後述のように、労働価値説―剰余価値論―資本の有機的構成の高度化説をふまえて、マルクスの恐慌論――利潤率の傾向的低下の法則――を継承し、その基礎の上にマルクスの恐慌論の体系化を試みたヒルファディングの所説とは決定的に異なるものである。そこでまず、「利潤率の傾向的低下の法則」が問題になるが、それについてトゥガンは次のように述べている。長文であるが、正確を期すうえで、煩雑をいとわずにその主要な箇所を引用することにしよう。

「しかし、ここで問題にしている法則〔利潤率の傾向的低下の法則〕が、果たして真実に、労働価値説の論理的帰結となっているであろうか。われわれの答えは断じて否ということであろう。／どの資本家的企業家でも、彼の利潤が資本の〔マルクスの用語による〕不変部分からも、可変部分からも、まったく同様に産み出されることを確信している。資本家は、利潤の創出に関しては、資本のこの両構成部分の区別に気づかない。『俗流経済学者』は資本家たちに同情する。『俗流経済学者たち』が信ずるところでは、労働者にとって代わる機械は、それによって、総資本における可変資本の比率が低下するにもかかわらず、資本家の利潤を減少せしめない。

しかしマルクスの剰余価値説は、そのすべての信奉者の考えによれば、実際家も理論家――俗流経済学者たち――も間違って理解していることを証明するものである。生きた労働、すなわち、価値を生む実体が、生産過程において演ずる役割が小さくなればなるほど、それだけ、一定の資本が生む剰余価値量が減少せざるを得ない。したがって、それだけますます利潤率が低下せざるを得ない。／だが、この議論は……多くの論理的欠陥をもっている。労働価値説からは、決して利潤率低下法則という結論は出ない。それのみならず、同じ労働価値説からは、マルクスが理解したような剰余価値理論さえも出てこないのである。／それ故……われわれは『俗流経済学者』の見解、すなわち、利潤の創出に関して生きた労働と過去の労働（労働手段）との間に差異はないとする見解と一致するということである。実際家と『俗流経済学者』とが……完全に正しい。労働価値説からは、資本の有機的構成（マルクスがいう意味での）と利潤率の水準との間に必然的関連があるという仮定は、決して導き出されない。[5]」

トゥガンは「労働価値説―剰余価値論―資本の有機的構成の高度化説―利潤率の傾向的低下の法則」を否定するが、しかしこの彼の見解は、マルクスの労働価値説を分析的に検討してえた論理的帰結ではないという点である。彼はまず、自己の理論的立場を明らかにする。企業家の認識と俗流経済学者の信念なるものを述べたうえで、彼らの「ブルジョア的見地」に対して全面的に賛同するのである。すなわち企業家も俗流経済学者も、利潤がマルクスのいう可変資本からだけでなく、不変資本からもまったく同じように創出されると考えており、この両者の区別、分割を認知していない。だから労働価値説→剰余価値論は誤りであり、資本の価値構成（C＋V＋M）は認められない。労働価値説からは剰余価値も資本の有機的構成も導き出せないのであるから、労働価値説からは資本の有機的構成と利潤率（の水準）との間に必然的関連を見出すことはできないというわけである。かくて労働価値説の論理的帰結として「マルクスのいう利潤率の傾向的低下の法則は根拠薄弱であり、誤りである[6]」と主張するのである。だが、このようなトゥガンの主張は正鵠を射たものであろうか。

二　俗流経済学とマルクスおよびトゥガンの所説

上述のトゥガンの所説を検討するに当たって、まず社会的生産――資本主義的生産――とは何か。必要な論点を確認しておこう。社会的生産とは一定の社会的発展段階にある生産を指すが、それは特定の生産諸関係、所有関係を前提としなければならない。特定の所有関係とは一定の発展段階にある生産手段の所有形態のことであるが、他面生産手段の社会的な分配関係を歴史的に前提することである。資本主義的生産様式は生産手段の資本家による所有を基礎としているが、この所有形態は他方では賃金労働という生産手段をもたない階級の存在を前提している。したがって、生産物の分配形式である所得は利潤、賃労働および地代（土地所有制）という形態をとることになる。「分配」の場合と同様に、その「交換」も形態的に規定される。資本主義社会では生産物は商品として交換されねばならない。社会的分業のもとにおける生産手段の私的所有こそは、商品生産および商品流通の基本的条件だからである。だがこの基本的条件だけで、商品生産が一般化するわけではない。労働力が生産手段から分離されて賃金労働に転化しなければならない。賃金労働の登場は生産手段だけでなく生活諸手段の商品化を促進するからである。なお消費＝「社会的欲望」または需要の原則は本質的には階級相互の関係、各々の階級の経済的位置によって決まるから、その限りでは分配についての考察をそのまま消費の規定に適用することができよう。このように特定の生産様式が、分配、交換、消費を包摂し規定する主たる契機であるとすれば、資本主義的生産の場合にも、その「生産様式」が分析されなければならない。しかも分配過程や流通過程の側面からではなく生産過程に即して、基本的な社会構造が把握されねばならない。ではトゥガンが、その見解は完全に正しく全面的に賛同すると主張される俗流経済学者の所説とは、どのようなものであろうか。

周知の如く利潤、地代、利子、賃金などという所得諸範疇は、資本家の意識には単に商品価格の構成要因としてしか映らない。地代と利子と賃金は利潤を生み出すための土地と資本と労働に対して支払われる価格である。こうした現象形態、日常の観念がそのまま俗流経済学の出発点となっているのである。しかし「事物の現象形態」と本質とが直接に一致するならば、およそ科学はよけいなものであろう。マルクスの場合はこれとは逆である。このような俗流経済学の出発点が、むしろ「資本一般」の分析の到達点でなければならない。上述のような競争の現象がつくり出す錯覚が、どうして生まれるのか。そのためには、利潤、利子、地代、賃金の本質的形態はなにかが解明される必要がある。トゥガンとは異なり、剰余価値の理論がこれを可能にしたのである。マルクスはその分析手法を古典経済学から学ぶ。

「古典経済学は、いろいろの固定され、たがいに無関係になっている富の諸形態をば、分析によってその内的統一にまでさかのぼり、そしてこれらの諸形態がそのなかで、たがいに無関心で並存している外形をはぎとろうと努める。それゆえ、かれらは地代を超過利潤に還元する。したがって、地代は特殊な独立の形態ではなくなり、そのみせかけの源泉である土地から切り離されることになる。同じように、かれらは利子からその独立の形態をはぎとって、それが利潤の一部分であることを証明する。このようにかれらは収入のあらゆる形態および非労働者が商品価値の分け前にあずかるさいのあらゆる独立の諸形態、名称を、利潤というただ一つの形態に還元する。しかし利潤は剰余価値に分解する。というのは全商品の価値は労働に分解するからである。商品にふくまれる労働のうち支払われた量は賃金に分解し、したがって、これを超える過剰分は不払労働、すなわち、いろいろな名称のもとに、ただで占有されるのであるが、しかし資本によって生みだされた剰余労働に分解される。(7)」

このように剰余価値の理論が資本の総生産過程、すなわち、所得の諸形態と資本運動の具体的な姿からの抽象を可能にする軸である。だとすれば、他面では補足的ではあるが、流通過程は価値の諸形態のたんなる姿態変換の場だという前提が貫かれなければならない。そうしてこそ、剰余価値の理論は直接的生産過程において商品の価値および剰余価値を労働に還元するという抽象を可能にしたのである。価値の実体が労働一般であるという規定はなにを意味するだろうか。およそ価値というものは交換において実現するものである。マルクスがいうように「物の使用価値は人間にとって交換なしに、したがって物と人間との間の直接的な関係において実現するが、物の価値はその反対に、ただ交換において、すなわち、一つの社会的な過程において自らを実現する」ものである。それはすでに指摘したように価値の実体は労働一般であり、それ自体社会的に共通な性格をもっているということである。だからこそ、商品と商品は交換という社会的過程で質的に共通な物として接触しうるというわけである。

三　商品流通W—G—Wと資本流通G—W—G'との本質的差異性

ところで、価値から出発するということは、社会的関係の理論的抽象にすぎない価値概念から出発することではなく、価値が対象化され、感覚的に認識しうる姿をとっている商品から出発することである。あるいは商品の直接的矛盾から出発することである。価値はただこういう形式でのみ、それ自身の運動形態をもつのである。商品に内在する直接的矛盾は外的対立となって現象する。商品と貨幣の対立がそうである。貨幣は価値の現象形態のもっとも発展した形態である。貨幣の出現によって商品に内在している使用価値と価値との矛盾は、商品（使用価値）と貨幣（価値）という外的対立となって現象するのである。商品と貨幣との運動形態は、商品—貨幣—商品（W—G—W）か、貨幣—商品—貨幣（G—W—G'）のいずれかである。前者は単純な商品流通を表し、後者は資本の商品流通を表す。この新しい、商品と貨幣との運動形態はW—G—Wの単純商品流通においてさえ、この運動の連鎖が乱れるという商業恐慌と金融恐慌の可能性（新たな矛盾）をふくんでいる。この点は示唆にとどめておく。

資本の商品流通G—W—G'においては、価値が無限の運動形態をとることである。この場合、貨幣は単なる貨幣ではなく貨幣以上の役割、剰余価値を生む貨幣、資本に転化している。つまり出発点の貨幣よりも大きい、増殖された貨幣形態をとっているのである。このように、G—W—G'の場合には価値の無限の運動形態、価値増殖の運動形態が与えられているのである。商品流通は価値の姿態変換、等価の交換にすぎないのに、なぜG—W—G'の場合にのみ、貨幣が増殖されるのか。この疑問を解くためには貨幣は商品一般の中から労働力商品という特殊商品を見つけなければならない。しかし発見しえたとしても、商品流通は一般的にいって等価交換の領域であるから、貨幣増殖の秘密は流通にとどまるかぎり、説明することはできない。価値増殖の謎は資本の生産過程で解かれなければならない。

（1）トゥガンの『英国恐慌史論』は次の両書が時期を異にして著されている。
①*Studien zur Theorie und Geschichte der Handelskrisen in England*, 1901（ドイツ語版）、救仁郷繁訳『英国恐慌史論』ぺりかん社、一九七二年、② *Les Crises industrielles en Angleterre*, 1913（フランス語版）、鍵本博訳『英国恐慌史論』日本評論社、昭和六年。なお行論の都合によって、両書のいずれかを使用し、前者を *Studien zur Theorie*. 後者を *Les Crises* で表示する。
（2）*Studeien zur Theorie*, S. 207. 訳二二二頁。
（3）a. a. O., S. 207. 訳二二一—二二三頁。
（4）a. a. O., SS. 229–230. 訳二四五頁。
（5）a. a. O., S. 208. 訳二二三—二二四頁。
（6）a. a. O., S. 208. 訳二二三頁。
（7）*Mehrwert*, III, SS. 490–491. 訳㊟26Ⅲ、六四四—六四五頁。

第二節　マルクスの恐慌論の全的否定(2)

一　資本価値の形態規定（C+V+M）とトゥガンの見解

貨幣が資本に転化し、資本価値が商品と貨幣という価値の形態をとっては捨て、捨てては再びとるという姿態変換運動を始めると、価値の形態規定はきわめて複雑な様相を呈する。不変資本（C）と可変資本（V）は資本価値が生産過程においてとる新しい形態規定である。この形態規定に対応して価値は C+V+M という一層具体的な規定をうけとることになる。

しかし、トゥガンは資本の再生産過程においてとる新たな形態規定（C+V）を認めず、したがって、資本はこの形態規定に対応した価値（C+V+M）をうけとるというマルクスの見解を拒否するのである。(1) 彼は生産物の価値を不変資本（C）＋可変資本（V）＋剰余価値（M）に三分割せずに生産手段（P）＋賃金（A）＋利潤（R）に分割する。このような「分割」は何を意味するのか。

不変資本（C）は生産手段の移転・再現部分であり、可変資本（V）と剰余価値（M）は新たに生み出された価値部分であり、そのうちVは労働力価値の再生産部分、Mは増殖された価値（剰余価値）部分である。生産物＝商品価値はC＋V＋Mである。が、トゥガンは可変資本（V）が労働力価値の再生産であり、Mは新たに増殖された剰余価値部分であること、したがって、商品価値がC＋V＋Mであることを理解しない。肝要なのは資本として支出された価値はC＋Vにすぎないということ、つまり資本が商品に費やす価値と商品の生産そのものが必要とする価値とは別個のものであるということである。別言すれば、商品生産のさいの資本価値（C＋V）の支出と商品に支出される価値（C＋V＋M）との、この二つの価値量の差から費用価格と利潤という範疇が生まれ、労働力商品がもつ価値増殖機能を隠蔽する「賃金」範疇が導出されるのである。かくて賃金は労働力の価値ではなく労働の対価をなすものであると主張される。だとすれば、資本にとっては、「剰余価値」範疇は問題にならないであろう。トゥガンの場合、労働力商品が生みだし増殖する新価値（V＋M）は考察の視野から消え失せて、資本支出の一部分を構成する賃金だけが関心の的となるであろう。賃金が労働の対価だとすれば、CとVとは商品生産における資本価値の支出として、資本の眼に映ることになろう。それはまさしく俗流経済学者の見解であるが、それはまた、彼らの主張が完全に正しいものと信ずるトゥガンの見解でもある(2)。

不変資本と可変資本の区別は価値形成または価値増殖の視点から見た区別である。トゥガンはこの肝心要の区別ができなかったのである。価値視点を欠いていたからである。資本価値の回転という側面からみれば、資本は一生産期ごとに価値が回収される資本と、いくつかの生産期にわたって価値が回収される資本とに分かれる。前者は流動資本であり後者は固定資本である。固定資本には不変資本部分中の固定設備部分が、流動資本には可変資本と原料などの不変資本部分が所属する。このように固定資本と流動資本の区別の場合には、可変資本は流動資本と同一の範疇に包括せしめられる。つまり可変資本としての労働力がもつ価値形成または価値増殖機能は流動資本という範疇のもとでは、消え去ってしまうのである。(3)

ところで、資本の人格化としての資本家の意識にとっては、不変資本と可変資本との区別は問題にならない。賃金は労働の対価として現象するから、一生産期間ごとに回収されるべき資本支出としてしかみられない。だとすれば、資本にとっては、固定資本と流動資本の区別こそが、もっとも合理的な資本範疇として現れるであろう。そしてこのことは次のような結果を招く。不変資本と可変資本の区別を全然考慮しないとすれば、商品の生産に使用される資本は固定資本と流動資本だということになる。だとすれば、商品の生産に支出される資本は、資本家の意識にとって、まさに費用として映るであろう。かくしてC＋Vは費用価格に転形するのである。

C＋Vが費用価格に転形すれば、剰余価値はどうなるか。賃金、固定資本、流動資本範疇からは剰余価値は説明できない。資本家の意識にはもちろん不変資本と可変資本の区別は存在しない。だとすれば、剰余価値は生産に投下された全資本から生まれるものと解されよう。本来費用価格を形成する資本価値は文字通り商品生産の費用なのであって、剰余価値には関係ないものであるが、いまや生産に参加する資本はすべて剰余価値の生産に密接に関係があるとみなされる。価値視点からみれば、それは、したがって資本価値は費用価格を形成するにすぎないが、使用価値視点からみれば、資本全体が生産に参加する。その点こそ、トゥガンが「可変資本→剰余価値」説を否定し、商品生産に資本全体が参加すると主張する論拠である。そして剰余価値こそは、この資本全体の産物として現象する。これが資本家・企業家の観点であり、俗流経済学者の主張であり、また彼らの見解が完全に正当であるというトゥガンの主張でもある。

剰余価値は本来可変資本の産物である。この剰余価値が、可変資本の産物ではなく投下総資本の産物と考えられるようになれば、それはもはや剰余価値ではなく、利潤範疇に転形しているのである。このようにしてC＋V＋Mは費用価格＋利潤という現象形態をとるようになる。[4] トゥガンの剰余価値論なき新利潤論もこの俗流経済学説の再版にすぎない。因みに、この点に関説したトゥガン自身の見解をあげておこう。

「私は通例のマルクスの用語法（不変資本、可変資本、剰余価値）を用いない。というのは、私はマルクスの剰余価値説を基礎としていないからである。私の考えでは、剰余生産物――したがって資料――の創出については人間の労働力と死んだ労働手段とにまったく違いがない。われわれは、機械にも可変資本として人間労働力と同じ権利を与えるべきである。どちらも剰余生産物を生産するからである。[5]」同じことであるが、「序でに言及しておきたいが、マルクスの用語法もまた排斥されねばならない。われわれは労働力を可変資本、生産手段を不変資本と呼ぶことはできない。なぜなら、二種類の資本はどちらも共に、生産過程と剰余生産物の創造において、同じ役割を果たすからである。資本を可変と不変に完全に分割することは排除されなければならない。[6]」

このようにして資本と賃労働の対立関係、資本による労働搾取の本源的形態が隠蔽されてしまう。費用価格は商品固有の価格とみなされ、利潤はこの固有の価格を超える超過利潤として現象する。利潤と投下総資本との比率は利潤率である。剰余価値量は利潤量に等しい。しかし剰余価値率はいうまでもなく利潤率とは異なる。トゥガンは、マルクスの剰余価値論を否定して企業家や俗流経済学者の見解が完全に正しく、その立場を全面的に支持すると主張する[7]が、それは、彼自身が文字通り、上記の論理系譜上に位置し、その流れに竿をさす論者だからである。トゥガンは現象を本質と見誤り、この両者の違いを理解できなかったのである。

ところで、この論理段階では直接には関わりないが、C＋V＋Mの費用価格＋利潤への転形はきわめて重要な経済学的意味を含んでいる。商品価値が費用価格＋利潤に転化するということは、利潤を得ながら商品を価値以下で販売する可能性をあたえる（なぜなら費用価格で資本支出が補塡されるから）という点である。利潤率を変動させる諸要因の解明は、資本が費用価格を補塡した後で、商品を価値以下にいかに販売しうるかを明らかにすることだからである。「相異なる諸部面における同等量の資本支出にとっては、生産される価値および剰余価値がどのように異なろうと、費用価格は同一である。このように費用価格が同一だということが、資本の投下競争の基礎をなすのであって、この競争によって平均利潤がうみだされるのである。(8)」つまり利潤の平均利潤への転形である。その結果、商品価値は費用価格＋利潤ではなく費用価格＋平均利潤になるということ、そして後者が生産価格と呼ばれる。このように商品価値が生産価格に転形した場合、ある商品は価値以上に他の商品は価値以下に評価されることになろう。そうだとすれば、価値法則はどのような形態で貫徹するのだろうか。それぞれの生産部面における商品の価値の生産価格からの背理はプラスとマイナスが相互に相殺し合い、したって総商品価値＝総生産価格、総利潤＝総剰余価値という形で価値法則は貫徹するのである。(9)しかし、トゥガンはこのことをまったく理解していないのである。

商品価値の費用価格＋利潤への転形は、資本家的意識にとっては、剰余価値は投下総資本から生まれるかのような錯覚を抱く。しかしその場合、剰余価値はもはや剰余価値ではなく、利潤に転形しているのであり、そして資本が関心をもつのは、総資本に対する利潤量の比率、つまり利潤率だけである。だから資本はたえず利潤率を高める方法を講じるであろう。労働生産性の向上はそのもっとも有力な方法の一つである。上記の如く資本の価値構成 C＋V＋M を認めず、したがって「可変資本（V）→剰余価値（M）」を拒否するという、トゥガンの分析視角からすれば、資本の技術的構成を価値構成と見直したものである資本の有機的構成の高度化を理解できないのも当然のことであり、したがってまた、彼が労働の生産性の向上に伴う「労働価値説―剰余価値論―資本の有機的構成の高度化説―利潤率の傾向的低下の法則」というマルクスの所説を全否定するのも至極当然のことである。

しかし、労働生産力の発展は資本の有機的構成 c/v を高度化せしめる。資本の有機的構成の高度化は資本が素材的に「生産手段と生きた労働に分かれる割合」つまり資本の技術的構成を価値構成として見直したもの、「資本の技術的構成によって規定され、その変化を反映する価値構成である」(10)とみなされる。したがって資本の有機的構成の高度化は労働の生産力の発展、資本の技術的構成高度化を基本的内容とする可変成分を犠牲にしての不変成分の増大、つまり「生きた労働」の相対的減少でなければならない。「生きた労働」こそは価値を創造するものであり、剰余価値＝利潤の唯一の源泉をなす。「生きた労働」の不変資本Ｃや総資本 Ｃ＋Ｖ に対する相対的減少は、基本的には剰余価値＝利潤のＣや Ｃ＋Ｖ に対する相対的減少であり、それゆえ利潤率 m/(c＋v) の低下を意味する。利潤率の低下は、資本の加速度的蓄積につれて利潤率の分母をなす資本量が増大するのに対して、分子の剰余価値量が比例的に増大するか否かに依存するが、この資本増大は単に量的変化であるばかりでなく、資本の有機的構成の高度化という「質的変化」を必ず伴い、それゆえ剰余価値の唯一の源泉をなす剰余価値量もまた相対的に減少せざるをえず、したがって、利潤率の低下を必然化せしめる(11)。

二　利潤率の傾向的低下の法則と従来の経済学説

周知のように、マルクスは『資本論』第三部第三篇で「利潤率の傾向的低下の法則」を論じているが、そこでは、この「法則」について次のように述べている。

「これまでの説明ではこの法則はまったく簡単なようであるが、後の篇から見てとれるように、これまでの経済学はどれもこれもこの法則を発見することはできなかった。経済学はこの現象を見て、それを解明しようとするいろいろな矛盾した試みをやって苦労した。しかし、資本主義的生産にとってこの法則は大きな重要性があるのであって、アダム・スミス以来の全経済学はこの法則の不可解さの解決をめぐって旋回していると言ってよいのであり、また、アダム・スミス以来のいろいろな学派のあいだの相違はこの解決のための試みの相違にあるとも言えるのである。しかし他方、従来の経済学は不変資本と可変資本との区別を手探りはしたが、それを明確に定式化することはけっしてできなかったということ、また、剰余価値を利潤から切り離して示したこともないし、利潤一般をそのいろいろな互いに独立化された成分――産業利潤、商業利潤、利子、地代――から区別して純粋に示したこともないということ、また、資本の有機的構成の相違を、したがってまた一般的利潤率の形成を徹底的に分析したことがないということ、――こういうことを考えてみれば、従来の経済学がこの謎の解決に一度も成功しなかったということも、少しも謎ではなくなるのである。(12)」

これまでの経済学は、資本の蓄積が進むにつれて利潤率が次第に低下するということは事実としては把握していたのであるが、剰余価値を利潤から切り離して理論的に把握できなかったこと、したがってまた剰余価値の唯一の源泉である可変資本(V)を不変資本(C)から区別して把握することもできなかったのであり、その区別の上に成り立つ資本の有機的構成 c/v もまた析出できるはずがなかったのである。かかるマルクスの批判は、スミス、リカウド以来のすべての経済学者、ことに俗流経済学者やその信念に共感し彼らの見解を完全に正しいと主張するトゥガンの見解に対しても全面的に当てはまるであろう。さらにマルクスは一般利潤(率)の形成について次のように述べている。

「われわれがここで利潤と言っているものは、ただ剰余価値そのものの別の名まえでしかないのであって、ただ、この剰余価値がその源泉である可変資本に対する関係においてではなく総資本に対する関係において示されているだけである。だから、利潤率の低下は、前貸総資本に対する剰余価値そのものの割合の低下を表している。(13)」

以上の如くトゥガンは俗流経済学者とまったく同様に、剰余価値を利潤から切り離し理論的に把握できなかったのである。だから剰余価値の唯一の源泉である可変資本を不変資本と区別することができなかったし、剰余価値を可変資本に対する関係において理解できなかったのである。したがって利潤を剰余価値の総資本に対する関係において理解することなどできるはずがなかったのである。彼の新利潤論は剰余価値の否定のうえに定立したものであり、剰余価値論なき利潤論ということができよう。

上述のように、トゥガンは労働価値説から出発しているかの如く主張しているが、すでにはじめから、労働価値説を否定しており、生きた労働すなわち労働（力）の価値と過去の価値すなわち生産手段の価値とには差異はなく、両者は完全に等しいと理解している。彼は剰余価値を否定して利潤に解消してしまっているのである。つまり彼は価値・剰余価値視点からではなく、もっぱら素材・使用価値視点から利潤の形成を説いているのである。したがって、その利潤は資本の不変部分からも可変部分からもまったく同様に産み出されるというわけである。それによって彼は、資本の価値構成、資本の有機的構成を否定し、その否定のうえにそれと必然的関連性をもつ利潤率の傾向的低下の法則をも拒否したのである。

なぜならば、トゥガンが否定した不変資本と可変資本の区別は価値形成または価値増殖の視点から見た区別であるが、上述の如く、トゥガンはもっぱら素材視点から生産手段（P）＋賃金（A）＋利潤（R）に分割したのであり、結局、資本の価値形態の相違性は単なる量的な区別、すなわち流動資本と固定資本とに区別される。この区別は資本価値の回転側面から捉えたものであるが、資本は一生産期毎に価値回収される資本と、一定の生産期にわたって価値回収される資本とに分かれる。前者が流動資本であり後者が固定資本である。固定資本は不変資本のうち固定設備部分から成り、流動資本は可変資本と原料などの不変資本部分から成る。可変資本は流動資本と同一視され、労働力が唯一もつ価値形成または価値増殖機能は否定され消え去ってしまう。原材料――流動資本――は固定設備・機械と同じ生産手段であり、同一である。かくて労働者――賃金＝流動資本――も固定設備・機械も原材料と価値において等しく同じ役割を果たす、ということになる。

マルクス以前の経済学者と同様に、トゥガンも経済学的諸範疇およびその批判においてきわめて不徹底であり、無理解でさえあった。彼は剰余価値を利潤から区別して明確に把握しようとはしなかったのである。そのために剰余価値の生産という点から見た資本の区別すなわち不変資本（C）および可変資本（V）の区別を把握することができなかった。だから彼はこの区別の上に立ってはじめて析出される利潤についても、それが剰余価値の総資本（C＋V＋M）に対する関係において理解することなどできなかったし、それと必然的に関連する資本の有機的構成（c/v）などということも把握できるはずがなかったのである。したがって資本の有機的構成の相違、したがってまた、一般的利潤率の形成を徹底的に分析・解明することなど思いもよらなかったのである。

　このように労働価値説からはマルクスの「剰余価値論」も「利潤率の傾向的低下の法則」も出てこない、というトゥガンの主張は、明らかに無理解ないし曲解である。あたかも彼は労働価値説を理論的な分析基準に据えて「剰余価値論」や「資本の有機的構成の高度化説」や「利潤率の傾向的低下の法則」を分析的に否定したかのように説いているが、そもそもはじめから彼は労働価値説を理解できていないのである。すでにマルクスの労働価値説を捨て去っているのである。だから、彼の「否定の論理」は、「労働価値説の論理的帰結」ではなく労働価値説からの逸脱の結果、あるいはその拒否・歪曲の論理的帰結として「剰余価値論」や「資本の有機的構成の高度化説」や「利潤率の傾向的低下の法則」の全的否定を結論づけたにすぎないのである。また、ここでは、企業家の「確信」や彼らに対する俗流経済学者の「同情」やらを披瀝しながら、彼もまた「われわれは利潤の創出に関して生きた労働と過去の労働との間に差異はないとする俗流経済学者の見解と一致する」と述べた後、マルクスではなく彼（俗流経済学者）らが「完全に正しい」と断定する。このようにマルクスの所説を拒否することによって彼は俗流経済学者の仲間入りを宣言し、その理論的立場を鮮明にしたのである。繰り返すが、彼は次のように述べている。

「生産手段は、生産過程においても、利潤の形成においても、労働者とまったく同じ役割を果たすのである。機械は、現代の経済条件のもとでは、労働者とまったく価値が等しい。機械が労働者と同じように使用価値をつくり出し、同程度に利潤率に影響を与える。[14]」「われわれが展開した利潤理論は、労働価値説〔?〕とも、限界効用説とも、りっぱに一致する。これはいかなる価値理論にも依存していない。われわれの分析は労働価値説から出発したが、それにもかかわらず、われわれが達した結論は、生きた労働が利潤形成の過程において果たす役割は、過去の労働、すなわち生産手段が果たす役割とまったく同じだというものである。この結論は、限界効用説と完全に一致する。かくして、われわれは利潤理論を価値理論とのあらゆる関連から解放したのである。(15)」

トゥガンは、「『利潤率の傾向的低下の法則』は真の法則ではない。マルクスはこの法則を労働価値説によって根拠づけているが、それは論理的な誤謬に基づくものである。正しく理解するならば、労働価値説は逆に、この法則の根拠薄弱を証明している。したがってこの『法則の内的諸矛盾の展開』に関するマルクスの考察のすべてが的外れである。マルクスが仮定した資本の過剰生産は現実的な意義をもたない。マルクスが特徴づけた資本主義的生産の諸限界もやはり現実に存在しない(16)。」と論断されたが、しかし労働価値説が「根拠薄弱を証明した」のは、労働価値説を拒否し、いかなる価値理論からも自由の身となって限界効用説と完全に一致するに至ったトゥガン自身の所説である。

以上の如く剰余価値と利潤、剰余価値率と利潤率とを混同し、かつ資本の有機的構成——その相違——を把握することができなかった従来の経済学が、また俗流経済学と完全に一致するというトゥガンの見解が、一般的利潤率の形成——その傾向的低下の謎——を解きえなかったのは至極当然だったといえる。

トゥガンは、彼の展開した利潤論がいかなる価値論にも依存していないと述べ、労働価値説からの完全な解放を主張したのであるが、彼の誤りは上記のマルクスの学説と異なり、利潤の形成を価値・剰余価値視点からではなく、もっぱら素材・使用価値視点からのみ捉えたという点にある。そこから必然的に誤った論理——新たな利潤論——を導き出したのである。すなわち、生産過程における機械と労働者との「役割の同一性」、したがって両者の「価値の同一性」を主張し、その論理的帰結として彼は使用価値の形成、利潤の生産における機械と労働者との同等性・同一性を導き出したのである。剰余価値形成論なき利潤形成における機械と労働者との同一性こそは、トゥガンが展開した利潤論の核心である。したがってそこからは当然、「われわれが展開した利潤理論は限界効用学説とも完全に一致するし、いかなる価値理論にも依存していない」ということになるわけである。なお、当該箇所では「労働価値説とも限界効用学説とも一致する」とあるが、文脈からみても「労働価値説とも……一致する」は誤記ではなかろうか。それとも彼の理解する「労働価値説」とは新利潤論とも、限界効用学説ともりっぱに一致する、そのような内容のものであろうか(17)。

このように、トゥガンはマルクスの労働価値説を拒否し、価値・剰余価値論を放逐したうえで、利潤の形成における機械と労働者との同一性を主張することによって、彼独自の、新たな利潤論を展開したのである。そのことは、彼が剰余価値を利潤から区別できなかったということ、したがって剰余価値の生産という価値視点から不変資本Cと可変資本Vの区別、この区別のうえに立ってはじめて析出可能となる資本の有機的構成 c/v をも把握できなかったということである。だから資本の有機的構成の高度化も、またそれと必然的に関連する利潤率の傾向的低下の法則も導き出すことはできようはずがなかったのである。それは文字通り、彼にとって『資本論』の理論からの完全な解放を意味するものであった。

さて、トゥガンは既述の如く独自の論理の組立を前提条件として「以下検討する再生産表式」の作成を試みたわけであるが、それはマルクスの再生産表式とどのように関連するのか、肯定的かつ継承的であるか、それとも拒否的かつ否定的であるかが問われなければならない。トゥガンはその作成にあたって以下の如く述べている。が、そのまえにいくつかの理論的前提を明らかにしておかねばならない。

（1） *Studien zur Theorie*, S. 18. 訳二六頁、S. 228. 訳二四四頁。
（2） a. a. O., S. 207. 訳二二三頁。
（3） a. a. O., S. 228. 訳二四三—二四四頁。
（4） a. a. O., S. 18. 訳二六頁。

（5）a. a. O., S. 18. 訳二二六頁。
（6）a. a. O., S. 228. 訳二四四頁。
（7）a. a. O., S. 208. 訳二二四頁。
（8）*Das Kapital*, III, S. 168. 訳一九五頁。
（9）a. a. O., S. 189. 訳二二六—二二七頁。
（10）*Das Kapital*, I, SS. 657-658. 訳八一八—八二〇頁。
（11）*Das Kapital*, III, S. 223. 訳二六七—二六八頁。
（12）a. a. O., SS. 223-224. 訳二六八頁。
（13）a. a. O., SS. 227-229. 訳二七二—二七五頁。
（14）*Studien zur Theorie*, S. 225. 訳二四〇頁。
（15）a. a. O., S. 226. 訳二四一頁。
（16）a. a. O., SS. 229-230. 訳二四五—二四六頁。
（17）a. a. O., S. 226. 訳二四一頁。
＊ヒルファディング「ベーム＝バウエルクのマルクス批判」（玉野井芳郎・石垣博美訳『マルクス経済学研究』法政大学出版局、一九六八年、所収）を参照されたい。

第三節　トゥガンの恐慌・産業循環論の基本的論理——再生産の均衡諸条件と社会的生産の均衡的配分

一　マルクスの再生産表式の概念構成——マルクスの再生産表式の全的否定

まず、トゥガンの再生産表式の検討に先立って、その前提となるマルクスの再生産表式についていえば、社会的総生産物（W'）を価値視点から不変資本（C）＋可変資本（V）＋剰余価値（M）の三部分分割構成に、素材視点からは社会的総生産の生産手段生産部門（第一部門）と消費手段生産部門（第二部門）とへの二部門分割とされる。この場合、不変資本（C）の価値部分は生産手段の価値が生産物のうちに移転・再現されたものを意味し、これに対して可変資本（V）＋剰余価値（M）の価値部分は労働によって新たに生産された価値部分を意味する。このような方法的観点から社会的総生産物の相互補塡・相互転態を一望の下に明らかにしたのが、マルクスの再生産表式である。トゥガンの再生産表式は後述するが、彼の恐慌・産業循環論の理論的前提となる基本的な分析視点はどのようなものであろうか。トゥガンは生産物の価値を不変資本、可変資本および剰余価値に分割せずに生産手段、賃金および利潤に分割するのである。が、それは、彼が不変資本と可変資本とへの資本の分割・区別の意義を理解していないか、まったく必要としていないか。そのいずれかということである。しかし肝要なのは商品（商品資本）の価値構成 C＋V＋M が単に個々の商品の再生産様式を表すだけでなく、同時にまた社会的な商品の再生産様式を表すものであるということである。

商品（商品資本）の価値構成 C＋V＋M はその使用価値の具体的形態、例えば繊維、機械、燃料等とほとんど一致しない。いうまでもなく使用価値は価値の担い手ではあるが、価値視点からいえば、Cは生産手段を必要とし、Vは生活手段に転換されるべきものであり、そしてMは、単純再生産の場合にはすべてが生活手段にふりむけられ、拡大再生産の場合には一部分が生産手段に転換し、一部分が生活手段にふりむけられるであろう。資本主義的生産の発展にしたがって社会的分業が拡大し、細分化・専門化するにつれて個々の商品（＝使用価値）生産にとって必要とされる生産手段と生活手段の現物補塡がそれだけ他の個別資本の生産に依存せざるをえなくなり、使用価値の具体的形態＝現物と価値との齟齬がますます大きくなるであろう。資本の再生産を維持するためには、商品資本の価値 C＋V＋M をそれに対応する使用価値＝現物で補塡しなければならない。

しかし商品が価値通りに実現されないとすれば、資本の再生産に必要な生産手段や生活手段が入手できなくなるし、資本が社会的な平均水準――社会的平均的な資本価値――で再生産を継続することは不可能になるだろう。商品価値の水準は一定ではなく、むしろたえず変動するからである。個別資本が社会的平均的な資本価値をもって再生産を維持するためにはその商品価値を価値水準の変動に対応しうるようにしておかねばならないであろう。このように資本の再生産を維持するには、資本の価値 C＋V＋M に使用価値＝現物補塡が適応しなければならず、しかもたえず一定の価値水準において補塡されなければならないのである。この点にこそ資本主義的生産様式のもとにおける再生産の基本的条件がある。しかし後述するが、トゥガンの見解にはそうした論点はまったく欠落している。

二　トゥガンの再生産表式の理論的基礎(1)

資本が価値増殖を行うために順調に循環的な再生産の運動を維持していくには、個別資本の再生産だけではなく、社会的総資本の再生産が可能でなければならない。したがって、C＋V＋M という価値構成は社会的総資本の再生産過程をも説明できるのである。そしてそのことが資本主義的生産様式の内的構造を全体像として把握し解明することに結実していく。しかしトゥガンは資本の価値構成 C＋V＋M を否定することによって、この肝心要の基本的原則＝分析視角を放逐してしまったのである。再生産の表式的展開にあたって、彼はマルクスの概念構成とはまったく異質の、根本的に対立する概念装置を設定することになる。しかし、そうしたものとしての再生産の表式的展開からは資本主義的生産様式の内的構造を全体像として分析的に解明することなどできるはずがないであろう。トゥガンは価値法則が生産過程の分析を媒介して C＋V＋M に具体化し、次いでこの C＋V＋M が、いわゆる俗流経済学には出発点として役立つ現象形態（競争のうちに現れる形態）、つまり生産価格に転化し利潤も平均利潤化することについて理解できなかったのである。そもそも彼の出発点は価値法則を否定することから始まったのである。トゥガンは再生産過程＝価値増殖過程における資本の機能の本質的差異性を理解できず、その現象形態である生産手段（P）＋賃金（A）＋利潤（R）を本質的な、正しい関係であると誤って理解されたのである。現象と本質とを見誤ったのである。

さらに彼は、平均利潤＝生産価格形成の論理段階における資本の価値形態、すなわち生産手段＋賃金＋企業者利得＋利子なる現象形態を本質的な、正しい関係であると見誤ったのである。

社会的総資本は生産手段生産部門と消費手段生産部門の二大部門に分割され、商品（商品資本）の価値はC＋V＋Mの構成をとる。社会的総資本の再生産過程を分析的に検討するには、さらに「社会的労働の配分、労働生産物の相互補足・素材転換、社会的な連動装置への従属や挿入」を具体的に展開することである。

こうしてC＋V＋Mの価値構成が同時に社会的総資本の再生産過程の基礎規定であることが明らかになる。その場合には、この価値構成は個別資本価値のたえまない運動を表現するだけでなく、その運動が社会的総資本の運動の一環として保証されていることを証明することになろう。これこそが「生産の偶然的な動揺のただ中で、生産の社会的均衡を成就する」「盲目的自然法則」としての価値の法則を意味するのである(1)。

社会的総資本の再生産過程をC＋V＋Mという価値構成を規定的条件として解明することは、まさに資本の内的本性、または内的法則としての価値法則の貫徹形態を具体的に明らかにすることになる。そして、そうした資本の内的法則の解明のうえに立って、『資本論』冒頭の価値一般の抽象的規定性は、生産価格へと具体的に展開することができるのである。商品の価値構成C＋V＋Mをめぐる個別資本および社会的総資本の再生産過程分析は、一方において『資本論』冒頭の価値の抽象的規定をまさに体系理論として生産価格論へつなぐ媒介環であると同時に、他方において、社会的生産力の歴史的発展を基盤とする「社会的労働の配分、労働生産物の相互補足・素材転換、社会的な連動装置への従属や挿入」を具体的に明示する体制理論であるがゆえに、それは資本の歴史的発展過程をも反映することができるのである(2)。

トゥガンは生産物の価値を不変資本C、可変資本V、剰余価値Mに分割することを拒否した。むしろ彼の場合、かかる分割＝価値構成それ自体、労働価値説・剰余価値論を基礎としない彼の利潤論からすれば根本的に間違っているということになるであろう。彼によれば剰余生産物の創出については人間の労働力と死んだ労働手段とにまったく違いはないのであり、どちらも同等に剰余生産物を生産する。だから剰余生産物・剰余価値の生産においては両者の役割・価値はまったく同等・同一であると主張する。トゥガンにあっては、工場・機械・原材料などに投下された不変資本部分も賃金に投下された可変資本部分とまったく等しく利潤・剰余価値を生むというわけである。だから生産物の価値は不変資本(C)、可変資本(V)、剰余価値(M)に分割してはならず、生産手段(P)、賃金(A)、利潤(R)に分割しなければならないのである。そしてこの点こそが、トゥガンによれば「『現代』資本主義的経済様式の本質」であり、その基礎のうえに彼の再生産表式論と利潤論とが展開されるのである。彼の利潤論が、マルクスの労働価値説を否定し剰余価値・利潤論を拒否したうえに新たに展開されたものであることが容易に理解できるであろう。

三　トゥガンの再生産表式の理論的基礎(2)——新利潤論＝生産手段(P)＋賃金(A)＋利潤(R)——トゥガンの再生産表式の基本的論理(1)

トゥガンは次のように述べている。「この利潤理論〔トゥガンの利潤理論〕は、……社会的生産物の実現の理論と、完全に一体をなすものである。この両理論の基礎となっているのは、資本主義的経済様式は労働者と労働手段とを同等視する、という認知である。労働者と生産手段とは、資本主義的観点からすれば、完全に等価である。その点にこの経済様式の本質がある。[3]」

このように、トゥガンは労働価値説からの完全な独立を宣言し、価値・剰余価値論を拒否したうえに立って、肝要なことは「労働者と労働手段とを同等視する[4]」ことであり、実際学・俗流経済学者と同様にそれを認知することである[5]、と強要するのである。そして彼は「その点こそが現代資本主義的経済様式の本質である[6]」と主張する。こうしてトゥガンは彼の再生産表式論がマルクスのそれと根本的に異なる新たな理論的展開——社会的生産物の実現の理論

――を示したものである点を誇示するのである。

このトゥガンの「独創的」見解はマルクス経済学体系の根本的否定であり、『資本論』の理論からの完全な独立・解放、無際限の逸脱である。マルクス経済学体系の完全な否定のうえに立脚するこのような独自の理論がトゥガンの再生産表式の理論的前提であり、その展開方法であり、かつその分析的内容を特徴づける理論的基礎となるものである。後述するように、ヒルファディングがマルクスの再生産表式に照らしてトゥガンの「表式」に関する所説を「狂気の沙汰」であると述べたのも、そうしたトゥガンの再生産表式展開の理論的特質を鋭く摘出できたからである。

トゥガンは、既述の如く「以上の理論〔マルクスの理論〕に対する批判は、それ自体のなかに、マルクス経済学体系の最も重要な基礎に対する批判を含むものである。(7)」とまえおきしたうえで、上述のような展開方法・分析視点から恐慌分析において生産と消費の矛盾を認めず、生産に対する消費の制限を完全に否定し去ったのである。後述するが、周知の如く彼は独自の再生産表式を展開し、そこから次のような結論を導きだした。まずその結論部分から提示してみよう。

「資本主義経済全体を表式的に研究するならば、『販路は社会的消費の大いさによって定まりはしない』という結論に必ず到達する。社会的生産は、単に消費物のみならずまた生産手段の中にも存する。もし機械が労働者にとって代わるならば、当然消費財の社会的需要は減少する。しかしそのかわりに、生産手段の需要が増大する。同様に、資本家の所得が資本家によって消費されるかわりに資本に転化されるならば、消費財需要の減少と、そのかわりに生産手段需要の増大がおこる。一般的法則として社会的生産が均衡的に配分されているならば、消費のなんらの減退も消費財需要の減退も、市場において需要に対する供給の過剰をひきおこしえないのである。(8)」「このようにして、社会的生産の均衡的配分がありさえすれば、いかに消費の減退があろうとも、需要と供給との間の均衡は存続する(9)」。では、彼が「社会的生産の均衡的配分……需要と供給との間の均衡的配分……」という場合、その「社会的生産の均衡的配分」とは何か。それはいかなる意味内容のものだろうか。

四　社会的生産物の実現の論理と社会的生産の均衡的配分——トゥガンの再生産表式の基本的論理(2)

トゥガンは「社会的生産の均衡的配分がありさえすれば、いかなる消費の減退も消費財需要の減退も需要に対する供給の過剰をひきおこしえない(10)」「需要と供給との間の均衡は維持される(11)」と主張する。この点に関説して松石勝彦氏は「トゥガンは前もって表式上の均衡を前提にしておいて、その上で一方の減退は他方の増大によってカバーできればと、アプリオリに仮定し、そして社会的総需要の減退、生産物の過剰、販路の不足はおこらないと結論する(12)」と述べている。それはまさしく正鵠を射たものである。しかし「表式上の均衡……」という場合、それはマルクスの再生産表式上の均衡を意味するのであろうか。そうではないであろう。なぜなら、トゥガンはマルクスの再生産表式を拒否しているからである。マルクスの表式は社会的総生産物を生産物の現物形態にしたがって①生産手段、②消費手段の二部門に分割し、各部門の生産物を価値構成にしたがって①不変資本、②可変資本、③剰余価値の三部分に分割するという二部門分割と価値構成 C＋V＋M の三部分分割を基礎的な範疇として形成されたものである。この各構成部分相互の価値・素材補塡の運動から、拡大再生産の基本条件＝部門間の均衡条件 I（V＋Mv＋Mb）＝ II（C＋Mc）が析出されるのである。トゥガンはこの各構成部分相互の価値・素材補塡の運動を拒否し、したがって再生産の基本的条件＝部門間の均衡条件 I（V＋Mv＋Mb）＝ II（C＋Mc）を否定したのである。彼は独自の再生産表式を作成して、マルクスの概念構成を拒否し再生産表式を放逐し去ったのである。

トゥガンの表式の特徴は、詳しくは後述するが、「三部門分割と三部分分割」、すなわち、①生産手段、②労働者用消費資料、③資本家用消費資料の三部門分割と生産手段（p）、賃金（a）、利潤（r）の三部分分割に置き換えて作成している点である。一見似通った形式を採ってはいるが、内容的には根本的に異なり、その形式もまったく似て非なるものである。トゥガンの表式の場合、生産物の生産においては価値視点すなわち不変資本（c）＋可変資本（v）＋剰余価値（m）は排除され、素材視点すなわち生産手段（p）＋賃金（a）＋利潤（r）に置換される。したがって、生産物の生産において不変資本（c）と可変資本（v）は、生産手段（p）と賃金（a）とに置換されたうえで費用として一括され、生産物の同じ役割を果たすと同様に、その価値も同等であり、まったく同じ物であると規定される。不変資本（c）＋可変資本（v）が費用として一括されると、資本はただ回転側面において流動的な資本と固定的な資本に区分されるだけとなる。可変資本は原材料と一括りにされ、流動資本として規定される。かくして可変資本＝労働力の生みだす剰余価値は否定され、可変資本は賃金として労働に対する費用とみなされる。不変資本＝生産手段と同様、可変資本＝賃金は生産物の生産費、つまり費用となり、費用価格をあらわし、費用価格を超える部分が利潤とされる。この理論こそは、トゥガンの見解「生産手段（p）＋賃金（a）＋利潤（r）」である。

生産物の生産に投資された資本（c＋v）がすべて費用で一括され、その資本機能も価値も同等であり、同一であるとすれば、投下資本は貨幣も生産手段も賃金（労働者）も同じ機能、同じ役割、同じ価値を有する資本として一括される。こうして貨幣（g）―生産手段（p）―賃金（a）の転態、およびその逆の転態はなんら制限も困難もなく行われうる。したがって再生産過程における部門内転態はもちろんのこと、部門間の均衡諸条件もなんの困難もなく維持されることになる。この観点からトゥガンの「機械による労働者の無際限の代替可能性[13]」の論理が導出される。

この論理系譜上にトゥガンの再生産表式上の均衡が措定される。表式上、所与の、生産と消費の一定の関係＝比例関係が設定され、それを前提にすれば、一方での消費・労働者の減少＝絶対的減少は他方での生産・機械の一定の増大が照応する。それはまた一方における消費財生産部門の一定の縮小が、他方における生産財生産部門の照応的拡大を伴うものである。この消費の一定の減少という、消費の一定水準が、この一定水準に照応する生産の水準・生産の状態、したがって無際限の生産の拡大可能性を表すものとなる。この二側面の照応的関係が、部門間の均衡関係つまり均衡を意味するのである。だからこそ、トゥガンは「このようにして社会的生産の均衡的配分がありさえすれば、いかに消費の減退があろうとも、需要に対する供給の過剰を起こしはしない[14]」「需要と供給との間の均衡は維持される[15]」と主張するのである。

この論理系譜上に資本の蓄積運動が展開されるが、蓄積はすべて第Ⅰ部門の不変資本に向けられ、追加的可変資本はゼロである。利潤のうち一部は資本家個人の消費に当てられるが、残りは蓄積に向けられ、そのすべてが追加的不変資本となり、蓄積部分の資本構成は無限大となる。第Ⅱ部門の利潤のうち一部は第Ⅰ部門と同様に、資本家の個人的消費に当てられ、残りは蓄積に向けられるが、そのすべてが追加的生産手段に用立てられ、追加的可変資本はゼロであり、追加的労働者の雇用にはまったくなにもない。しかも既存資本のうち可変資本は絶対的に減少する。加えて蓄積部分はすべて追加的不変資本になるが、それらはすべて第Ⅰ部門の不変資本の増大に向けられる。こうした論理の必然的結果として、次のような結論が導き出される。すなわち「『消費物の需要が減少するならば、生産手段の使用は何になるか』と疑う人があるかもしれない。これに対する解答は困難ではない。この場合生産手段はますます新しき生産手段の生産に用いられるであろう。一人だけを残して他のすべての労働者が機械によって排除されたとしよう。この場合この唯一の労働者は莫大な量の機械のすべてを運転し、これを以て新しい機械と資本家消費物とを生産するであろう。労働者階級は消滅しても資本主義的産業の生産物の売りさばきには大した関係はない[16]。」「社会的生産の均衡的配分さえあれば、社会的消費の減退はなんら生産過剰を起こしえない[17]。」それは極端ではあるが、トゥガンの理論からすれば、何ら異常でもなければ、狂気の沙汰でもない。むしろそれは彼自身の再生産論分析の驚嘆に値すべき論理的帰結であろう。トゥガンの再生産表式の概念構成はこうした理論的基礎のうえに形成、展開されているのである。

（1）*Das Kapital*, III, SS. 887–888. 訳一一二五頁。
（2）a. a. O., SS. 887–888. 訳一一二五頁。
（3）*Studien zur Theorie*, SS. 228–229. 訳二四四頁。
（4）a. a. O., S. 228. 訳二四四頁。
（5）a. a. O., S. 228. 訳二四四頁。
（6）a. a. O., S. 228. 訳二四四頁。
（7）a. a. O., S. 207. 訳二三二—二三三頁。
（8）*Les Crises*, SS. 217–218. 訳二一七頁。
（9）a. a. O., SS. 220–221. 訳二二〇頁。
（10）a. a. O., S. 217. 訳二一七頁。
（11）a. a. O., S. 220. 訳二二〇頁。
（12）a. a. O., S. 220. 訳二二〇頁。
（13）a. a. O., SS. 216–218. 訳二一五—二一八頁。
（14）a. a. O., S. 217. 訳二一七頁。
（15）a. a .O., S. 220. 訳二二〇頁。
（16）a. a. O., SS. 215–216. 訳二一五—二一七頁。
（17）a. a. O., SS. 217–218. 訳二一七頁。

第二章　トゥガンの再生産表式論の検討

第一節　トゥガンの再生産表式(1)——マルクスの再生産表式の全的否定

繰り返すことになるが、トゥガンは再生産表式の作成にあたって、基本的な分析視角を次のように提示している。「私は通例のマルクスの用語法（不変資本、可変資本、剰余価値）を用いない。というのは、私はマルクスの剰余価値説を基礎としていないからである。私の考えでは、剰余生産物——したがって資料——の創出については人間の労働力と死んだ労働手段とにまったく違いがない。われわれは、機械にも可変資本として人間労働力と同じ権利を与えるべきである。どちらも剰余生産物を生産するからである。[1]」同じことであるが、「序でに言及しておきたいが、マルクスの用語法もまた排斥されねばならない。われわれは労働力を可変資本、生産手段を不変資本と呼ぶことはできない。なぜなら、二種類の資本はどちらも共に、生産過程と剰余生産物の創造において、同じ役割を果たすからである。資本を可変と不変に完全に分割することは排除されなければならない。[2]」

ここでは価値視点と使用価値視点とが混同されており、価値視点が使用価値視点に一面的に解消されてしまっている。彼はもっぱら使用価値視点から理論を展開していくことになる。

トゥガンはマルクスの「用語法」を用いないといわれるが、それは単なる用語の好みの問題ではなく、マルクスの再生産表式の基本原理・構成原理そのものを拒否するという意味である。すなわち、トゥガンにあっては剰余価値の生産ではなく「剰余生産物の創出」であり、使用価値と価値の二要素からなる商品・商品資本の生産ではなく「資料の創出」なのである。だから「(その)創出については人間の労働力と死んだ労働手段とにはまったく違いがない(3)」「同じ役割を果たす(4)」のである。だからまた「労働力を可変資本、生産手段を不変資本と呼ぶことはしない(5)」、「機械にも可変資本として人間労働力と同じ権利を与えるべきである(6)」というわけである。しかし、それは明らかなすり替えである。このようにトゥガンはマルクスの基本原理を否定したうえで彼独自の「再生産表式」を提示したのである。立論の出発点において、すでに、それはマルクスの再生産表式論とはまったく異質のものであり、両者に共通の価値基準ははじめから存在しないのである。この点をまず確認する必要がある。

マルクスの再生産表式

I. 不変資本c＋可変資本v＋剰余価値m＝W'_{I}

II. 不変資本c＋可変資本v＋剰余価値m＝W'_{II}

トゥガンの再生産表式

I. 生産手段p＋賃金a＋利潤r＝W'_{I}

II. 生産手段p＋賃金a＋利潤r＝W'_{II}

III. 生産手段p＋賃金a＋利潤r＝W'_{III}

ヒルファディングの再生産表式

I. 不変資本c＋可変資本v＋剰余価値m＝W'_{I}

II. 不変資本c＋可変資本v＋剰余価値m＝W′ᴵᴵ

以上の諸論点から明らかなように、トゥガンはマルクスの価値・剰余価値論を徹底して排除・拒否したことである。つまり、論理的筋道として彼は労働価値説を完全に否定したうえで、剰余価値説を拒否したのである。それは同時に、マルクスの利潤論をも拒否したことを意味する。すなわち、トゥガンの利潤論はその基礎にある剰余価値論を否定することによって、剰余価値論なき利潤論であり、したがってそれは、剰余価値論を基礎にしてはじめて展開されうるマルクスの利潤論とは似て非なるものといわざるをえない。トゥガンの再生産表式は、以上の問題視角から導出された彼独自の表式であり、マルクスの表式との関連においては三部門構成と二部門構成との単なる形式上の違いにすぎないとか、単なる用語（記号）の違いだけであるとかではなく、本質的な、根本的な違いを意味し、まったく異質のものである。

このように、トゥガンの再生産表式はマルクスの再生産表式（上記ヒルファディングの再生産表式も同様）とは根本的に異なるものである。彼の表式は、既述の如く『現代』資本主義的経済様式の本質」、つまりその「根本原理」によってマルクスの労働価値説からの完全な解放のうえにたってはじめて導出されうるものである。が、それは、一方では剰余価値論を拒否し、したがって、その基礎のうえに成立する利潤論を否定し去ることによって、彼独自の利潤論を展開すると共に、他方それと一体的なものとしての社会的生産物の実現の理論を関係づけるという二側面の結合されたその線上に措定されたものである。マルクスの再生産表式は「社会の総生産物を、生産物の現物形態にしたがって、①生産手段、②消費資料の二部門に分割し、各部門の生産物を価値構成にしたがって、①不変資本部分、②可変資本部分、③剰余価値部分の三部分に分割する、二部門分割と価値構成（c＋v＋m）三部分分割を基礎的な範疇として形成されている(7)が、このマルクスの「再生産表式」に対して、トゥガンの表式の特徴は、上述の如く「三部門分割と三部分分割」、すなわち、①生産手段、②労働者用消費資料、③資本家用消費資料の三部門分割と生産手段（p）、賃金（a）、利潤（r）の三部分分割に置き換えて作成している点である。(8) 一見似通った形式を採ってはいるが、内容的には根本的に異なり、その形式もまったく似て非なるものであることがわかる。

トゥガンの再生産表式については、再生産論におけるマルクスの分析視角との本質的差異性を無視して直接的・無媒介的にこの二つの再生産表式を比較検討することはできない。なぜなら、両者には共通の評価基準が存在しないからである。したがって、トゥガンの再生産表式をマルクスの概念装置に置き換えること、つまり生産手段（p）、賃金（a）、利潤（r）を、価値構成に従って、①不変資本部分（c）、②可変資本部分（v）、③剰余価値部分（m）の三部分に分割し再構成するか、逆にトゥガンに倣って再構成するか以外にない。しかし前者＝「二部門分割と価値構成の三部分分割」ではトゥガンは同意しない。彼は既述の「現代」資本主義的経済様式の本質に基づき「二部門分割と価値構成の三部分分割」というマルクスの概念装置を拒否することによって、彼独自の概念を構成し「三部門分割と生産物構成の三部分分割」の装置を可能にしたからである。それを展開軸として再生産過程（しかし恐慌・産業循環の分析に当たってはまったく別個の概念装置を導入するが）の分析を試み、驚嘆すべき新たな理論を展開したのである。すなわち、①生産手段、②労働者用消費資料、③資本家用消費資料の三部門分割と生産手段（p）、賃金（a）、利潤（r）の三部分分割はトゥガンの再生産表式論の展開軸であり、その全容を規定する理論的特質をなす根本原理である。したがって、彼の新たな概念装置をマルクスのそれに置き換えることはできないし、置き換えたとしてもそこにどれだけの経済学的意義があるか、甚だ疑問である。もちろん後者＝「三部門分割と生産物構成の三部分分割」は『資本論』の理論からすれば、論外である。しかし、上記の根本的差異性、異質性を前提したうえで、マルクスの再生産表式論の問題視角から、トゥガンの再生産表式論を検討し、その理論的特質を明らかにすることは、トゥガン恐慌論の影響を考えるうえでまったく意義のないことではないだろう。

（1）*Studien zur Theorie*, S. 18. 訳二六頁。
（2）a. a. O., S. 228. 訳二四四頁。
（3）a. a. O., S. 208. 訳二二四頁。
（4）a. a. O., SS. 207-208. 訳二二三―二二四頁。
（5）a. a. O., S. 18. 訳二六―二七頁。
（6）a. a. O., S. 18. 訳二六―二七頁。
（7）*Das Kapital*, II, SS. 394-400. 訳四八六―四九〇頁。
（8）*Studien zur Theorie*, S. 18. 訳二五―二六頁。

第二節　トゥガンの再生産表式に対する批判的諸見解

一　批判的見解(1)――山田盛太郎氏の所説(1)

これまでにトゥガンの再生産表式論を取り上げた論者はけっして少なくはないが、しかしその多くは、マルクスの再生産表式論の問題視角から、それを唯一、絶対の評価基準として、というよりは、むしろマルクスの概念装置に置換することによってトゥガンの表式を分析・検討・裁断するといったものである。その中にあって先駆的研究としてあげるとすれば、山田盛太郎氏の『再生産過程表式分析序論』(1)であろう。しかし差し当たり、ここでの私の課題は、トゥガンの再生産表式それ自体を内在的に分析・解明することを目的としているわけではない。ヒルファディングの恐慌論との関連性を明らかにするうえで、まずトゥガンがマルクスの恐慌論――再生産表式論――をどのように把握しているのか。それを継承し発展させるものであるのか、それとも拒否または否定し、そこから解放されて独自の理論を展開しているものであるのか。それが明らかになればよいのである。その意味では、すでにその目的は果たし終えたのであるが、しかしそれに止まる限り、議論の流れからいっても、読者の期待に応えることにはならないであろう。そこで引き続き上記の問題視角から、トゥガンの所説に対する山田氏の見解を具体的な検討事例として簡単に見ていくことにしよう。

山田氏はトゥガンの所説を引用された後で、「表式」の前提について次のように述べている。まずトゥガンの所説、すなわち、「社会的資本の単純再生産と拡張された規模に立脚するその再生産とを比較することから、われわれは最も重大な結論を引き出しうる。資本家的経済においては商品に対する需要はある意味においては社会的消費の総範囲から独立している、また、それは『健全なる人間悟性』の見地からはいかに荒唐無稽に見えようとも、社会的消費の総範囲が減退ししかも同時に商品に対する社会的需要が増進することは可能である。[2]」を受けて、山田氏はまず次の諸点を確認される（但し、ここでは論者の所説にしたがってツガンを用いる）。

「表式はいわゆる『賃銀が減少しかつ資本家たちの不生産的消費が不変なる場合』に於けるものであるというが、この際、ツガンは、賃銀の減少率を一五パーセント〔第一年度〕（したがって、これに対応してそれだけ利潤が増加する）、資本家たちの消費は年々増減ないものとし、また、第一年度総利潤の二五パーセントが蓄積せられ、残余の七五パーセントが消費せられるものと仮定している。その表式は次の如きものである。表式中、pは生産手段を、aは支払賃金を、rは利潤を表す。(*Zusammenbruch*, SS. 284-285. *Grundlagen*. SS. 224-225.)[3]」

第一年度	第二年度	第三年度
I. 1632p＋544a＋544r＝2720	I. 1987,4p＋496,8a＋828,1r＝3312,3	I. 2585,6p＋484,6a＋123,9r＝4309
II. 408p＋136a＋136r＝680	II. 372,6p＋93,2a＋155,2r＝621	II. 366,9p＋68,9a＋175,5r＝611,3
III. 360p＋120a＋120r＝600	III. 360p＋90a＋150r＝600	III. 360p＋67,5a＋172,5r＝600

2400p＋800a＋800r＝4000　　2720p　＋680a　＋1133,3r＝4533,3　　3312,3p＋621a　＋1587r　＝5520,3

（但し、形式は若干異なる。各年度ごとの合計値は中田記す。）

まず、山田氏はツガンの「表式説明」を次の如く確認される。長文であるが、原文通り引用しよう。

「右の表式に対して、ツガンは次の如く説明している。まず、利潤の資本化割合と資本家の消費規模を示して曰く、『第一年度において産出される利潤高は800百万マルク（544＋136＋120）に当たり、この利潤の二五パーセントは前提にしたがって資本化される。それゆえ、第二年度における資本家たちの消費にとって残留するのはただ600百万マルクにすぎない。資本家たちの消費は次年度においても同額に当たる』と。次いで、第一年度の生産を内容的に記して曰く、『第一年度の終わりにおいては、生産手段は2720百万マルクだけ産出される。この高は第二年度の拡張生産によって全部使用される、何者、第二年度の生産には生産手段が総額（1987,4＋372,6＋360）＝2720百万マルクが所要とされるからである。第一年度においては労働者用消費資料は680百万マルクだけ産出される。この高は第二年度における賃銀資本（すなわち、消費資料に対する労働者たちの需要）（496,8＋93,2＋90）と同じである。第一年度における資本家用消費資料の産出高は600百万マルクである。この高は第二年度において資本家たちによって消尽される。かくして、第一年度の社会的総生産物は、残る所なく悉く、第二年度の生産および消費の両用に充用される』と。また、その年次的傾向について、『第一年度の賃銀資本は（544＋136＋120）すなわち、合計800百万マルクで、第二年度のそれは合計680百万である。したがって、労働者たちの消費は120百万マルクだけ、換言すれば一五パーセントだけ減ずる、しかるに資本家たちの消費は仮定に従えば変化ないものである。第一年度の社会的総生産物は（2720＋680＋600）、すなわち、4000百万マルクで、第二年度の該当物は（3312,3＋621＋600）、すなわち4533,3百万マルクである。産出される生産物の価値はしたがって一三パーセントの増加に当たる』とする。[4]」

「以上がツガンの表式の説明である。そのうち、第一年度の生産に係わる所の生産手段（2720）、労働者消費資料（680）、資本家消費資料（600）の異常な運動形態に注意すべきである[5]」と指摘されたうえで、その点を次のように論じられる。

「異常な運動形態とは何を意味するか。まずツガンにおける運動形態を吟味するに、㈠第一部門における第一年度の生産物2720（生産手段）の全部は『第二年度の拡張生産』に充用される。したがって、それは第二年度の生産開始以前に取引が完了していることを要件とする関係にあるもので、また、㈡第二部門における第一年度の生産物680（労働者用消費資料）の全部は、『第二年度における賃銀資本』合計680によって買取られる。したがって、それは第二年度の生産開始以後に至って初めて取引に入り込み得る関係にあるもので、最後に、㈢第三部門における第一年度の生産物600（資本家用消費資料）の全部は、『第二年度』において、消費される。したがってそれは、第二年度の生産開始以後に取引に入り込みうる関係にあるわけである。すなわち、一言すれば、生産手段は次年度の生産開始以前にその取引が完了していることを要件とし、逆に、消費資料は次年度の生産開始以後に至って初めて取引に入り込みうる。という関係。かかる関係の下に進行する運動形態は正常的なものではない[6]。」

二　批判的見解(2)――山田盛太郎氏の所説(2)

叙上の如く指摘されたうえで、山田氏はさらにより具体的な検討を試みられる。すなわち、「ここに解決しがたい二問題が成立する。すなわち、第一。第一年度の消費資料、すなわち680（労働者用消費資料）＋600（資本家用消費資料）＝1280の全部が第二年度まで持ち越されて行くとする場合に、第一年度にその労働者および資本家は一体何を消費するか？　という問題。第二。第一年度の生産手段2720の全部は第一年度中に取引完了していることを要件とするというのであるが、それは、消費資料の全部が次へ持ち越されて行くとする場合に果たして可能であるか？　という問題。これである。(7)」

「第一。第一年度内における労働者および資本家の消費の問題。

第一年度内に労働者たちが支払われる賃銀総額はⅠ.544a＋Ⅱ.136a＋Ⅲ.120a＝800である。彼等はこの800を消費することによって彼等自身を再生産する。だが、何を消費するのか。この第一年度間に産出される労働者用消費資料は総額680にすぎないものであるが、それも『第二年度における賃銀資本』合計680によって買取られるはずのものであるから、彼等の消費を充たすものとはなりえない。ツガンの表式は、この800の賃銀をもてる労働者たちを置き去りにするのである。資本家の消費についても同様である。すなわち、第一年度間に資本家たちが入手する利潤総額はⅠ.544r＋Ⅱ.136r＋Ⅲ.120r＝800であって、その中、一部が資本化され、残余部分が消費されるのであるが、さて何が消費されるというのか。第一年度間に産出される資本家用消費資料は総額600であるが、それは『第二年度において資本家たちによって消尽』されるはずのものであるから、第一年度の彼等の消費を充たすものとはなり得ない。ツガンの表式はこれをも置き去りにするのである。(8)」

「第二。生産手段の取引の問題。

第一部門における第一年度の生産物2720（生産手段）の中、該部門における第二年度の生産手段所要額1987,4を控除した残余の732,6は、第二、第三の両部門との間の交換によってのみ解決されうる。逆にいって、第二、第三の両部門はこの交換によってのみ第二年度に所要な生産手段合計732,6（第二部門は372,6、第三部門は360）を確保しうる関係にある。しかるに、ツガンの表式にあっては、第二、第三の両部門の産出に係る生産物、680（労働者用消費資料）＋600（資本家用消費資料）＝1280の全部が第二年度に持ち越されるものとなされているので、右の交換は成立しない。したがってこれまた未解決のまま残されている。(9)」

山田氏は上記の「問題点」――ツガンの説明の中に見出した「諸欠陥」――を指摘された。が、そのうえで氏は

「ここで、マルクスの概念構成を準用して、pをc、aをv、rをmとおきかえ、マルクスの意味における運動形態をとるものとして、これを分析的に検討すれば、表式そのものの欠陥が白日の下に曝される」[10]と述べている(なお山田氏による「置換」表式は省略する)。ここでは大別して二つの問題がある。一つ目は指摘された「諸欠陥」の問題1、2についての山田氏自身の見方に問題はないだろうか。二つ目はツガン表式の分析的検討に当たって、ツガンの再生産表式の論理に内在するのではなく、それをマルクスの概念構成に置換して「表式そのものの欠陥が白日の下に曝される」という分析方法が科学的・経済学的な分析方法といえるだろうか。まず前者については、山田氏は次の二つの問題点を指摘された。すなわち、第一は「第一年度内における労働者および資本家の消費の問題」、第二は「生産手段の取引の問題」である。

第一の問題は、上述の山田氏のような論理の組み立てが唯一全面的に正当であろうか。疑問が残る。それは「多くの年の、流れの中の一年」と考えれば、第一年度の消費は前年度の生産物を当てることによって容易に解決されうるであろう。したがって「第一年度にその労働者および資本家は一体何を消費するか?」という問題は起こりえない。表式分析にあっては、ツガンは「第一年度の生産物はすべて第二年度に消費される、という仮定を設けている。この仮定からしても、そのように考えることが論理の組み立てにおいて無理がなく問題は生じえないであろう。

第二の問題については、上述の如くツガンは第一年度の生産物はすべて第二年度に消費されると仮定した。ツガンは第一部門の生産物=生産手段と第二、第三部門の生産物=消費資料との取引は同時点の対応関係において考えており、両者の取引それ自体がはじめから成立しないような「時間差」は想定外であった、と考えられる。したがって第一部門の生産物=生産手段が第二年度の年初めに、生産開始以前にすべて取引が完了するとすれば、同様に第二、第三部門の消費資料も生産開始以前にすべて取引を完了させ、生産開始後必要に応じて消費していけばよいと考えて差し支えないであろう。生産手段もその性質上、すべてを一度に充用しうるわけではなく、その都度、充用可能なだけ処理していけばよいわけである。が、いずれにせよ、山田氏のように、生産手段の場合でも「第二年度の年初めに、また生産の開始以前にすべての取引が完了する」と仮定する必要はまったくない。とはいえ、厳密に時間的要素を挿入すれば、そう単純ではないことはいうまでもない。しかしそのことはマルクスの再生産表式の場合でも同じくいえることである。

上記後者の問題、すなわちマルクスの概念構成を充用してツガン表式の「諸欠陥」を解明するという分析方法については、後で触れることにして、とりあえずその方法に基づく分析結果を見ることにしよう。山田氏はその結果を以下の如く指摘される。すなわち、以上の結果、解決した部分は第一部門の計 2364.6（生産手段）と第二部門の計 555.8（労働者用の消費資料）と第三部門の計 540（資本家用の消費資料）とである。したがって未解決として残るものは次の如くである（但し、マルクスの概念構成に置換する）。

I.　　　　(124.2＋47.2) v ＋ 136m ＋ 48m(k) ＝355.4
II.　35.4c ＋ 42.8v ＋ 34m ＋ 12m(k) ＝124.2
III.　　　　　30　v ＋ 30m　　　　　＝ 60

「未解決部分は、現物形態からいえば、355.4（生産手段）＋124.2（労働者用消費資料）＋60（資本家用消費資料）であって、これがそのまま残留している。しかも他方においては、第一部門において次年度の生産規模に鑑みればなお 355.4c（生産手段）と 124.2v（労働者用消費資料によってのみ労働力は維持される）が必要であり、かつ第一、第二の両部門で計 60m(k)（剰余価値中、消費用部分）の消費されることが必要である関係上、一見、さきの未解決部分が解消するかのごとき錯覚が生ずるが事実はしからず。もし、これらの価値を範疇からいえば、それは、35.4c と（171.4＋

42.8＋30）＝244.2v と（184＋46＋30）＝260m〔その内 200m は蓄積用、60m(k) は消費用〕とである。そのうち60m(k) を別とすれば、その他の部分の総体が挙って第一部門の 355.4c＋124.2v に振り向けられる奇跡でもない限り、ツガンの表式は維持しがたいものとなる。それは表式の破壊を意味する。[11]」（傍点―中田）

「第一。三部門の各構成が挙って第一部門の c＋v に向けられるというのであれば、部門分割の意義が否定し去られる。第二。I. 355.4c の成立のためには、I. 47.2v＋136m＋II. 35.4c＋42.8v＋34m＋III. 30v＋30m＝355.4 の全体がそれにふり向けられることを要し、さらに I. 124.2v が I. 124.2v 関係で解決されることを要することとなる。しかりとすれば、すなわち、I.c の成立のために c＋v＋m が一様にそれに向けられるということになり、それではそもそも c＋v＋m なる価値構成の意義が否定し去らされることになる。一言でいえば、ツガンの表式は部門分割と価値構成との意義を否定し去るものである。[11]」

山田氏は「ツガンの表式は維持しがたい[12]」「それは表式の破壊を意味する。[13]」そして「一言でいえば、ツガンの表式は部門分割と価値構成との意義を否定し去るものである。[14]」と批判される。

三　山田盛太郎氏の所説の問題点

しかし、そうのような分析結果は正鵠を射たものといえるであろうか。山田氏のいわれるように、分析した結果としてツガンの再生産表式自体は部門分割と価値構成との意義を否定さるものだろうか。彼は表式の作成に当たって、すでにマルクスの「部門分割と価値構成」原理を捨て去っており、その意義をまったく認めていないのである。したがって「表式」の構成原理は、まったく別の概念装置によって彼独自のものとして創造されたものである。そこにははじめから、山田氏の批判されるような「部門分割と価値構成とその意義〔の否定〕」が概念の内容を構成しているわけではなく、その前提および形式そのものが、似てはいるが、まったく非なるものなのである。すなわち、ツガンは社会的総生産物（W'）を価値視点から、不変資本（c）＋可変資本（v）＋剰余価値（m）の三部分分割構成をとるマルクスの再生産表式を拒否し、素材視点から、生産手段（p）＋賃金（a）＋利潤（r）の三分割構成をとる独自の再生産表式を作成し、価値側面からの、総生産物の三分割構成を廃棄し、その意義を否定し去ったのである。ツガンは生産物の生産における資本の価値形態の役割・その「質的」同等性・同一性を強調し、その差異性・相違性を排除したのである。

生産物の生産に投資された資本（C＋V）がすべて費用で一括され、その資本機能も価値も同等であり、同一であるとすれば、投下資本は貨幣も生産手段も賃金（労働者）も同じ機能、同じ役割、同じ価値を有する資本として一括される。こうして貨幣（g）—生産手段（p）—賃金（a）の転態、およびその逆の転態はなんら制限も困難もなく行われうる。つまり再生産の部門内転態はもちろんのこと、部門間の転態＝均衡条件もなんらの困難もなく維持・進行することになる。この観点からツガンの「機械による労働者の無際限の代替可能性[15]」の論理が導出されたのである。

既述の如くこの論理系譜上にツガンの再生産表式上の均衡が措定される。表式上、所与の、生産と消費の一定の関係＝比例関係が設定され、それを前提にすれば、一方での消費・労働者の減少＝絶対的減少は他方での生産・機械の一定の増大が照応する。それはまた一方における消費財生産部門の一定の縮小が、他方における生産財生産部門の照応的拡大を伴うものである。この消費の一定の減少という、消費の一定水準が、この一定水準に照応する生産の水準・生産の状態、したがって無際限の生産の拡大可能性を表すものとなる。この二側面の照応的関係が、部門間の関係つまり均衡を意味するのである。だからこそ、ツガンは「このようにして社会的生産の均衡的配分がありさえすれば、いかに消費の減退があろうとも、需要に対する供給の過剰を起こしはしない[16]」「需要と供給との間の均衡は維持される[17]」と主張するのである。

ツガンの表式は、マルクスの労働価値説、剰余価値論を拒否し、その基礎のうえにはじめて展開される利潤論に代えて、可変資本と不変資本との区別を拒否し、両者の価値の同等性・同一性に基づく新利潤論の展開と「消費需要の減少→生産需要の照応的増大→販路の維持」という社会的生産物の実現論とを一体化し、基本的原理とする彼独自の再生産表式なのである。彼の再生産表式論とマルクスのそれとは、異質の概念構成に基づくものであり、その理論的内容に関する判断基準もまた、各々独自のものが要求されなければならないであろう。

換言すれば、マルクスの再生産表式の分析視角からすれば、あるいはツガンの表式をマルクスの概念構成に置き換え再構成すれば、「ツガンの表式は部門分割と価値構成との意義を否定しさるもの」であり、「それは表式の破壊を意味する」であろうが、しかしそれは分析の結果はじめて析出されるものではなく、分析の前にすでにそうなのである。ツガンはマルクスの労働価値説を拒否し、価値・剰余価値論を放逐したうえで、彼独自の利潤論を展開させるが、その利潤論と社会的生産物の実現論とを一体化させることによって、『資本論』の理論からの完全な解放を宣言したのである。この独自の理論の構築を基礎・前提として、上記の再生産表式の作成を試みたわけである。その作成にあたって、彼はマルクスの再生産表式（「部門分割と価値構成」）を拒否し、独自の再生産表式を創造したのである。したがって、ツガンの表式は、彼の概念装置に基づいて展開すれば、表式は「破壊」されることなく展開されうるのである。しかしそれはマルクスの再生産表式とは似て非なるものであり、マルクスの概念装置からすれば、それはすでにその前提から間違った、異質のものなのである。したがって、上述の山田氏のように「もし、これらの価値を範疇からいえば……」という分析視角からツガンの再生産表式を、つまり「未解決部分」を把握し処理することは、完全に正当性を欠くことになる。

ところで、ツガンの再生産表式の異様性は一見しただけでも、表式の作成・表式の構成に具体化されている。たとえばマルクスの概念構成に照らせば、上記表式から①資本構成（p/a：300→400→533）の異常な高度化、②剰余価値率（r/a：100→167→256）の異常な上昇、③蓄積率（mc/a：第一部門：25→51→67）の異常な増加が容易に読みとれるであろう。しかも蓄積分はすべて第一部門の追加的不変資本に向けられるとされており、資本構成は無限大である。また④投下総資本は第二部門：544→465.8→435.8，第三部門：480→450→427.5という絶対的な減少に対して利潤量は第二部門：136→155.2→175.5，第三部門：120→150→172.5と絶対的に増大している。まさに「狂気の沙汰」というべきである。[18] しかしこれらの前提が、彼の「表式」展開を可能にしているのである。したがって、このような前提条件がなければ、「表式」は展開されないのである。「表式」そのものが成り立ちえないからである。だから逆に、こうした前提条件を容認すれば、それなりに転態は可能であり、表式は維持されるはずである。それは、上述の如く、ツガン再生産表式の理論的前提をふまえた、その概念構成の内在的・分析的検討によって解明されるのであり、決して、ツガンの概念装置をマルクスの概念構成に取り換えることによって証明されるものではないであろう。

四　批判的見解(3)――松石勝彦氏の所説

この点に関して松石勝彦氏は次のように述べている。すなわち、「ツガン表式は確かに異常だが、しかしツガンの諸前提をみとめるかぎり、それはそれなりに転態が行われ、表式は維持されると考える。問題なのは表式上の転態ではなく、その前提である」[19]と主張され、続いて、山田氏の指摘された上記の「未解決部分」を山田氏のようにマルクスの再生産表式に置換することなく、以下の如く異なった視点から同様の配列に伴う数値を析出されたうえで分析的に検討されている。

松石氏はツガンの前提条件である「資本移動」を考慮に入れ、ツガン表式の「未解決部分」の分析・一連の諸転態・諸経過（および貨幣の還流を考慮に入れる。）を解明することによって、生産手段の需要と供給との一致、転態が可能であることを証明されている。かくして「転態は一つ残らず完了し未解決部分の価値補塡と素材補塡とは解決される。」結局「資本移動を考慮に入れても、一定の前提を置けば、表式の破壊にはならない」し「部門分割の意義は否定去られることにはならない」[20]と主張されている。その内容は示唆に富む。この問題に関する議論上の手続きからすれば、山田氏の所説との関連において松石氏の所説を取り上げるのが望ましいが、既述の理由——本章の課題設定——から、これ以上の検討は必要としないので、割愛させていただく。なお、この点に関しては、次の第三節二『概念構成』の特徴と問題点(2)」において総括的な観点からも言及している。

(1) 山田盛太郎『再生産過程表式分析序論』(『山田盛太郎著作集』第一巻、岩波書店、一九八三年、所収)、二二六—二二七頁。
(2) 同上、二二七頁。
(3) 同上、二二八頁。
(4) 同上、二二八—二二九頁。
(5) 同上、二二九頁。
(6) 同上、二三一—二三二頁。
(7) 同上、二三二頁。
(8) 同上、二三一—二三二頁。
(9) 同上、二三三頁。
(10) 同上、二三四頁。
(11) 同上、二三六頁。
(12) 同上、二三六頁。
(13) 同上、二三六頁。
(14) 同上、二三六頁。
(15) *Les Crises*, SS. 213-214. 訳二一四—二一七頁。
(16) a. a. O., SS. 217-218. 訳二一七頁。
(17) a. a. O., SS. 217-218. 訳二一七頁。
(18) *Das Finanzkapital*, S. 421. 訳②一八二—一八三、㊦二二八頁。
(19) 松石勝彦「好況過程の二部門分析——二大部門間の関連の実証的・理論的分析——」『経済学研究』15、一九七〇年、三七五頁。
(20) 同上、三八二—三八三頁。

また前掲「表式」だけでなく、この表式を含めてトゥガンの再生産表式分析から彼の理論を批判したものとして次のものを挙げておく。

①井村喜代子『恐慌・産業循環論』有斐閣、一九七三年。井村氏は次のように述べている。

「『均衡的拡大再生産』の分析を基礎としてツガンに対してまず批判すべきことは、ツガンが『生産財需要』の拡大に支えられた拡大再生産について、『均衡』が維持されるかどうかという点のみにしか着目しなかったということ、――そこでは生産が消費との『照応』関係を破って拡大しているという関連・矛盾、Ⅰ部門の拡大を基礎として消費を拡大せしめていく方向性をもたぬままに、Ⅰ部門の拡大がすすんでいるという関連・矛盾を全く無視しているということ――である」と述べたうえで、さらに続いて、次のように指摘されている。「われわれは、ツガンがかかる誤りに陥った基礎として、すでに指摘した認識の欠落とともに、それ以上に、再生産表式利用についての誤りを指摘しなければならない。ツガンは、機械による労働者の駆逐が持続するという恣意的条件（労働者の駆逐が『無限界』に持続するはずはない）を導入しつつ、Ⅰ部門の不均等な拡大が『無限界』にすすんでいく表式を描き、そのことから上のような展開を主張するのである。……このように『無限界』に表式を描くことが可能であるのは、その表式の諸前提ゆえのことであって」（同、一一八―一一九頁）

②P. M. Sweezy, *The Theory of Capitalist Development* (*Ibid.*, p. 160. 前掲訳一九六―一九七頁)

彼は「この命題〔不比例説〕にかんするトゥガンの『証明』は、剰余価値率がどうなるかについてのまったく勝手な仮定にもとづくものであり、したがってそれは無効なものとみなされなければならない」と述べている。

③最近の研究では、市原健志『再生産論史研究』八朔社、二〇〇〇年がある。

市原氏は「ツガン表式の最大の問題点は――マルクスのそれにも通じるのであるが――、部門Ⅰの蓄積率が先行して決定され、ついで部門Ⅱの蓄積率が部門間均衡条件を充たすように従属的に決定されるという表式展開上の方法にある。この方法に無批判的であれば、ツガン‐バラノフスキーを批判する論拠はうしなわれる。なぜなら部門Ⅰの意図した蓄積額がどれほど大きくてもそれを充たす貨幣需要さえあれば再生産上何らの問題も生じないというのがツガンの一貫した主張だからである」（同、一五一頁）と述べている。

④これらの論点に関しては、富塚良三『増補 恐慌論研究』未来社、一九七五年、同『再生産論研究』中央大学出版部、二〇〇七年を参照されたい。

第三節　トゥガンの再生産表式論(2)――「概念構成」の特徴

一　「概念構成」の特徴と問題点(1)

トゥガンの再生産表式は一体何が問題なのか。山田氏の場合、マルクスの概念構成を準用してpをc、aをv、rをmと置き換え、マルクスの意味における運動形態をとるべきものとして、ツガンの再生産表式を分析的に検討されたその結果として、「ツガンの表式は部門分割と価値構成との意義を否定し去るものである」(1)と論断された。この「分析的検討」は、しかし、トゥガンの概念構成をマルクスの概念構成に置換した上で検討されるという、いわば特定の評価基準を押し付けて裁断するという類のものである。それはトゥガンの再生産表式の概念構成に則して内在的・分析的に検討されたものであるとはいい難いし、その検討結果も、当然、首肯できるものではない。そうした分析方法は根本的な問題を残すといえよう。

松石氏の場合、トゥガンの再生産表式を彼自身の論理に内在して分析的に検討されている。その分析的結果として、山田氏の〈採った方法〉からも、トゥガンの諸前提を認めるならば、山田氏が、上記の「未解決部分」を転態不可能とされ、そこからトゥガン表式を「表式の破壊」、「部門分割と価値構成の意義を否定し去るもの」と結論づけた、その結果とは異なる、逆の結論を導き出したのである。(2)

上述の如く、両者の「分析的検討」からはまったく異なった結論が導き出されたのであるが、しかしいずれにせよ、明確なことは、両者の「分析的検討」から、トゥガンの再生産表式は、マルクスの再生産表式とはまったく異質のものであり、資本主義的再生産の表式分析としては有効性をもちえないことが明らかにされたということである。松石氏の場合、トゥガンの恐慌・産業循環論の徹底した内在的な分析・検討を試みており、彼の表式分析はその一環に過ぎないし、さらにその一環として山田分析に対する検討がなされているのである。全体としてトゥガンの恐慌・産業循環論の基本的特質が詳細な分析・検討を通じて解明されており、示唆に富む。本論では、あえて私の問題関心に則して、トゥガンの恐慌・産業循環論の特徴をヒルファディングの恐慌・産業循環論との関連で明らかにすることにある。その一環として両者が『資本論』を如何に捉えているか、継承的・発展的にか、それとも逆に拒否的・否定的にかを明らかにしたいと考えており、意図そのものが異なることを付言しておきたい。

この論理段階での、トゥガンの所説は通説的批判、すなわち「恐慌の究極の根拠と規定した、生産の無制限な拡大傾向に対立する大衆の制限された消費の問題、また資本主義生産に内在的な、この矛盾を全般的過剰生産として表現する重要な一契機たる消費需要の問題が、……理論的視野から完全に放逐された点である。[3]」ということではけっしてない。彼はかかる「問題」を「理論的視野から放逐したのではなく、むしろ生産と消費の問題を積極的に取り上げ、その関連性、すなわち両者の相互依存・相互規定性を価値増殖における両者の矛盾・対立の関係からではなく、質的同等性の視点から「生産物需要の性質の変化」にすぎないとする、新理論を展開したのである。彼はマルクスの労働価値論を否定し剰余価値・利潤論を拒否して、新利潤論と社会的生産物の実現の理論との一体化という彼独自の分析視角から再生産表式論を展開したのであり、当然のこととして、マルクスの再生産表式分析を全面的に否定し、『資本論』の理論から完全に解放された彼自身の特徴的見解を導き出したのである。

トゥガンにとっての問題は、彼が資本の本性を把握できず、資本制的生産の基本的特質をまったく理解できていないという点にある。彼の逆説は「資本蓄積を、生産手段生産部門（第Ⅰ部門）にのみ集中させ、消費財生産部門（第Ⅱ・第Ⅲ部門）はまったく行われないばかりでなく、既存資本をも流出させねばならない」ものとなっているという点にある。彼は資本の本性をまったく理解していないのである。その点に関して、ヒルファディングは概ね次のように述べている。

資本の本性は、特定の使用価値物に特別の関心を寄せるのではなく、したがって、特定の生産部門に拘泥するわけではないということである。価値増殖の見込みがあれば、どんな使用価値物でもかまわないのであり、したがって、その限りでどんな生産部門でも関心を寄せ、投資にむかわしめるという点に特徴がある。つまり、資本の関心はもっぱら価値増殖にある。それこそが資本の本性である。すなわち、資本家の生産は、欲望充足のためではなくて利潤のためである。利潤の実現と増加とは資本主義的生産の内在的目的である。その意味するところは、生産の運命にとって、つまり、生産の量やその増加にとって決定的なものは、消費やその増大ではなくて利潤の実現であるということである。生産が行われるのは、一定の利潤を得るため、資本の一定の価値増殖度を維持するためである。したがって生産は消費ではなく資本の価値増殖欲求に依存し、価値増殖可能性の変化は生産の制限を意味する(4)。

このヒルファディングの指摘でも明らかなように、トゥガンが資本の本性を理解し、したがって、その本性の発現である諸資本の競争を正しく理解するならば、けっして資本蓄積を、第Ⅰ部門＝生産手段生産部門にのみ集中させ、第Ⅱ，第Ⅲ部門の消費財生産部門ではまったく行われないばかりでなく、既存資本をも流出させねばならないという、途方もない誤謬は生じえなかったであろう。さらにヒルファディングは次のように述べている。

「資本主義的生産にあっても、生産と消費とのあいだの一般的関連は存在する。それは、じつに、自然的条件としてあらゆる社会構成に共通なものである。しかし、欲望充足経済では、消費が生産の拡張を規定し、この拡張は、この事情のもとではその限界を既得の技術的状態に見出すだけであるが、資本主義的生産にあっては、逆に、生産の大きさによって、消費が規定される。しかるに、生産の大きさは、そのときどきの価値増殖可能性によって、資本の価値増殖度によって、資本とその増加分とが一定の利潤をもたらすという必然性によって、限界づけられている。ここで生産の拡張がぶつかる限界は、純粋に社会的な、ただこの特定の社会構造だけから生ずる限界であり、そしてただこれにのみ特有な限界である(5)。」

ここではトゥガンと異なり、資本論の理論を一歩踏み込んで捉えた理論的内容となっている。後述するが、ヒルファディングは生産と消費の矛盾すなわち資本主義的生産の無制限的発展の傾向と労働者階級の消費制限との矛盾を指摘したうえで、この矛盾を、生産と消費の間に一定率の資本の価値増殖という条件を挿入することによって再規定し、生産と消費の矛盾に新たな内容を付与したことである。肝要なのはこの「矛盾」を、いわば「能動的矛盾」として展開していることである。

二　「概念構成」の特徴と問題点(2)

トゥガンはマルクスの再生産表式を全的に拒否し、彼独自の概念構成に基づく再生産表式を展開した。その特徴は繰り返すが次のようなものであった。社会的総生産物(W')を価値視点から、不変資本(c)＋可変資本(v)＋剰余価値(m)の三分割構成をとるマルクスの所説を拒否し、素材視点から、生産手段(p)＋賃金(a)＋利潤(r)の三分割構成をとる独自の再生産表式を作成し、価値側面からの、総生産物の三分割構成の意義を否定した。トゥガンは生産物の生産における価値形態の役割の否定、その「質的」同等性・同一性を強調し、その差異性・相違性を排除した。その観点から生産における消費財需要と生産財需要との「質的」差異性・相違性を否定し、その同等性・同一性を主張した。つまり、生産においては「生産物需要の性質が変化したにすぎない」のであり、消費財と生産財との需要の「質的」差異性・相違性はまったく存在しないと主張したのである。かくして生産的消費と個人的消費との「質的」差異性・相違性は排除され、その同等性・同一性が結論づけられる。その結論から生産と消費の矛盾は完全に放逐されてしまう。大衆の消費制限は存在しない。まったく問題にはならないというわけである。したがって、予め、ある一定の均衡関係を前提とすれば、一方での消費財需要の減少は他方での生産財需要の照応的増大となり、ただ生産物需要の性質の変化が生じただけであり、消費需要の制限による需要の減退はまったく生じえない。消費の制限↓需要の減退が生産の過剰→供給過剰→不均衡の拡大をもたらすことはありえない。かくて社会的消費がどんなに減退しても、なんら生産の過剰は生じえない[6]、と。トゥガンの再生産表式はこの「特異な論理」を構成原理として作成し展開されたのである。

山田氏はこのトゥガンの構成原理をまったく考慮されずに、彼の表式は「部門分割と価値構成とその意義を否定するもの」、「それは表式の破壊を意味する」、つまり「表式は成立しない」と批判されたが、それはまったくの誤解に基づく批判といわざるをえない。トゥガンの「構成原理」に基づいて彼の表式を考察すれば、表式それ自体は疑問の余地なく成立するのである。表式を再掲し構成原理に基づき前提条件を設けると、確認するまでもなく表式展開は可能である。

第一年度	第二年度	第三年度
I. 1632p＋544a＋544r＝2720	I. 1987,4p＋496,8a＋828,1r＝3312,3	I. 2585,6p＋484,6a＋123,9r＝4309
II. 408p＋136a＋136r＝ 680	II. 372,6p＋93,2a＋155,2r＝621	II. 366,9p＋68,9a＋175,5r＝ 611,3
III. 360p＋120a＋120r＝ 600	III. 360p ＋ 90a ＋ 150r ＝ 600	III. 360p ＋ 67,5a＋172,5r＝ 600
2400p＋800a＋800r＝4000	2720p ＋680a ＋1133,3r＝4533,3	3312,3p＋621a ＋1587r ＝5520,3

（但し、各年度ごとの合計値は中田記す。）

この表式の基本概念は資本価値の形態規定を否定していることである。だとすれば、不変資本c→生産手段pと可変資本v→賃金aとは資本としてまったく同等・同質であり、同じ役割を果たす。生産手段と労働力とは投下資本としてはまったく同等・同質であり、同じ役割を果たす。つまりこれらものには区別されるべき相違は存在しないのである。かくして不変資本と可変資本、生産手段と労働力との相互転態にはまったく困難は生じないということになろう。ヒルファディングは概ね次のように述べている。「こうした考え方をなす経済学者は、彼らが貨幣、機械、労働力を資本と呼ぶところから、いまや直ちに、一方の資本すなわち貨幣を、他方の資本すなわち機械等と労働力とに変え、また……流通資本を設備資本に変えるのであるが、こうした考え方の基礎をなすとんでもないはき違えは別としても、この高名な『理論』は単に計算上から見ても、その主張がナンセンスであることを見落としている。」（*Das Finannzkapital*, S. 422. 訳②一八四—一八五、㊦二三〇—二三一頁）

加えてこの表式の展開は次の条件を前提とするものである。繰り返すが、①蓄積はすべて第Ⅰ部門の生産手段Ｐに向けられ、追加労働ａはゼロであること、②利潤の一部は資本家個人の消費に当てられるが、残りは蓄積に向けられ、そのすべてが追加生産手段Pmとなること、③第Ⅱ部門の利潤のうち、一部は第Ⅰ部門と同様に、資本家の個人的消費に当てられ、残りは蓄積に向けられるが、そのすべてが第Ⅰ部門の追加的生産手段Pmに用立てられ、第Ⅱ部門の蓄積、追加的労働ａはゼロであること。かくて④既存のａ部分は絶対的に減少するが、蓄積部分の資本構成は無限大となる。これらの条件を前提すれば、〈貨幣の流れ〉を考慮に入れても、山田氏が「表式の破壊を意味する」と指摘された、以下の「未解決部分」も容易に解決されるであろう（省略、これ以上の展開は必要ないであろう。）

I.　　(124.2＋47.2) a ＋ 136mc ＋ 48mk ＝ 355.4
II.　35.4p　　＋ 42.8a ＋ 34mc ＋ 12mk ＝ 124.2
III.　　　30 a ＋ 30mc　　　＝ 60

いずれにせよ、トゥガンは、歴史的社会としての資本主義的生産を、労働過程と価値増殖過程との統一・総合として理解できず、価値増殖過程からのみ一面的に把握すること——しかも資本の本性を考察することなく——によって資本主義的生産の内在的矛盾の法則を認識できなかったといえよう。後述のように、ヒルファディングがマルクス再生産表式を恐慌分析に用いたその仕方とそこから析出した論理の展開内容は、トゥガンの再生産表式とはまったく異なったものである。そこにはトゥガン「表式」に対する決定的批判が議論の余地のない確かさで提示されている。

（1）*Theoretische Grundlagen des Marxismus*, SS. 224-225. 山田盛太郎、前掲書、二三四—二三六頁。
（2）松石勝彦、前掲論文、三七五—三八五頁。
（3）南克己「不比例説と過少消費説」（「恐慌学説Ⅱ」『経済学辞典』岩波書店、二三三頁）
（4）*Das Finanzkapital*, SS. 379-380. 訳②一三七—一三九、㊦一七一—一七二頁。
（5）a. a. O., S. 358. 訳②一一〇—一一一、㊦一三九頁。
（6）*Les Crises*, SS. 215-218. 訳二一四—二一七頁。

第三章　トゥガンの恐慌・産業循環論

第一節　「不比例→過剰生産→恐慌」の論理

一　再生産論と恐慌・産業循環論(1)――無際限の発展可能性と均衡的配分の実現困難

ところで、資本主義経済のもとでは、実際には「社会的生産の均衡的配分」は絶対的に「実現不可能」である。しかし既述の如く、トゥガンは一方では「労働価値説からの解放→剰余価値論の否定→新たな利潤論の展開」と、他方では「消費財需要の減少に対する生産財需要の照応的拡大→商品販路の維持」という「社会的生産物の実現の理論」とを一体的に把握し、そこから「資本制的生産の均衡的で無制限の発展可能性」という論理を展開したのであるが、しかし、このトゥガンの論理展開の方向からは、均衡的配分の実現困難・不可能性を、したがってまた、実現不可能の諸原因を導き出すことはできない。なぜなら、上記の如き生産と消費の矛盾の否定のうえに措定された「均衡的で無限の発展可能性」の論理には、そもそも実現の不可能性そのものははじめから存在しないからである。したがって、そこからは実現不可能の諸原因を把握することはできないであろう。トゥガンの再生産表式論はまったく非現実的な、架空の諸条件の設定による恣意的操作の産物だということができよう。それは現実の経済諸関係の分析にはまったく無力なのである。そこで、トゥガンの場合、「社会的生産の均衡的配分の実現不可能性」を説くには、まず、その原因を一体何に求めるべきか。ここでもまた、別の理論装置が必要になる。彼はそれをなによりも資本制的生産における均衡的・比例的配分組織の欠如に、つまり無政府性に求めることになる。彼は次のように述べている。

「資本主義経済においては、資本蓄積が生産拡張への不断の傾向をつくり出す。資本はいわばつねに生産をおし進め、たえず刺激する。けれども、生産物が売りさばかれうるためには、生産の比例的配分がなければならない。しかるに、資本主義経済全体は混沌とし、組織（organisaition）を欠いている。この組織の欠如と資本蓄積における生産拡張とが過剰生産への永久的傾向をつくり出す。そしてこの傾向は、正常においてすら、資本主義の特徴をなすあの生産物の販路発見の困難や生産諸力の不断の過剰として現れる。それゆえに、販路発見の困難は、資本主義経済の諸条件において生産の比例的配分に到達することの困難の結果にほかならない。正常時にはこの困難は生産の拡張を妨げる。しかし、その困難がもっとも鋭くなり、資本主義生産が一瞬にいわば全般的麻痺状態に陥ることがあり、そしてわれわれのいわゆる産業恐慌が起きるのである(1)。」

ここでは一転して、既述の、消費にまったく制限されない資本主義的生産の均衡的・無際限的発展というトゥガンの再生産表式論は廃棄され、彼の「不比例」が集約的に表現されたものとなっている。資本制的蓄積は「生産拡張への不断の傾向」を生ぜしめるので、増大した生産物販売のための「社会的生産の均衡的＝比例的配分」が不可欠であるが、実際の資本主義経済全体は混沌としており、「均衡的」＝「比例的」配分組織を欠いている。この「組織の欠如」と「生産拡張への不断の傾向」とが、過剰生産の永続的傾向をつくり出すというわけである。この問題視角から彼は「生産の無政府性→生産の拡張→販路発見の困難→生産諸力の過剰→不比例→恐慌」という恐慌発生の論理を説くのである。しかし資本主義経済においては生産の無政府性は一般的特徴であり、したがって、この生産の無政府性に基づく生産の拡張は不断の傾向であり、この不断の拡張による販路発見の困難→生産の過剰化も不断の傾向であるということになる。かくしてこの不断の傾向による「不比例→恐慌」もまた不断の傾向・不断の現象であるということになろう。したがって、この「生産の無政府性→過剰生産→販路発見の困難・生産諸力の過剰化→不比例」という論理の展開方向からは、恐慌は「不断の傾向」・「常在現象」であり、「万年恐慌」ということにならざるをえない。(2) トゥガンの「不比例説」は万年恐慌論であるということになる。そうだとすれば、その視点からは恐慌の周期性は論証できないであろう。

二　再生産論と恐慌・産業循環論(2)——無政府的生産と均衡的配分組織の欠如

トゥガンの不比例説の特徴は資本主義経済全体の「混沌」と「組織の欠如」、つまり無際限な無政府性という問題視角から、「社会的生産の比例的配分の実現不可能→生産拡大の不断の傾向→過剰生産の永続的傾向→不比例→恐慌」を説く点にある。この点、序章第一節「問題の所在——不比例説と通説的批判——」における南氏の不比例説批判は一面的で不十分なものではあり、正鵠を射たものとはいい難い。ことにトゥガン不比例説の論理系譜上にヒルファディングの恐慌・産業循環論を位置づけて両者を一体化して不比例説として裁断されているのは決定的な誤りである。トゥガンの理論はヒルファディングの恐慌・産業循環の理論とは本質的に異なるものである。ヒルファディングは、トゥガンのように資本主義経済全体が不断に混沌としており、比例的・均衡的配分の組織をまったく欠いているとはみていない。むしろ逆に、彼は「価格法則がその機能を果たさねばならないことは明らかである。なぜならば、価格こそが資本主義的生産を調整し、価格の変動こそが生産の拡張または制限にとって、新生産方法の開始にとって基準となるからである。このことから、資本主義経済の唯一可能な調整者としての客観的な価値法則の必然性も出てくる」(3) と指摘している。したがって、彼はこの「組織の欠如」と「生産拡張の不断の傾向」とから直ちに過剰生産の永続的傾向・恐慌の発生を導き出す、トゥガンの単純な「無政府的生産→恐慌」という、いわゆる「万年恐慌」の論理をけっして踏襲してはいない。

トゥガンはマルクスの労働価値説からの完全な解放を主張し、価値・剰余価値論を否定し、その基礎のうえに展開される新たな利潤論と社会的生産物の実現論との一体化による独自の再生産表式分析を試みたのである。表式分析の論理段階では、蓄積分はすべて第一部門の追加的不変資本に向けられるとされており、資本構成は無限大に可能となると主張された。事実、資本構成、さらに部門間比率は恣意的に操作され、生産と消費の矛盾を排除し、消費と生産との関連を、消費財需要の減少は生産財需要の増大で埋め合わせるという照応的関連によって生産に対する消費の制限を完全に否定し去ったのである。そのことによって、部門間の均衡的維持、すなわち、彼のいう「社会的生産の均衡的配分がありさえすれば、いかに消費の減退があろうとも、需要と供給との間の均衡は存続する」という社会的生産の均衡的配分の論理を説き、マルクスの再生産表式論を全面的に否定したのである。しかし、一方ではその逆に、恐慌の発生を説く産業循環の論理段階では、かかる論理系譜とはまったく異なる別個の理論装置を用意せざるを得なかったのである。「無政府性→生産の過剰化→販路停滞→比例的配分の実現不可能→恐慌」という恐慌発生の論理がそれである。この論理の特徴は単なる不比例による恐慌の発生（不断の現象）という点である。ではトゥガンにあっては、恐慌の周期性は如何にして引き起こされるのか。しかし、この視点からは恐慌の周期性は説明できないであろう。

（1）*Les Crises*, S. 251. 訳二四八―二四九頁。
（2）a. a. O., S. 251. 訳二四八―二四九頁。
　この点に関連して高山満氏は次のように述べている。「資本主義はこの釣合を実現せしめる何らの組織を持たない」が故に、「販路は常に不足」であり、「このことから恐慌が起こる」というツガンの主張の論理的帰結は、「周期的恐慌どころか、正に連年恐慌論である。」（「『金融資本論』第四篇―金融資本と恐慌」、古沢友吉編著『現代資本主義論への道標』三嶺書房、一九九〇年、一八四頁）
（3）*Das Finanzkapital*, S. 379. 訳②一三七、㊦一七一頁。

第二節　周期的恐慌・産業循環論の特徴

一　不況から好況への局面転換――豊富な貨幣資本の生産資本への転化

トゥガンは、恐慌の周期性に関して次のように述べている。「なぜ恐慌が周期的に反復されるのか。このことはさらに説明されねばならない。このことは、産業循環が最も明確に、最も鮮明な姿で現れている国における恐慌史が、周期性の諸原因を帰納的に確認する可能性を与えてくれるだろう。[1]」

こうして、トゥガンは、恐慌の周期性の諸原因を再生産過程の内在的諸契機・諸要因に求めるのではなく、イギリスの恐慌史分析から恐慌の周期性=循環性を追求することになる。この恐慌史分析を通じてその史的展開を論理必然的に解明するのではなく、むしろ恐慌の周期性の諸原因を資本蓄積の外的諸条件、つまり「自由な貨幣資本の特殊な運動[2]」から説明する。それが繁栄期における貨幣資本の不足・欠乏説[3]であり、逆にまた、不況期における貨幣資本の豊富・過多説である。彼は不況から好況への局面転換の動力を貸付資本の豊富・過多に求め、繁栄から恐慌への転換の動力を貸付資本の不足・欠乏、つまり枯渇に求めたのである。彼はまず次のように述べている。

「貸付可能な貨幣資本の蓄積は、それの生産資本への転化に比べると、一様に進行する。貸付資本の蓄積は間断なく進むが、それの生産資本への転化は断続的にあらわれる。[4]」なぜか。

それは、トゥガンが貸付貨幣資本の形成源泉を国債・抵当証券・社債等の利子や地代、金利生活者およびすべての固定収入を得る者の貯蓄に求めたからである。つまり彼は投資資金の形成源泉を再生産過程の外にある、このような外的諸要因に求めたのである。再生産過程の外において形成される、そうした貸付資本の蓄積は、好況・不況に拘わりなく景気の変動的諸局面を通じて間断なく進行するが、それの生産資本への転化は景気変動に直接影響をうけるので、産業循環の諸局面に応じて断続的に現れる[5]というわけである。そして彼は「概して、産業循環の恐慌段階が資本投下の増強、すなわち自由資本の固定資本への転化を特徴とするように、不況段階の特徴は、自由な、可動な、貸付可能な貨幣資本の蓄積である。[6]」と述べている。

ここでは、叙上の如く不況期における貨幣資本の豊富・過多を再生産過程の収縮によって遊離・遊休化した貸付可能貨幣資本の形成・増大という、内在的諸要因に求めるのではなく、もっぱら再生産過程の外部にあって景気変動に関わりなく継続的・持続的に行われる収入に求めたのである。したがってそれは、国債、社債、抵当証券の利子や地代、または固定的収入である金利生活者・軍人および恩給生活者、官吏等の収入にだけ限定されるものである。こうした把握からは、拡大再生産の過程そのものから創出されてくる厖大な剰余価値＝蓄積源泉が完全に見落とされてしまっていることである。それはまた、この論理次元での、生産資本と貨幣資本との本質的な関連性に直接関わる問題が完全に看過されてしまう。

不況期においてはこのような貸付可能な貨幣資本の豊富・過多が、生産的投下への圧力を強め、押し入ろうとして殺到する。ついに産業の抵抗が征服される。豊富な貸付貨幣資本が投資先を見つけて生産資本に転化する。生産が拡大し利潤が増大する。かくして高揚＝繁栄がもたらされる、とトゥガンは述べている。すなわち、

「貸付可能な貨幣資本の蓄積は、間断なく行われる。しかし、それの生産資本への転化、すなわち産業への貸付資本の投下は抵抗をうける。この抵抗が存在することは疑問の余地がない。不況期の市場は貸付資本が充満している。……自由で貸付可能な貨幣資本は間断なく蓄積され、熱烈に投資先を探し求めるが、どこにもそれが見つからない。投下されない資本は利子を生まないし、それは資本として機能せず、所有者にとって使用価値がない。このように機能しない資本が多く存在すればするほど、ますます自由資本の生産的投下への殺到が熱烈とならざるを得ない。したがって、一方では産業がそれ以上の新しい資本を受け入れようとしないし、他方では、新しい資本がますます強い力

で産業界に押し入ろうと努める。ついには産業の抵抗が征服せられ、蓄積された貸付資本が産業界に投資先を見つけて生産資本に転化する時期が到来するに違いない。ここで高揚期にはいるのである。(7)」

このトゥガンの見解は理解を得られるだろうか。こうした彼の見解は逆にまた、産業への進出、生産資本への転化の不可能・困難を証明するものであり、したがって、不況からの脱出、高揚期への上昇転換の困難を提示するものとなった。なぜならば、トゥガンの見解は不況局面からの脱出――好況局面への転換の契機・要因を再生産過程における内在的諸要因の展開とは関わりのない、外在的諸条件を形成源泉とする貸付可能な貨幣資本の豊富・過多にのみ求めたからである。貨幣資本がどんなに豊富であり過多であろうと、それが遊休化し利潤を生まない状態にあろうと、再生産過程の内在的諸条件・諸要因が変化して貨幣資本の投下を呼び込むまで需要が形成し拡大しなければならない。この内的な主体的諸条件の発展こそが景気回復の主たる側面でなければならない。トゥガンの見解にはこの肝心要の論点が完全に欠落しているのである。しかしそれはトゥガンだけではなかった。当時の恐慌理論家の多くがこうした理論的立場をとっていたか、あるいは何らかの影響を受けていたことは事実である。ヒルファディングは次のように述べている。

ヒルファディングはまず再生産表式の分析からトゥガンの提起した、このような貸付資本の蓄積および貨幣資本の豊富・過多説を鋭く批判している。そのうえで「恐慌理論家たちがほかならぬ貨幣資本の遊休こそ再生産の拡大の最も強力な動因であるといっているのも、一つの奇妙な考え方である。とんでもない(8)」と論断し、トゥガンの場合、問題は景気現象が「生産関係」＝「内在的要因」からではなく、「利子率の変動」＝「外在的要因」から説明している点にある(9)と指摘する。重要なのは「恐慌の後には貨幣の流動性の影響のもとで蓄積への動機が強められるということではなく、再生産の拡張が客観的に可能であるかどうかである(10)」と批判するのである。このヒルファディングの批判的見解はまさしく正鵠を射たものである。さらに彼は次のように述べている。

「恐慌にさいして現実にわれわれが見いだすのは、一面では遊休産業資本たる建物、機械等々であり、他面では遊休貨幣資本である。産業資本を遊休させるのと同じ原因が貨幣資本を遊休させる。貨幣が流通に入らず、貨幣資本として機能しないのは、産業資本が機能しないからである。貨幣が遊んでいるのは産業が遊んでいるからである。『フェニックス会社』は、資本（貨幣資本）が足りなくて生産をやめるのではなく、いまや貨幣資本が潤沢に利用できるから生産をはじめるのでもない。むしろ貨幣があり余るのは生産が縮小しているからである。逆に貨幣資本の『不足』は、すでに生じた過剰生産の結果としての流通過程の停滞の兆候であるに過ぎない。[11]」

肝要なのは貨幣資本があり余るからではなく、再生産の拡張が可能であり、剰余価値・利潤が期待できるから生産が開始されるのである。[12] なおこの点に関しては行論の都合上、ヒルファデングの所説との関連で後述する。

二　繁栄から恐慌への局面転換——貨幣資本の欠乏→利子率の高騰→生産資本創出の困難

トゥガンは繁栄から恐慌への局面転換の原因を「貨幣資本の不足・欠乏・枯渇」に求める。いわゆる「貨幣資本の欠乏」説である。彼は次のように述べている。

「こうした状態〔好況〕が数年つづく。以前蓄積された資本は次第々々に消耗する。……資本の予備は全部利用される。……以前には貸付資本の供給が需要を超過していたのに、今やその需要が供給を著しく超過する。この期の終わり頃に通常みられる割引率の騰貴は、貸付資本の不足を示す確かな一徴候である。[13]」「金融恐慌は貸付資本の欠乏が感じられ始める産業循環期に発生する。……金融恐慌が貸付資本の枯渇によって惹起されるのと同様に産業恐慌は新たな生産資本の創出のやむときに発生する。[14]」

このように、不況期に蓄積された貸付資本は好況期に固定資本に一挙に投下され、その生産の発展をもたらす。好況の進展とともに貸付資本の枯渇が生ずる。新資本の投下がおとろえる。[15]「すべて固定資本の構成要素をなす材料の需要は縮小する。生産の配分は均斉的でなくなる。……生産手段の過剰生産が起こる。各種産業部門は相互に依存しあっているので、この部分的過剰生産は一般的過剰に終わる。商品価格は低下する。一般的収縮期にはいる。[16]」

以上が繁栄から恐慌への局面転換に関するトゥガンの論理である。いわゆる「貨幣資本の欠乏」説である。貨幣資本の枯渇が原因となり、利子率の高騰、生産設備の過剰、部分的恐慌から連鎖反応的に不比例、一般的過剰生産が発生するというわけである。だが「貨幣資本の欠乏」説は成立するだろうか。ヒルファディングは次のように批判する。

「景気変動現象を利子率の変動から説明して、それとは逆に貨幣市場における諸現象を生産の諸事情から説明することをしないのは、ほとんどすべての現代の恐慌理論家に特有のことである。その原因は容易に見いだされる。……〔……そしてその原因を述べたうえで〕貸付資本の供給は生産の状態にかかっており、しかも第一に生産の大きさにかかり、第二には諸商品の流通期間と、したがってまた信用貨幣の流通速度とに規定的に影響を及ぼすところの諸生産部門間の均衡関係にかかるということは、見落とされている。[17]」

同様に「流通信用と資本信用〔銀行信用〕との間の機能的差異も見落とされる。……銀行業の発展とともに、すべての信用が銀行信用として現れるので、この差異はますます見落とされるようになる。しかし、この差異が見落とされるならば、そのとき貨幣市場の諸現象の展開はまるで違った光のもとに現れる。いまや依存関係は、ただ単に生産の拡大がより多くの資本を要求するということにのみあるように見える。資本は漫然と、貨幣資本と同一視されてしまう。生産は拡大され、貨幣資本に対する需要が増大し、利子率が高くなる。結局、貨幣資本の不足が現れ、高い利子率が生産の利得を減らし新投資がやみ、そして恐慌が始まる。次いで沈滞期のあいだは貨幣資本はすぐには設備資本に転化されないで蓄積される、[18]と。」

「これは無概念的な考え方である。なぜならば、機械やドックや鉄道は金で生産されるのではないからである。利子率が下がり、貨幣資本家は低い利子では満足しなくなってふたたび貨幣を生産に投ずるようになり、繁栄がまた始まる、と。かような考え方をなす経済学者たちは、彼らが貨幣、機械、労働力を資本と呼ぶところから、いまや直ちに一方の資本すなわち貨幣を、他方の資本すなわち機械等と労働力とに変え、また……流通資本を設備資本に変えるのであるが、こうした考え方の基礎をなすとんでもないはき違えは別としてもこの高名な『理論』は単に計算上から見ても、その主張がナンセンスであることを見落としている。[19]」

きわめて重要な指摘である。この高名な「理論」には再生産過程の展開をふまえた再生産と信用の視点が完全に欠落している。さらに、すべての信用が「銀行信用」として現れる論理段階では流通信用と資本信用（銀行信用）との機能的差異が見落とされている。この差異が見落とされると貨幣市場の諸現象の展開はまるで違った光のもとに現れる、とヒルファディングは述べている。信用の動態分析における銀行信用の展開――流通信用と資本信用および両者の関連と統一――に関する指摘である。この論点は第八章『金融資本論』と信用論(1)で論述する。

既述の如くトゥガンは資本価値を不変資本（c）と可変資本（v）とに区別せず、両者の機能・役割およびその価値を同等・同質であると考えて、その差異性・相違性を否定したうえで、資本の回転側面から流動資本と固定資本とに分割する。不変資本＝生産手段のうち原材料を切り離して可変資本＝労働力と合わせ、一括して流動資本とする。つまり固定的・不変的なものが固定資本であり、流動的・可変的なものが流動資本である。資本は機械・設備を構成要素とする固定資本と賃金・原材料を構成要素とする流動資本とに区別された資本形態として現れる。こうして賃金は労働力の価値ではなく労働の対価として原材料と一緒に費用と見なされ、機械・設備の固定費と合わせ、一括して費用価格に転化する。そうなると、資本は漠然と貨幣資本と同一視され、再生産過程における生産手段（c）、労働力（v）の資本価値の形態規定上の差異性・相違性は消え去り、資本の価値構成の意義は否定され、部門構成上の技術的・経済的諸連関も見落とされてしまう。かくしていまや、一方の資本＝貨幣資本は他方の資本＝機械・設備と賃金＝労働者とに容易に転形し、また流動資本も設備資本に容易に転形しうると考える。こうした考え方の基礎の上に貸付可能な貨幣資本の不足・欠乏または豊富・過多とに、繁栄の頂点から恐慌へ、あるいは不況から好況への局面転換の、唯一主要な契機・要因を求めることになる。

ヒルファディングによれば、トゥガンをはじめとして多くの恐慌理論家は再生産過程における内在的諸矛盾の展開からではなく、それとは直接には関わりのない利子率の変動から景気変動の諸現象を説き、それとは逆に貨幣市場における諸現象を生産の諸事情から説くことをしようとしない、と。かくして再生産過程の内在的諸矛盾の展開、諸矛盾の成熟していく過程を局面転換の規定的要因としてではなく、上述の如く、一方では貨幣資本の枯渇・欠乏→利子率の高騰→利潤の喪失→新生産資本の創出停止……として、繁栄の頂点から恐慌への局面転換を誤って捉える。他方では貨幣資本の豊富・過多→利子率の低落、利潤の縮減→回復機会の要求増大→再生産過程＝生産資本への圧力の増大→貨幣資本の生産資本への転化→生産の拡大→利潤率の上昇……として、不況から好況への局面転換を誤って捉えるのである。しかしこの理論は本末転倒・倒錯である、とヒルファディングはきびしく批判している。

以上、トゥガンの恐慌・産業循環論の基本的な諸特徴を検討してきたが、その中のいくつかの重要論点――基本的特質を構成する諸要因――をヒルファディングの恐慌・産業循環論と対比させながら、両者の本質的な相違点とヒルファディングに対する従来の批判的諸見解の問題点を明らかにしてみよう。

（1）*Studien zur Theorie*, S. 233. 訳二四九頁。
（2）a. a. O., SS. 242-243. 訳二五八―二五九頁。
（3）a. a. O., SS. 243-244. 訳二五九―二六〇頁。
（4）a. a. O., SS. 242-243. 訳二五八頁。
（5）a. a. O., S. 242. 訳二五七―二五八頁。
（6）a. a. O., SS. 242-243. 訳二五八―二五九頁。
（7）a. a. O., SS. 243-244. 訳二五八―二五九頁。

（8）*Das Finanzkapital*, S. 419. 訳②一八〇―一八一、㊦二二五―二二六頁。
（9）a. a. O., SS. 421-422. 訳②一八三―一八四、㊦二二九―二三〇頁。
（10）a. a. O., S. 419. 訳②一八〇―一八一、㊦二二五―二二六頁。
（11）a. a. O., S. 419. 訳②一八三、㊦二二九頁。
（12）a. a. O., S. 419. 訳②一八〇―一八一、㊦二二五―二二六頁。
（13）*Les Crises*, SS. 264-265. 訳二六一頁。
（14）a. a. O., S. 265. 訳二六二頁。
（15）a. a. O., SS. 265-271. 訳二六二―二六八頁。
（16）a. a. O., S. 271. 訳二六七―二六八頁。
（17）*Das Finanzkapital*, SS. 421-422. 訳②一八三―一八四、㊦二二九―二三〇頁。
（18）a. a. O., S. 422. 訳②一八四、㊦二三〇―二三一頁。
（19）a. a. O., S. 422. 訳②一八四―一八五、㊦二三〇―二三一頁。

引用・参考文献

伊藤誠「不均衡説――ツガン・バラノフスキーとヒルファディング」（大内力他編『資本論講座 7』青木書店、一九六四年）
市原健志『再生産論史研究』八朔社、二〇〇〇年。
井村喜代子『恐慌・産業循環論』有斐閣、一九七三年。
大内力『農業恐慌』有斐閣、一九五四年。
岡稔「再生産論をめぐる論争史」『講座 資本論の解明』（第三部冊）理論社、一九五二年（岡稔『資本主義分析の理論的諸問題』新評論、一九七五年、所収）
久留間鮫造『増補新版・恐慌論研究』大月書店、一九六五年。
久留間鮫造「恐慌論体系の展開方法について㈠」（『経済志林』第43巻3号、一九七三年）
久留間鮫造「恐慌論体系の展開方法について㈡」（『経済志林』第44巻3号、一九七六年）
小林賢齊「トゥガン『再生産論』と『恐慌史』との連携」（『土地制度史学』第12号、一九六一年）
富塚良三『恐慌論研究』未来社、一九六二年。
富塚良三『経済原論』有斐閣、一九七六年。
富塚良三『再生産論研究』中央大学出版部、二〇〇七年。

林直道『景気循環の研究』三一書房、一九五九年。
松石勝彦『資本論研究』三嶺書房、一九八三年。
松石勝彦「好況過程の二部門分析——二大部門間の関連の実証的・理論的分析——」（一橋大学研究年報『経済学研究』15、一九七〇年）
松石勝彦「再生産表式と内在的矛盾」（一橋大学研究年報『人文科学研究』18、一九七八年）
南克巳「資本の再生産＝流通過程と恐慌㈠」（神奈川大学『商経法論叢』Ⅵ-4、一九五六年三月）
南克巳「資本の再生産＝流通過程と恐慌㈡」（神奈川大学『商経法論叢』Ⅶ-3、一九五七年二月）
南克巳「再生産過程の周期的構造——固定資本再生産の矛盾を中心として——」（神奈川大学『商経法論叢』Ⅷ-3、一九五八年二月）
宮本義男『資本論入門』㊤・㊥・㊦、紀伊国屋書店、一九六六—一九六七年。
宮本義男『資本論の再生産構造』新評論、一九六八年。
宮本義男『資本論の再生産論体系』有斐閣、一九七七年。
山田盛太郎『再生産過程表式分析序論』改造社、昭和二三年（『山田盛太郎著作集』第一巻、岩波書店、一九八三年、所収）
吉村達次『恐慌論研究』三一書房、一九六一年。

第二篇　ヒルファディングの恐慌・産業循環論

第四章　恐慌・産業循環論の基本的構成(1)

第一節　恐慌・産業循環論の概要

一　『金融資本論』と不比例・不均衡説

ヒルファディングによれば、上記の「〔恐慌理論家たちの〕倒錯は Tugan-Baranowskiの恐慌理論において頂点に達している。この理論は資本主義的生産に特有な経済的形態規定を見るだけで、そのさい、あらゆる生産にその歴史的形態の如何を問わず共通する自然的諸条件をみのがし、したがって、生産は生産のために存在するだけで消費は荷厄介な偶然事として現れるにすぎないという奇妙な考え方に到達する。これがすでに狂気の沙汰なのだが(1)……」と指摘したうえで、彼はトゥガンの見解を「狂気のマルクス主義」と批判している。

ヒルファディングはマルクスの再生産表式に即して表式分析を試み、それを基礎に再生産と恐慌・産業循環に関するマルクスの所説を分析的に検討し、それをふまえて、さらに競争と信用の論理次元における恐慌・産業循環論を一般理論的に解明することを企図したのである。が、その表式分析はトゥガンの所説とはまったく異なったものである。

冒頭で指摘したように、不比例説はトゥガンに始まりヒルファディングに継承されたとされ、その系譜上に両者は一括して扱われてきた。主な批判は、(1)資本主義的生産の基本的矛盾の分析に欠け、恐慌が内的諸矛盾の爆発としてではなく再生産の均衡＝比例の単なる攪乱にすぎないこと、(2)内的諸矛盾および循環的運動の根底に対する分析の代わりに価格形成機構の攪乱といった外面的・派生的諸事象の分析にとどまったこと、さらに(3)こうした理解は組織資本主義論に連結し「恐慌なき循環論」に帰結したことである。(2)

しかし、ヒルファディングの恐慌論はトゥガンの不比例説とは異質である。既述の如くその特徴はトゥガン批判を主たる対象としながら、過少消費説をも批判するという点にある。この両面批判を通じてマルクスの恐慌論の体系化を試みたものといえる。彼は、消費の狭隘な基礎が恐慌の一般的条件をなすことを確認したうえで、生産と消費との間に一定率の資本の価値増殖という条件を挿入し、「生産と消費の関係」に資本主義的内容規定を付与する。再生産が円滑に進行していくためには、「消費と価値増殖との間の正しい比例関係」が保持さなければならないこと、生産物は原材料・機械・必要労働・剰余労働の諸部分に応じて分割される一定の比例関係をもってする生産諸部門間の交換を通じて実現されうること、にもかかわらず、価値増殖を自己目的とする生産は、無規制的拡大の必然的傾向によって剰余価値・利潤のできるだけ多くの部分を蓄積にふりむけざるをえないこと、他方その蓄積欲求と敵対的に矛盾する労働賃金をできるかぎり抑制せざるをえないこと、という資本主義的生産の内的諸矛盾の関係を明らかにしている。(3)したがって、ヒルファディングは「生産と消費の矛盾を認めようとしない(4)」とか、それをもって「不比例説の一代表である(5)」といった従来の見方は誤りである。

二 『資本論』の継承と恐慌・産業循環論

ヒルファディングは、上述の如く生産と消費との間に一定率の資本の価値増殖という条件をとり入れることによって、一般的〔全般的〕過剰生産恐慌は単なる「過少消費」によってではなく、生産が価値増殖との間の正しい比例・均衡関係を保持するには過剰となることによって生ずると説く。一般的恐慌の発生契機を均衡諸条件の攪乱・破壊に求めたのである。この攪乱・破壊の諸契機が恐慌の諸原因をなす。いわゆる「不均衡」説と呼ばれるが、この論理は

『資本論』の理論を継承したものである。後述するが、このヒルファディングの所説は、トゥガンの不均衡＝不比例説とは根本的に異なるものである。トゥガンの場合、既述の如く、マルクスの労働価値説からの完全な解放を主張し、価値・剰余価値論を拒否したうえで、一方では再生産表式論において独自の利潤論と社会的生産物の実現論との一体化に基づく生産と消費の矛盾の否定、消費制限の否定による部門間の均衡の維持という「再生産表式と内在的矛盾の否定」に関する「独創的」見解を示したが、他方では逆に、恐慌・産業循環論においては「無政府性→調整メカニズムの欠如→過剰生産の不断の傾向→比例的配分の実現不可能→恐慌」という過剰生産の不断の傾向→不比例→恐慌の発生（不断の現象）を説くのである。が、ヒルファディングの恐慌・産業循環論は、このトゥガンの不比例説とは決定的に異なるだけでなく、彼の周期的恐慌・産業循環の繁栄から恐慌への局面転換における「貨幣資本の不足・欠乏」説、あるいは不況から好況への局面転換における「貨幣資本の豊富・過多」説とも本質的に相容れないものである。

ヒルファディングは、利潤率の傾向的低下の法則を恐慌の規定的原因として捉え、この論理を再生産・価値増殖の諸条件と関連づけたこと、そしてさらに、利潤率の傾向的低下の法則を価格と利潤の循環的・周期的変動と結びつけたことによって、過剰生産恐慌とその周期性を解明したのである。この観点は『資本論』の理論の継承であり、さらに競争と信用の論理次元の具体化という意味においてその理論的展開を示したものである。それは、利潤率の傾向的低下の法則を否定し、この法則を恐慌分析から完全に放逐したトゥガンとは根本的に異なる。ヒルファディングは「特別剰余価値・利潤をめぐる諸資本間の競争→改良技術・新技術→生産力の発展→固定資本の巨大化・資本の有機的構成の高度化→利潤率の低下の潜在的進行→新投資の停止・販路の停滞→過剰生産→価格の崩落と利潤率の急落」という論理系譜上に恐慌の発生を説き、その一般理論的内容を明らかにしたのである。ヒルファディング恐慌論の基本的論理である。この基本的論理を基礎＝基軸として一般的〔全般的〕恐慌の発現・爆発は、具体的には周期的・循環的にのみ現れると主張する。

ヒルファデインによれば、しかし、恐慌には繁栄期が先行する。すなわち、恐慌後の事業不振を脱却して中位の活況↓繁忙↓過度の繁忙↓恐慌という継起的諸時期を経過する。そうした経過——産業循環の局面転換——を媒介する生産の拡張や調整あるいは新生産の開始、技術革新・新生産方法の採用、人口の増加……といった循環的諸事象は、周期的な価格形成と利潤の増大（利潤率の動き）を基準として展開する。肝要なのはこの周期的な価格形成と利潤変動の要因を組み入れることによって、彼は「生産力の発展↓資本の有機的構成高度化↓利潤率の低下」が、如何なる現象形態をとり、周期的に発現しうるのか、を問いかけ、それを分析的に解明する。そして彼は、この過程の進行を競争と信用が媒介し促進するものとして位置づけている。(6) さし当たり信用は除外する。その論理は概要次のように指摘できよう。

ヒルファディングは、この価格形成（騰貴）と利潤（率）の増大（高騰）に関する周期的な変動諸要因を二側面の内的矛盾の展開において捉えている。それは、一方で、一般的利潤率の傾向的低下の内的矛盾の展開として位置づけると同時に、他方ではこの展開軸に伴う諸要因に内在する矛盾の展開という二側面から捉え、この二側面の関連において循環的諸局面の複合的運動を分析的に検討している。すなわち、周期的な景気変動の過程においては資本の有機的構成の高度化から直ちに利潤率の低下が現れるのではなく、次のような展開形態をとって現れる。「有機的構成の高度化↓利潤率の低下」という事態、別言すれば、如上の諸矛盾の展開としての、価値増殖諸条件の悪化が価格破壊と利潤の喪失を意味する利潤率の低下として現れるそうした事態は、実際には、(1)「需要の増大と生産の拡大↓価格上昇と利潤（率）の増加↓新投資の増大↓固定資本の更新投資および新投資の拡大（固定資本の拡大と集中）↓資本の有機的構成の高度化↓価格高騰と利潤の変動（上昇）」という好況局面での、利潤率低下の潜在的進行過程として措定されるのである。かくて恐慌は利潤率低下の傾向が需要増大のもたらす価格と利潤との上昇諸傾向に対抗して自己を貫徹する瞬間に発現する、とヒルファディングは述べているのである。

ところで、好況期における需要の増大・生産の拡大→価格形成（上昇）と利潤（率）の変動（上昇）は生産諸部門において不均等に現れる。なぜなら、生産諸部門の間では資本の有機的構成に差異があるからである。したがって叙上の過程の進行と関連して、利潤率の低下をもたらす資本の有機的構成上の変化は機械または固定資本一般の最も多く充用される生産諸部門において最大である。より大きな固定資本が充用されている生産部門では新投下資本の規模も、また不変資本とくに固定資本もますます大となる。新投下資本は生産性の上昇によって特別利潤を生む。この部門に資本が競って流入し競争が激化する。大量の固定資本が投下され、資本の有機的構成が高度化するが、価格と利潤（率）の上昇下では、利潤率の低下は直ちには現れないで潜在的に進行する。生産物は激増するであろう。需要は減少し新投資は停止され、販路の停滞が生ずる。過剰生産・過剰蓄積が生じ、価格が低下するであろう。特別利潤は消滅し利潤率の低下が発生する。他方有機的構成のより低い生産部門では有機的構成の最も高い諸部門に比較して資本規模はより小さく、技術的改良もより少なく特別利潤もより少ない。生産の拡大テンポはより速いが、その大きさはより小さい。第Ⅰ部門の拡大に伴う消費財の価格騰貴と利潤（率）の上昇下で、潜在的に利潤率の低下と生産の過剰化が進行する。こうした第Ⅱ部門固有の諸条件に規定されて進行する事態が、より急激に、より大量に生産された第Ⅰ部門の生産物が市場に現れたときに、部門間の均衡が破壊され、不均衡が引き起こされる。第Ⅱ部門では第Ⅰ部門の大量かつ持続的供給を受容しうるだけの「器」を持ち合わせていないからである。かくして過剰生産→価格の崩落と利潤（率）の急落は第Ⅰ部門の生産物だけでなく、第二部門の過剰生産→生産物価格の崩落と利潤（率）の急落も表面化せしめる。一般的〔全般的〕過剰生産恐慌である(7)。

この過剰生産恐慌の論理が生産諸部門間に存在する資本の有機的構成の差異・固定資本量の差異から析出された価格と利潤（率）の部門間不均等→不均衡の潜在的進行→新投資の停止・販路の停滞→過剰生産→資本・所得の不均等

的配分変更→部門間・再生産の不均衡化→価格形成と一般利潤率形成の周期的調整メカニズムの全面的破壊――価格破壊と利潤喪失――一般的過剰生産・過剰蓄積・恐慌発生の論理である。(8) この点、通説的批判はヒルファディングが一般的利潤率の傾向的低下の内的諸矛盾（の展開）との関連において捉えた、上述の恐慌の発生における価格形成上の循環的変動の諸要因を無視・看過あるいは否定して理解されていること、批判者は「価格形成と利潤の変動→再生産の均衡諸条件の攪乱」という「均衡諸条件の攪乱」を単なる景気変動――常在的現象――の論理として捉え、そこから直ちに彼の恐慌・産業循環論を「利潤率の低下→単なる不均衡→販路停滞→恐慌(9)」という論理において誤って理解されていること、そしてその側面を不比例説の根拠として把握され、彼の恐慌・産業循環論の基本的特質をなすものであると主張されていること、である。かくてヒルファディングの恐慌・産業循環論は「資本主義的生産の内的諸矛盾を放逐し去り、価格形成の単なる攪乱といった外面的諸事象に求めたものである(10)」と批判されるのである。しかしそれは明らかに誤解または曲解に基づく批判である。

三　銀行独占・中央銀行と信用恐慌の変容

ここでは第四篇第二〇章を主な対象とするが、ヒルファディングは、一方での「信用組織の変化」と、他方での「商業と産業との関係の推移」および集積・集中の発展→独占との二系列の過程進行に基づく「産業と銀行との関係の緊密化」によって、信用恐慌が発展して、一方では銀行恐慌となること、他方では貨幣恐慌となることも困難になると述べ、金融資本段階における信用恐慌発現の制約的諸要因を明らかにしている。(11) 資本主義的生産の発展に伴ってどんな事情のもとでも続行されうる生産・流通の範囲が絶対的にも相対的にも拡大・発展するが、その範囲の拡大・発展が産業的独占の支配網に組み込まれる一方で、かかる産業構造の構造的変化――その量的発展と質的高度化――が流通信用の拡大と安定的継続の形成基盤となり、信用恐慌における変化を規定するものとして位置づけられる。

この問題視角から、つまり信用恐慌の変化の観点から産業構造の構造的変化――集積・集中過程が把握され、またそれに対応して信用・銀行制度の構造的変化＝「信用組織の変化」が重層的・複合的に把握され、信用恐慌の変容が解明されている。すなわち「信用組織の変化」が、一方では金準備の集中と発券の専一的支配機構としての中央銀行の成立、他方では銀行集積→銀行連合の形成の二側面から説かれ、この二側面の分析に加えて、さらに銀行と産業の二側面における集積過程と銀行資本と産業資本の緊密化が把握されていること、そうした連関的・総合的分析から生産・流通範囲の拡大に対応して恐慌時でも信用の揺るがない発券銀行が十分な金準備をもって「絶対的保証」にのみ銀行券を発行すること、他方貨幣・割引市場および証券市場を包括的に支配下におく大銀行が、産業的独占企業との結合諸関係を発展させ、産業・商業全体に影響を与えるようになり、信用も部門全体としてはどんな事情のもとでも、一定の継続的関係を維持することが可能になること。(12)そしてさらに、こうした新たな関係強化のもとで信用秩序攪乱の一契機をなす従来の諸投機取引が大銀行の支配網に組み込まれ、変容を余儀なくされること、(13)そうした諸原因を規定的契機として恐慌現象が、その一環としての信用恐慌が一定の形態変化を余儀なくされる、とヒルファディングは論述しているのである。

さらに自由競争の独占への転化、金融資本の成立に対応して貨幣・信用制度上に中央銀行を位置づけ、金準備の集中と発券の専一的支配の機構として中央銀行による管理機能を分析し、この論理段階における信用恐慌、貨幣恐慌、銀行恐慌との関連の問題を上述のように解明する。しかし金融資本段階における信用、貨幣、銀行恐慌の変化の諸原因は産業恐慌の発生には触れるものではないと述べている。一見奇妙に思えるが、それは産業恐慌の発生が再生産の均衡攪乱・破壊であり、その内在的諸原因にあるからである。この点においてトゥガンが貸付資本の不足・欠乏という外面的事象に求めたのとは本質的に異なる。(14)

四　産業独占と恐慌・産業循環の変容

ヒルファディングによれば、カルテルは「常に販路を見出す生産の基本額」を設定し、その範囲内で生産を割当て供給を調整し、かつこれに対応する価格を設定する。それに基づいてカルテルは景気需要の範囲内にアウトサイダーを封じ込め、恐慌・不況期には過剰生産の負荷を彼らに転嫁する一方で、自らは市場供給に無条件に必要な需要の充足部分を受けもつ。かくして常に販路を確保し景気変動の全局面を通じて価格を維持することができる。[15] この場合、カルテル価格の形成はカルテル化産業の製品を購入する非カルテル化産業の剰余価値・利潤の横奪によって可能となる。では、カルテルは生産を調整し供給を常に需要に適合させうるから、恐慌の作用を変形させるだけでなく恐慌そのものを完全に除去することもできると考えられるだろうか。

ヒルファディングによれば、この見解――恐慌そのものを除去すること――は恐慌の内的性格＝資本主義的性格をまったく見落としている。それは恐慌の原因を単に商品の過剰生産に求めることから生じる見方である。が、恐慌時の過剰生産は単なる商品の過剰生産ではなく資本の過剰生産である。それは資本の価値増殖諸条件がその実現条件と矛盾するに至るほどに資本が生産に投ぜられ、そのためにもはや、生産物の販売がより以上の拡張、より以上の蓄積を可能にする利潤を生まなくなることにほかならない。カルテルは、この価値増殖条件と実現条件の矛盾に導く価格調整上の諸攪乱を弱めるのではなく、かえって激化させる。全機構的関係から生ずることであるが、カルテルは価格形成に従うものでこれを決定するものではない。カルテルは、投下部面をめぐる諸資本の競争や価格形成に対する蓄積の作用を少しも変えるわけではなく、不均衡の発生を阻止できるものでもない、[16] と主張する。このように、彼は単なる「商品の過剰生産→恐慌」論を批判し、カルテルによる恐慌解消論を否定するのである。したがって、「ヒルファディングは不均衡説に基づく商品過剰論に主柱を求める」という論者の見方は誤りである。[17]

また、ヒルファディングは次のようにも述べている。カルテルによる部分的規制、一産業部門の一企業への総括もまったく産業相互間の均衡関係に何ら影響を及ぼさない。規制を増やしていけば無政府性が意識的組織になるというものではない。「総生産の指導→恐慌の除去」の点では、総カルテルが経済的には考えられうるが、社会的・政治的には不可能事である。カルテルに恐慌の止揚を期待するのは恐慌の原因も資本主義的体制の関連も理解していないことを証明するにすぎない(18)、と。この論理段階において、彼は体制的諸関係を組み入れることによって「総カルテル→生産の規制→恐慌の止揚」を否定したのである。したがって、ヒルファディングの恐慌論＝不比例説は「組織資本主義と結びつき〈恐慌なき循環〉なるブルジョア的調和論に帰結した(19)」という論者の批判は当たらない。この論点は「理論篇」から「政策篇」への上向展開の論理的関連性を提示した点でも重要である。

ヒルファディングによれば、繁栄の再来のための前提条件には二つあって、一つは沈滞をなくするに必要な均衡状態の回復であり、他はそれのみが繁栄期を意味する生産の拡張である。だが、カルテルによる生産制限→高価格維持は新投資をすべてなくし、非カルテル化産業にとって恐慌の作用を先鋭化する。カルテル化諸産業、例えば鉄道、鉄鋼、造船、機械産業等におけるカルテル価格での生産諸要素の購買は、そのまま自己の製品価格に上乗せするし、それに続く部門でも同様の経過を辿る。こうして景気変動に伴う遊休・過剰設備の負荷が再生産体系の下位行程に位置する非カルテル化諸産業に転嫁され、その利潤の一部がさらに横奪される。その分カルテル化諸産業では、通常購買されるはずの製品需要が縮小するか、最終消費量がその転嫁分だけ縮減するかして、その影響が反転上向してカルテル化諸産業の製品の販路を狭め、そのために、さらに生産を制限し利潤率をおし下げる。不均衡は一層拡大する。より以上の生産制限はより以上の遊休・過剰化と原価の上昇を惹起し、一層の利潤の減少をもたらすというわけである。

しかし、不況段階で高価格を維持することは当該部門のアウトサイダーを誘惑する。すべての価格が下がり、より低い設備費と営業費とで競争能力をえたアウトサイダーは、カルテルよりも低い価格で売り始める。カルテルはもはや価格を維持できなくなる。ことにアウトサイダーが改良技術・新技術を導入すれば、低価格政策をもって競争戦を挑み、カルテルの販路を侵蝕するだろう。カルテルは「常に販路を見出す生産の基本額」に対応したカルテル価格を維持することが困難になろう。かくして、当該部門内におけるカルテルとアウトサイダーとの競争→販路確保のための価格引下げ、他方カルテル化産業と非カルテル化産業との部門間不均衡→販路確保のための価格引下げという二側面からのカルテル価格引下げ作用が、相乗的に働くことになる。さらにカルテル価格の引下げを余儀なくされる。かくしてまた、新たな動きが始まる。カルテル価格の引下げはまず非カルテル化産業の生産を刺激し、利潤率の回復に有利に作用することになる。この部面の生産の回復は反転上向して需要を喚起し、カルテル化産業の生産を刺激するであろう。新たな価格形成を土台として、さまざまな生産諸部面の間に資本が配分され、次第にまた均衡状態がやってくる。沈滞は克服される。技術的革新または新市場が需要の増加をよび起こし、この増加が生産資本、わけても固定資本の新投下を引き起こすにいたるや否や、繁栄が始まる。このように彼は述べている。

この再生産の上向転換に規定されて信用——貨幣資本——が求められ、それがこの過程の展開を加速する。この信用充用の前提は生産の拡張であり、その逆ではない。結局、カルテルは「恐慌の重荷を非カルテル化産業に転嫁する限りでは恐慌の作用を変形するが、恐慌の作用をなくするものではない」のである。以上が独占段階における産業循環の変容に関するヒルファディングの所説の概要である。

(1) *Das Finanzkapital*, S. 421. 訳②一八二—一八三、㊦二二八—二二九頁。
(2) 南克巳「不比例説と過少消費説」「恐慌学説Ⅱ」(『経済学辞典』岩波書店、二三三三頁)
(3) *Das Finanzkapital*, SS. 357–362. 訳②一〇九—一一五、㊦一三八—一四五頁。
(4) 南克巳、前掲論文。
(5) 同上。
(6) *Das Finanzkapital*, SS. 379–385. 訳②一三七—一四二、㊦一七一—一七八頁。
(7) a. a. O., SS. 386–393. 訳②一四四—一五二、㊦一八〇—一九〇頁。

(8) a. a. O., SS. 386-393. 訳②一四四―一五二、㊦一八〇―一九〇頁。
(9) 南克巳、前掲論文。
(10) 同上。
(11) *Das Finanzkapital*, SS. 394-413. 訳②一五三―一七六、㊦一九一―二二〇頁。
(12) a. a. O., SS. 394-413. 訳②一五三―一七六、㊦一九一―二二〇頁。
(13) a. a. O., SS. 394-413. 訳②一五三―一七六、㊦一九一―二二〇頁。
(14) a. a. O., SS. 394-413. 訳②一五三―一七六、㊦一九一―二二〇頁。
(15) a. a. O., SS. 437-438. 訳②二〇二―二〇三、㊦二五三―二五四頁。
(16) a. a. O., SS. 437-439. 訳②二〇三―二〇四、㊦二五三―二五四頁。
(17) 伊藤誠「マルクス恐慌論展開のこころみ」(大内力他編『資本論講座 7』青木書店、一九六四年)

商品過剰説について伊藤誠は次のように述べている。すなわち「……ツガンの不均衡説を継承し、マルクス恐慌論の展開のうちに、それを定着させたのは、ルドルフ・ヒルファディングの『金融資本論』である。」(同、八八―八九頁) そして次のように述べている。「こうしてヒルファディングは、資本主義的生産の制限を価値増殖力ないし利潤率の低下にもとめながらも、マルクスの設定した資本過剰論の徹底的追求にむかわなかった。むしろ、かれは生産部門間の表式的均衡条件の破壊により重点をおき、けっきょくは不均衡説にもとづく商品過剰論に主柱をもとめることになったのであった。」(同、九〇―九一頁)

しかし伊藤氏の批判はまったく当たらない。商品過剰論はヒルファディング自身によって否定されているからである。彼は「商品の過剰論」を批判して次のように述べている。すなわち、「恐慌を簡単に商品の過剰生産と同一視する人は、まさしく肝要な点を、生産の資本主義的性格を見落としているのである。生産物はたんに商品であるだけでなく、資本の生産物でもある。そして、恐慌時の過剰生産は単なる商品の過剰生産ではなく、資本の過剰生産である。それは、すなわち、資本の価値増殖条件がその実現条件と矛盾するに至るほどに資本が生産に投じられ、そのためにもはや生産物の販売が、これ以上の拡張、これ以上の蓄積を可能にするような利潤を生まない、ということにほかならない。商品の売れ行きが止まるのは、生産の拡大が行われなくなるからである。それゆえ、資本主義的恐慌を簡単に商品の過剰生産と同一視する人は、恐慌の分析では序の口に立ち往生しているのである。[20]」

このヒルファディングの見解は「マルクスの設定した資本過剰論の徹底した追求」という分析視角からの「商品過剰論」に対する徹底した批判である。

(18) *Das Finanzkapital*, SS. 439-440. 訳②二〇四―二〇六、㊦二五六―二五八頁。
(19) 南克巳、前掲論文。
(20) *Das Finanzkapital*, SS. 438-439. 訳②二〇三―二〇四、㊦二五五頁。

第二節　恐慌の一般的諸条件──分析視角と論理構成の特徴

ヒルファディングはまず第一六章「恐慌の一般的諸条件」の冒頭において次のように恐慌・産業循環論の分析視角──その展開方向──を明示している。

「資本主義的生産が繁栄と沈滞とへの循環のなかに封じ込められていることは、経験法則である。一段階から他段階への移行は、恐慌を介して行われる。繁栄の一定の瞬間において、一連の生産部門に販路停滞が現れ、その結果として価格が低下する。販路停滞と価格低下とがひろがって生産が制限される。この段階が長短の期間つづく。価格も利潤も低下している。次第に生産が拡張されはじめ、価格も利潤も上昇する。生産量はかってよりも大きくなり、次いで転換が新たに現れる。この過程の周期的反復は、その原因を尋ねる問いを起こさせる。この問いは、資本主義的生産の機構の分析を結果せざるをえない。(1)」

このように、ヒルファディングはまず資本主義的生産は恐慌を媒介とする「繁栄と沈滞」の周期的な局面転換＝産業循環によって特徴づけられており、この局面転換の周期性の解明は資本主義的生産の機構分析を必要とする、と述べている。そして、この分析視角は第一六章から第一九章に及ぶ自由競争段階における資本主義的生産の機構分析、およびそれを理論的前提とした第二〇章「恐慌の性格における変化、カルテルと恐慌」という競争制限・独占段階における資本主義的生産の機構分析を意味しており、またそれは「全機構的関係」、さらには「経済的関係だけでなく政治的・社会的関係」を含む資本主義体制の総体的諸関連、および諸国間の不均等発展に伴う経済的（・政治的・社会的・自然的）諸条件の問題から生ずる国際収支・貿易収支の不均衡・攪乱等の国際的諸関係──世界市場と恐慌──にまで及ぶ論理の展開方向を示したものである。ヒルファディングは資本主義的生産の自由競争段階→競争制限・独占段階――金融資本と独占――における資本主義的生産の上向体系・機構分析を通じて恐慌を媒介とする周期的な局面転換＝産業循環に関するマルクスの理論の体系化を試みたのである。

周知のように、ヒルファディングの恐慌・産業循環論は『金融資本論』第四篇「金融資本と恐慌」において展開されているものである。第四篇は第一六章「恐慌の一般的諸条件」、第一七章「恐慌の諸原因」、第一八章「景気の経過における信用関係」、第一九章「沈滞期における貨幣資本と生産資本」、第二〇章「恐慌の性格における変化。カルテルと恐慌」から成り、このうち、第一六章から第一九章までが自由競争段階における恐慌・産業循環の一般理論に相当し、最終二〇章が自由競争の制限・独占的競争段階における恐慌の形態変化論である。すなわち、未体系のまま残されたマルクス恐慌論の体系化を試みたものといえる。それは、マルクス経済学体系を根本的に否定し、『資本論』の理論からの完全な独立・解放を説くトゥガンの所説とは根本的に異なるものである。

論理構成の特徴は『金融資本論』第一六章で恐慌の一般的諸条件を析出し、恐慌の可能性と現実性を解明している。第一七章で恐慌の諸原因を析出し、それらの相互的諸連関を通じて恐慌の現実性を論証するとともに、部門内および部門間競争を媒介とする産業循環の過程的展開を分析し、周期的恐慌の一般的発現形態を明らかにしている。それをふまえて、第一八、第一九章で信用・銀行制度および証券制度を媒介とする産業循環過程の動態分析を通じて、恐慌・産業循環の全体系の分析的把握を試みている。ここまでが恐慌・産業循環の一般理論的分析である。さらにそれを基礎・前提として、第三篇「金融資本と自由競争の制限」第一一章「利潤率の均等化における諸障害とその克服」、第一二章「カルテルとトラスト」、第一三章「資本主義的独占と商業」、第一四章「資本主義的独占と銀行。資本の金融資本への転化」、第一五章「資本主義的独占の価格決定。金融資本の歴史的傾向」において「金融資本と独占」の機構・構造を分析的に解明し、それをふまえて第二〇章で「カルテルと恐慌」の論理段階における恐慌・産業循環の形態変化を論証――スケッチ――している。ではまず、恐慌の一般的諸条件とは何か。ヒルファディングはそれをどのように捉えているのか。

ヒルファディングは恐慌の一般的条件を第一、第二、第三の一般的条件という問題視角から把握する。恐慌の一般的条件は、大別して商品生産と恐慌の一般的条件と、資本主義的生産と恐慌の一般的条件とからなっており、前者は、『資本論』＝恐慌論における恐慌の抽象的な形態の第一および第二形態に照応したものである。他方後者は、資本主義的生産の消費からの分離によって、恐慌の第三の一般的条件をつくりだすという点にある。前者についていえば、「恐慌の一般的可能性とは、内容のない、十分な内容をもった動因のない、恐慌の抽象的な形態以外のなにものでもない」(2)をふまえて、ヒルファディングは、この恐慌の一般的形態には、(1)「商品と貨幣とへの商品の二重化」、つまり販売と購買との分離から生ずる第一の一般的条件と、(2)「資本主義的無政府性」、つまり支払手段としての貨幣の機能が含む無媒介的矛盾から生ずる第二の一般的条件とからなるものとして区別・分離し、かつこの両者は恐慌の可能性を示すものとして一般的条件をなすと指摘している。(3) そして後者、すなわち、恐慌の第三の一般的条件では、資本主義的生産は、生産を消費から分離させ、生産者を彼の生産物から切り離し、価値生産物中の労働力の価値等価部分に帰着させる。つまり消費制限である。が、資本主義的生産は利潤の増大を「内在的目的」とし、生産を無制限的に発展させようとする傾向をもつ。消費の制限は、この生産の無制限的発展の制限要因となる。(4) つまり生産と消費の矛盾であるが、ヒルファディングはこの生産と消費との間に一定率の資本の価値増殖という条件を挿入することによって、資本主義的生産は消費ではなく資本の価値増殖に依存し、価値増殖の悪化に制限される、(5) と主張する。生産と消費の矛盾に新たな資本主義的内容規定を付与し、恐慌の現実性を提示する。この第三の一般的条件を含めた恐慌の一般的条件は、恐慌の可能性と現実性との二側面から構成される包括的概念であり、単なる恐慌の一般的可能性とは異なる点に留意すべきである。なぜならば、一般的可能性の論理次元では恐慌の現実性は論定できないからである。したがって、恐慌の第一、第二、第三の一般的条件を包摂した恐慌の一般的諸条件においてはじめて、恐慌の可能性と現実性とが措定され、両者の論理的関連性が解明されるのであり、それによってまた、かかる「恐慌の現実性」把握から第一七章「恐慌の諸原因」における産業循環＝周期的恐慌へと論理上向的に展開可能となるのである。さて、そこでまず、恐慌の第一の一般的条件について彼はどのように述べているのか。

（1） *Das Finanzkapital*, S. 355. 訳②一〇七、㊦一三五頁。
（2） a. a. O., SS. 355-357. 訳②一〇七―一〇九、㊦一三五―一三七頁。
（3） a. a. O., SS. 357-358. 訳②一〇八―一一〇、㊦一三八―一三九頁。
（4） a. a. O., SS. 357-358. 訳②一〇九―一一一、㊦一三八―一四〇頁。
（5） a. a. O., SS. 357-358. 訳②一〇九―一一一、㊦一三八―一四〇頁。

第三節　恐慌の第一の一般的条件

「恐慌の一般的可能性〔恐慌の第一の一般的条件〕は商品と貨幣とへの商品の二重化とともに与えられている。この二重化は、貨幣が商品の流通のために使用されないで蓄蔵貨幣として凝固することによって商品流通の流れに中断が生じうる、ということを含んでいる。過程W―G―Wが停滞する、というのは、商品Wを実現したGが、それ自身Wを実現しないからである。Wは売れないままであり、したがって、販路停滞が生じている。[1]」

ヒルファディングのいう「恐慌の第一の一般的条件」である。それは、販売と購買という一般的経済行為が、商品の如何なる形態運動を意味し、如何なる意味で商品に内的な矛盾の運動形態たるのか、を述べた『資本論』の理論を継承したものである。マルクスは概要次のように述べている。すなわち、W―GとG―Wとは、いずれも商品と貨幣との位置変換にほかならないが、形態運動としては両者は本質的に異なるものである。この質的に異なる二つの形態運動W―GおよびG―Wは、直接に対応し、絡み合って展開する。ある商品の第一の形態変換W―Gは、他商品の第二の形態変換によって条件づけられ、また、ある商品の第二の形態変換G―Wは、別の他商品の第一の形態変換を条件づけるという対応関係にある。W―G・G―Wなる形態変換は同じ価値が商品として過程の出発点をなし、商品として同じ点に帰ってくることを条件としている。したがって、それは所有者にとっては非使用価値たる商品を始点としての使用価値たる商品を終点とするところの、商品の形態変換運動として循環を形成する。W―G―Wは、二つの商品の逆方向への形態運動W―GとG―Wから成っており、相互に補足し実現し合う関係を示す。W―GとG―Wという形態運動が、各商品のW―G―Wなる「一循環」の内部において補足し合う関係にあると同時に、各商品の他商品との形態運動の絡み合いにおいて対応し合う関係にある。商品が、第一の形態変換W―Gに成功すれば、その商品はどの商品とでも直接交換可能な形態＝一般的等価形態たる貨幣形態に転換したわけであるから、商品の形態運動はそこで中断される可能性が生ずる。すなわち、貨幣は「一の休止点 Ruhepunkt」(2)をなすのである。貨幣はまた、蓄蔵貨幣の形態をとることができる。

このように、「恐慌の一般的可能性は、商品と貨幣とへの商品の二重化とともに与えられている。この二重化は、貨幣が商品の流通のために使用されないで蓄蔵貨幣として凝固することによって、商品流通の流れに中断が生じうる、ということを含んでいる。過程W―G―Wが停滞する、というのは、商品Wを実現したGが、それ自身Wを実現しないからである。Wは売れまいままであり、したがって販路停滞が生じている。(3)」

「しかし、恐慌のこの一般的可能性は、ただその一般的条件たるにすぎない。すなわち、貨幣流通がなく、支払手段としての機能における貨幣の発展がなければ、恐慌もまた不可能である。しかし、可能性はまだ現実性ではない。単純商品生産、またはより適切にいえば、前資本主義的商品生産は、一般に恐慌を知らない。経済の攪乱は、経済的・合法則的な恐慌ではなく、種々の災厄であって、それは、凶作、旱魃、疫病、戦争のような、特殊な、自然的または歴史的な、したがって経済的見地からは偶然的な諸原因から生ずるものである。それらに共通なことは、それらが再生産の不足から生ずるものであるが、けっしてなんらかの種類の過剰生産から生ずるものではない、ということである。……すなわち、この生産はまだ本質的には自給自足の生産であること、つまり生産と消費とは手段と目的として結びつけられていて、商品生産は比較的些細な役割を演ずるということである。なぜならば、資本主義的生産がはじめて商品生産を一般化し、可能な限りのあらゆる生産物に商品形態をとらせ、そして――これが決定的な点である――商品の販売を再生産の再開始の前提条件となすのだからである。[4]」

以上考察した恐慌の一般的可能性がヒルファディングのいう恐慌の第一の一般的条件である。

（1）*Das Finanzkapital*, S. 355. 訳②一〇七―一〇八、㊦一三五―一三六頁。
（2）*Das Kapital*, I, S. 127. 訳一四九―一五〇頁。
（3）*Das Finanzkapital*, S. 355. 訳②一〇七―一〇八、㊦一三五―一三六頁。
（4）a. a. O., S. 356. 訳②一〇八―一〇九、㊦一三六―一三七頁。

第四節　恐慌の第二の一般的条件

一　支払手段としての貨幣の機能――諸支払の連鎖の形成

恐慌の第二の一般的条件は「商品貨幣経済の一般化→資本主義的生産の無政府性」に求められる。ヒルファディングは次のように述べている。

「商品変態W―Gすなわち売りにおいては、商品の譲渡と商品価格の実現とは同時的であった。貨幣と交換に商品の価格を実現し、同時に商品を買手に譲渡するという関係である。ところが、商品流通の発展とともに、商品の譲渡を商品価格の実現から時間的に分離するような諸事情が発展する。(1)」すなわち、「商品生産の一般化とともに局地的、分散的諸市場の包括的世界市場への拡大(2)」がそれである。

「貨幣がただ流通手段としてのみ機能し、商品が直接に貨幣と換えられ、貨幣が直接に商品と換えられる限り、貨幣の蓄蔵貨幣への転化は、個別的な、孤立的な一過程たるに止まり、この過程は、一商品の売れないことを意味するが、一般的販路停滞を意味しない。この事情は、この貨幣の支払手段としての機能の発展とともに、さらに流通信用の発展とともに変化する。(3)」

支払手段としての貨幣は、貨幣が機能し始めるまえに、すでに形成されていた社会的関連を表現する。商品はその価値が貨幣によって置き換えられるまえに手放されており、おそらくはすでに消費されているであろう。支払時期は支払義務の発生した時期とはまったく異なる。支払として与えられる貨幣は、商品交換過程における単に媒介的、したがって瞬間的な、したがってまた直接代位されうる経済的形態ではない。むしろ内容的にも、支払がはじめて過程を実現する。なぜならば、W—G—WにおいてGが信用貸しされるならば、商品を売った第一の商品所有者も、貨幣が支払われたときはじめて彼の変態の第二の部分なるG—Wを遂行しうるからである。以前の単純な過程は、いまでは時間的に別々の二つの構成部分に分裂しているのである。(4)

これとは別の場合も可能である。この商品所有者が彼の商品の販売に対する貨幣(G)の環流を期待しながら、自分もまた貨幣(G)を借りにしたままで購買G—Wを行う場合である。そうすれば、彼の支払は彼の商品の買手の支払に懸かっている。支払が履行されなければ、彼は破産し、彼の債権者にも破産を余儀なくさせる。したがって、すでに遂行された全交換過程が後になってその効力を失わないようにするには、支払手段として貨幣が還流しなければならない。支払手段としての貨幣の機能は、支払を延期するという売手と買手の双方の合意を前提とする。したがって、ここでは経済的関係が私的行為から生ずる。売買と並んで債権者と債務者という第二の義務関係が成立する。[5]貨幣が支払手段として機能する場合には売手は商品を譲渡したが、その際、社会的な妥当する等価、貨幣を入手したのでもなければ、この交換行為において貨幣を不要にするような等価値の他商品を入手したのでもない。彼はただ買手の支払約束を持つにすぎず、その背後には社会的保証はなく、ただ買手の私的保証があるだけである。

彼がある約束と引換に商品を渡すということは、彼の私事である。約束が何に値したかは、その約束が現実に貨幣に換えられうる支払日になってはじめて判明する。だから売手は、一つの支払義務、一つの「手形」と引換に商品を引き渡したのであり、この手形が確実であると見られる場合、それらの人々もまた、この手形所有者に商品を売るであろう。債権債務の連鎖が形成される。私的意見、信頼関係によって、一つの圏に結合されている人々、このような人々の圏内では、手形は流通手段または支払手段として、簡単にいえば、貨幣――信用貨幣――として機能する。すべてこれらの交換行為はこの一団の人々にとって信用貨幣が貨幣に変えられたとき、はじめて終局的に完了する。[6]

「この支払約束はすでに見たように、流通手段または支払手段として他の多数の取り立てに役立ったものである。一人の支払不能は、他の何人かもを支払不能にする。支払手段としての貨幣が生ぜしめた諸支払義務者の連鎖が破られて一つの点における停滞が他のすべての点に及ぶ。停滞は一般的となる。かくして、支払信用は諸生産部門の連帯性を発展させて、部分的な販路停滞が一般的なそれに一変する可能性を与える。[7]」

例えば、ある一定期間だけ商品を売ることができないとすれば、あるいは支払期間中に商品の価値が変動したとすれば、現実に貨幣は支払手段として機能することができなくなり、諸支払の連鎖が崩壊するであろう。恐慌の発生である。[8]

二　支払手段の無媒介的矛盾――無政府性と包括的世界市場の形成

また、ヒルファディングは次のようにも述べている。「貨幣が支払手段として機能する場合、ある瞬間にすべての支払いがすっかり相殺されてしまうことは、本来、まったく偶然であって、現実にはけっしてないだろう。この場合、貨幣は商品の場所的転換の過程を独立に終わらせる。支払われた貨幣がこんどいつ商品に変えられるか、つまり第一の商品の価値がいつ他の商品によって終局的に置き換えられるかは任意である。だから、G―W―G′〔W―G―W〕なる過程に存する関係は切断されている。この場合には、商品の売手がかならず他商品の買手でなければならないということはない。だから、彼を満足させるためには、そこに貨幣が必然的に現れねばならない。このような流通過程の切断は単純商品流通の領域では、まだ偶然的かつ任意的であるが、資本主義的商品流通の圏内では必然的となる。このことは資本の流通の考察が示してくれる。(9)」

このように商品貨幣経済の一般化にともなって「生産者の市場への依存を生ぜしめ、また、原理的にはすでに単純商品生産において存在したところの、私的経済の独立性の結果たる生産の無規則性を、はじめて資本主義的生産における無政府性となす。すなわち、商品生産の一般化とともに、局地的・分散的な諸市場の包括的世界市場への拡大とともに恐慌の第二の一般的条件を成立させるところの、あの無政府性となすのである。(10)」すなわち、恐慌の第二の一般的条件は商品貨幣経済の一般化、局地的・分散的諸市場から包括的世界市場への転化・拡大と資本主義的生産の無政府性とに求められる。この論理段階での無政府性の内容規定である。

「支払手段としての貨幣は一つの無媒介的な矛盾を含んでいる。諸支払が相殺されるかぎりでは、貨幣は観念的に計算貨幣または価値尺度としてのみ機能する。現実の支払をなすべきかぎりでは、貨幣は流通手段として、物質代謝の瞬間的、媒介的形態としてではなく、社会的労働の個別的化身、交換価値の自立的定在、絶対的商品として現れる。この矛盾は、生産・商業恐慌中の貨幣恐慌とよばれる瞬間に爆発する。貨幣恐慌が起きるのは、ただ諸支払の連鎖と諸支払の決済の人工的組織とが、十分に発達している場合のみである。この機構のより一般的な攪乱が起きれば、それがどこから生じようとも貨幣は突然、無媒介的に計算貨幣のただ観念的な姿から硬貨に一変する。[11]」

「それは卑俗な商品では置換不可能となる。商品の使用価値は無価値となり、商品の価値はそれの価値形態のまえに影を失う。つい先ほどまで、ブルジョアは繁栄に酔い開花を自負して、貨幣などは空虚な妄想だと断定していた。商品こそ貨幣だ、と。いまや、世界市場には、ただ貨幣だけが商品という声が響きわたる。鹿が清水を求めて鳴くように、彼の魂は貨幣を、この唯一の商品を求めて叫ぶ。恐慌のときには、商品とその価値形態すなわち貨幣との対立は、絶対矛盾にまで高められる。したがってまた、そこでは貨幣の現象形態はまったく問題にならない。金、銀行券、信用貨幣等々、何で支払おうとも、貨幣飢饉には変わりはない。[11]」

これまで考察してきた恐慌の一般的可能性——商品生産の一般化とそれに伴う資本主義的生産の無政府性——がヒルファディングの恐慌の第二の一般的条件である。以上みたように、支払手段としての貨幣の機能が含む「無媒介的矛盾」は、「商品流通」のうちにその運動形態を見出したところの商品の内的矛盾の、より発展し変容した発現形態にほかならない。だが、これら第一、第二の恐慌の可能性は、それ自体としては、「恐慌の形態上の可能性」(『剰余価値学説史』第二巻第二部、二八八頁)ないしは抽象的形態であるにすぎない。[12]「……もし購買と販売とが相互に対立して固定することなく、したがって強力的に調整される必要がないならば、——他方、もし支払手段としての貨幣が諸債権を処理してしまうように機能し、したがって支払手段としての貨幣そのもののうちに存在している矛盾が現実化されないならば、——かくして、もし恐慌のこの二つの抽象的形態が実際にかかるものとして現れないとするならば、恐慌なるものは存在しない。[13]」のである。が、「何故これらの諸形態がその危機的な側面を展示するのか、これらの形態のなかに潜在的に含まれている矛盾がなぜ矛盾として現れてくるのかは、これらの形態だけからは明らかにすることはできない。[14]」かくして、この二様の含意において、以上にみた恐慌の二つの形態は、《恐慌の一般的・抽象的な可能性》をなすのである。

（1） *Das Finanzkapital*, SS. 355-356. 訳②一〇七—一〇九、㊦一三五—一三七頁。
（2） a, a. O., S. 357. 訳②一〇九、㊦一三八頁。
（3） a. a. O., SS. 355-356. 訳②一〇八、㊦一三六頁。
（4） a. a. O., SS. 62-63. 訳①一一八—一一九、㊤九八—九九頁。
（5） a. a. O., S. 63. 訳①一一九—一二〇、㊤九九—一〇〇頁。
（6） a. a. O., S. 64. 訳①一二〇—一二一、㊤一〇一—一〇二頁。
（7） a. a. O., S. 356. 訳②一〇八、㊦一三六頁。
（8） *Mehrwert*, II, S. 514-515. 訳(全)Ⅱ二六、六九五頁。
（9） *Das Finanzkapital*, S. 73. 訳①一三一—一三二、㊤一一四頁。
（10） a. a. O., S. 357. 訳②一〇九、㊦一三八頁。
（11） a, a. O., SS. 69-70. 訳①一二七、㊤一〇九頁。
（12） *Mehrwert*, II, SS. 514-515. 訳(全)Ⅱ二六、六九四—六九五頁（『資本論』岩・七・二四三—二四五頁）。この点に関してマルクスは次のように述べている。
「これらは恐慌の形式的可能性である。第一の可能性は第二の可能性がなくとも可能である。しかし、第二の可能性は、第一の可能性がなければ、……不可能である。しかし、第二の場合には、単に商品が売れないためにだけではなく、商品が一定の期間内に売れないために生ずるのであって、この場合には恐慌は、単に商品が売れないことからだけでなく、この一定期間内におけるこの特定商品の販売を基礎とする諸支払の一系列全体が実現されないことからも発生するのであり、またそのことからこの恐慌の性格が導き出されるのである。これは貨幣恐慌の本来の形態である。」
（13） a, a. O., SS. 512-513. 訳(全)Ⅱ二六、六九二頁。
（14） a, a. O., S. 513. 訳(全)Ⅱ二六、六九二頁。

第五節　恐慌の第三の一般的条件(1)

一　生産の消費からの分離と労働者階級の貧困

続いてヒルファディングは恐慌の第三の一般的条件を次のように明らかにする。

「恐慌の第三の一般的条件は、資本主義が生産を消費から分離させたことである。資本主義はさし当たり生産者をその生産物から切り離して、かれを価値生産物のうちの労働力の価値の等価たる部分に帰着させる。このようにして、資本主義は賃金労働者という一階級をつくりだすが、この階級の消費は総生産とは直接なんの関係もなく、ただ総生産のうちの賃金資本部分と関係するだけである。だが、賃金労働者のつくる生産物は彼の所有ではない。だから、彼の生産は、かれらの消費目的には役立たない。むしろ逆に、かれの消費とその量とは生産に依存する。[1]」

恐慌の第三の一般的条件は、資本主義的生産の消費からの分離によって成立する。賃金労働者＝生産者の消費は総生産とはなんら直接的関係をもたず、その生産物から切り離して、もっぱら労働力の価値の等価部分に関わりをもつ一階級＝賃金労働者階級をつくりだすと述べている。また別の箇所でヒルファディングは産業資本の流通分析に先立って次のように述べている。

「価値が資本になるのは、それが剰余価値を生む価値となるからである。このことは、資本家による生産手段の独占と自由な賃金労働者階級の定在とを前提とする資本主義的生産過程においておこる。賃金労働者は資本家に労働力を売る。その労働力の価値は、労働者階級の維持および再生産に必要な生活資料の価値に等しい。このように労働者たちの労働は新たな価値を創造する。そのうちの一部分は、資本家が労働力の購入に前貸しした資本部分――マルクスはこれを可変資本部分とよぶ――をおきかえ、他の部分は剰余価値として資本家のものとなる。労働過程で生産手段の価値――不変資本――は生産物に移されるから、資本家が生産のために前貸しした価値は増加しており、価値を生む価値となっており、資本となっているわけである。[2]」

このように剰余価値の生産は、労働力価値に等しい生活諸資料価値の生産に必要な労働時間を超える労働日の延長、つまり生産する新価値が賃金より大きくなることによって可能になる。剰余価値の生産は労働日の延長と労働者の賃金の大きさに依存するというわけである。だからこそ剰余価値の生産と取得を目的とする資本家は労働日を最大限に延長し、賃金を最低限に抑えようとするであろう。産業予備軍の存在がそれを可能にする。労働者階級の貧困は剰余価値生産に伴う必然性である。

ところでヒルファディングによれば、すべて産業資本は循環過程をえがくが、そのうち、ここでわれわれに興味のあるのは、その形態の転化である。それはほかでもない。この過程の内容は剰余価値の発生であり、したがって資本の価値増殖であり、そして、この価値増殖は生産過程で行われる。だが、この生産過程は資本主義社会では二重の機能をもち、一面では、すべての社会形態における使用価値を供給する労働過程であると同時に、他面では、資本主義社会に特有な価値増殖過程でもあって、そこでは生産手段が資本として機能し剰余価値が生産される。この過程の分析はマルクスが『資本論』の第一巻であますところなく与えている。いま、われわれの研究に関連して取り上げる必要のあるのは、価値の形態だけであって、価値の発生ではない。ところが、価値の形態変化は価値の大きさには関係せず、それの増大はむしろ価値増殖過程の内容をなす。こうした価値の大きさの変化は、生産過程に属し、形態の変化は流通過程に属する。(3)

以上はヒルファディングの恐慌分析の基本的視点である。叙上の論点をふまえたうえで、彼は恐慌分析の対象について流通過程の資本の運動、価値の形態転化に焦点を合わせる。恐慌の分析視角からすれば、資本の再生産過程の構成部分であり、流通過程の基礎・前提をなす資本の生産過程すなわち労働過程（使用価値の供給）と価値増殖過程（価値の生産）の二側面の統一過程分析が不可欠の条件であるが、そのうち、とりわけ資本の運動――価値・剰余価値の生産に関しては、マルクスが『資本論』第一巻「資本の生産過程」において余すところなく解明しており、そこには何一つ追加すべきものはないと述べている。したがって、彼はそれを基礎・前提として『資本論』第二巻「資本の流通過程」に焦点を向け、恐慌・産業循環の一般理論的、分析的解明を企図するのである。(4) それゆえに、この観点からでさえ、ヒルファディングの見解は生産過程の分析をふまえない単なる不比例説であり、「ブルジョア経済のすべての諸矛盾の現実的総括・強制的調整である恐慌」を「たんに流通部面にかかわる部門間の比例性の攪乱……から説明される(5)」と批判されるのは一面的であり、誤りであろう。

二　生産の無制限的発展と消費の制限

上述のヒルファディングの観点は、トゥガンが資本主義的生産過程を価値増殖過程の一側面に解消して、労働過程的側面を完全に無視したことによって、かかる「生産と消費との間にある一般的な関係」を完全に否定したのとは決定的に異なる、資本主義的生産過程の本質的理解に関わるものである。資本主義的生産過程は労働過程と価値増殖過程の統一である。そのことは、資本主義的生産過程が単に剰余価値の生産という特定の歴史的・体制的側面をもつばかりではなく、人間が生存するのに必要な生活資料の生産という超歴史的・超体制的な側面をもあわせもっていることを意味する。トゥガンはかかる二側面の統一過程である資本主義的生産過程をまったく理解できずに、もっぱら価値増殖過程にのみ一面化し絶対化して捉えてしまったのである。ヒルファディングは上述のようにかかる資本主義的生産の二側面の統一的過程を見据えたうえで、さらに次のように述べている。

ここでは既述の如く、ヒルファディングは、労働者階級の消費が総生産との直接的関係を断たれ、総生産の一構成要素である可変資本に関係するだけであるとして、労働者階級の消費が生活必需品の範囲に限られるということを明示することによって、消費の狭隘な基礎が恐慌の一般的条件（恐慌の第三の一般的条件）をなすことを確認する(6)。この場合、労働者階級の消費制限は、生活必需品に局限されているわけであるが、この制限は、この制限そのものが、資本主義的生産の無制限的な発展を制限する一要因なのである。

資本主義的生産は、資本家による利潤獲得を内在的目的とする生産である。労働者階級の消費が充たされていないのに、過剰生産恐慌が生ずる所以である。だから、消費の制限は、それがなかったなら過剰生産恐慌は不可能であるという意味で、恐慌の条件であるというのである(7)。また、恐慌は周期的であり、いつでも起こりうるものではない。労働者階級の消費が賃金部分＝生活必需品に局限され、制限されているから、恐慌が生ずるとすれば、過少消費から恐慌の発生を説くことになり、恐慌の周期的性格を説くことはできなくなる。「消費の狭い基礎」はいわば「常在的現象」であり、したがってまた「過少消費」も「生産が適当な割合でなされるならば、ありえない」のである。だから、消費の基礎の狭さは恐慌の一般的な条件に過ぎないのであり、けっして「恐慌は、過少消費の立論からは説明はできない。この立論からは恐慌の周期的性格は少しも説明されえない(8)」とヒルファディングは主張しているのである。つまり、消費の制限――過少消費――は、周期的恐慌の可能性を現実性に転化する積極的な原因ではない。それは恐慌の一般的な条件にすぎないのである。以上の諸論点をふまえて、「生産の消費からの分離」、つまりこの分離した生産と消費の間に一定率の資本の価値増殖という条件を挿入することによって、ヒルファディングは恐慌の第三の一般的条件から恐慌の現実性を次のように析出する。

三　生産と消費の矛盾――生産と消費の間の一定率の資本の価値増殖諸条件

「ところが、資本主義家の生産は欲望充足のためではなくて利潤のためである。利潤の実現と増加とは、資本主義的生産の内在的目的である。という意味は、生産の運命にとって、つまり生産の量やその増減にとって決定的なのは、消費やその増減ではなくて利潤の実現である、ということである。生産の行われるのは、一定の利潤をあげるため、一定率の資本の価値増殖をたもつためである。したがって、生産は消費にではなく資本の価値増殖欲に依存するのであって、価値増殖の可能性の悪化は生産の制限を意味する(9)。」

ここでは、トゥガンと決定的に異なり、「消費の狭隘な基礎」――「過少消費」が恐慌の一般的諸条件としての、恐慌の可能性であることを確認したうえで、さらに資本主義的生産は剰余価値＝利潤の追求にあるという本質的規定を与え、そこから「生産のための生産」「蓄積のための蓄積」という資本主義的生産の基本的特質を『資本論』の理論に内在して分析的に解明している。しかし、それは、次のトゥガンの所説とは根本的に異なる内容である。すなわち、トゥガンは生産財と消費財の資本価値の同等性・同一性を主張し、生産財需要と消費財需要との同等性・同一性把握の観点から、両者の需要は単なる生産物需要の性質の変化にすぎないと強調する。そのうえで生産手段の生産と最終消費の逆比例的な対応関係を説くことによって生産と消費の矛盾を否定し、そこから消費制限の否定による生産の無制限的拡張を主張したのである。が、ヒルファディングは生産と消費の矛盾を明確にしたうえで、「生産と消費の間に一定率の資本の価値増殖という条件」を挿入し「生産と消費との関係」に資本主義的な内容規定を与えたのである。つまり「生産の消費からの分離」を再規定すると同時に、第三の一般的条件＝「生産と消費の矛盾」を恐慌の可能性と現実性の二側面において把握したのである。さらに彼は次のように述べている。

「資本主義的生産様式にも生産と消費との間に一般的な関係はある。これは、ほかならぬ自然的条件として社会諸構成のすべてに共通する。とはいえ、欲望充足経済では消費が生産の拡張を決定し、生産は、このばあい、すでに到達された技術状態を限界とするだけであるが、資本主義的生産では、これに反して、消費が生産の量によって決定される。ところが、その生産の量は、そのときどきの価値増殖の可能性によって、資本の価値増殖によって、資本とその増加分とが一定の利潤率をあげねばあらぬという必然性によって、限定されている。ここで生産の拡張がぶつかる障壁は、純粋に社会的な、ただこの特定の社会構造からうまれるところの、この社会構造にのみ特有な障壁である。恐慌の可能性は、なるほど無規制的生産の可能性から、したがって商品生産一般からすでに生まれはする。だが、恐慌の現実性は、つぎのようなある一定の無規制的生産からのみ生まれる。すなわち、それは無規制であると同時に、ほかの社会諸構成の特徴をなす生産と消費との直接関係なるものを止揚し、そして生産と消費との間に、そのときど

きの一定率の資本の価値増殖という条件をも挿入するところの生産からのみ生まれるのである。[10]」（傍点──中田）

恐慌分析にあたって「かかる条件の挿入」は「生産の消費からの分離」に基づく両者の関係性について述べたものであるが、それは単なる両者の関係ではなく、資本主義的生産の内在的目的にとって規定的要因である資本の価値増殖における両者の関係性として内容規定されたものであり、同時にまた、それは資本主義的生産の無政府性そのものに特殊的な内容規定を与えるものといえる。重要な論点であり、示唆に富む。ここでは資本主義的生産においては、その生産量は資本の価値増殖によって資本とその増加分とが一定の利潤率をあげねばならない必然性によって限定＝規定されるが、それは価値増殖のための生産が「一定率の資本の価値増殖」を確保する限りにおいては「生産と消費」、「消費と価値増殖」との間の正常な比例＝均衡関係を確保することができるということであり、したがって、生産がこの正常な比例・均衡関係を維持するには過剰に生産され、資本とその増加分とが一定の利潤率をあげえなくなれば、つまり価値増殖の条件が悪化し利潤を確保できなくなれば、それは生産の制限を意味するであろう。かくして資本の価値増殖に対して資本とその増加分とが過剰となり、全般的な過剰生産・恐慌に導く。恐慌の現実性はある一定の無規制的生産からのみ生まれるが、それは無規制的であると同時に、生産と消費との間に一定率の資本の価値増殖という条件を挿入するところの無規制的生産からのみ生まれるということである。ヒルファディングの恐慌の一般的諸条件＝恐慌の第三の一般的条件としての恐慌の現実性である。すなわち、第三の一般的条件の媒介によってはじめて、資本主義的生産における恐慌の現実性が析出されうるというわけである。この点をさらに次節六「恐慌の第三の一般的条件(2)」において検討することにしよう。

（1） *Das Finanzkapital*, S. 357. 訳②一〇九─一一〇、㊦一三八頁。鶴野昌孝「金融資本と恐慌」（『現代社会における国家と企業──『金融資本論』研究を中心として──』和歌山大学経済学部、一九八四年三月、四〇─四一頁）を参照されたい。

(2) a. a. O., S. 74. 訳①一三二、㊤一一四―一一五頁。
(3) a. a. O., S. 74. 訳①一三二―一三三、㊤一一五―一一六頁。
(4) a. a. O., S. 74. 訳①一三二―一三三、㊤一一五―一一六頁。
(5) 南克巳「資本の再生産過程＝流通過程と恐慌二」(神奈川大学『商経法論叢』Ⅶ―3、一九五七年二月、一一九―一二〇頁)
(6) *Das Finanzkapital*, SS. 357-358. 訳②一〇九―一一〇、㊦一三八頁。
(7) a. a. O., SS. 357-358. 訳②一〇九―一一〇、㊦一三八頁。
(8) a. a. O., S. 360. 訳②一一三、㊦一四二頁。
(9) *Das Finanzkapital*, SS. 357-358. 訳②一一〇、㊦一三九頁。
(10) a. a. O., S. 358. 訳②一一〇―一一一、㊦一三九―一四〇頁。
　鶴野昌孝氏によれば、「生産の消費からの分離」という規定は、「資本の価値増殖という条件をさし入れる」ことと不可分離なものとされている。恐慌の第三の一般的条件をなす「生産の消費からの分離」という規定は、「資本の価値増殖という条件をさし入れる」ということを、別様の表現としてそのうちに含んだものとされていると思われるのである。(同、前掲論文、四〇頁)

第六節　恐慌の第三の一般的条件(2)

一　第三の一般的条件と恐慌の現実性(1)――生産と消費の間の一定率の資本の価値増殖と過剰蓄積・過剰生産(1)

ヒルファディングは、生産と消費の一般的関係を前提として消費の狭隘な基礎が恐慌の一般的な条件にすぎないことを確認したうえで、「生産の消費からの分離」をふまえて「生産と消費との間に一定率の資本の価値増殖という条件を挿入するところの生産(1)」として無政府的生産を「ある特定の無政府的生産(2)」として規定することによって、無政府的生産に資本主義的な内容規定を与え、「生産と消費の関係」を再規定し、恐慌の第三の一般的条件を析出する。彼はこの第三の一般的条件においてはじめて恐慌の現実性を提示したのである。ヒルファディングは、恐慌の可能性は無規制的生産の可能性から生ずる、と述べているが、この場合の無規制的生産は商品生産一般の論理段階におけるそれであり、したがって、この無規制的生産一般から生ずるのは、恐慌の第一、第二の一般的条件としての一般的可能性に過ぎないということであった(3)。が、恐慌の現実性は「ある特定の無規制的生産」、すなわち「ある特定の無規制的生産であると同時に……生産と消費との間に一定率の資本の価値増殖という条件を挿入するところの生産」、つまり、かかる無規制的生産からのみ生ずる。かかる「商品流通の特殊資本主義的諸条件」からのみ説明されうる(4)というわけである。それはトゥガンの、単純な、無政府性一般とは本質的に異なるものである。

ヒルファディングによれば、拡大再生産の場合、生産の拡張が円滑に進行していくためには「消費と価値増殖との間の正しい比例関係」が保持されなければならない。すなわち、欲望充足経済では、消費が生産の拡張を規定するが、資本主義的生産は逆に、生産の大きさによって消費が規定される。生産の大きさ＝拡張は、前者が既得の技術状態にその限界を見出すだけなのに対して、後者の場合には、資本の価値増殖可能性＝一定率の資本の価値増殖によって、つまり資本とその増殖分とが一定の利潤率をもたらすという必然性によって限界づけられる、ということである。別言すれば、生産の大きさ＝生産の量は生産が一定率の資本の価値増殖を確保する限りにおいて消費と価値増殖との間の正常な比例・均衡関係を維持することができるが、逆にそうでなければ、生産の量がこの正常な比例・均衡関係を確保するには過剰に生産され、資本とその増加分が一定の利潤率をあげえなくなり、かくて生産が資本とその増加分に対して過剰となるというわけである。そしてそれは「純粋に社会的な、ただこの社会構造だけから生ずる限界、……特有な限界(5)」であるとして、その内容規定を与えるのである。

社会的総生産物は素材視点からみれば、原材料、機械、必要労働、剰余労働等の諸部分に応じて分割される一定の比例関係をもってする生産諸部門間の交換を通じて実現されうるが、これらの素材、すなわち使用価値(P)(生産手段＝原材料・機械)＋必要労働(A)＋剰余労働(R)は、資本価値の担い手であるが、価値構成 C＋V＋M に対応的な一定率の分割比を示すものでなければならない。しかし価値増殖を自己目的とする資本主義的生産は、一方では、この実現された剰余価値のうちのできるだけ多くの部分を「より大なる価値増殖」のために「さらなる蓄積」のためにふりむけざるをえないということ、他方では、消費需要の形成源泉である労働者階級の賃金を「より大なる価値増殖」のためにできるかぎり抑制せざるをえないということ、そうした矛盾、つまり生産と消費の矛盾の関係にある。この論点はいうまでもなく生産の無制限的な発展傾向と労働者階級の狭隘な消費制限との矛盾を意味するものである。が、肝要なことは、ヒルファディングの場合、その通説的理解〔通説的批判〕とは異なり、むしろ、この矛盾が、上述の生産の無規制的な発展傾向と価値増殖という資本制的生産の内在的な目的から生ずる諸制限との矛盾の展開の中に正しく位置づけられることによって、恐慌の一般的諸条件＝恐慌の第三の一般的条件の論理段階における恐慌の現実性を説いている点である。すなわち、彼は「恐慌の可能性は、すでに無規制的生産の可能性から、したがって、商品生産一般から生ずるが、恐慌の現実性は、無規制的であると同時に……生産と消費との間にその時々の一定率での資本の価値増殖という条件を挿入するところの生産、かようなある特定の無規制的生産からのみ生ずる(6)」と述べている。

この問題視角から、ヒルファディングは一般的〔全般的〕過剰生産・恐慌は無政府性から単純に直接的に導き出されるものではないし、また、たんなる「消費の狭隘な基礎」「消費制限」あるいは「過少消費」によって説かれうるものでもないと主張する。すなわち、彼は過剰生産〔一般的過剰生産〕は単に商品が消費に対して過剰にではなく「消費と価値増殖との間の正しい比例関係」を保持するには過剰となること、「価値増殖のための生産が価値増殖に対して過剰となる」こと、つまり価格形成が不可能となり、利潤が生じえなくなる、そのような生産の攪乱、困難、破壊へと導く異常な不均衡が生ずることによって惹起されると説くのである(7)。過少消費説に対する明確な批判であり、同時にそれは、上述の意味・内容における「不均衡」説であるが、疑いもなくマルクスの『資本論』の理論を継承したものである。したがってまた、ヒルファディングの見解はトゥガンの所説とは決定的に異なるものといえる。

ヒルファディングの所説の意味するところは、拡大再生産の過程が円滑に進行していくには「消費と価値増殖との間の正しい比例関係」が保持されなければならないこと、素材視点からみれば、社会的総生産物が原材料、機械、必要労働、剰余労働の諸部分に応じて分割される一定の比例関係をもってする生産部門間の交換を通じて実現されうること、しかし価値視点からみれば、かような使用価値の具体的形態は資本の価値構成 C+V+M に対応した一定の割合でふり向けられなければならないこと、すなわちCに対応した原材料・機械であり、Vに対応した必要労働であり、Mに対応した剰余労働であるという、一定の割合での照応関係が確保されなければならないこと、である。この場合にのみ、再生産の均衡条件が維持されうるのでる。がしかし資本の価値構成 C+V+M はかような使用価値の具体的形態とほとんど一致しない。ヒルファディングはこの再生産の均衡的視点をふまえて、価値増殖を自己目的とする資本主義的生産は剰余価値・利潤のうちできるだけ多くの部分を蓄積にふりむけられなければならないこと、つまりその特徴的傾向は無際限の生産のための生産であり、蓄積のための蓄積であること、他方それゆえにまた、消費需要の形成源泉である労働者の賃金は、価値増殖——生産と蓄積——の制約条件であるがゆえに、できるかぎり抑制しなければならないこと、つまり労働者階級の狭隘な消費限界をも必然化させずにはおかないこと、こうした諸論点を分析的に解明したということができよう。かくして、価値増殖が内在的目的である資本の本性によって、資本制的生産は固有の諸制限を付与されているが、資本は、ほかならぬその本性によって、かかる固有の諸制限を乗り越えて生産を拡張しようとする内的衝動をもつ。資本制的生産は生産と消費との間に一定率の資本の価値増殖という条件を挿入するところの価格の形成と利潤率の変動を介して上述の「固有の諸制限」を乗り越え、突破していく。それは不可避であると述べているのである。(8)

そうした分析的観点から、ヒルファディングは「価値増殖が内在的目的」である資本の本性=顛倒性によって「消費の狭隘な基礎」を無視し、資本それ自体が一定率の価値増殖諸条件を破壊しながら不均衡化をさらに一層拡大し

「生産の無制限的発展への傾向」を強引に貫くことによって恐慌を不可避ならしめると述べているのである。

二　第三の一般的条件と恐慌の現実性(2)——生産と消費の間の一定率の資本の価値増殖と過剰蓄積・過剰生産(2)

ヒルファディングは社会諸構成のすべてに共通する生産と消費との間の一般的な関係をふまえたうえで「欲望充足経済では消費が生産の拡張を決定し、生産は所与の技術状態を限界とする」が、逆に「資本主義的生産では消費が生産の量によって決定される(9)」と指摘したうえで、なおこの生産量はそのときどきの価値増殖の可能性に依存し、したがって、その可能性の変化は生産の制限を意味するとして、生産と消費、および両者の関係について資本主義的な内容規定を与えたのである。こうした諸論点はトゥガンとは決定的に異なる点であるが、その中でも重要な事柄は既述の如く次の点である。繰り返し言及してきたことであるが、「それは無規律であると同時に、……生産と消費との直接関係なるものを止揚し、生産と消費との間にそのときどきの一定率の資本の価値増殖という条件を挿入するところの生産」という上記の論点がそれである。この概念把握こそは、ヒルファディングが資本主義的生産の内的矛盾の関係を分析的に把握し明確にしていることを示すものといえる。したがって、資本構成、部門間比率の恣意的操作による生産と消費の矛盾の否定、したがって消費財需要の減少とそれに照応的な生産財需要の拡大という、生産物需要の単なる性質の変化による需要内容の同等性・同一性に伴う社会的需要の形成、つまり一定の消費の減退・消費財需要の減少、それに照応した一定の生産の拡大、生産財需要の増大→社会的需要の不変を説くトゥガンの部門間の比例・均衡維持という主張とは、本質的に異なるし、また、剰余価値＝利潤と蓄積、蓄積と消費の関連性についての両者の見解もまったく異なったものといえる。しかしこのようなトゥガン「表式」の展開に基づく再生産の論理構成においてはもちろん、産業循環の循環性、したがってその一環であり、特定局面をなす周期的恐慌を把握することは不可能である。それ故に、トゥガンにあっては、恐慌・産業循環論の展開にはまったく別個の概念装置が求められたのである。「調整機構を欠く生産の無政府性」がそれである。

既述の如く、トゥガンの不比例説の特徴は「調整機構を欠く生産の無政府性→部門間不均衡→恐慌」である。つまりトゥガンの場合、資本主義的生産の無政府性とは資本主義的生産に特有な、いわば「常在的現象」であり、したがって、かかる「常在的なもの」としての無政府性から無媒介的に部門間不均衡を導出し恐慌を説く、その特徴はしかし、そうした恐慌分析の決定的な誤りを示すものといえる。

肝要なことは、ヒルファディングの場合、生産力の所与の発展段階においては、それに対応して総生産物は原材料・機械・必要労働・剰余労働の諸部分に応じて分割される一定の比例関係――技術的・経済的諸連関――が成立し、そうした諸関係に制約され、規定されると考える。すなわち、資本構成と部門構成との間には一定の比例・均衡関係――技術的・経済的諸連関――があり、それとの関係において剰余労働、剰余価値のうち、どれだけが蓄積に当てられ、どれだけが消費に向けられるか、という一定率の分割・割合が析出されるのである。すなわち、社会的総生産物は価値視点からみれば、「不変資本(c)+可変資本(v)+剰余価値(m)」という一定率の価値構成に分割され、素材視点からみれば、生産手段生産部門と消費手段生産部門とに二分割され、機械・原材料、必要労働、剰余労働の諸部分に応じて、一定率の技術的・経済的諸連関を介して部門間および部門内に分割・配分されなければならないというわけである。

この観点から、ヒルファディングは「消費と価値増殖との間の正しい比例関係」、つまり「生産と消費との間に一定率の資本の価値増殖という諸条件を挿入するところの生産」なる概念を提示すると同時に、価値増殖を自己目的とする資本主義的生産にあってはこの比例・均衡諸関係を攪乱し、不均衡化すべく内的傾向・衝動をもつと主張する。このように、ヒルファディングは「生産と消費との間に一定率の資本の価値増殖という条件を挿入するところの生産」という資本の再生産に関する均衡関係を分析的に解明し、新たな内容規定を与えたといえる。そこから既述のように「価値増殖のための生産が価値増殖に対して過剰となること、資本とその増加分が一定率の資本の価値増殖、つまり一定の利潤率をあげえなくなること、つまり価値増殖の可能性が悪化し、価格形成が困難となり、利潤を確保できなくなるということ、そうしたことが生産の制限を、したがって、過剰生産を、したがってまた利潤率の急落を意味すると主張する。(10) そしてさらに、ヒルファディングはこの論点から次のような注目すべき論理を展開せしめる。

三　第三の一般的条件と恐慌の現実性(3)――生産と消費の間の一定率の資本の価値増殖諸条件の破壊――加速度的蓄積と消費拡大→雇用の増大・賃金昂騰→過剰蓄積・過剰生産と利潤率の急落

叙上の「注目すべき論理の展開」とは何か。ヒルファディングは次のように述べている。

「さらに、もう一つ明らかなことは、恐慌の周期的連続は資本主義社会の産物だから、その原因は資本の性格のうちになければならないということである。社会の特殊な性格からおこる攪乱が問題でなければならない。だが、消費関係のためにおこる資本主義的生産の基礎の狭さが恐慌の一般的条件なのは、消費拡大の不可能が販路ゆきづまりの一般的前提だからである。消費を任意に拡大することができれば、過剰生産は不可能だろう。だが、資本主義的諸関係のもとでは、消費の拡大は利潤率の低下を意味する。それは大衆消費の拡大が労賃の上昇と結びついているからである。(11)」

「ところが、労賃の上昇は剰余価値率の低下を、したがって利潤率の低下を意味する。だから、蓄積によって労働者に対する需要が増え、利潤率の低下が起こり、そのため（極限として）増加した資本が増加しないままの資本よりヨリ多くの利潤をあげえなくなれば、蓄積は中止されざるをえない。それはほかならぬ利潤の増大という蓄積目的が達せられなくなるからである。この点、蓄積の必然的一前提たる消費の拡大が、もう一つの条件たる利潤の実現と矛盾する。価値増殖の諸条件が消費の拡大に反逆するのだ。しかもこれらの諸条件は決定的だから、矛盾は高まって恐慌となる。[12]」

これまでは「生産と消費の間に一定率の資本の価値増殖という条件を挿入するところの生産」から、上述のような価値増殖のための生産が価値増殖に対して過剰となること、つまり価値増殖の可能性が悪化することから、利潤率の低下→新投資の停止・販路の停滞→過剰生産→価格の崩落・利潤率の急落→恐慌が説かれていた。その場合には消費は消費一般の条件のもとで前提され、一定率の資本の価値増殖と関連づけられていたのであるが、そこに労賃を取り込むこと、つまり消費の拡大に労賃の上昇を結びつけることによって消費は新たな内容規定を付与されることになる。それは「生産と消費の間に一定率の価値増殖という条件」に新たな内容が付与されることを意味する。すなわち、労賃の上昇が消費の拡大＝有効需要の増大に結びつけられる一方で、逆に他方、労賃の上昇が労働搾取度を引き下げることによって利潤率の低下に結びつけられるという、二側面の内在的矛盾の展開から「恐慌の現実性」が析出されるのである。[13]

この論理次元における労賃の導入は「生産と消費の間に一定率の資本の価値増殖という条件を挿入」するという場合の、一定率の資本の価値増殖が、一方における生産の拡大→剰余価値・利潤（率）の上昇→労賃の上昇→有効需要・消費の拡大――価値増殖諸条件改善の拡大と、他方における生産の拡大→雇用の増大・労賃の上昇→労働搾取度の引き下げ→剰余価値率・利潤率の低下、価値増殖諸条件悪化の潜在的進行という二側面の対立的な矛盾の展開過程に関係づけられ、新たな、より具体的な内容が付与されたということである。かくして前者すなわち蓄積の必然的前提たる消費の拡大がもう一つの条件たる利潤の実現と矛盾し衝突する。価値増殖の諸条件が消費の拡大＝労賃の昂騰に反逆する。しかも資本主義的生産は剰余価値・利潤の取得を目的としているから、価値増殖の諸条件は決定的である。だから、矛盾は高まって恐慌となる。恐慌の可能性は現実性に転化する。恐慌の一般的諸条件としての、恐慌の第三の一般的条件における恐慌の現実性に関する分析的解明である。この論点はトゥガンの不比例説とはまったく異なるものであることは明白である。それは示唆に富む論点である。[14] 景気変動を先取りしていえば、繁栄の第二段階――繁栄の頂点――では資本の加速度的蓄積によって労働需要が急増するが、資本の増加が労働人口の増加に比べて余りにも急激なために産業予備軍が生産と消費の間の一定率の資本の価値増殖という諸条件を越えて吸収される。

賃金の昂騰は一方では蓄積の必然的前提である消費を拡大するが、それは逆に、他方では労働搾取度の下落によって剰余価値率・利潤率を低下させ、資本とその増加分を加えた増大した資本が、増大する以前の資本と同量か、より少量の剰余価値・利潤しか生産しなくなるという、資本の価値増殖にとって資本が過剰となる局面が現れる。つまり生産と蓄積の潜在的過剰化↓顕在化であり、一定率の資本の価値増殖諸条件の破綻・崩壊である。そうなれば、蓄積は停止せざるをえない。「追加資本がゼロ」になり、一般的利潤率は強い突然の低落を起こす。再生産過程は急激に収縮を余儀なくされる。すなわち、さらなる生産の拡大↓価格騰貴と利潤（率）の高騰↓雇用の増大↓賃金の昂騰は、一方では有効需要の増大＝消費の拡大による実現問題の顕在化を回避せしめる要因として作用するが、しかし他方、それはまた、資本制的生産の限界――生産と消費の間の一定率の資本の価値増殖諸条件――を越えての展開による資本としての資本の過剰を一層激化せしめ、価格破壊と利潤率の激落によって投資を抑制せざるをえなくなり、かくして「蓄積の必然的一前提たる消費の拡大がもう一つの条件たる利潤の実現と矛盾する。価値増殖の諸条件が消費の拡大に反逆するのである。しかもこの諸条件は決定的だから、矛盾は高まって恐慌となる。[15]」というわけである。

要点を確認しておこう。この論理次元の「生産と消費との矛盾」を「生産と消費との間に、その時々の一定率の資本の価値増殖という条件を挿入する」という論理の展開をふまえて、さらに一定率の資本の価値増殖という諸条件に雇用・労賃の要因を取り入れ消費と結びつけることによって「繁栄期の第二段階」を措定すれば、蓄積の必然的前提である消費の拡大が労賃の昂騰＝有効需要の増大と労働搾取度の引き下げとによって内容規定され、そこから加速的蓄積↓労賃の昂騰は、一方では有効需要の増大・消費の拡大、したがって資本の価値増殖諸条件の改善を拡大するが、他方ではこの過程が同時にまた、同じだけ多くの価値増殖諸条件の悪化として潜在的に進行し、労働搾取度を引き下げ、剰余価値率・利潤率を急落せしめるものとして現れる。かくしてヒルファディングは「価値増殖の諸条件が消費の拡大に反逆する」という二側面の敵対的矛盾の顕在化、恐慌の発現——恐慌の第三の一般的条件を媒介する資本主義的生産における恐慌の現実性——を析出したということである。上記の諸論点に関連して、ヒルファディングはマルクス『資本論』第三巻から次のような長文を引用し、この項の結びとしている。

「総商品量、総生産物は、不変資本および可変資本を補塡する部分も、剰余価値を表示する部分も売られねばならない。それが売れないか、または一部しか売れないかまたは生産価格よりも低い価格でしか売れないならば、労働者は搾取されているにはちがいないが、彼の搾取は資本家にとっては搾取として実現されず、それが、搾取された剰余価値のまったくの非実現または部分的でしかない実現を伴うことも、じつに、彼の資本の部分的または全部的喪失を伴うこともありうる。直接的搾取の諸条件と、この搾取の実現の諸条件とは同じではない。両者は、時間的および場所的にのみではなく、概念的にも一致しない。一方は、社会の生産力によって制限されているだけであるが、他方は、種々の生産部門間の均衡と、社会の消費力とによって制限されている。しかし、この社会の消費力は、絶対的生産力によって規定されているのでもなければ、絶対的消費力によって規定されているのでもない。そうではなく、社会の大衆の消費を、多かれ少なかれ狭隘な限界の内部でのみ変動しうる最小限に帰着させるところの、敵対的な諸分配関係を基礎とする消費力によって規定されている。それは、さらに、蓄積衝動によって、すなわち、資本の増大と拡大された規模における剰余価値生産とへの衝動によって制限されている。この衝突は、生産方法そのものにおける不断の革命、常にこれと結びついている既存資本の価値減少、一般的競争戦、単に自己保存手段として、かつ没落の脅威のもとで生産を改良し生産規模を拡大することの必然性、これらのものによって与えられるところの資本主義的生産にとっての法則である。それゆえ、市場はたえず拡大されねばならず、そのために市場の諸関連とそれを規制する諸条件とは、ますます生産者から独立した自然法則の態様をとるようになり、ますます制御されえなくなる。内的矛盾は、生産の外的範囲の拡大によって緩和されることを求める。しかし、生産力が発展すればするほど、ますますそれは、消費関係の立脚する狭隘な基礎と衝突するようになる。資本の過多が人工過多の増大と結びつけられていることは、この矛盾に充ちた基礎の上ではけっして矛盾ではない。なぜならば、両方をいっしょにすれば、生産される剰余価値の量は増大するであろうとはいえ、まさにこれとともに、この剰余価値が生産される諸条件と、それが実現される諸条件とのあいだの矛盾が増大するからである。[16]」

ここでは、先述の、「生産と消費の間に一定率の資本の価値増殖という条件を挿入したところの生産」、したがってそうした内容規定された生産と消費とが、恐慌（周期的恐慌）との関連において把握されなければならないこと、簡単にいえば、商品流通における特殊資本主義的諸条件、つまり商品が資本の生産物として、商品資本として生産されており、かかるものとして実現されなければならないということ、この実現は資本としての資本にのみ属する諸条件を含んでいるということ、そのことが資本の価値増殖の諸条件であるということである。そしてこの価値増殖の諸条件の分析は、個別資本および社会的資本の二側面から『資本論』第二巻において与えられている。ヒルファディングの場合、次章「ヒルファディングの再生産表式論」で明らかなように、トゥガンのマルクス再生産表式に対する否定的見解とは根本的に異なり、その徹底した継承のうえに一層の理論的な展開を企図したものであるといえよう。[17]

（1）*Das Finanzkapital*, S. 358. 訳②一一〇—一一一、㊦一三九—一四〇頁。
（2）a, a, O., S. 358. 訳②一一〇—一一一、㊦一三九—一四〇頁。
（3）a, a, O., S. 358. 訳②一一〇—一一一、㊦一三九—一四〇頁。
（4）a, a, O., S. 358. 訳②一一〇—一一一、㊦一三九—一四〇頁。
（5）a, a, O., S. 358. 訳②一一〇—一一一、㊦一三九頁。

（6）a. a. O., S. 358. 訳②一一一、㊦一三九―一四〇頁。
①高木彰『再生産表式論の研究』ミネルヴァ書房、一九七三年、一七四頁。
②久留間鮫造『栞』№.7、大月書店、一九七三年九月。
「この矛盾〔「生産と消費との矛盾」つまり、生産の無制約的な発展傾向と労働者階級の消費制限との矛盾〕も生産諸力の発展傾向と、価値増殖という資本制的生産目的からくる諸制限との『活き活きした矛盾』の展開のなかに、きちんと位置づけられる必要があると思う……。」（同上、一四頁）
（7）a. a. O., S. 358. 訳②一一〇―一一一、㊦一三九―一四〇頁。
（8）a. a. O., SS. 358-360. 訳②一一一―一一三、㊦一四〇―一四二頁。
（9）*Das Finanzkapital*, SS. 357-358. 訳②一〇九―一一〇、㊦一三九―一四〇頁。
（10）a. a. O., S. 358. 訳②一一〇―一一一、㊦一三九―一四〇頁。
（11）a. a. O., SS. 359-360. 訳②一一二―一一三、㊦一四一―一四二頁。
（12）a. a. O., SS. 359-360. 訳②一一二―一一三、㊦一四一―一四二頁。
この点について林直道氏は次のように述べている。
「もしもこのような、賃金騰貴→剰余価値減少→利潤率低下→蓄積停止→恐慌、というヒルファディング説が正しいのであれば、労働者階級が『国民的』利益の立場から賃金引上げを自己抑制し、利潤率の低下を防ぐだけの『叡智』を発揮したならば、恐慌は未然にくいとめられるはずだという、おそるべき反動的理論（いわば「過少消費説」恐慌論！）となってしまうのである。」（林直道『景気循環の研究』三一書房、一九五九年、四〇一頁）
この林氏の見解は批判とはいい難いものである。ここでは「二律背反的関係性」における矛盾の展開――発現形態が説かれているのであり、氏のように、その一方の側面だけを切り取り、それを「賃金騰貴→剰余価値減少→利潤率低下→蓄積停止→恐慌」として特化・設定し、それをヒルファディング説として批判されているのである。しかも後段の、「……この説が正しいのであれば、……云々」は理論的な議論から逸脱した論難となっており、批判の方法、在り方として問題を残すものとなっている。
（13）この「恐慌の現実性」（恐慌の第三の一般的条件）の理論的特徴をなす「二律背反的関係」は、富塚良三『恐慌論研究』未来社、第三章「恐慌の必然性」にも見られる。この論点に関説したものとして、次のようなものがある。
①林直道『景気循環の研究』三一書房、一九五九年、三九六―四〇〇頁。
林氏の場合は注（12）と関連するが、「二律背反的関係」を完全に無視されて、その一面だけを切り取り、特化したその部分「賃金の昂騰→蓄積停止・恐慌」をきびしく批判されている。
②小沢光利「資本主義的生産と恐慌の一般的条件」松井安信編著『金融資本論研究』北海道大学図書刊行会、一九八三年。

小沢氏によれば、このヒルファディングの叙述は「『資本論』第三部第一五章第三節「資本の絶対的過剰生産」の例解に依拠しながらそれを一歩進めて資本の過剰蓄積と消費要因とを関連づけようとした独自の説明である。」（同、二五一頁）

③長島誠一『独占資本主義の景気循環』新評論、一九七四年、六四―六六頁を参照されたい。

(14) *Das Finanzkapital*, SS. 359-360. 訳②一一二―一一三、㊦一四二頁。

(15) a. a. O., SS. 359-360. 訳②一一二―一一三、㊦一四二頁。

(16) a. a. O., SS. 360-361. 訳②一一三―一一四、㊦一四三―一四四頁。（『資本論』岩・九・六〇―六一頁）

(17) a. a. O., SS. 360-361. 訳②一一二―一一三、㊦一四二―一四四頁。

この点に関連して、ヒルファディングは次のような諸点を指摘している。

①「周期的恐慌は、資本主義に特有なものであり、したがって、特別な資本主義的特性からしか導き出されない。」（a. a. O., S. 359. 訳②一一二、㊦一四一頁）

②「……消費の基礎のせまさは恐慌の一般的な一条件にすぎず、けっして『過小消費』の立論からは恐慌の説明はつかない。まして、この立論からは恐慌の周期的性格の説明はつかない。というのは、ある恒常的・常在的な現象一般から周期性を説明することはできないからである。」（a. a. O., SS. 359-360. 訳②一一三、㊦一四一―一四二頁）

③「恐慌は、極めて一般的には、流通攪乱である。それは、商品の大量販売不可能として、商品価値（または商品の生産価格の）貨幣への実現の不可能として、現れる。ゆえに、恐慌は、商品流通の特殊資本主義的諸条件からのみ説明されうる……商品流通における特殊資本主義的なものとは、商品が資本の生産物として、商品資本として生産されており、且つかかるものとして実現されねばならない、ということである。したがって、この実現は、資本としての資本にのみ属する諸条件を含んでおり、そして、これはまさに資本の価値増殖の諸条件である。」（a. a. O., S. 362. 訳②一一五、㊦一四五頁）

④この点に関連して富塚良三氏は次のように述べている。「全般的過剰生産は、たんなる『過少消費』によってではなく、『価値増殖』のための生産が『消費と価値増殖との間の正しい比例関係』を保持するには過剰となることによって、生ずる。『ヨリ大なる価値増殖』のために、剰余価値のうちのできるだけ大きな部分が蓄積にふりむけられなければならないのであるが、そのことによって却って、生産された剰余価値の実現自体が不可能になり、かくして、『価値増殖』のための生産が『価値増殖』に対して過剰となる。」（富塚良三、前掲書、一〇六頁）

第五章　ヒルファディングの再生産表式論

第一節　ヒルファディングの再生産表式論の論理構成

一　再生産表式の概念構成

「恐慌はきわめて一般的には流通攪乱である。それは、商品の大量的販売不可能として、商品価値の（または商品の生産価格の）貨幣への実現の不可能として、現れる。ゆえに、恐慌は商品流通の特殊資本主義的諸条件からのみ説明されうるもので、単純商品流通の諸条件からは説明され得ない。しかるに、商品流通における特殊資本主義的なものとは、商品が資本の生産物として、商品資本として生産されており、かつかかるものとして実現されねばならないということである。したがって、この実現は資本としての資本にのみ属する諸条件を含んであり、そして、これはまさに資本の価値増殖の諸条件である。(1)」

ヒルファディングによれば、この資本の価値増殖諸条件の分析は個別資本および社会的資本の二側面から『資本論』第二巻において与えられている。個別資本の運動＝循環運動は互いに絡み合い条件付け合うが、この絡み合いにおいて社会的総資本の運動が形成される。いまやこの社会的総資本の再生産過程＝流通過程が分析されなければならない。

社会的総資本の再生産過程は、総資本の総生産物（＝商品資本）の姿態変換の社会的な絡みあい、条件づけあいを意味するが、総生産物の姿態変換＝流通過程の社会的な絡みあいは、一方においては総生産物の価値構成C＋V＋Mがどのようにして実現され、他方では、実現されたそれぞれの価値構成部分が資本の再生産に必要な素材をどこからどのように手に入れるか、を問題にする。資本の再生産に必要な素材とは、不変資本（C）に対応する生産諸手段、可変資本（V）と剰余価値（M）に対応する生活諸手段である。総生産物は素材＝使用価値の視点からみれば、不変資本（C）に対応する生産諸手段と可変資本（V）と剰余価値（M）に対応する生活諸手段に二大別できる。総生産物の価値構成は、その使用価値の如何にかかわらずC＋V＋Mである。それは、この構成原理、すなわち、不変資本（C）、可変資本（V）、剰余価値（M）の区別・価値の形態規定を拒否し、したがって、価値視点からの把握を認めずに、もっぱら素材、使用価値視点からのみ把握される、トゥガンの再生産表式論とはまったく異質のものである。

総生産物は生産諸手段と生活諸手段とに二大別され、その価値構成はC＋V＋Mであるが、そうだとすれば次のような問題が生じるであろう。すなわち、生産諸手段のV＋Mは生活諸手段と交換されねばならない。同じことであるが、他方生活諸手段のうちCは生産諸手段と交換されなければならない。そうでなければ、各部門での再生産は確保されないからである。ではこの交換は如何にして行われるだろうか。しかしこうした問題は、総生産物が素材的側面において生産手段と生活手段とに二大別され、他方価値側面においてその価値構成がC＋V＋Mに三部分分割される場合のみ生じうるものである。このような価値構成とそれに対応的な二部門分割なる方法的観点からのみ提起されうる問題である。しかし既述のように、トゥガンはその価値構成C＋V＋Mを拒否したのである。

上述の問題視角から、社会的総資本の総生産物はまず素材側面から生産のために必要とされる生産手段と、個人的消費のために必要とされる消費手段とに分けられる。それに対応して生産部門は生産手段を生産する部門（第Ⅰ部門）と、消費手段を生産する部門（第Ⅱ部門）とに二分割される。社会的総生産物のうち生産手段からなる部分が如何にして両部門の資本に補填され、他方、消費手段からなる部分が如何にして社会の所得と交換され、社会的総資本の再生産が確保されうるかを考察しなければならない。その考察方式が再生産表式であり、その分析的解明である。ヒルファディングは次のように述べている。

二　マルクスの再生産表式論の継承

「この価値増殖の諸条件の分析を、個別資本の立場からもまた――ここではなによりもこれが重要である――社会的資本の立場からも、マルクスは『資本論』の第二巻で与え、これによって、経済学においてケネー以外の人によってはなされたことのない一つの試みを遂行した。マルクスはケネーの『経済表』を経済学がこれまでに自ら考えついた最も天才的な着想と呼んだが、マルクス自身の社会的生産過程の分析は、真に天才的な着想の最も天才的な実行である。――総じて、あのように顧みられなかった、いわば純粋経済理論の立場からの第二巻の分析が、かの驚嘆に値する著作中の最も輝かしい分析であるように、そして、なかんずく恐慌原因の認識は、マルクスの分析の成果を眼前におくときに、はじめて可能である。(2)」

このように、ヒルファディングは『資本論』第二巻の分析――再生産表式分析――はマルクスの《驚嘆に値する著作中の最も輝かしい分析》であると高く評価したうえで、とりわけ恐慌原因の認識、つまり「周期的」恐慌に関する理論の分析的研究は、このマルクスの分析結果を基礎・前提とすることによってはじめて可能であると述べている。このヒルファディングの見解は、文字通り、マルクス恐慌論に確信をもち、その継承を企図したものであって、新たな論理段階――競争と信用および株式資本――におけるマルクス恐慌論の理論的展開を企図するものである。それはマルクスの再生産表式論の概念構成を全面的に拒否したうえに立って独自の表式論を展開したトゥガンの所説とは根本的に異なる。ここではまず、マルクスの再生産表式に基づくヒルファディングの所説を検討することである。

（1） *Das Finanzkapital*, S. 362. 訳②一一五、㊦一四五頁。
（2） a. a. O., S. 362. 訳②一一五―一一六、㊦一四五―一四六頁。

第二節　社会的再生産過程の均衡諸条件

一　単純再生産表式

ヒルファディングは『資本論』第二巻第三篇「社会的総資本の再生産と流通」に即して単純再生産と拡大再生産の二側面から「社会的再生産過程の均衡諸条件」と「資本主義的蓄積過程の均衡諸条件」を分析的に解明し、生産と消費の間に一定率の資本の価値増殖という条件を挿入することによって、あらゆる生産の拡張可能性――価値増殖の諸条件――の分析的解明を試みたのである。再生産表式においては、まず社会的総生産物について需給一致を前提として総生産物W'の各構成部分相互の価値・素材補塡――固定資本の補塡を含む――の運動を解明し、この相互補塡・代置の運動を媒介するものとして投資（再投資・新投資）および資本家と労働者の消費支出による貨幣の流れ――貨幣還流の法則――を考察するという方法がとられている[1]。

ヒルファディングにしたがって、「マルクスの分析の最も重要な諸成果を要約」すれば、次のようになるであろう。さし当たり資本主義的生産の規模の同一、つまり単純生産を前提とし、価値または価格の諸変動も無視する。社会の総生産物、したがってまた総生産は、次の二大部類に分かれる。

（1）生産手段。生産的消費に入らざるをえない、または少なくとも入ることのできる形態をもつ諸商品。

（2）消費手段。資本家階級および労働者階級の個人的消費に入る形態をもつ諸商品。

各部類で資本は二つの構成に分かれる。可変資本（v）と不変資本（c）とである。さらに後者は固定不変資本と流動不変資本とに分かれる。

生産で消費された不変資本を表す価値部分cと、生産で充用された不変資本の価値とは一致しない。固定資本はその価値の一部分しか生産物に移していない。ここでの考察では、さし当たり固定資本を無視する。以上の諸前提のもとで社会的総資本の総生産物は次の式によって表示される。c＝不変資本、v＝可変資本、m＝剰余価値、剰余価値率＝m/v＝100%、資本の有機的構成＝4:1

I. $4000c + 1000v + 1000m = 6000$　生産手段（W'_{I}）

II. $2000c + 500v + 500m = 3000$　消費手段（W'_{II}）

総価値は9000で、現物形態で機能を続ける固定資本は、前提にしたがって、これには含まれない。

いま単純再生産の基礎のうえで、つまり全剰余価値が非生産的に消費されるものとして、必要な諸取引を研究するにあたり、この取引を媒介する貨幣流通をさし当たり問題外とすれば、そこにはあらかじめ三つの大きな支点が与えられる。

(1)第二部類の労働者の労賃500vと資本家の剰余価値500mとは、消費手段に支出されねばならない。だが、これらの価値は1000の価値をもつ消費手段として存在し、この1000は第二部類の資本家の手中にあって、前貸しされた〔可変資本の〕500を補填し、剰余価値の500を代表する。したがって、第二部類の労賃と剰余価値とは、第二部類の内部でこの部類の生産物と交換される。これによって、総生産物のうちから(500v＋500m)II＝1000の消費手段が消える。

(2)第一部類の 1000v＋1000m もまた同様に消費手段つまり第二部類の生産物に支出されねばならない。したがって、それは第二部類の残余部分たる等額の不変資本部分 2000c と交換されねばならない。第二部類は、これに対して、第一部類の生産物たる等額の生産物――それには第一部類の 1000v＋1000m なる価値が化体されている――を受け取る。これによって、第二部類の 2000c と第一部類の（1000v＋1000m）とが計算から消える。

(3)なお第一部類の 4000c が残っている。これは第一部類でしか利用できない生産手段であって、この部類の消費された不変資本の補塡にあてられる。したがって、この 4000c は第一部類の個別資本家相互間の交換によって処理される。それは第二部類の（500v＋500m）がこの部類の労働者と資本家との間の、または個別資本家相互間の交換によって処理されるのと同様である。

二　貨幣還流の法則(1)――固定資本の補塡を含む再生産の均衡諸条件

単純再生産表式の設定にあたっては、理論的前提の一つとして、さし当たり貨幣の流れは問題外とし、また固定資本の摩滅・補塡部分は捨象し、不変資本は流動不変資本からのみ構成されるものとしていたが、再生産表式の基本的運動を分析し終えたいま、より具体的把握のためにその前提を取り除かねばならない。ヒルファディングはこのように述べている。続いてここでは、貨幣の流れを把握したうえで固定資本の補塡の問題を取り上げ、再生産の「均衡条件」・「正常的な経過の条件」をより具体的に明らかにする。まず貨幣の流れ、すなわち、上記の三大支点(1) II 500v＋500m のII部門内の転態、(2) I 100v＋100m と II 200c の部門間の転態を媒介する貨幣の流れを取り上げて「より発展した恐慌の可能性」に関する内容把握を深めることにしよう。ヒルファディングによれば、(1) II 500v＋500m の第II部門内の転態運動を媒介する貨幣の流れは II K ― II P ― II K であり、(2) I 100v＋1000m＝II 2000c の第I と第II部門間の転態運動を媒介する貨幣の流れは I K ― I P ― II K、II K ― I K であり、残りの(3) I 4000c の第I

部門内の転態運動を媒介する貨幣の流れはⅠK―ⅠKである(2)。

続いて固定資本の補塡と再生産過程の均衡条件についてヒルファディングは次のように述べている。上記単純再生産表式の分析に当たり、その前提としてcはその価値を一括して移転する不変流動資本とみなしたが、ここではその前提を取り除く。

固定資本の補塡は特殊な役割を演じる。不変資本の価値の一部分は労働手段から労働生産物に移されている。この労働手段は生産手段の諸要素として、しかも、もとの現物形態で機能を続ける。この労働手段がその機能を続ける一定期間のあいだに漸次こうむる摩損分・価値喪失分は、この労働手段の生産した商品の価値要素として再現する。ところで、固定資本の摩損分に商品価値部分を黄金化する限りでの貨幣は、生産資本の構成部分の価値喪失分を補塡するが、この構成部分に再転化されることはない。この貨幣は生産資本とは別に沈殿し、この資本の貨幣形態を保持する(3)。

この貨幣沈殿はいく年かにわたる再生産期間の過ぎ去るまで繰り返される。その間不変資本中の固定的要素は、もとの現物形態のまま生産過程で機能を続ける。固定的要素たる建物や機械などがその寿命を終えて、もはや生産過程で機能をしえなくなると、その価値は完全に貨幣に置き換えられて、この固定的要素とは別に存在する。それが貨幣沈殿の総和であり、それは固定資本から漸次に、この固定資本の協力によって生産された商品に移され、この商品の販売によって貨幣形態に移行した価値の総和である。このようにして、この貨幣は固定資本（または、その諸要素、というのは固定資本の種々の要素はそれぞれ寿命を異にするから）を現物で補塡し、そのようにして生産資本中のこの構成部分を現実に更新するのに役立つ。だから、この貨幣は不変資本価値の一部分、つまりその固定資本部分の貨幣形態にほかならない(4)。

こうした蓄蔵貨幣の形成は、だから、それ自身、資本主義的再生産過程の一要素である。すなわち、固定資本が寿命を終えて、その全価値を生産された商品に引き渡し、いまや現物で補塡されなければならなくなるときまでの、固定資本またはその個々の要素の価値の――貨幣形態での――再生産および貯蔵である。だが、この貨幣がその蓄蔵貨幣形態を失い、したがって流通に媒介される資本の再生産過程に再び能動的に入ってくるのは、やっとそれが固定資本の死蔵した要素を補塡するため、その新たな要素に再転化されるときである。だが、単純再生産に攪乱が生じないためには年々死滅する固定資本部分が年々更新される部分に等しくなければならない（傍点―中田）[5]。このように重要な論点を指摘したうえで、ヒルファディングは次の如き「表式」を説く。

$$\text{I.}\quad 4000c + 1000v + 1000m = 6000$$
$$\text{II.}\quad 2000c + 500v + 500m = 3000$$

＊部門Ⅰ　4000c：耐用年数10年（部門Ⅱ 2000c も同様とする）。固定資本の価値移転分ｄ：不変資本価値 4000c
……年10％＝400、流動的不変資本Ｒ（回転度数、年1回とする）。

$$\text{I.}\quad \underbrace{400d + 3600R}_{4000c} + 1000v + 1000m = 6000W'_{\text{I}}$$
$$\text{II.}\quad \underbrace{200d + 1800R}_{2000c} + 500v + 500m = 3000W'_{\text{II}}$$

ここでは、Ⅰ400dは、Ⅰv＋m と相互交換に入るⅡ2000c のうちの 200d に関するその論点を把握すれば容易に理解できるので、より複雑な相互交換をなすⅡ2000c に論議を集中しよう。留意すべき点は、(1)資本主義的生産の発端（一年目）から始めるのではなく多くの年の流れの中における一年であること、したがって、第Ⅱ部門に投下される各個別資本は異なった年齢をもつ。すなわち、一方では減価償却基金を蓄積している資本家Ａ（群）が存在し、他方では固定資本を更新すべく待機している資本家Ｂ（群）が存在する。(2) Ⅱｖ＋ｍにはなんら不変資本の価値要素は含まれていないが、Ⅱｃには不変資本の固定部分が含まれており、この価値部分は貨幣形態で蓄積されねばならないこと、しかし他方では、Ⅱｃには固定資本を現物で補塡すべき部分も含まれていることである。

三　貨幣還流の法則(2)——固定資本の補塡と再生産の均衡諸条件

こころみに、第一部類の（1000v＋1000m）と第二部類の 2000c の交換をみよう。この 2000c のうち固定資本 200 が補塡されなければならないとする。そこで、流動的不変資本にだけ転化されるべき 1800c は、第一部類の 1800（1000v＋800m）と交換される。この場合、なんら新たな問題は生じない、問題はⅡ 200d とⅠ 200m との相互転換がどのように行われるかである。

$$
\begin{array}{ll}
\text{I.} & \qquad\qquad\quad +1000v+800m+200m \\
\text{II.} & \underbrace{200d+1800R}_{2000c}
\end{array}
$$

第一部類の残りの固定資本の現物形態をもつ 200 も、やはり第二部類によって買い取られねばならない。だが、第二部類の資本家たちは、第一部類の固定資本 200 を買うため200の貨幣を貯蔵していなければ、これを買うことができない。というのは、第二部類の他の資本家たちは 200 を貨幣で補塡し、そして彼らの固定資本の摩損分として貨幣形態で保持しなければならないからである。そこで、自分たちの固定資本の摩損分を数年引き続き貨幣で積み立ててきた資本家たちが、この年にその固定資本を現物で更新することになろう。彼らは200の貨幣で第一部類の残りの200（v＋m）を買う。第一部類は他の200の貨幣で残りの消費手段を第二部類の他の資本家たちから買う。この資本家たちは自分の固定資本の摩損部分であるこの貨幣を自分のところで積み立てる。だから、第二部類の資本家のうち、この年にその固定資本を現物で更新する人たちが貨幣を提供し、この貨幣をもって第二部類の他の資本家たちは、その摩損部分を黄金化し貨幣として保持することができるわけである。だから、死滅する固定資本と更新されるそれとのあいだの不変の比率が仮定されなければならない。さらに、死滅する（したがって更新される）固定資本と、もとの現物形態で作用を続ける固定資本との比率が不変であることも、仮定されなければならない。というのは、死滅する固定資本が300に増せば、流動資本は減少することになり、いまや第二部類の不変資本はより少ない流動資本をもつことになって、生産が同一規模では続けられなくなるからである。さらに、固定資本が300に増したのに、第二部類は資本を現物で更新するのにただ300〔200〕しか貨幣を支出できないとすれば、第一部類では100の固定資本が売れないことになろう[6]。

叙上の如くだから、固定資本の単なる維持においても、もし――現実によくあることだが――年々死滅する固定資本と機能を続ける固定資本との比率が変化するだけでも、固定資本と流動資本との生産に不均衡が現れうる。重要な指摘である。単純再生産の場合でも固定資本の年々の死滅と機能を続ける固定資本との比率が年々不動ではなく変動するということ、したがって固定資本と流動資本との生産に不均衡が生ずるということ――上記の表式分析の数値が示していること――である。このことがまさに「恐慌は、単純再生産の場合でも、もし例えば、死滅した資本と新たに投下される資本との間で右の比率がそこなわれれば、発生しうるのである……[7]」というヒルファディングの上記の見解と関連するものであるし、また恐慌の一般的諸条件＝第三の一般的条件である「生産と消費の矛盾」――生産と消費の間に一定率の資本の価値増殖という条件を挿入——に関する基本的な論的が再生産表式との関連において分析的に把握されることを示している。この論点は拡大再生産の表式分析との関連によってより具体的に解明されることになる。

このように再生産の正常的な進行のためには貨幣補塡と現物補塡とは均衡せねばならない。再生産にとってこの均衡は前提条件であり、基本原則である。が、もちろん、実際にはこの均衡はまったくの偶然であり、「正常な進行のための諸条件」は、同時に「それが同じだけ多くの異常な進行のための条件に一変しうる」のである。したがって均衡もまた不均衡に転変しうるのである。そしてそれはよくあることである。

さて次に残る問題は、この均衡条件が充たされる場合、II 200d とI 200m との交換はどのような貨幣の流れによって媒介されるであろうか。ヒルファディングによれば、固定資本を現物で更新すべき資本家群をK_1、貨幣で積み立てを続ける資本家群をK_2とする。II 200d とI 200m との相互交換は、II K_1 — I K_1、I K_2 — II K_2 である。II K_1 が投入した同額の貨幣 200 は同部門のK_2の手に貯蔵される。こうした貨幣の運動はI 400d の実現についてもまったく同様である。すなわち、I K_1 — I K_2 である。[8] 社会的再生産過程の均衡条件が、トゥガンの主張する「社会的再生産の均衡条件」とまったく異なることが明白であろう。もともとトゥガンは「基本的な均衡条件」としての上記マルクスの「三大支点」そのものを認めていないのである。この点はさらに拡大再生産表式の均衡条件の分析において一層明らかになるであろう。

四　単純再生産と均衡の攪乱——意図した過剰生産（商品在庫と予備貨幣資本）

ヒルファディングは単純再生産表式の分析をふまえたうえで次のように述べている。われわれは、単純再生産では死滅する固定資本は新たに投下される固定資本に等しくなければならない、ということを見た。実際には、この条件はけっして厳密には充たされていないであろう。したがって、一方では調整のために常に固定資本部分のある過剰が、すなわち商品在庫が存在せねばならず、他方では予備貨幣資本がこれに対応する。ある程度の在庫と、ある程度の蓄蔵貨幣集積とは、再生産の条件であって、これがなければ、再生産は絶えずあれこれの点で停滞に陥るであろう。かような僅かばかりの調整は、資本そのものの弾力性によっても容易にされ、この弾力性は、生産の強行や時間外労働などによってある程度の切迫した要求を充たすことを可能にする。一切の生産能力の熱病的な緊張は、一方における商品在庫をも他方における貨幣貯蔵をも（相対的および絶対的に）減少させ、かくして、正常時には諸攪乱の調整に役立つ一要因を除き去る。予備貨幣資本の減少は、恐慌直前の段階には絶対的となる。というのは、一方では、貨幣資本に対する産業資本家の需要がいまや最大だからであり、他方では、還流の緩慢化、したがって流通信用の緩慢化が始まる結果、支払い手段としての貨幣に対する需要が急速に増大するからである。さらにそれ以上の、販売における攪乱は、予備貨幣資本の引き入れによっては調整されえず、したがって破産にいたらしめる。(9) こうした彼の見解は再生産表式の分析をふまえた具体的な展開として提示されており、そこではまた次のように述べている。

「単純再生産を可能にするためには、一定の均衡＝比例関係が充たされていなければならない。第一部類の（v＋m）は第二部類のcと等しくなければならなかった。この均衡＝比例の実現は資本主義的無政府性のために、絶えず攪乱される。生産を恒常的に進行させるためには、いくらかの過剰生産量がいつも必要である。それは突発的な需要や不断の需要変動にいつも備えておくためである。ところが、回転する資本価値の還流には、絶えず攪乱と不規則とが生ずる。この不規則を克服するために、資本家は、一方で商品在庫をもつように、他方では貨幣貯蔵をいつももっていて、この商品在庫をいつでも適当に利用することによって攪乱を調整することができなければならない。したがって、この調整は追加貨幣、予備貨幣資本を必要とする。これは、必ず貨幣形態で保持されねばならない。というのは、商品資本の回転こそがとかく攪乱されがちであって、資本家はこの回転を待たずに他の商品を利用しなければならないからである。ただ貨幣形態でのみ、価値は一般的等価の形態を有し、いつでも任意に他の商品に転化されうる。ここでもまた、貨幣の必然性が資本主義的生産様式の無政府性から生ずる。(10)」この指摘は重要である。

ヒルファディングは単純再生産表式に貨幣資本の還流法則と固定資本の補塡問題とを組み入れることによって、何故に、単純再生産の場合でも、再生産の「均衡」が成立しにくいかを明らかにしたからである。すなわち、「単純再生産の場合でも、固定資本の年々の死蔵（額）＝現物補塡額＝更新額は、年々不動ではなく変動する」ということである。このことは、従来、必ずしも正当に理解されてこなかった事柄でもある。また、この点に関連して、ヒルファディングは『資本論』第二巻第三篇「社会的総資本の再生産と流通」から次の部分を引用している。

「一度再生産の資本主義的形態が除かれたとすれば、事柄は次のようになる。すなわち固定資本（ここでは消費手段の生産において機能しつつあるそれ）のうち、死滅して現物で補塡されるべき部分の大きさは、年々続いて変化する。……だからといって、消費手段の年々の生産に必要な原料、半製品及び補助材料の量が――他の事情に変化がなければ――減少するものではない。したがって、生産手段の総生産は、ある場合には増加し、他の場合には減少せねばならないだろう。これを免れるには、絶えず相対的過剰生産をつくるほかはない。一方ではある量の固定資本を直接必要な以上に生産することであり、他方ではことに原料などを年々の直接的な需要を超えて貯蔵することである（とりわけ生活手段についてそうである）。この種の過剰生産というのは、社会がそれ自身の再生産の対象的手段を調整することである。だが資本主義社会の内部では、それは一つの無政府的要素である。(11)」

このような相対的過剰生産は、資本主義社会においても、ある限界内では絶えず生ぜざるをえないものであって、常時存在する商品在庫として現れており、これが攪乱の調整に役立っている。他方では、この商品在庫に対応して貨幣資本の予備を産業資本家は持っていて、攪乱が生じた場合には、これによってその生産の継続に必要な諸要素を商品在庫のうちから調達することができる。この予備貨幣資本は、一時的な攪乱に備える安全装置として平常時にもすべての資本家は持たねばならないが、それは商品の販路が停滞したときに必要となる予備貨幣資本と混同してはならない。繁栄期には、一方では生産が強く急速に拡張され、他方では以前の予備貨幣資本が生産資本に転化される。予備貨幣資本は減少し、この減少は攪乱を調整する要因がなくなることを意味する。だから、これは恐慌の一原因である。だが、他方次のことが確認されなければならない。このような相対的過剰生産の必然性は、資本主義社会に基づくものではなく、資本主義社会では固定資本として現れる生産諸要素が比較的大量に達したとき、再生産過程の性質に基づくものである、ということである。技術的自然的諸事情から必然的に生ずるこの「過剰生産」は、現実には単なる在庫形成であり、そのようなものとしては、調整された欲望充足経済にも固有であり、したがって恐慌時の一般的過剰生産と混同してはならない。しかし、資本主義社会の内部では、このような過剰生産も事情によっては恐慌を激化させる要因となる[12]。

この種の過剰生産は意図された過剰生産ではあるが、その必然性は資本主義社会に固有のものではない。資本主義社会ではそれは固定資本の増大化に伴う再生産過程の性質に基づくものであり、無政府的要素である。それは事情如何によっては恐慌を激化させる要因に転化する。ヒルファディングはそのように述べているのである。

（1）これらの論点はヒルファディングによるマルクス再生産表式分析のすぐれた点である。
（2）*Das Finanzkapital*, SS. 364-366. 訳②一一八—一二一、㊦一四九—一五二頁。
（3）a. a. O., SS. 364-368. 訳②一一八—一二二、㊦一四九—一五四頁。
（4）a. a. O., S. 365. 訳②一一八—一一九、㊦一四九—一五〇頁。
（5）a. a. O., S. 365. 訳②一一九、㊦一五〇頁。
（6）a. a. O., SS. 365-366. 訳②一一九—一二〇、㊦一五〇—一五一頁。
（7）高木彰『再生産表式論の研究』ミネルヴァ書房、一九七三年、二三五頁
また高木氏は次のように述べている。「ヒルファディングも、単純再生産における恐慌について次のように述べている。『恐慌は、

単純再生産のばあいでさえも、もし、たとえば、死滅した資本と、あらたに投下される資本とのあいだで、右の比例がそこなわれれば、発生しうるのである。だから、恐慌が資本主義的生産に内在的な大衆の過少消費にその原因をもつというような結論は、けっしてでてこない』。ヒルファディングは、資本制的生産の一側面を成す生産の無政府性一般を恐慌と直結しているのである。……単純再生産表式が『一つの抽象』として把握されるかぎり、それは恐慌と直接の連関を持たない。他方、それが資本の運動形態の一形態として把握されるならば、単純再生産表式において措定されることは産業循環の一局面を成すということなのであって、恐慌の可能性の問題はそこでは当初から排除されているのである。」(同、一七四—一七五頁)

この高木氏の見解には問題はないだろうか。ヒルファディングは第一六章「恐慌の一般的諸条件」——社会的再生産過程の均衡諸条件——において、概ね次のように述べている。(恐慌の一般的諸条件について本章参照)

しかし恐慌の一般的諸条件=第三の一般的条件・「生産と消費の矛盾」では、単純再生産の場合、均衡が前提であり、その前提の上で「再生産の正常な進行のための条件」が析出されたが、この諸条件が「それと同じだけ多くの異常な進行の諸条件に一変する」のである。まさにこの点が問われているのである。そこでまず商品流通における特殊資本主義的とは何か。商品は単なる商品ではなく資本の生産物として、商品資本として生産され、そのようなものとして実現されなければならない。この実現が資本としての資本にのみ固有の諸条件を含み、それが資本の価値増殖諸条件をなすのである。この諸条件が生産と消費との間に一定率の資本の価値増殖の諸条件として挿入され、再生産の均衡条件をなす。しかし、資本主義的生産は無規制的であり、無政府的である。だから均衡はまったく偶然なのである。死滅する固定資本と更新されるそれとのあいだの不変の比率、死滅する(したがって更新される)固定資本ともとの現物形態で作用をつづける固定資本とのあいだの不変の比率が前提されねばならない。つまりかかる均衡が前提され、その前提の上で、「正常な進行のための条件」が析出されたのである。が、この均衡は偶然である。だからこの諸条件は「同じだけ多く異常な進行の諸条件に一変する」。したがって「ヒルファディングは……生産の無政府性一般を恐慌と直結している」と理解してはならない。彼は「それ〔恐慌〕は無規制的であると同時に、生産と消費との間に一定率の資本の価値増殖という条件を挿入するところの無規制的生産からのみ生まれる」と述べているのである。

上記表式的表現——単純再生産の表式分析をふまえたうえで——では、死滅する固定資本が300に増せば、流動資本は減少する。第二部類の不変資本はより少ない流動資本を持つことになり、生産を同じ規模で続行できなくなる。さらに固定資本が300に増したのに、第二部類が現物更新に当てる貨幣を200しか持っていないならば、第一部類では100の固定資本が売れ残るであろう。だから固定資本の単なる維持においても、年々死滅する固定資本と機能し続ける固定資本との比率が変化する——それは現実にも常に起こりうることである——だけでも、固定資本と流動資本との生産に不均衡が現れる。かくして固定資本の貨幣補塡と現物補塡とは不均衡になり、第二部類では第一部面の固定資本の売りとも不均衡になる。前者の現物補塡が今より増加すれば後者では「生産の増加」、あるいは「再生産の不足」が生じ、逆の場合には生産の減少か過剰、したがって恐慌が生ずるであろう。単純再生産を可能にするためには、一定の比率関係が充たされていなければならなかった。第一部類のV＋Mは第二部類のCと等しくなければならなかった。だが、上述の如くこの均衡諸条件はまったくの偶然であり、事情によって、それが同じだけ多くの不均衡諸条件に一変するのである。

「恐慌は、単純再生産のばあいでさえも、もし、たとえば、死滅した資本と、新たに投下される資本とのあいだで、右の比例がそこなわれれば、発生しうるのである。だから、恐慌が資本主義的生産に内在的な大衆の過少消費にその原因をもつというような結論は、けっしてでてこない」と、ヒルファディングは主張したのである。しかしこの恐慌は恐慌の一般的諸条件の第三の一般的条件による恐慌の現実性であり、産業循環の一環としての恐慌、つまり周期的恐慌を意味しない。ここではまだ競争と信用は考察されておらず、「恐慌の諸原因」・産業循環の論理次元における諸条件から析出される周期的恐慌は分析の対象ではないのである。現実の恐慌は競争と信用の論理次元ではじめて解明可能となるからである。彼は「産業循環の一局面」においても「表式的」図式を用いた論述があるが、それはもちろん、周期的恐慌→不況局面の論理次元の問題である。再生産表式分析はいうまでもなく均衡を前提にして、いわばこの偶然の均衡において「再生産の正常な進行のための諸条件」を析出することにあった。この点の確認をふまえたうえでの論述である。

なお高木彰『恐慌・産業循環の基礎理論研究』（多賀出版、一九八六年）もあわせて参照されたい。

（8）*Das Finanzkapital*, SS. 364-367. 訳②一一八―一二一、㊦一五〇―一五三頁。
（9）a. a. O., SS. 391-392. 訳②一五〇―一五一、㊦一八八―一八九頁。
（10）a. a. O., SS. 366-367. 訳②一二一、㊦一五二―一五三頁。
（11）a. a. O., SS. 367-368. 訳②一二一―一二三、㊦一五三頁。（『資本論』岩・七・二〇一―二〇二頁）
（12）a. a. O., S. 368. 訳②一二一―一二三、㊦一五四頁。

第三節　資本主義的蓄積過程の均衡諸条件

一　再生産の「移行表式」――単純再生産から拡大再生産への移行

ヒルファディングによれば、単純再生産は資本の蓄積を生存条件とする資本主義社会では現実には行われない。ということは、もちろん、産業循環の過程において、ある一年が単に不変の再生産だけでなく縮小された再生産さえも示すことを排除するものではない――彼は不況局面における再生産表式の設定例として「縮小図式」を用いている――が、とにかく現実には行われない単純再生産がすでに上記の如く一定の複雑な均衡関係を必要とするとすれば、拡大再生産過程においては蓄積過程が攪乱なしに進行するためには、この均衡関係はさらに複雑になる。ヒルファディングはマルクスにならって拡張された再生産の表式分析にあたって、まず次のような「出発」図式を提示する。

(1)単純再生産の表式

Ⅰ　生産手段の生産　4000c＋1000v＋1000m＝6000
Ⅱ　消費手段の生産　2000c＋ 500v＋ 500m＝3000
社会的生産物の総額　　　　　　　　　　＝9000

(2)拡大再生産の「出発」表式

Ⅰ　生産手段の生産　4000c＋1000v＋1000m＝6000
Ⅱ　消費手段の生産　1500c＋ 750v＋ 750m＝3000
社会的生産物の総額　　　　　　　　　　＝9000

但しc、v、mは単純再生産の場合と同じである。剰余価値率100%、資本の有機的構成は第Ⅰ部門＝4：1、第Ⅱ部門＝2：1、これは両部門における資本の技術的構成の差異を反映したものである。

上記の二表式における「絶対量」は等しく、総生産物額は両者ともに第Ⅰ部門が6000、第Ⅱ部門が3000、合計が9000である。差異は両者の「機能規定」「機能配置」である。表式Ⅰは、単純再生産を再開しうる「機能配置」をとり、表式Ⅱは、拡張再生産の物質的基礎たる「機能配置」である。表式Ⅰはすでに明らかにした通りである。表式Ⅱは Ⅰ 1000v＋1000m ＞ Ⅱ 1500c の関係で組み立てられていること、すなわち、第Ⅰ部門の 1000v＋1000m＝2000（v＋m）〔生産手段〕と第Ⅱ部門の1500c〔消費資料〕との交換において第Ⅰ部門に500m〔生産手段〕の余剰が生じ蓄積に当てられること、この 500m は資本構成 4：1 に対応して 400c と 100v とに分割されること、そうした関係式にある。このように二表式においては「絶対量」に変化はなく、ただ「機能配置」「機能規定」の変化という単純再生産と拡張再生産との内的関連、すなわち、単純再生産から拡大再生産への移行の場合に生ずる社会的生産の二部門間比率の変化の必然性に関する基本原理、つまり理論的基準を提示するものである。連携を示すところに基準が横たわるというわけである。

マルクスは次のように述べている。「拡張された規模での再生産……は生産物の絶対量とはなんら関係するところなく、与えられた商品量についていえば、それは与えられたる生産物における相異なる諸要素の配列の相違またはそれらの機能規定だけを前提し、したがって価値量からすれば、それは差し当たり単純再生産に過ぎない。変化するものは、単純再生産の与えられた諸要素の量ではなくて質的規定であり、この変化こそが後来の拡張された規模での、再生産の物質的基礎なのである。(1)」この点に関してヒルファディングも次のように述べている。「われわれが単に第一部類の側の再生産の価値量だけに着目するならば、われわれはなお単純再生産の限界内にある。差異は、ただ、生産された使用価値の相異のみにある。等しい価値量の範囲内で、消費手段のための生産手段の代わりに、生産手段のための生産手段がヨリ多く生産されたのである。以前に単純再生産の場合には全部第二部類cと交換された、したがって、消費手段のための生産手段から成っていなければならなかった第一部類mの一部が、いまや生産手段のための生産手段から成っており、かかるものとして第一部類の不変資本に合体されうる。かくして、――単に価値量だけから見れば――単純再生産の内部で拡大再生産の物質的基礎が生産されるということになる。(2)」

二　拡大再生産表式

いま第一部類がその剰余価値の半分 500 を蓄積して、残りの半分を所得として消費する、と仮定する。拡大再生産の表式についてその他の前提諸条件は前記の通りである。表式は次のように設定されよう。

拡大再生産の「出発」表式

I.　$4000c + 1000v + 1000m = 6000W'_{I}$

II.　$1500c + 750v + 750m = 3000W'_{II}$

總価値 ……………… $= 9000$

（500ma）

＊拡大再生産の物質的基礎たる余剰生産手段創出の関係式は下記の通りである。

$\Delta Pm = W'_{I} - (\text{I}\,C + \text{II}\,C) > 0 \rightarrow W'_{I} > (\text{I}\,C + \text{II}\,C)$

余剰生産手段：$6000W'_{I} - (\text{I}\,4000C + \text{II}\,1500C) = 500a$

：または　$\text{I}\,(1000v + 1000m) - \text{II}\,(1500C) = 500a$

I.　$4000c + 1000v + \overbrace{400mc + 100mv}^{500ma} + 500mb = 6000$

II.　$1500c + 750v + 100mc + 50mv + 600mb = 3000$

$$\underbrace{\qquad\qquad}_{150ma}$$

I.　4000c + 1000v + 500ma + 500mb

　　500ma = 400mc + 100mv

II.　1500c + 750v + 150ma + 600mb

　　150ma = 100mc + 50mv

この場合には、次のような諸取引が行われる。所得として支出される 1000v + 500m は第一部類によって第二部類の 1500c と交換される。かくして第二部類はその不変資本を補塡し、かつ第一部類にその消費すべき消費手段を供給する。これは単純再生産の分析でもまったく同様に出会った取引である。資本に転化されるべき第一部類の残り 500m のうち有機的構成が同じなら、400 は不変資本に、100 は可変資本に転化されねばならない。この 500 は生産手段として存在する。しかしそのうち 400 は、第一部類がその不変資本の増大のために必要とする生産手段として存在せねばならない。かくて第一部類はこの 400 をその不変資本につけ加える。残りの 100m は、可変資本に、したがって生活手段に転化されるべきものである。それは第二部類によって買われねばならない。そして、それは生産手段として存在するのだから、第二部類はこの生産手段をそれ自身の不変資本の増大のために利用せねばならない。そこで第一部類の資本は 4400c + 1100v = 5500 となる。

第二部類はいまや不変資本として 1600c をもつ。その運転のためには、さらに貨幣で 50v を新たな労働力の購入のために支出せねばならない。したがって第二部類の可変資本は 750 から 800 に増大する。この第二部類の不変資本および可変資本の拡張、合計 150 は、第二部類の剰余価値から支出される。かくて第二部類の 750m のうち 600m

だけが、第二部類の資本家の消費源として残り、彼らの年間生産物はいまや次のように分割される。すなわち、第二部類の資本は 1600c＋800v＋600m（消費源）＝ 3000 となる。

以上の結果、次のような図式が得られる。

I.　4400c＋1100v＋500m（消費源）＝6000
II.　1600c＋ 800v＋600m（消費源）＝3000
合計　＝9000（前の図式と同じ）

そのうち資本は次の通り

I.　4400c＋1100v（貨幣）＝5500
II.　1600c＋ 800v（貨幣）＝2400
合計　＝7900

生産は次の資本をもってはじまった。

I.　4000c＋1000v＝5000
II.　1500c＋ 750v＝2250
合計　＝7250

ここで、いくつかの新しい複雑な諸条件を見出す。ヒルファディングによれば、まず(1)第一部類では、蓄積されるべき 500m の 4/5 ＝400 が第一部類の不変資本に、1/5 ＝100 が第二部類の不変資本に適した生産手段として生産されていなければならないということ、次に(2)第二部類では、その蓄積の度合いが第一部類における蓄積によって決定されるということ、(3)①第一部類では剰余価値の半分が蓄積されるが、第二部類ではそれはできないということ、②

蓄積されるのは 750 の剰余価値のうち 150 だけ、すなわち 1/5 だけであって、4/5 は消費されねばならないということである。それゆえに、これらの条件が満たされなければ、再生産の正常的な均衡は維持されないということである。

Ⅰ400mc は第Ⅰ部門内における相互取引であり、貨幣の流れはⅠK－ⅠK である。Ⅰ100mv とⅡ100mc の相互取引にかんする貨幣の流れはⅠK－ⅠP－ⅡK、ⅡK－ⅠK（あるいは逆、ⅡK－ⅠK、ⅠK－ⅠP－ⅡK）である。さらにⅡ50mv は第Ⅱ部門における追加可変資本を表す。第Ⅱ部門の資本家はそれを賃金として追加労働者に支払う。彼らは同賃金で第Ⅱ部門の資本家から消費手段を購入する。追加可変資本は貨幣資本として再び第Ⅱ部門の資本家の手に還流する。貨幣の流れはⅡK－ⅡP－ⅡK である。(3)

ここでの再生産表式に関するヒルファディングの基本的な分析視点は、完全に『資本論』の論理に即したものである。その特徴の一つは、まず第Ⅰ部門の蓄積率が決定され、続いて第Ⅱ部門の蓄積率が部門間の均衡を維持すべきものとして従属的に導き出されるというマルクスの所説に即した観点に立つものといえる。また、拡大再生産＝蓄積のためには余剰生産手段が必要であること、また追加的労働者が確保されること、つまり追加的労働者の物質的基礎としてそれに対応した消費手段が確保されなければならないこと、そうした観点に立つものである。そしてさらに、固定資本の補塡を含む「貨幣の流れ」を挿入することによって、拡大再生産はもちろんのこと、単純再生産の場合でさえも、上述の如く「均衡」が如何に成立しがたいか、をより具体的に明らかにしたのである。それは完全にマルクスの所説に則して分析的に展開されたものであり、したがってトゥガン見解とは根本的に異なる。トゥガンの見解は、マルクスの再生産表式論を否定したうえで、既述の如く「新利潤論」と「社会的生産物の実現の理論」との一体化に基づく彼独自の「再生産表式上の均衡」を理論的に前提したうえで第Ⅱ部門（消費手段生産部門）が如何に縮小しても第Ⅰ部門（生産手段生産部門）は無際限に急速に発展可能であり、したがって、第Ⅰ部門のみの蓄積が行われ、しかも蓄積分はすべて第I部門の追加的不変資本となるというものである。それが如何に「狂気の沙汰」であるか容易に理解できよう。続いてヒルファディングは次のように述べている。

そこでまず蓄積の進行についてみよう。いま、増加された資本で生産が現実に行われるとすれば、次年度の終わりには次のようになる。

I.　4400c + 1100v + 1100m = 6600
II.　1600c + 800v + 800m = 3200
　　　合計 = 9800

$$\text{I.}\quad 4400c + 1100v + \overbrace{440mc + 110mv}^{550m\alpha} + 550mb = 6600$$
$$\text{II.}\quad 1600c + 800v + \underbrace{160mc + 80mv}_{240m\alpha} + 560mb = 3200$$

余剰生産手段：6600 − 6000（I 4400c + II 1600c） = 600

同様の仕方で蓄積が続けられるとすれば、その翌年には次のようになる。

I.　4840c + 1210v + 1210m = 7260
II.　1760c + 880v + 880m = 3520

合計 ＝10780

$$\text{I.}\quad 4840c+1210v+\overbrace{484mc+121mv}^{605ma}+605mb=7260$$

$$\text{II.}\quad 1760c+880v+\underbrace{176mc+88mv}_{264a}+616mb=3520$$

余剰生産手段 ＝660：　7260−6600（I 4840c＋II 1760c）＝660

この例解では第一部類の剰余価値の半分が蓄積され、そして第一部類の（v＋½m）が第二部類のｃに等しいことが前提されている。

第一部類の（v＋m）は、蓄積されるためには、常に第二部類ｃより大きくなければならない。なぜなら、第一部類のｍの一部は、第二部類のｃには転化されないで生産手段として役立たねばならないからである。これに反して、第一部類の（v＋½m）は第二部類のｃより大きくも小さくもありうる。より詳細な説明は、いまのわれわれの目的にとっては必要がない(4)。

生産の増加は、その取引のために、金の量の増加を必要とする。この増加される金の量は、流通速度に変わりがなく信用を別とすれば、金生産によって供給されなければならない。ここで資本主義的生産は自然的障壁にぶつかる。信用制度はこの障壁を極度に押し戻しはするが、これを完全になくしはしない(5)。

もうしばらくヒルファディングの所説に即して蓄積に伴う流通過程の行われうるに必要な諸条件――拡大再生産の正常的進行のための諸条件――について考察しよう。拡大再生産の「出発」表式において総生産物構成部分の価値・

素材の相互補塡運動を数字例によって示したが、その数字例による表式によって諸転態が如何なる貨幣の流れ、すなわち、①貨幣還流の法則(1)――蓄積基金の積立と投下――、②貨幣還流の法則(2)――固定資本の補塡問題を含む――によって媒介されるかを、ヒルファディングの所説に則して検討することにしよう（但し一部重複する）。

三　貨幣還流の法則(1)――蓄積基金の積立と投下(1)

いま第一部類がその剰余価値の半分 500 を蓄積して、残りの半分を所得として消費する、と仮定する。拡大再生産の表式についてその他の前提諸条件は前記の通りである。繰り返すことになるが、表式は次のように設定された。

拡大再生産の「出発」表式

I.　$4000c + 1000v + 1000m = 6000W'_{I}$

II.　$1500c + 750v + 750m = 3000W'_{II}$

総価値　…………… $= 9000$

（500ma）

上記の例では、「われわれは、第一部類の剰余価値の半分が蓄積されるものと前提した。そして、蓄積が行われるためには、第一部類（v＋m）は常に第二部類 c よりも大きくなければならない。なぜならば、第一部類 m の一部は第二部類 c に転化されえないで、生産手段として役立たねばならないからである。これに反して、第一部類（v＋½ m）は第二部類 c よりも大きくも小さくもあり得る。[6]」

以下の分析によって、そこには単純再生産の場合と異なる拡大再生産特有の運動形態が貫徹していることが分かるであろう。したがってまず、拡大再生産の物質的基礎たる余剰生産手段創出の関係式は下記の通りであった。

$$\Delta Pm = W'_1 - (\mathrm{I}\,c + \mathrm{II}\,c) > 0 \rightarrow W'_1 > (\mathrm{I}\,c + \mathrm{II}\,c)$$

余剰生産手段：$6000W'_{\mathrm{I}} - (\mathrm{I}\ 4000c + \mathrm{II}\ 1500c) = 500a$

：または　$\mathrm{I}\,(1000v + 1000m) - \mathrm{II}\,(1500c) = 500a$

$$\begin{aligned}
&\mathrm{I.}\quad 4000c + 1000v + \overbrace{400mc + 100mv}^{500m\alpha} + 500mb = 6000\\
&\mathrm{II.}\quad 1500c + 750v + \underbrace{100mc + 50mv}_{150m\alpha} + 600mb = 3000
\end{aligned}$$

$$\begin{aligned}
&\mathrm{I.}\quad 4000c + 1000v + 500m\alpha + 500mb\\
&\qquad 500m\alpha = 400mc + 100mv\\
&\mathrm{II.}\quad 1500c + 750v + 150m\alpha + 600mb\\
&\qquad 150m\alpha = 100mc + 50mv
\end{aligned}$$

ヒルファディングは次のように述べている。われわれの例解では、第一部類が 500m を蓄積し、そのうち 400 が不変資本に転化されると仮定された。どんな流通過程をへてそれは可能となるか、どんな貨幣で第一部類はその 400 を買うのか？　まず一個別資本家Aの蓄積をみよう。彼が剰余価値を資本に転化しうるためには、その剰余価値が予め一定の大きさに達していなければならない。したがって、年度末に貨幣に転化された剰余価値は、何年かのあいだ貨幣形態で蓄積されねばならない。それぞれの産業部門の資本も、それら産業部門内の個別資本も、それぞれ剰余価値から資本への継続的な転化過程のそれぞれの段階にある。それゆえ資本家たちの一部は適当な大きさに達した潜在的貨幣資本を絶えず生産資本に転化——現物補塡・現実蓄積——する一方、他の一部は、まだ自分たちの潜在的貨幣資本の蓄積——貨幣補塡・貨幣蓄蔵——に従事している。だから、これらの両範疇に属する資本家たちは、一方は買い手として、他方は売り手として両者各々この排他的な役割において互いに対立する。(7)

たとえば、A（群）が600（＝400c＋100v＋100m）をB（群）に売るとする。彼は600の商品を売って600の貨幣を受け取っている。そのうちの100は剰余価値を表すが、彼はこれを流通から引き揚げ貨幣として蓄蔵する。だがこの100の貨幣は、100の価値の担い手だった剰余生産物の貨幣形態にほかならない。

貨幣の蓄蔵は総じて生産ではなく、したがって生産の増加分でもない。この場合の資本家の行為は、ただ100の剰余価値を売って手に入れた貨幣を、流通から引き揚げてこれを手放さずに押さえておくにすぎない。この操作は、Aの側だけでなくA'、A"……など、他の資本家たちの流通部面の多数の点でもなされるが、これらの資本家も同様に熱心にこの種の貨幣蓄蔵に従事している。これらの多数の点では、貨幣が流通から引き揚げられて、多数の個別的蓄蔵貨幣または潜在的貨幣資本として積み立てられる。が、これらの多数の点はそれだけの数の流通障害物のようにみえる。なぜならこれらの点は貨幣を動けなくしてその流通能力をある期間奪うからである。(8)

だが、Aが貨幣を蓄蔵するのは、彼が——彼の剰余生産物について——売り手として登場するだけで、後に買い手として現れない限りにおいてである。だから、剰余生産物——黄金に転化されるべき彼の剰余価値の担い手——の継続的な生産が、彼の蓄蔵貨幣形成の前提である。したがって、A、A'、A"……はその剰余価値に相当する貨幣を流通から引き揚げて蓄蔵するとはいえ、他方では、商品を流通に投じながら、代わりに他の商品を流通から引き揚げないから、B、B'、B"……たちは、貨幣を流通に投じながら、代わりに商品だけを流通から引き揚げることができるのである。[9] そうだとすれば、例えば、第Ⅰ部門における蓄積基金の積立が可能になるためにはA、A'、A"……群の資本家が蓄積する潜在的貨幣資本の量が、B、B'、B"……群の資本家たちが投入する貨幣資本に等しくなければならないであろう。別言すれば、諸転態が正常に行われるためにはⅠmのうちの貨幣蓄蔵を形成している部分A、A'、A"……の単なる売りがⅠmのうちの自分の蓄蔵貨幣を追加生産資本の諸要素に転化する部分B、B'、B"……の単なる買いと均衡しているということが前提されねばならない。貨幣蓄積〔W—G・売り〕と現実蓄積〔G—W・買い〕、つまり「蓄積基金の積立と投下」とが「均衡」せねばならない。[10]

四　貨幣還流の法則(2)——固定資本の補塡を含む

「以前単純再生産を考察したときと同様に、ここでもまた次のことを見いだす。年生産物のそれぞれの構成部分の取引、すなわち、それの流通（これは同時に資本の再生産を、しかも不変資本、可変資本、固定資本、流動資本、貨幣資本、商品資本という種々の規定性もつ資本の再生産を包括しなければならない）は、けっしてその後に続く販売によって補足される単なる商品購買、または後に続く購買によって補足される販売を前提するものではない。したがって、それの流通は、経済学、ことに重農学派およびアダム・スミス以来の自由貿易学派が（重金主義や重商主義に対抗する論争的関心によって誤導されて——ヒルファディング）仮定するように、事実上は商品と商品との交換が行われるにすぎないこと（つまり貨幣は単なる流通手段であり、したがって相対的に不要だということ——ヒルファディング）を前提するものではない。われわれの知るように、固定資本は一度投下された後には、その全機能期間のあいだ更新されることなく、もとの形態のままで作用を続けながら、その価値は次第に貨幣として沈殿する。[11]」

ここでの指摘は重要である。商品の流通はW—G—WではなくG—W（Pm＋A）…P…W'—G'であるということ、そしてそれをふまえた「種々の規定性をもつ資本の流通＝資本の再生産である」ということである。したがって貨幣はW—G—Wにおける単なる流通手段ではなく「全過程に衝撃を加える機動力として現れる」のである。つまり資本としての貨幣資本の投下であり、資本の前貸しである。このようにヒルファディングは述べているのである。

この場合、貨幣が一般的に可能ならしめるものは、生産過程で技術的機能が連続しているのに、価値流通がこのように分離し独立化することである。このような分離は社会的には不可能であって、もとの固定資本の摩損するのと同じだけの固定資本が供給されなければならない。だが、個別的には摩損価値部分は数年の間、貨幣形態で保持される。続いて剰余価値mα部分の実現と貨幣の流れについて、ヒルファディングは次のように述べている。

「ところで、すでに見たように、第二部類cにおける固定資本（第二部類cの総資本価値は第一部類のv＋mの価値をもつ諸要素に換えられる）の周期的更新は、一方では第二部類のcのうち、貨幣形態から現物形態に再転化される固定部分の単なる購買を前提し、この購買には第一部類のmの単なる販売が対応する。また右の周期的更新は、他方では、第二部類cの側の単なる販売、つまり第二部類cのうち貨幣として沈殿する固定（摩損）価値部分の販売を前提し、この販売には第一部類mの単なる購買が対応する。この場合、取引が正常に行われうるための前提として、第二部類cの側の単なる購買と第二部類cの側の単なる販売との価値が等しくなければならない。……そうでなければ、単純再生産は攪乱される。一方における単なる購買は、他方における単なる販売と一致しなければならない。同様に、この場合第一部類mのうち蓄蔵貨幣を形成する部分であるA、A′、A″の単なる販売は、第一部類mのうちの蓄蔵貨幣を追加的生産資本の諸要素に転化する部分であるB，B′、B″の単なる購買と均衡を保つことが前提されなければならない。[12]」以上の諸条件は既述の如く「再生産の正常的進行」のための前提条件であり、基本原則であるが、この諸条件が同時に「それと同じだけの多くの異常な進行の諸条件に一変する」のである。

そこでヒルファディングの見解にしたがって、この前提条件・基本原則が充たされている場合、つまり均衡を前提にすれば、剰余価値ma部分の実現は如何なる貨幣の流れによって媒介されるだろうか。資本家を「蓄蔵貨幣を形成する部分」つまり「蓄積基金の積立を行う」資本家群Aと「蓄蔵貨幣を追加的生産手段の諸要素に転化する部分」つまり「蓄積基金を投下する」資本家群Bとの二群に分け、前者をK_A、後者をK_Bで表すとすれば、蓄積部分の実現を媒介する貨幣の流れは次の通りである。①部門Ⅰ内部の取引で処理されるⅠ400mcについては、ⅠK_B－ⅠK_A、②部門Ⅱ内部の取引で処理される50mvについては、ⅡK_B－ⅡP－ⅡK_A、最後に③両部門間取引によって処理されるべきⅠ100mv→Ⅱ100mc（Ⅱ100mc→Ⅰ100mv）については、ⅠK_B－ⅠP－ⅡK_A、ⅡK_B－ⅠK_A（その逆ⅡK_B－ⅠK_A、ⅠK_B－ⅠP－ⅡK_A）として表示されうる(13)（但し資本家AをK_A、資本家BをK_Bと記す。―中田）。

　このように買い手が後に同じ価値額だけの売り手として登場すること、およびその逆のことによって均衡がもたらされる限りでは、貨幣はこれを購買に投下した側に、すなわち再び買う前にまず売った側に還流する。つまり貨幣還流の法則性である。だが、商品取引そのもの、つまり年生産物の種々の部分間の取引についていえば、現実の均衡は、相互に取引される諸商品の価値額が等しいことを条件とする。とくにここでのヒルファディングの叙述に見られる、一方における「蓄積基金の積立を行う」資本家群Aと他方における「蓄積基金を投下する」資本家群Bとの二群に分け、前者をA、後者をBで表現するのは、蓄積部分の実現を媒介する「貨幣の流れ」と固定資本の償却基金の積立と現物補填との対応関係、したがってまた、蓄積基金の積立と新投資との対応関係を提示したものである。これらの対応関係、ことに蓄積基金の積立と新投資との対応関係は再生産の正常的な取引、再生産の均衡維持にとって規定的重要性をもつ。なぜなら再生産の均衡は両者の「一致という仮定のもとでのみ現存する」からであり、したがってそれは拡大再生産の表式展開によって、ヒルファディングの、恐慌の第一の一般的条件、第二の一般的条件の論理をふまえて恐慌の第三の一般的条件の分析的解明――この論理次元での生産と消費との内的矛盾および恐慌の現実性把握――に特に重要な意味をもつ。

五　貨幣還流の法則(3)——蓄積基金の積立と投下(2)

しかし、単に一方的な取引のみが、つまり一方では一団の単なる購買が、他方では一団の単なる販売が行われる限り——しかも資本主義の基礎の上での年生産物の正常な取引がこのような一方的な変態を必要とすることは、すでに見たところである——、均衡は、一方的購買の価値額と一方的販売の価値額とが一致するという仮定のもとでのみ現存する。しかし、これらすべての一方的な取引では、貨幣は商品交換の単なる媒介者として作用するのではなく、一方の側には商品だけが、他方の側には独立化した形態での商品価値——貨幣——だけが立つという、過程の開始者または終始者として作用するのであり、したがって、貨幣は一般にこれらの一方的過程が進行しうるために必要なのである。(14) このヒルファディングの指摘は重要である。ことに一方的購買＝現物蓄積の場合、貨幣資本の投下は、新投資であり資本の前貸しであり、したがって資本の前貸しである G—W（Pm＋A）…P…W′—G′ の全過程を切り開く「起動力」としての貨幣資本Gである。すなわち社会的総生産物の実現＝社会的総資本の再生産がこの貨幣の「起動力」に依存していることを示しているのである。続いてヒルファディングは次のように述べている。

「商品生産が資本主義的生産の一般的形態であるという事実は、貨幣が流通手段としてだけでなく貨幣資本としてもそこで演じる役割をすでに含み、そして正常な取引のための、したがって、再生産——単純な規模のものにせよ拡大された規模のものにせよ——の正常な経過のための、資本主義的生産様式に固有な一定の諸条件を生み出すが、これらの諸条件はまたそのまま異常な経過の諸条件すなわち恐慌の諸可能性に転化する。なぜなら、均衡は——資本主義的生産の自然成長的な形成のもとでは——それ自身一つの偶然だからである。(15)」

ここでは上述の如く貨幣と貨幣資本の形態規定性＝両者の本質的差異性が分析的に明確にされていること、ことに、貨幣が単なる流通手段としての規定性——貨幣が商品交換の単なる媒介者として——においてのみではなく、価値の独立化した形態での貨幣としての規定性において、さらには資本が再生産過程の開始者または終始者として機能するその運動においてとる形態での貨幣資本としての規定性において把握されていることである。このような形態規定性における貨幣の把握は重要である。いまや貨幣および貨幣資本は「再生産――単純な規模のものにせよ、拡大された規模のものにせよ――の正常な経過のための、資本主義的生産様式に固有な特定の諸条件を生み出す(16)」という、重要な一要因として把握されていることに注目すべきであろう。

以上の諸論点についてトゥガンはまったく理解できなかった。すなわち、マルクスの価値・剰余価値論を否定し、価値と使用価値の二側面の統一的視点からではなく、単なる使用価値・素材視点からのみ商品――商品資本――を捉えたこと、資本の価値形態を否定し、単なる貨幣と資本としての貨幣の本質的差異性を理解できなかったこと、したがって「転態」を誤って捉えたこと、こうしたトゥガンの所説とヒルファディングの諸論点とは決定的に異なるものである。

既述の如くヒルファディングによれば、資本家A、A'、A"は彼らの剰余生産物の販売により蓄蔵貨幣すなわち追加的潜在的貨幣資本を形成する。この剰余生産物は、われわれの場合では、生産手段の生産手段からなっていて、B、B'、B"の手もとで生産手段として機能する。この剰余生産物は、B、B'、B"の手もとではじめて追加的不変資本として機能する。だが、それは販売される以前に潜在的には貨幣蓄蔵者たるA、A'、A"（第一部類）の手もとですでに不変資本である。「移行」表式を前提にすれば、第一部類の側における再生産の価値量だけを見るなら、われわれはまだ単純再生産の限界内にあることになる。差異は生産された使用価値の違いだけである。同じ価値量の内部で、消費手段のための生産手段ではなくて生産手段のための生産手段がより多く生産されたのである。第一部類のmのうち、以前には単純再生産の場合全部が第二部類cと交換され、したがって消費手段の生産手段からなっていなければならなかった部分は、いまでは生産手段のための生産手段からなっており、そのようなものとして第一部類の不変資本に合体されうるのである。そこで、――価値量だけを見れば――単純再生産の内部で拡張再生産の物質的基礎が生産されることになる[17]。それは、ただ単に、生産手段の生産に、第一部類の可能的追加資本の創造に支出された第一部類の労働者階級の剰余労働である。

かくて、A、A'、A"（第一部類）の側の可能的追加貨幣資本の形成――なんら資本家の貨幣支出なしに形成された彼らの剰余生産物の逐次的販売による――は、ここでは追加的に生産された第一部類の生産手段の単なる貨幣形態である。したがって、可能的追加貨幣資本の大規模な生産――流通部面の多数の点における――は、その生成そのものはなんら産業資本家側の追加的貨幣支出を前提しない可能的追加生産資本の多方面的生産の結果および表現にほかならない[18]。

一方での、A類における可能的追加貨幣資本の形成は資本家の貨幣支出なしに、つまりなんら産業資本側の追加的貨幣資本の支出を前提としない性質のものであること、それは剰余生産物の逐次的販売、つまり追加的に生産された生産手段（第一部類）の単なる貨幣形態にほかならないというわけである。このように追加的貨幣資本の形成を把握することによって、この追加的貨幣資本の形成は一国に存在する貴金属の量との因果関係に立つものではない、とヒルファディングは論述しているのである。

A、A'、A"など（第一部類）の側における、この可能的追加生産資本の、可能的貨幣資本（蓄蔵貨幣）への逐次的転化は、彼らの剰余生産物の逐次的販売を――したがって、買いによって補足されない反復的一方的商品販売を――条件とするものであって、それは、流通からの貨幣の反復的引き揚げと、それに対応する貨幣蓄蔵とにおいて行われる。この貨幣蓄蔵は――金生産者が買い手である場合を除けば――けっして貴金属的富の追加を前提せず、従来流通していた貨幣の機能の変化を前提するに過ぎない。それは、これまでは流通手段として機能したが、いまでは蓄蔵貨幣として形成中の可能的に新たな貨幣資本として機能する。したがって、追加的貨幣資本の形成と、一国に存在する貴金属の量とは因果関係に立つものではない[19]。

それゆえ、ヒルファディングは次のように論定する。すなわち、すでに一国において機能しつつある生産資本（これに合体された労働力、剰余生産物の生みの母、をも含めて）が大きければ大きいほど、労働の生産力と、したがって生産手段の生産の急速な拡張の技術的手段とが発達すればするほど——したがってまた剰余生産物の量が、その価値から見ても、この価値を表示する使用価値の量から見ても、大きければ大きいほど——それだけまた、(1)A、A'、A"などの手にある、貨幣に転化されたこの剰余生産物の形態にある可能的追加生産資本の量が大きくなり、そして、(2)A、A'、A"などの手にある、貨幣に転化されたこの剰余生産物すなわち可能的追加貨幣資本の量が大きくなる。したがって、たとえばフラートンが、普通の意味における過剰生産は少しも問題にしようとせず、資本すなわち貨幣資本の過剰生産だけを問題にするとき、これもまた、最上のブルジョア経済学者でさえ彼らの体制の機構について理解することが、いかに絶対的に貧弱であるか、を証明するものである[20]。

重要な指摘である。それは文字通り、トゥガンの見解にも当てはまることである。不況期における貨幣資本の豊富・過多が再生産過程の内的諸条件の変化からではなく、したがって再生産過程の縮小→過剰生産・過剰資本の形成の側面から把握されるのではなく、その肝要な点は少しも問題にしようとはせずに、もっぱら資本＝貨幣資本の過剰・過多だけを問題にする、あるいは再生産過程とは関連のない、その外部に存在して景気変動に直接影響されない国債、年金、恩給……等々のみを形成源泉とする、そうしたトゥガンの見解の誤りも明白である。

また次の論点も確認しておかねばならない。すなわち剰余生産物の売り手A、A'、A"（第一部類）は、この剰余生産物を生産過程の直接的結果として手に入れたが、B、B'、B"は流通行為を経なければ、手に入れることはできない。それに必要な貨幣を彼らは、前もって形成していたのである。それは、A、A'、A"とまったく同じ仕方である。彼らがそれぞれの剰余生産物の販売によっていまそれを形成したのと同じである。いまやB、B'、B"は目標を達成したのである。彼らによって蓄蔵貨幣として積み立てられ、ただ可能的、潜在的にすぎなかった貨幣資本が、いまや現実に

追加的貨幣資本として機能するのである。(21)

剰余生産物のこれらの取引に必要な貨幣は、資本家階級の手のうちになければならない。単純再生産の場合には、所得として消費手段への支出のためにのみ役だった貨幣は、資本家たちが彼らのそれぞれの商品の取引のためにこれを前貸ししたのに比例して、彼らのもとに帰ってきた。ここでも同じ貨幣が再び現れるが、しかし機能は変化している。AたちとBたち（第一部類）とは、交互に剰余生産物を可能的追加貨幣資本に転化するための貨幣を供給し合い、また交互に新たに形成された貨幣資本を購買手段として流通に投げ戻すのである。(22)

ここで前提とされている唯一のことは、国内に存在する貨幣量が（流通速度などは変わらないものとして）、現実の流通のためにも〔予備的貨幣資本のためにも〕十分であるということである。したがって、すでに見たように、単純商品流通の場合にも充たされなければならない前提と、同じものである。ただ、ここでは蓄蔵貨幣の機能が違っているだけである。

六　貨幣資本の形成と遊休化・死重化

資本家A、A'、A"（第一部類）によって、直接に生産され獲得される剰余生産物は、資本蓄積つまり拡張再生産の現実的基礎であるとしても、――もっともそれはB、B'、B"など（第一部類）の手中ではじめて現実にこの性質において機能するのであるが――、そうだとしても、この剰余生産物は、貨幣に蛹化した状態においては、――蓄蔵貨幣および単に逐次的に形成される可能的貨幣資本としては――絶対に不生産的であり、この形態において生産過程に並行はするが、生産過程の外部に置かれている。それは資本主義的生産の死重（dead weight）である。この可能的貨幣資本として積み立てられる剰余価値を、利潤または所得として使用されうるようにしようとする意欲は、信用制度および『証券類』においてその努力を見いだす。これによって、貨幣資本は、さらに別の一形態において、資本主義的

生産体制の進行と強力な発展とに対する至大の影響力をもつことになる。(23)

ここでは再生産過程から遊離・遊休化し、資本主義的生産にとって死重と化した貨幣および貨幣資本が利子生み資本および利子生み証券に転形し、資本主義的生産体制の進行と強力な発展とに対して至大の影響力をもつことになるということであり、その制度的条件として信用・銀行制度と証券市場とが取り上げられ、その総合的な統一市場として金融市場が措定される。その制度的担い手が銀行によって代表される。巨大な貨幣権力の形成であり、この巨大な貨幣権力＝銀行と生産体制＝産業企業との関連の問題であり、かつこの両側面の関連性が後者の「進行と強力な発展とに対する前者の至大な影響力」という相互依存の依存性として把握され、多面的・重層的な論理展開の方向性が提示されている。その機能によって剰余生産物を生み出した既存の機能資本の総額が大きければ大きいほど、可能的貨幣資本に転化される剰余生産物も、その量から見てそれだけ大きいであろう。しかし年々再生産される可能的貨幣資本の量が絶対的に増大する場合には、その分裂もより容易であり、したがって、同じ資本家の手においてであれ、他の手（たとえば遺産分割の場合における家族構成員など）においてであれ、より急速に別個の事業に投下される。ここで貨幣資本の分裂というのは、それがまったく元資本から分離されて新たな貨幣資本として新たな独立の一事業に投下されることを意味する。(24)

この論理次元では、貨幣資本の形成は再生産過程における機能資本の循環・回転に即して、生産過程の連続性を維持するために絶えず貨幣形態をとらざるをえない資本部分（購買・支払準備金）ではない。この部分は機能資本の一構成部分であり、貨幣の形態規定に関しては、蓄蔵貨幣の第一形態である。上述の可能的貨幣資本の形成はそれとは区別される資本の循環・回転に伴って再生産過程の外部に遊離してくる潜在的貨幣資本である。ここでは、固定資本の漸次的還流によって遊離させられる貨幣資本すなわち減価償却基金＝積立基金のことである。またこれに加えて拡大再生産の場合には、資本の回転に伴って流入してくる剰余価値・利潤の一部の積立によって形成されてくる蓄積基金、さらには後述の如く産業循環を想定すると、本来機能資本の構成部分であったものが、例えば原材料価格の低落、あるいはさらに再生産規模の収縮に伴って一時遊離し失業した過剰資本の存在形態としての貨幣資本などである。このように貨幣資本の形成源泉および存在形態を明確にすることは、それらの貨幣資本が、上述のように「さらに別の形態において資本主義的生産体制の進行と強力な発展とに対する至大の影響力をもつことになる」という点において重要な論点であるし、また、後述の信用と恐慌・産業循環、信用・証券取引と恐慌等に関する分析に重要な条件となるであろう。

（1）*Das Kapital*, II, SS. 501-502. 訳六二六―六二八頁。
（2）*Das Finanzkapital*, S. 375. 訳②一三一―一三二、㊦一六五頁。
（3）a. a. O., SS. 368-369. 訳②一二三―一二五、㊦一五六―一五八頁。
（4）a. a. O., SS. 370-371. 訳②一二五―一二六、㊦一五八―一五九頁。
（5）a. a. O., S. 371. 訳②一二六、㊦一五九頁。
（6）a. a. O., SS. 370-371. 訳②一二五―一二六、㊦一五八―一五九頁。
（7）a. a. O., SS. 371-372. 訳②一二七、㊦一五九―一六〇頁。
（8）a. a. O., S. 372. 訳②一二七―一二八、㊦一六〇―一六一頁。
（9）a. a. O., S. 372. 訳②一二八、㊦一六一頁。
（10）a. a. O., SS. 371-374. 訳②一二七―一三〇、㊦一五九―一六四頁。（『資本論』岩・七・二四三―二四四頁）
（11）a. a. O., SS. 372-373. 訳②一二八―一二九、㊦一六一―一六二頁。（『資本論』岩・七・二四三―二四四頁）
（12）a. a. O., SS. 373-374. 訳②一二九―一三一、㊦一六二―一六四頁。（『資本論』岩・七・二四四―二四五頁）
（13）a. a. O., SS. 373-374. 訳②一二九―一三一、㊦一六三―一六四頁。
（14）a. a. O., S. 374. 訳②一三〇、㊦一六三―一六四頁。
（15）a. a. O., S. 374. 訳②一三一、㊦一六四頁。（『資本論』岩・七・二四九―二五一頁）
（16）a. a. O., S. 374. 訳②一三〇―一三一、㊦一六四頁。
（17）a. a. O., S. 375. 訳②一三一―一三二、㊦一六四―一六五頁。

（18）a, a. O., S. 375. 訳②一三二、㊦一六五―一六六頁。（『資本論』岩・七・二四九―二五一頁）
（19）a, a. O., S. 375. 訳②一三二―一三三、㊦一六六頁。（『資本論』岩・七・二四九―二五一頁）
（20）a, a. O., S. 376. 訳②一三三、㊦一六七頁。（『資本論』岩・七・二四九―二五一頁）
（21）a, a. O., S. 377. 訳②一三四―一三五、㊦一六八―一六九頁。
（22）a, a. O., SS. 377-378. 訳②一三五、㊦一六九頁。
（23）a, a. O., SS. 376-377. 訳②一三四、㊦一六七―一六八頁。（『資本論』岩・七・二五一―二五二頁）
（24）a, a. O., S. 377. 訳②一三四、㊦一六八頁。（『資本論』岩・七・二五一―二五二頁）

第六章　恐慌・産業循環論の基本的構成(2)——産業循環論を中心として

第一節　無政府的生産と価格法則——価格形成の破綻と利潤（率）の消失（崩落）

一　無政府的生産と価格調整メカニズム——恐慌の諸原因と価値増殖諸条件

ヒルファディングは次のように述べている。すなわち、

「無政府的生産にあってもなお実現されていなければならない諸均衡関係の複雑さを見るとき、一体誰がこの諸均衡関係の維持を取り計らうのか、という疑問を投げずにはいられない。この機能は価格法則がこれを果たさねばならないということは、明らかである。なぜならば、価格こそは、資本主義的生産を規制するものであり、価格の諸変動こそは、生産の拡張または制限にとって、新たな生産の開始等々にとって基準となるからである。このことから、資本主義経済の唯一可能な規制者としての客観的な価値法則の必然性も出てくる。かくて、これらの均衡の攪乱は、この生産の特殊な規制における攪乱によって、すなわち、価格がもはや生産の必然性を正しく認識させなくなるような価格形成上の攪乱によって説明されなければならない。この攪乱は周期的であるから、価格法則における攪乱もまた周期的に出現するものとして論証されねばならない(1)。」

従来、こうしたヒルファディングの見解に対しては、「それは、日々の価格変動としてあらわれる矛盾にすぎず、むしろ競争の過程で進行する価格変動の自動調整メカニズムのうちにくみいれられるものにすぎない。」「恐慌の原

因」を「単なる価格形成の攪乱といった外面的事象に求められる」と論断され、「不比例説」の代表的見解であると批判されてきたのであるが、しかし、そうした批判は正鵠を射たものであろうか。

ヒルファディングにあっては、この価格形成上の攪乱は周期的な循環的性格のものであり、価格変動も周期的、循環的に把握されなければならないと、みなしているものである。したがって、価格法則における攪乱の問題も周期的に出現するものであり、そのようなものとして論証されなければならない。それは「日々の競争過程で進行する価格変動の自動調整メカニズムのうちにくみいれられるものにすぎない」というような単なる「日々の価格変動」とは本質的内容を異にするものである。それは新たな技術の採用・新生産の開始、新たな市場の開拓、新たな生産部門の成立等を諸契機とする価格形成と利潤（率）の変動のことであり、産業循環＝局面転換の基準となる価格と利潤の変動、そういう意味での価格法則の作用のことである。それは資本主義経済の唯一可能な規制者としての客観的な価値法則の貫徹形態であり、したがってそれは価値法則の必然性を証明することでもある。

価値法則は社会的総労働の生産諸部門への、社会的欲望に対応した配分法則である。そうはいっても、価値や価値法則が目に見える形で存在するわけではない。価値はただ価格を通してのみ、その存在を知ることができるし、価値法則もまた価格の動揺・攪乱を通して認識しうるにすぎない。価格と価格体系について論議することは、価値と価値法則の必然性について論述することである。いうなれば、価格と価格体系は価値と価値法則の現象形態である。

「商品がその価値通りに売れるか売れないとかいうこと、つまり価値規定そのものは、個々の資本家にとってはまったくどうでもよいことである。価値規定は、すでにはじめから、彼の背後で彼からは独立な諸関係の力によって行われるなにかである。なぜならば、価値がではなく、価値とは違った生産価格が、それぞれの生産部面で規制的な平均価格を形成するからである。価値規定そのものがそれぞれの個別生産部面の個々の資本家や資本の関心をひき、それを規定するのは、ただ、労働の生産力の上昇または下落につれての、商品の生産に必要な労働量の減増が、一方の場合には既存の市場価格のもとで資本家が特別利潤をあげることを可能にし、他方の場合には、いくらかより多くの労賃やより多くの不変資本や、したがってまたより多くの利子が部分生産物または個々の商品に割り当たるので、資本家に商品価格の引き上げを強制するかぎりでのことである。価値規定が資本家の関心をひくのは、ただ、それが資本家自身にとっての商品の生産費を高くしたり低くしたりするかぎりでのことであり、つまり、ただそれが彼を一つの例外的な立場に置くかぎりでのことである。[2]」

ヒルファディングによれば、資本家が関心をもつのは、彼の生産物の価格の絶対的高さではなく、費用価格に対する市場価格の比率であり、言い換えれば利潤の高さである。彼がその資本をいかなる生産部門に投ずるかは、この利潤の高さにかかっている。利潤が著しく低下すれば、新たな投資はまったく停止される。固定資本の拡大投下が問題になる場合は、とくにそうである。なぜならば、そこで投ぜられた資本は長期にわたって固定されており、しかも利潤の計算にとっては、固定資本の価格が決定的だからである。[3]

二　恐慌の諸原因と恐慌発生のメカニズム——価格形成・利潤（率）の変動と利潤率の低下傾向

ヒルファディングは「資本の有機的構成の変化＝高度化→利潤率の低下」と恐慌との関係について概ね次のように述べている。資本の有機的構成は変化する。技術的諸原因によって不変資本部分は可変資本部分よりも急速に増大する。さらに、固定資本部分は流動不変資本部分よりも急速に増大する。このことが大量の固定資本を擁し、資本の有機的構成の最も高い生産部門＝生産手段生産部門の不均等的発展を規定する要因である。しかし、総資本のうち不変資本に比しての可変資本部分の相対的減少は、その結果として利潤率の低下をもたらす。恐慌は販路の欠乏を意味し、販路の欠乏は、資本主義社会では資本の新たな投下の停止を前提とする。これはまた、利潤率の低下を前提とする。この利潤率の低下は、この資本の新投下に際して生じた資本の有機的構成の変化によって与えられている。恐慌とは、利潤率の低下が現れるその瞬間を意味するにほかならない(4)。

ヒルファディングは資本の有機的構成の高度化↓利潤率の傾向的低下の法則を恐慌の規定的原因としてとらえ、この論理を再生産・価値増殖の条件、さらには価格形成と利潤（率）の循環的変動と結びつけて過剰生産恐慌とその周期性を分析的に解明する。この基本的観点は『資本論』の理論の継承であり、さらに競争と信用および株式資本の論理次元の具体化という意味でその理論的展開を示すものといえる。したがってその観点は、資本の有機的構成の高度化↓利潤率の傾向的低下の論理を拒否し、この法則そのものを恐慌分析から完全に放逐し去ったトゥガンの恐慌論とは決定的に異なるものである。上記の如くヒルファディングは「特別剰余価値・利潤をめぐる諸資本間の競争↓技術の改良・革新・生産力の発展↓資本の有機的構成の高度化↓利潤率の低下の潜在的進行↓新投資の停止・販路の停滞↓過剰生産↓価格破壊・利潤率の急落↓一般的過剰生産・恐慌」という恐慌の発生メカニズムの一般理論的な解明を試みている。この論理の展開図式こそは彼の恐慌論の基本的な展開形態である。彼は恐慌をその「突発性」それ自体に焦点を合わせるのではなく産業循環の一環として、その特殊局面＝周期的恐慌として取り上げる。

「恐慌は……利潤率低下の傾向が需要増大の結果として価格と利潤の上昇を引き起こした諸傾向に対抗して自己を貫徹する瞬間にはじまる。ここに二つの問題がある。第一には繁栄の終末を準備するこれらの傾向が、資本主義的競争のもとで、またこれを通じて、いかに自己を貫徹するか、である。第二は、なぜこの貫徹が、危機的に突発的に、そして消散的に漸次的にではなく行われるか、である。といってもこの後の問題は重要性がより少ない。というのは景気の波動にとっては繁栄と沈滞との交替が決定的なものであって、この交替の突発性は第二列〔二次的〕に立つにすぎないからである(5)。」

すなわち、恐慌の分析は産業循環の分析であり、直接恐慌局面だけを切り離して取り上げるのではなく、諸矛盾の展開としての「危機」・「突発」に先だって諸矛盾が累積・成熟していく過程、景気の上昇過程＝好況過程の分析が先行しなければならない。そういう意味において恐慌分析は好況分析でもあり、好況過程に先行する不況分析でもある。つまり産業循環の分析であり、その一環としての周期的恐慌の分析でなければならない。ヒルファディングはそのように主張しているのである。かくして上述の基本的論理の基軸をなし、恐慌の論理を規定する「資本の有機的構成の高度化→利潤率の低下」が如何にして現れうるか。再生産の動態過程においては、再生産を拡張または攪乱する「価格と利潤の変動」の作用によって、その有機的構成の高度化が直ちに利潤率の低下として現れることを妨げられるのであり、それゆえに「資本の有機的構成の高度化→利潤率の低下」の論理は、周期的な展開過程＝局面転換の過程においてのみ実現されざるをえないのである。この論理段階において『金融資本論』第四篇第一七章『恐慌の諸原因』と産業循環＝局面転換の過程分析が措定されるのである。

こうした問題視角からまず好況過程の分析が恐慌の発現に導く内在的諸矛盾の展開過程として分析的検討の対象に据えられる。恐慌には、繁栄期が先行し、繁栄期には価格も利潤も高い。この資本主義的世界の転換はどうして起きるのか？　この熱病的に緊張した活動、高い利潤、蓄積の増大という歓喜の頂点から、販路停滞、利潤の喪失、資本の大量遊休という絶望の谷底への移り変わりはどうして起きるのか？(6)　この繁栄の頂点から恐慌への局面転換に関する彼の所説はどのように展開されているだろうか。

（1）*Das Finanzkapital*, S. 379. 訳②一三七、㊦一七一頁。
（2）*Das Kapital*, III, S. 880. 訳一一一六頁。
（3）*Das Finanzkapital*, S. 379. 訳②一三七―一三八、㊦一七一―一七二頁。
（4）a. a. O., S. 380. 訳②一三八、㊦一七二頁。
ヒルファディングの「資本の有機的構成の高度化→利潤率の低下傾向→恐慌」という恐慌の基本的論理に関説した主要な論文として、吉村達次『恐慌論の研究』三一書房、一九六一年、高山満「『金融資本論』第四篇―金融資本と恐慌」（古沢友吉編著『現代資本主義論への道標』三嶺書店、一九八三年、また同「高山満教授のご高評に応える——松井編著『金融資本論研究』補論——」(『札幌学院商経論集』第10巻第1号、一九九三年)、上条勇「ヒルファディングの恐慌論の意義と限界」(『金沢大学経済学部論集』第25巻2号、二〇〇五年三月)等がある。松井論文は高山前掲論文との間で上記「ヒルファディングの所説」をめぐる論争である。『金融資本論』と恐慌論に関する研究上、注目すべき論点を提示されている。この論争に関説した労作として、上条勇、前掲論文がある。

①吉村達次氏は「利潤率の傾向的低下法則を恐慌の決定的原因とみなした古典的見解として……ヒルファディングの理論〔恐慌論〕は、いわゆる不比例説的な偏向を除けば、利潤率低下法則を再生産の条件・価格変動等に結びつけて論じている点で、さきに検討したドップの理論よりもはるかに秀れている」(同上、二三二—二三三頁)と述べている。

②高山満氏の場合「『有機的構成の高度化』による『利潤率低下』などという契機は、ヒルファディングがそもそもの初めから打ち出した基本的立論、すなわち〈『価格形成上の不均衡』→過剰蓄積→『販路停滞』→『不均衡』露呈→恐慌〉という論理展開からすれば、所詮彼自身の恐慌・産業循環の理論に組み入れ難い異質な理論契機(次元の相違に関わる)にすぎなかったのである。この点を明確に認識することなく、無造作に二つの理論系列を統合しようとしたのだから、理論的破綻はけだし当然の帰結であった、と言わざるを得ないのである。」(「ヒルファディングの恐慌・産業循環論」『資本論体系 9—2恐慌・産業循環(下)』有斐閣、一九九八年、一八八頁)。私見とは基本的に見解を異にするものである。

(5) a. a. O., SS. 384-385. 訳②一四三、㊦一七八—一七九頁。

(6) a. a. O., S. 380. 訳②一三八、㊦一七二頁。

第二節　産業的繁栄の第一段階(1)——景気の回復・好況局面

一　需要の発生・増大→生産の拡大→更新投資・新投資の増大——第Ⅰ部門の不均等発展の基本的契機

各産業循環はいずれも生産の拡大をもってはじまる。生産拡大の原因はそれぞれ具体的歴史的諸要因にしたがって個別的に異なるが、しかし、一般的には①新たな市場の開拓、②新たな生産部門の成立、③新たな技術の採用、④人口増加に伴う需要の増大……に帰着する。需要の増大が生ずれば、それは、まず第一に個々の生産部門で価格と利潤の上昇を引き起こす。その結果、これらの部門における生産が拡張され、そしてこれらの生産部門の生産の増大は、これらの部門に生産手段を供給する諸部面における需要の増大を意味する。固定資本の新投下、技術的に遅れた旧設備の取り替えが、より大規模に行われる。この過程は一般化され、各産業部門がその拡大によって他の諸部門に対する需要を創りだし、諸生産部門は互いに扶助し合い、産業が産業の最上の顧客となる。(1) このヒルファディングの指摘は簡単な表現であるが、その意図する内容はきわめて豊富であり、重要である。

叙上の如く産業循環は、いずれも生産の拡張をもって始まるが、その原因は具体的な歴史的諸要因に影響されて各々異なった現れ方する。一般的には上記の①、②、③、④……を諸原因とする。これらの諸原因のいずれか、あるいは多面的・複合的にかを契機として、これらの部門における生産の拡大を惹起せしめる。これらの部門における需要の増大をもたらし、これらの部門における生産が刺激され、その拡大が現れる。生産の拡大が個々の部門における生産の拡大はこれらの部門に生産手段を供給する諸部門＝生産手段生産部門＝第Ⅰ部門における需要の増大を惹起し、生産の拡大をもたらす。これらの部門における生産の拡大は固定資本の新投資と技術的に陳腐化した既存設備の取り替えを促す。新投資や旧式設備の取り替えが大規模に行われるようになり、この過程が一般化していく。すなわち、この過程が主要な生産諸部門、主として重工業部門＝生産手段生産諸部門において一般化すれば、それは生産手段生産諸部門とその関連諸部門の生産に新たな活気を呼び起こすであろう。これらの部門において生産は回復し、それにつれて雇用も増大する。消費も次第に回復し、それにつれて消費手段生産諸部門とその原材料生産諸部門における需要も増大し、生産は活気を呈してくる。それはまた、これらの部門に生産手段を供給する生産手段生産部門の需要を増大し生産の拡大を促すことになろう。いまや追加資本投資が要請される。

このようにして、固定資本の更新投資と合体して「新たな技術の採用」＝「新鋭機械設備の導入」が行われるに至ると、技術改良・技術革新を伴う「一大新投資」が始まり、かくして局面は転換し好況局面＝繁栄の第一段階へと突入していく。新たな価格が形成され、利潤も回復し、利潤率も上昇する。生産は活気を呈し、一層の投資が誘発されていく。新たな市場が開拓され、新たな生産部門も成立する。かくして「この過程は一般化され、各産業部門がその拡大によって他の諸部門に対する需要を創りだし、諸生産部門は互いに扶助し合い、産業が産業の最上の顧客となる(1)」というわけである。景気の回復・好況＝繁栄の第一段階の基本的特徴とこの過程の内的諸要因から生産手段生産部門＝第Ⅰ部門の不均等発展の基本的契機が提示されている。

このヒルファディングの所説はトゥガンの周知の見解すなわち好況・繁栄期の発展方向について部門連関を断ち切り、第Ⅰ部門のみ無際限な独立的発展の方向を主張するものとはまったく異なるものである。それはトゥガンの再生産表式論がいかに資本の再生産・蓄積過程の実態を無視した恣意的な創作であるか明白であろう。だからこそ、彼は恐慌・産業循環の分析という論理段階にあっては、彼自身の再生産表式論を破棄し、別個の概念装置すなわち「資本主義経済全体は混沌として組織を欠いている。この組織の欠如と……生産の拡張とが過剰生産への永久的傾向をつくり出す」という新たな論理を提示したのである。

二　回復・好況＝繁栄の第一段階(1)への局面転換

不況から好況への局面転換の過程は後述するので、さし当たり、回復・好況局面との関連で予め最少必要な限りで触れておく(2)。不況から好況への局面転換はこの過程を媒介する一定の助走期間＝回復過程を要するが、不況局面・過程は、市場価格と利潤とが「正常水準」以下、つまり生産価格と平均利潤以下に低落し、生産は収縮し、より弱い多くの企業・経営が没落・淘汰を余儀なくされる一方で、低落した価格を持ってしても、平均利潤を確保できるものだけが、企業活動・経営を継続できる景気局面・過程である。いわばこの局面、この過程ではそうした極限まで低落した市場価格と利潤（率）のもとで存立を維持・確保すべく諸資本間の競争が死活的に展開するが、他方、それに対応して資本支配力・資本調達能力を有する比較的大規模な諸資本による資本の集中が進行していく。

この過程は上述の如く、①新市場の開拓、②新産業部門の成立、③新技術の開発、④新生産方法の採用などが現れ、それらがまた新たな需要を創りだし、その需要の増大がさらなる投資の拡大を呼び起こすのである。この点はすでに明らかにした通りである。そのうち、③新技術の開発、④新生産方法の採用に関しては次の諸論点に留意すべきであろう。

不況からの脱出は新生産方法の率先的導入→特別利潤の獲得に活路を求める。新技術の開発、新生産方法の採用は商品の個別的生産価格を引き下げ、所与の市場価格以下の販売価格で商品を販売することによって当該資本に特別利潤をもたらす。が、逆にそうでない残余の諸資本には負の特別利潤を強制することによって、市場価格以下の価格の引き下げを強要され、かくして破滅の脅威をもって新生産方法の導入を強迫されることになる。これに対応できない弱小資本は存続困難となり、破滅を余儀なくされるであろう。この過程を通じてさらなる資本の集中が促進される。こうして新たな生産方法が普及していくにつれて価格は低下し、新たな市場価格が形成され特別利潤は消滅していく。すなわち、新生産方法の採用→特別剰余価値・利潤の成立→消滅は、その対極における旧生産方法の所有→負の特別剰余価値・利潤の増大の過程であり、したがってかかる市場価格の形成と利潤率の変動を介して価値法則・価格法則が競争の強制法則として自己を貫徹するのである。

また新生産方法が普及・一般化していく過程では、上述の如く引き下げられた、より低い価格がさらなる競争の強制圧力となって個々の資本に加重化されるにいたると「既存固定設備が物理的に死滅するはるか以前に技術的・経済的陳腐化を余儀なくされる(3)［こと］」、「旧生産手段をその自然的死蔵以前に新しいものに取り換えること(4)」を強制されるようになる。このような競争の強制圧力による新生産方法の加速度的な更新過程は、後述する信用を梃子にして死活的競争を呈し盲目的に展開することによって生産力を飛躍的に上昇せしめていく。

このように、新生産方法の採用は自然的かつ人為的に老朽化・旧式化した固定設備の廃棄と新鋭機械設備の導入として行われるが、その場合、固定資本の更新が主要な生産諸部門（生産手段生産部門）において大規模に推進されるようになれば、それは当該部門と関連諸部門の需要を引き起こし生産に活気を呼び起こすであろう。これらの部門の需要は増加し、生産はさらに拡大していく。この過程進行が一般化され、各産業部門がその拡大によって他の産業諸部門に対する需要を創り出す。かくして「諸産業部門は相互に依存し相互に促進し合いながら産業が産業の最大の顧客となる。[5]」その具体的展開は投資が投資を呼び、それがさらなる需要の増大をもたらし、需要の増大は新たな価格の形成と利潤の変動を、つまり市場価格と市場利潤率の回復・上昇をもたらし、それがまた、さらに一層の資本投下を誘発し価格を上昇させ、利潤を増大せしめることになる。他方、新鋭機械設備の採用は社会的資本の有機的構成を高度化せしめ、一般的利潤率の低下を生ぜしめるが、上述の如くこの時期にはさし当たり、新生産方法を優先的に採用する個別諸資本は資本構成の高度化にもかかわらず、利潤率は「特別利潤」の取得によって上昇する。有機的構成の高度化に伴う利潤率の低下はこのような価格上昇と利潤（率）の増大の下では直ちに現れることはなく潜在的に進行していくことになる。この点は次節「産業的繁栄の第一段階⑵——好況局面——」において論述する。

そこで次に、固定資本の投資活動の動向によって好況＝循環の構造と動態が如何に規定され、如何なる問題が生じうるか、ヒルファディングの所説に即して内在的に検討することにしよう。

三　好況局面の基本的傾向——第Ⅰ部門の固定資本の投下とその「独特の回転＝再生産様式」

上述の論理展開の方向はヒルファディングの景気の回復・好況＝産業循環の過程を貫く基本的な見方である。この過程の展開、したがってその循環性を規定する要因として、彼は特に固定資本の更新と増大、つまり固定資本の循環と回転——固定資本の再生産様式——を重視した。すなわち、産業循環は固定資本の更新と増大とをもって始まり、これが繁栄の発端の主要原因をなし、この過程的展開の規定的役割を果たす。そして、繁栄期を通じて諸拡張が続行され、しかも同時に、あらゆる現存生産諸力の最大の緊張をもって行われる。この過程において既述の如く固定資本投資の特殊性に基づく問題が現れてくる。固定資本はその全機能期間中に一括して一挙に生産過程に投下される。ひとたび投下された後には、その全機能期間中更新されることなく、したがって更新需要をも形成することなく、もとの形態のままで作用を続け、その価値を部分的かつ継続的に生産物のうちに移転し続け、その生産物の販売を通じて漸次に貨幣として積み立てられる。が、他方、その積み立てられた価値は更新期限の到来とともに、再び一括して一挙に生産過程に投下される。このような固定資本の独特の回転＝再生産様式こそは、固定資本投資が一方ではその投下において大量の一方的購買要因＝需要を形成し、他方では逆に、機能期間中は継続的に大量の一方的販売要因＝供給を形成する。こうした論点は『金融資本論』第四篇第一六章「恐慌の一般的諸条件」、第一七章「恐慌の諸原因」において詳論されている。この相反的二面性は繁栄の第一段階・過程における固定資本投資の動向によって、「現存生産諸力の最大の緊張」をもって現れてくることになる。生産手段生産部門＝第Ⅰ部門における需要の増大→生産の拡大は関連諸部門の需要の増大を誘発するが、同時にまた、第Ⅰ部門の雇用の増加と消費需要の増大が消費手段生産部門＝第Ⅱ部門の拡大を誘発する。逆にまた、第Ⅱ部門の生産の拡大ははねかえって第Ⅰ部門の生産の拡大を誘発していくことになる。かくして繁栄の第一段階・過程における第Ⅰ部門の固定資本投資の拡大と集中、およびその一般化は、この過程の加速度的拡大を強力に推進する規定的要因となるのである(6)。

このようにして、「資本主義的生産様式の発展につれて充用固定資本の価値量と寿命とが飛躍的に増大するのに比例して、産業および各個の投資における産業資本の生命は、多年的なものに、たとえば平均して一〇年というようなものになる。一面では固定資本の発達がこの生命を延長するとすれば、他面では、同様に資本主義的生産様式の発展とともに絶えず増大する生産手段の不断の変革によって、この生命が短縮される。したがって、資本主義的生産様式の発展とともに生産手段の変換も、それが物理的に死滅するはるか以前に無形の損耗の結果、絶えず補填される必要も増大する。大工業の最も決定的な諸部門については、この生活循環が今日では平均して一〇年にわたるものと想定されうる。しかし、ここでは特定の年数が問題なのではない。次のことだけは明らかである。この、資本がその固定的構成部分によって縛り付けられているところの、多年にわたる関連的諸回転の循環によって、周期的恐慌の、すなわち、事業が不振、中位の活況、過度の繁忙、恐慌という継起的諸時期を通過するところの周期の恐慌の、一つの物質的基礎が生ずる。資本が投下される諸時期は極めて種々様々である。とはいえ、恐慌は常に一大新投資の出発点をなす。したがってまた——社会全体として考察すれば——多かれ少なかれ次の回転循環の一つの新しい物質的基礎をなす。(7)」

ヒルファディングは上述の如く固定資本の回転循環を捉え、この回転循環が次の回転循環の一つの新しい物質的基礎をなすと主張する。これが恐慌の周期性を規定する固定資本の動向と動態についての彼の基本的な論理である。この基本的な観点をふまえたうえで、産業的繁栄の第一段階——景気の回復・好況局面——について彼はさらに次節で次のように述べている。

（1）*Das Finanzkapital*, S. 380. 訳②一三八—一三九、㊦一七三頁。
　ヒルファディングは「社会的有効需要がどこからくるか、それ自体はとくに問題ではない。問題は景気の回復・好況過程をどの部門が如何にして主導していくのか、でなければならない」と述べている。その指摘からも、「有効需要」の問題が彼の問題意識の中に明確に据えられていることが容易に理解できよう。

（2）不況から好況への局面転換に関して、ヒルファディングは、第一八章「景気の経過における信用関係」を媒介して第一九章「沈滞期における貨幣資本と生産資本」において論述しているが、本章では前者を前提にしながら、第一七章「恐慌の諸原因」と第一九章とを連結して、繁栄の第一段階（回復・好況）→繁栄の第二段階（繁栄・繁栄の頂点）→恐慌→不況局面への転換として、産業循環論的に把握することにした。

(3) *Das Kapital*, II, SS. 185-186. 訳二二五―二二六頁。
(4) a, a. O., SS. 185-186. 訳二二六頁。
(5) *Das Finanzkapital*, S. 380. 訳②一三八―一三九、㊦一七三頁。
ヒルファディングの恐慌論は周期的恐慌に関する分析である。つまり産業循環の一環としての、その特定局面としての恐慌、すなわち回復(好況)・繁栄・恐慌・不況の四局面からなる周期的過程の一環としての恐慌分析であり、したがって恐慌分析は好況・繁栄過程の分析を前提とし、その分析はまた不況分析を前提とする。つまり恐慌分析は産業循環の分析である。彼の恐慌論が恐慌・産業循環論といわれる所以である。こうした循環分析の見方は、わが国においては「近経的見方」として排斥されてきた。が、一九五〇年代末、林直道『景気循環の研究』(三一書房、一九五九年)以降、研究上、ようやく「正当」に位置づけられるようになった。
(6) a, a. O., SS. 380-381. 訳②一三八―一三九、㊦一七三―一七四頁。(『資本論』岩・六・五三―五四頁)
(7) a, a. O., SS. 380-381. 訳②一三九、㊦一七三―一七四頁。

第三節　産業的繁栄の第一段階(2)――好況局面

一　資本の価値増殖諸条件の改善と価格および利潤率の上昇

ヒルファディングによれば、しかし利潤率の上昇は、繁栄期のはじめには今述べた需要の増大とは別の一原因からも生ずる。需要の増大と同時にまた、その結果として、まず第一に資本の回転期間が短縮されるし、労働期間も短縮される。というのは、技術的諸改良の採用が生産物のより急速な完成を可能にするからである。たとえば鉱山では本来の採掘を促進するために補助労働者は最低限に制限され、機械は運転時間の延長によって、なかんずく労働時間の延長(非番の廃止、時間外労働、新たな労働者の雇用)によって、より強度に利用される等々。さらに流通時間が短縮される。売れ行きは好調である。注文に応じて作業がなされるので、流通期間はしばしばゼロに等しくなる。一連の重要な産業部門にとっては、遠方の外国市場への販売に比して近くの国内市場への販売が増加し、これもまた流通時間の短縮を意味する。すべてこれらのことは、また年利潤率の上昇を引き起こす。なぜならば生産資本が、したがってまた剰余価値を生産する可変資本もより急速に回転するからである(1)。

回転期間の短縮は、同時に、産業資本家によって前貸しされる貨幣資本が生産資本に比して相対的に減少することを意味する。第一に、現存生産資本は、貨幣資本の増加支出なしに、または少なくとも対応的増加支出なしに、機械の運転時間の加速による労働期間の短縮によって、一般に現存諸生産要素のより強度の利用によって、よりよく利用される。また第二に、流通期間が短縮され、したがって、生産において機能しつつある本来の資本のほかに流通期間中資本家によって保持されなければならない資本の量が減少する。かくて、利潤を生産する、生産過程で機能する資本に比して、ただ流通目的のために、したがって、不生産的に充用される資本が減少する。流通期間の短縮と回転の加速とは、同時にただ空費の原因となるにすぎない商品在庫として遊休する資本部分をも減少させる。かくて、剰余価値の年率も利潤のそれも上昇し、そして後者は、流通目的のために用いられる資本の減少によって、より甚だしく上昇する。同時に、剰余価値量が増大し、したがってまた蓄積の可能性も増大する(2)。

景気の回復・好況局面への転化過程は上述のごとき投資活動を必要とするが、貨幣資本は豊富であり、利子率も低い。加えて流通信用も漸次増大し次第に活発化していき貨幣資本の循環も順調な展開をみせてくる。この点については後述する。また労働力は失業者・産業予備軍の吸収がいまだ速やかではなく、賃金も一般商品の価格上昇に比して遅れて現れるので、なおまだ低い水準にある。新たな価格が形成され利潤が増大してくる。それはまたさらなる需要の増大を誘い生産の拡大に導く(3)。

繁栄期の第一段階――回復・好況局面――では、恐慌・不況過程において排出された大量の失業者群が速やかに吸収されるのではなく、当面は徐々にしか吸収されえない。したがって賃金も低い状態が続く。技術革新・新生産方法の採用は、労働生産力の発展を意味するが、それは「同量の生きた労働がますます増大する量の生産手段を運転するということに現れる。[4]」一般的には最低・最少の労働でもって最大の生産をあげる方法である。だから技術革新・技術進歩の過程は総資本中の可変資本部分に対する不変資本部分の占める割合を急速に増大せしめることに反映し、同時にまた、不変資本の構成部分内部における変化、つまり流動資本部分に対する固定資本部分を急速に増大せしめることに現れる。したがってそれは高度な技術的構成↓資本の有機的構成の高度化を伴って進行していく過程である。この過程進行のなかで、追加資本投下によって創出される労働力の吸収、労働者の雇用も拡大する資本に対して相対的に遅れて進行していくが、絶対的には絶えず増大していく。

繁栄期のはじめには、一般に利子率は低く、緩慢に漸次的にしか上昇しない。貸付資本は豊富である。生産の拡張、したがってまた流通の拡張は、貸付資本に対する需要を高める。しかし、高められた需要は容易に充たされる。なぜならば、第一には、沈滞期のあいだ遊休していた豊富な貨幣資本がこれに用立てられるからである。また第二には、繁栄期のはじめには同時に流通信用も拡大されるからである。……信用貨幣の量が増大すると同時に、生産資本の回転の急速化につれて信用貨幣の流通期間が短縮される。増大した信用貨幣創造によって与えられる貸付資本の増大供給は、利子率を高めることなしに、貸付資本に対する増大需要を充たす。[5]さらに、資本の流通期間中利用しえねばならない貨幣資本が流通期間の短縮によって減らされ、貨幣市場に現れるからである。[6]以上、繁栄の第一段階における価値増殖諸条件の改善と価格および利潤率の上昇についてヒルファディングの所説を検討してきた。が、この価値増殖諸条件の改善は、同時にそれが同じだけ多くの価値増殖諸条件悪化の潜在的要因に転化することになる。続いてこの点を検討することにしよう。

二　資本の価値増殖諸条件の改善とその悪化の潜在的増大

繁栄の持続的発展とともに、これらの関係は変化し、この変化の漸次性は利子率の漸次的上昇に表現されるようになる。かくて産業的繁栄の意味するものは、資本の価値増殖諸条件の改善にほかならない。しかし、さし当たり繁栄に導く同じ事情が、価値増殖を次第に悪化させる潜在力を含んでおり、結局は、資本の新投下が阻止されて販路停滞が明瞭になる点が現れる。

たとえば需要の増大は、産業循環の第一段階では、利潤率の上昇を意味するとしても、この上昇は、後の利潤率の低下を準備するような事情のもとでのみ生ずる。繁栄期には資本の新投下が盛んに行われるが、それは、技術の最新の状態に対応するものでなければならない。しかし、技術の改良は、資本の有機的構成の高度化に表現される。しかし、有機的構成の高度化は利潤率の低下を意味し、資本の価値増殖諸条件の悪化を意味する。しかも、利潤率は二つの原因から低下する。第一には、可変資本が総資本に対する比率において減少し、したがって、同じ剰余価値率がより低い利潤率に表現されるからである。第二には、流動資本に比して固定資本の占める割合が大きければ大きいほど、資本の回転期間はより長くなるからである。回転期間が長くなることはやはり利潤率の低下を意味するからである。[7]

以上、産業的繁栄の第一段階において需要の増大↓生産の拡大↓新たな価格形成↓利潤の増大・利潤率の上昇という価値増殖の過程が展開していくが、その一方でかかる価値増殖諸条件の改善が同時に同じだけ多く「悪化」の潜在的諸要因に転化し累積的に進行していくのである。そこでまず、その改善諸要因ついて簡単に整理すれば次のようになるであろう。

(1)　基本的諸要因として上記の、①新市場の開拓、②新産業部門の成立、③新技術の開発・採用、④人口の増加に伴う需要の増大……等々である。[8]

(2)　需要の増大・生産の拡大と同時に、またはその結果生ずる諸要因として、①資本の回転期間の短縮、②労働期間の短縮、労働時間の延長↓非番の廃止、時間外労働と新規労働者の雇用、③流通時間の短縮、流通期間の短縮と回転の加速……である。

このように産業の繁栄期には一方では価値増殖諸条件の改善が進み、加速するが、他方ではその繁栄に導く同じ事情が価値増殖諸条件の悪化の潜在力を含み、累積していく。結局、新投下の制限→利潤率の低下→新投資の停止・販路の停滞→さらなる利潤率の低下を導く、とヒルファディングは論述している。この段階における利潤率の低下の、主要な潜在的諸要因について、彼は概要次のように述べている。

(1) 新技術の開発、新生産方法の採用→労働生産力の発展＝生産規模の拡張→不変資本に対する可変資本の比率の減少、したがって総資本に対する可変資本の比率の減少→資本の有機的構成の高度化→利潤率の低下……。

(2) 新技術の開発、新生産方法の採用→労働生産力の発展＝生産規模の拡張→流動資本に比しての固定資本の占める割合の増大化→固定資本の巨大化に伴う資本の回転期間の長期化→利潤率の低下……である。

（1） *Das Finanzkapital*, SS. 381-382. 訳②一四〇、㊦一七四—一七五頁。
（2） a. a. O., S. 382. 訳②一四〇—一四一、㊦一七五—一七六頁。
（3） a. a. O., S. 382. 訳②一四〇—一四一、㊦一七五—一七六頁。
（4） a. a. O., S. 264. 訳②七、㊦九頁。
（5） a. a. O., S. 394. 訳②一五三、㊦一九一頁。
（6） a. a. O., S. 394. 訳②一五三、㊦一九一—一九二頁。
（7） a. a. O., S. 383. 訳②一四一、㊦一七六頁。
（8） a. a. O., S. 380. 訳②一三八、㊦一七三頁。

第四節　産業的繁栄の第二段階(1)――繁栄の頂点へ

一　巨大固定資本の継続的投資→不均等発展→部門間均衡関係の変化→不均衡の拡大
――価値増殖諸条件の全面的開展と固定資本の継続的投資→不均等の拡大→部門間の均衡関係の変化→不均衡化の潜在的進行。価格の騰貴と利潤(率)の上昇→雇用の増大と賃金の昂騰→消費の拡大と過剰蓄積・過剰生産の潜在的進行

価値増殖諸条件の改善→利潤率の上昇　上述のように技術革新・技術進歩――新生産方法の採用に伴う社会的生産力の発展は、競争の強制法則の下で生産規模の飛躍的拡大→固定資本の大規模投資を積極的に推進していくことになる。これらの産業部門においては巨大固定資本設備の建設はその生産能力の発揮までに長期間を要することによって、需要の増加に対して蓄積による供給の増加が対応しうるまでにはかなり長期にわたる時間的経過を要することになる。かくして産業諸部門相互の均衡関係に大きな変化が生ずる。需要の増加は新たな価格の形成――急速な価格上昇と利潤の増大をもたらし、これらの部門に新たな資本の参入を誘発することになる。このように、これらの部門における巨大固定資本設備の長期建設期間に対応した、一方的な生産手段の持続的導入と同時に、労働者の持続的・継続的雇用を可能ならしめる。したがって、価格の上昇と利潤の増大→賃金の上昇→雇用の拡大→有効需要の形成・消費の拡大を引き起こすであろう。さらにそれは大規模な固定資本設備を擁する基軸的な産業諸部門＝生産手段生産部門＝第Ⅰ部門における一層の需要の増大と投資の拡大を誘発していくと同時に、それを通じて関連諸部門と消費手段生産諸部門＝第Ⅱ部門における需要の増大を引き起こし、これらの部門における新たな価格の形成・上昇と利潤の増大を生ぜしめる。かくして「この過程は一般化され、各産業部門がその拡大によって他の諸部門に対する需要を創りだし、諸産業部門は互いに扶助し合い産業が産業の最上の顧客となる。[1]」

こうした需要の増大→生産の拡大→価格上昇と利潤の増大→価値増殖諸条件の改善→固定資本の更新投資と拡大・集中→資本の有機的構成の高度化→価格の高騰と利潤（率）の昂騰〔利潤率低下の潜在的進行〕……」といった新たな価格の形成と利潤の変動→……の諸関係の上昇的展開は、巨大な固定資本設備が建設期間を終了してその生産能力を発揮する時点で、直ちに崩壊するといったようなものではない。重層的・縦横的な産業諸連関を媒介して一定の持続力をもって進行していく。しかしこの過程は同時に同じだけ多くの価値増殖諸条件を次第に悪化させる潜在力の累積的発展によって、結局は資本の新投下が阻止されて販路の停滞・梗塞が顕在化する点が現れる。(2)

価値増殖諸条件の悪化→利潤率の低下　ヒルファディングは価値増殖諸条件の悪化→利潤率の低下を誘致する具体的な諸要因について次のように指摘する。

(1)　労働過程における攪乱要因として、①労働時間の過度延長、②労働力、とくに熟練労働力の過度不足、機械の運転時間の過度延長、③未熟練労働の雇用による機械の損傷。

(2)　潜在的な過剰生産の進行→流通期間の延長として、①国内市場の需要の充足→より遠い外国市場の開拓、②商品販売の停滞・販路の梗塞化→貨幣への再転換の困難・貨幣還流の停滞・困難化、さらに、③労働力需要の急増＝労賃の上昇→剰余価値率・利潤率の低下、④貨幣資本に対する需要増大→利子率の上昇→企業者利得率の低下。

(3)　証券投機の過剰化として、商品、有価証券への過剰投機……再生産過程の攪乱。

(4)　また回転期間を長くするほかの事情として、①繁栄の頂点では、労働時間が長くなることがありうる。というのは、このような時期にはより頻繁になるのを常とする賃金闘争は別としても、労働力、ことに熟練労働力の不足が生じうるからである。②労働過程における攪乱は、不変資本のあまりにも強度な利用、たとえば機械の運転時間の過度の延長からも生じうるし、機械は非熟練労働者の雇用によっても損傷されうる。あるいは、③産業の高度な緊張の短い期間を無駄に過ぎさせないために修繕や補助作業を怠ることからも、攪乱が生じうる。同時に、

④さらに長い経過においては、流通期間も延長される。国内市場の需要は充たされて、より遠い外国市場が求められねばならない。商品の販売、それの貨幣への再転化は長びかされる。

すべてこれら——(1)(2)(3)(4)、および次の(5)——は繁栄の第二段階では利潤率の低下を誘致する要因である。(3)

(5)　さらに他の諸要因として、①繁栄期には、労働力に対する需要が増大し、その価格は上昇する。これは、剰余価値率の、したがって利潤率の引き下げを意味する。さらにまた、②なお後で述べられるべき諸要因——信用——から、利子率が次第にその正常な水準を越えて上昇し、その結果、企業者利得の率が低下する。したがって利潤率の低下に導く。もちろん、その代わりに（通常は無視される一事情であるが）銀行資本の利得は増大する。しかし銀行はこの時期にはもはや生産拡張のために貨幣を用立てることはできない。第一に、この時期には商品においても有価証券においても投機が全盛で、信用に対する要求を甚だしく増大させる。また第二に、なお後で見るように、生産的資本家が相互に与えあう流通信用では、増大した要求を充たすに足りなくなり、ここにも銀行がはいりこまざるをえない。それゆえ、銀行は、その利得を流動的形態すなわち貨幣形態で保持するという傾向をもつことになり、これによって、生産資本への転化、したがって現実の蓄積および再生産過程の拡張は阻止される。このことは、同時に再生産過程の攪乱をも意味する。というのは、利子率の上昇によって銀行がとりこんで貨幣形態で保持する貨幣資本の再転換が阻止される結果、拡張再生産のために用いられるべき生産資本の一部がそれだけ売れずに残るからである。かくて、企業利得の減少は、資本家階級全体にとっても価値増殖条件の不利の増大、蓄積の縮小を意味し、かくして一層の利潤率の低下に導く。(4)

そこで、恐慌は、以上述べてきた利潤率低下の諸傾向が、需要増大の結果として価格と利潤との上昇を引き起こした諸傾向に対抗して自己を貫徹する瞬間に、出現するというわけである。(5)

二　価格形成上の諸制限要因の潜在的進行――固定資本量・有機的構成の格差拡大→価格騰貴と利潤(率)の昂騰→部門間の格差の拡大・不均等の拡大→利潤率低下・不均衡化の潜在的進行

ヒルファディングによれば、繁栄期の価格上昇が一般的で均等的であるならば、それはまったく名目的なものにすぎないであろう。その場合には、再生産の均衡は攪乱されず、資本・所得配分の実質的変化もなく利潤率の上昇も名目的なものに止まるであろう。すなわち、すべての商品が一〇%または百%騰貴するとすれば、それらの相対的交換比率は不変のままであろう。その場合には、価格の上昇も生産にはなんの影響も及ぼさないであろう。相異なる諸生産部門への資本の配分における変動、均衡関係における変化は何も現れないであろう。それゆえに、表式的に示されたような正しい均衡関係をもって生産が行われれば、この均衡関係はなんら変更を受ける必要なく、したがって、なんら攪乱の生ずる理由もないであろう。

しかし恐慌は利潤率低下の諸傾向が需要増大の結果として価格と利潤との上昇を引き起こした諸傾向に対抗して自己を貫徹する瞬間に実現する。実際には資本の有機的構成の差異から価格の騰貴と利潤(率)の増大(上昇)とは生産諸部門に不均等に現れる。そしてそれが、資本・所得配分の変化を惹起し、諸部門間の均衡関係を攪乱せしめる。ヒルファディングによれば、生産諸部門において不均等が生ずる価格上昇の性質から、かような均衡性を排除する諸要因が示されうる場合には、そうではない。つまり先の「指摘」とは異なるものとなる。その場合には、価格形成の変化は、諸生産部門間の均衡関係における変化をも誘致しうるであろう。

上述の如く繁栄期の第一、第二段階での、一方における価値増殖諸条件の改善・発展と、他方、それに対応し、それと同じ程度に価値増殖諸原因の悪化の潜在的進行・拡大という、二側面の相反的矛盾の展開過程を通じて現れる「新たな価格形成と利潤(率)の変動」が、生産諸部門間の均衡諸条件に如何に影響を与えうるであろうか。ヒルファディングによれば、それは生産諸部門間の均衡関係に規定的に作用する、と。なぜなら、価格および利潤の変化は、種々の生産部門への資本の配分に規定的に作用するからである。したがって、この可能性が現実性となるのは、新たな価格形成・価格上昇が必然的に資本配分関係の変化を伴わざるをえないことが示されうる場合である。そして、実際、この均衡状態を阻害する諸要因も現れるのである(6)。彼はその規定的要因を種々の生産部門における資本の有機的構成の差異、つまり固定資本量の差異によって説くのである。この論理系譜上に、ヒルファディングは生産手段生産部門＝第I部門の不均等発展と再生産過程の均衡諸関係の攪乱・変化→不均衡化を説く。その特徴は産業循環＝好況・繁栄局面下の生産諸部門においてこの差異を規定要因とする価格騰貴の不均等→利潤率昂騰の格差拡大→部門間不均等の拡大→再生産の均衡の攪乱→資本・所得配分の変更→不均衡化の論理である。

「資本の有機的構成の変化は、結局は利潤率の低下を引き起こすのであるが、それは……機械の充用、固定資本一般の充用が最大である場合に、最大であろう。なぜなら、機械や科学などのすでに充用されている量が大きければ大きいほど、設備のより以上の合理化、技術の改良、取り扱い方法のより以上の科学化の可能性もより大きくかつより頻繁だからである。ここでは、有機的構成の高度化への傾向が、ますます強く作用するであろう。しかるに、資本の有機的構成の高度化は、生産性の上昇の経済的表現であるにすぎない。生産性の上昇は、同じ商品量の価格の低下を意味する。それゆえ、新たに投下された資本は、当初は特別利潤をあげる。したがって、資本はこの投下部面に流れ込む。すでにここで攪乱の一要因が効力を現す。これらの新たな投下で得られる特別利潤が大きければ大きいほど、ますます多くの資本がこれらの部面へ流れ込む。これらの部面の新しい生産物が市場に現れて、その過剰供給が価格を低下させるにいたってはじめて、ある修正が現れる。その間に、これらの部面の需要は、他の部面の生産物の価格をも高くして、そこに資本流入を引き起こしている。とはいえ、より少ない度合いにおいてである。というのは、そこでは技術的改良がより少ないので、特別利潤もより少ないからである。さらに、このことの結果として、ここでは価格の上昇が比較的より甚だしい、というのは、資本増大が同じ割合では行われなかったからである(7)。」

こうしたヒルファディングの見解はしばしば誤解され、批判されてきたが、重要な論点である。それはその理解の如何によって彼の過剰生産恐慌の論理に対する否定の、そしてその否定の上に成り立つ「不比例説」の有力な根拠とされてきた部分だからである。ではその現れ方はどのように理解すべきであろうか。

その現れ方は諸生産部門間において、より具体的には資本の有機的構成の高度な生産諸部門とそうでない生産諸部門とにおいては、上述の如く異なって現れることにより、その程度の如何によって諸部門間の均衡関係が変化し不均衡化を生ぜしめるが、資本増大が相対的に少なく資本の有機的構成が低い生産諸部門でも、好況期においては特別利潤が発生する。が、前者に比して資本規模も小さく技術の改良・革新もより少なく、したがって特別利潤もより少ない。しかしこれらの部門にもかかる特別利潤が生じうるので、多くの中小資本が流れ込むであろう。また、これらの部門では利潤（率）の上昇＝特別利潤がいま一つの面、すなわち、景気需要の増大↓価格の騰貴によって発生するという点である。この部門では、生産の拡大テンポはより速く、しかしその代わり生産の増大量はより少ない。それゆえに、この部門の生産物に対する需要がそれの供給よりも急速に増え、価格が騰貴する。この市場価格の急上昇が超過需要を生ぜしめ、供給過少・不足を惹起せしめることにより、特別利潤を取得する点である。ことに生産手段生産部門＝第Ⅰ部門における価格騰貴と利潤（率）の昂騰に伴う需要の増大は消費手段生産部門＝第Ⅱ部門およびその他関連諸部門を誘発し生産の拡大↓価格上昇と利潤（率）の増大に一層拍車をかけることになる。つまり価格騰貴と利潤（率）の増加（高騰）に伴う特別利潤である。多くの中小資本が流れ込み激しい競争戦が展開するであろう。かくしてこれらの部門における利潤率の低下↓過剰生産の潜在的進行もた加速化するとみなすべきであろう。

上記の如く他資本に先がけての技術進歩・革新は同時に、一方では生産性の上昇↓個別的生産価格の引き下げによる販売価格の市場価格以下への切り下げ↓その差額として特別利潤の取得を可能にするが、他方では生産規模の拡大↓固定資本の増大・資本の有機的構成の高度化↓利潤率の低下を結果として導く。そしてさらに周期的な景気需要の増大→生産の拡大→市場価格の高騰による個別的価格の差額として特別利潤の取得をも併せて可能にする。この二側面から導出される特別利潤は、平均利潤を超える特殊な利潤であるが、両者はその発生メカニズムと源泉を異にする(8)。その現れ方は諸生産部門間において、より具体的には資本の有機的構成の高度な産業部門・重工業部門・生産手段生産部門、つまり第Ⅰ部門とそれの低位な産業部門・軽工業部門・消費手段生産部門、つまり第Ⅱ部門とにおいて、上述の如く異なって現れるが、その程度如何によって諸部門間の不均等発展が拡大し、均衡関係が攪乱され、不均衡化が加速するであろう、が、元来、それは諸資本の部門間流出入運動を通じて新たな価格の形成と利潤（率）の変動を惹起せしめながら、次第に均等化され、一般利潤率の形成に導くということであった。

しかしこの論理段階では、資本増大が相対的に少なく資本の有機的構成も低い生産部門の利潤（率）の上昇＝特別利潤は、いまひとつの面、すなわち、第Ⅰ部門の生産の拡大→需要の増大とその持続的増大に誘発されて生ずる価格騰貴にある。これらの部門では資本の流入も比較的小量ゆえに生産の増大も比較的少ない。しかしこのことは一部論者が主張されるように、これらの部門の生産が絶対的に減少し供給が絶対的に少なくなること、つまり第Ⅱ部門が縮小することを意味しない(9)。既述の如くこれらの部門では激しい死活的な競争の強制圧力下で、各々はその生産能力を最大限動員し、最大限の生産＝供給に努めているのである。当然、その生産量・供給量は最高の増加をもたらすであろう。このことは上記ヒルファディングの所説から容易に理解できるはずである。

しかし問題はこれらの部門における最大限可能な供給能力も第Ⅰ部門に誘発されて生じた急速かつ大量の需要増大に対応するにはあまりにも小さ過ぎるということである。それゆえにこれらの部門の生産物に対する「需要がそれの供給よりも急速に増え、価格が騰貴するのである。つまり第Ⅱ部門の供給能力をはるかに超える需要の増大が生じ持続していくのである。この供給能力を超える需要の増大→市場価格の上昇が超過需要を生ぜしめ、供給不足・供給過少を惹起せしめること、つまり新たな価格の形成と利潤（率）の変動をもたらすことになる。この過程の加速的展開が均衡の阻害・攪乱→利潤率低下の潜在的進行→資本の新投下の停止・販路の停滞→過剰生産→不均衡化→恐慌へ……と向かって突き進んでいくのであるが、実際には巨大な固定資本を擁し資本の有機的構成の最も高い第Ⅰ部門で、「資本の過剰投下、過剰蓄積の傾向が最も強くより大規模に、かつ加速的に潜在的に進行する。この過程が信用の媒介によって加速され、かつ不均衡→過剰生産を覆い隠しながら累積的・加速度的に進行していく。この潜在的な過剰生産・過剰蓄積→不均衡化は、やがて第Ⅰ部門の生産物が市場に現れるときに、過剰供給による価格崩落が現れる一方で、有機的構成の低い生産部門＝第二部門でもその生産物・消費財の過剰生産が顕在化し価格が崩落し利潤率も急落するであろう。ヒルファディングの所説は以上の如く理解すべきであろう。

（1）*Das Finanzkapital*, S. 380. 訳②一三八―一三九、㊦一七三頁。
（2）a. a. O., S. 383. 訳②一四一、㊦一七六頁。
（3）a. a. O., SS. 383-384. 訳②一四一―一四三、㊦一七六―一七八頁。
（4）a. a. O., S. 384. 訳②一四二―一四三、㊦一七七―一七八頁。
（5）a. a. O., SS. 384-385. 訳②一四三、㊦一七八―一七九頁。
（6）a. a. O., S. 385. 訳②一四三―一四四、㊦一七九頁。
（7）a. a. O., SS. 386-387. 訳②一四四―一四五、㊦一八〇―一八一頁。
（8）松石勝彦「諸資本の競争・信用と内在的矛盾」（研究年報『経済学研究』20、一九七七年、六四―六八頁）
（9）林直道、前掲書、一一三―一一六頁。

林氏はヒルファディングの所説について次のように述べている

「ヒルファーディングの議論の要点は、資本の有機的構成の高い部門……へは資本が過剰に蓄積され、したがってこの部門から過剰生産がおこるという点にある。――彼によると、一般に資本の有機的構成の高い部門では、供給能力をたかめるのに長時間かかる。『溶鉱炉の増加、新炭坑の開設、新鉄道の竣工は、織物品または紙製品の増加よりも長くかかる。』そこで資本構成の高い部門では、需要が供給よりも強いため、価格の騰貴と利潤の上昇とがおこり、資本はこの部面へ流れこむ。そこで『最高度の有機的構成をもつ諸部面では、低度の構成をもつものにくらべて、資本の過剰放下、過剰蓄積の傾向がうまれる。』と。」（同、一一三―

一一四頁）

「この見解が繁栄局面における一つの顕著な側面を映しだしていることは認めなければならないであろう。だからしてこの理論――すなわち高利潤率に釣られた第一部門の無政府的投資＝過剰投資による第一・第二両部門間の不均衡化の理論――は、右翼社会民主主義者ヒルファーディングにふさわしく、その底に生産と消費の矛盾の軽視ないし否認の思想をふくめているにもかかわらず、正当マルクス主義を志す人々の間でもひそかに支持されてきたのである。」（同、一一四頁）

林氏は、ヒルファディングは「〔この理論の底に〕生産と消費の矛盾を軽視ないし否認の思想を含めている……」といわれる。軽視と否認では大きな違いがあるが、彼が生産と消費の矛盾を否認している、と理解されていれば、それは誤解または曲解であろう。続いて氏は次のように述べている。

「ヒルファーディングの立場からいえば、第一部門の過剰放下、過剰蓄積、過剰生産は、実は第二部門での過少放下、過少蓄積、過少生産とメタルの裏おもての関係にあるのでる。ところで恐慌とはもちろん全生産の全需要にたいする過剰であって、第二部門でも生じなければならない。ヒルファーディングの立場からは、この第二部門の過剰は、第一部門の過剰の波及結果として説明されているのであろう。問題は、この第一部門の過剰が波及していくその以前においての、第二部門の状態がどうだったかにある。ヒルファーディングによれば、過少だったことになる。だが、事実の経過をみれば、第一部門が過剰におちいる頃には第二部門においてもまた、過剰生産――過少ではなくて過剰が――形成されているのである。」（同、一一四―一一五頁）

林氏の見解はヒルファディングにあっては「第一部門の過剰放下、過剰蓄積、過剰生産は第二部門での過少放下、過少蓄積、過少生産とメタルの裏おもての関係にある」といわれる。つまり一方の過剰放下、過剰蓄積、過剰生産はそれに対応した他方の過少放下、過少蓄積、過少生産の関係を示すものであるというわけである。すなわち、第一部門における生産の拡張↓過剰生産は第二部門における生産の縮小↓過少生産に対応するもの――メタルの裏とおもての関係――であるというわけである。だがヒルファディングは両部門の関係をそのように主張しているだろうか。

「有機的構成が最も高い諸部面では、構成のより低い諸部面に比して資本の過剰投下、過剰蓄積への傾向が生ずる。不均衡は第一の諸部面の生産物が市場に現れるときに明らかになる。新たな生産物の販売は構成のより低い諸部面の生産が、同じ仕方、同じ速さではなくより速く、しかしその代わりより少なく増加されたことによって、妨げられる。」（S. 380、訳②一四六、㊦一八三）

上掲の如く構成のより低い諸部面では生産は絶対的には「過少だった」のではなく、拡大↓過剰だったのである。有機的構成の相対的低位の生産諸部門は比較的小規模の部門・資本であるがゆえに、前者とは同じ仕方では現れない。景気需要の増加に対しても素早く反応するが、その代わり生産の拡張には量的・質的に制約があり、第一部門の生産に比して小さく少なくならざるをえない。技術改良・技術進歩もより小さく少なく特別利潤もより小さく少ないであろう。諸資本の競争は景気需要の刺激のなかでより迅速に、激しく展開しながらも、より小さく少ないであろう。前者＝第一部門に比して価値増殖諸条件が潜在的に悪化し生産の過剰化がより小さく少ないが急速に進行しているとみるべきである。この諸部門における生産の拡張は有機的構成の最も高い諸部門＝第一部門の生産拡張と比較すれば、テンポはより速いが量はより小さく少ない。後者に比して前者では大規模な固定資本の拡大と集中・有機的構成の高度化が加速化し、利潤率の低下が潜在的に進行し、資本の過剰投下、過剰蓄積の傾向もまた潜在的・累増的に進行していく。かくして「不均衡は第一の諸部門の生産物が市場に現れるときに明らかになる。」ヒルファディングの見解はこのように理解すべきであろう。

ヒルファディングは景気の循環過程＝好況期における価格と利潤率の周期的変動を分析し、価格と利潤（率）の変動が生産諸部門で不均等となり、それが資本の配分に決定的に作用し、均衡を攪乱し価格を破壊し利潤（率）を崩落せしめる要因とみなす。そこで生産諸部面において価格と利潤率上昇の不均等→不均衡を惹起せしめる規定的要因は何か。彼はこのように問題を提起し、その要因を各部面における資本の有機的構成の差異・固定資本量の差異に、つまり「常住的」要因ではなく「周期的」・「循環的」要因に求めたのである。この分析視角から、彼は、諸資本の競争を媒介として有機的構成の最も高い諸部面での価格騰貴と利潤（率）高騰→資本の過剰投下、過剰蓄積傾向を析出し、なぜ如何にして生産諸部門間の不均衡が惹起し再生産の均衡が攪乱・破壊され、価格破壊と利潤（率）の喪失・崩落が引き起こされるか。この周期的・循環的過程を通じて利潤率低下の法則、したがって価値法則が如何にして自己を貫徹せしめるかを解明したのである。トゥガンの「不比例」＝「不均衡」説とは根本的に異なるものといえる。

第五節　繁栄の頂点から恐慌への局面転換

一　不均等発展→均衡諸条件の攪乱→利潤率低下・不均衡化の潜在的進行→新投資の停止・販路停滞→過剰生産→価格の崩落と利潤率の急落→一般的過剰生産・恐慌(1)

繁栄の第二段階では、生産力の発展→資本の有機的構成の高度化→利潤率の低下は、各々の生産部門で差異をもって需要の増大→価格騰貴→利潤（率）昂騰……として現れる。とりわけ「固定資本の更新と拡大・集中」した有機的構成の最も高い生産諸部門＝重工業部門＝生産手段生産部門＝第Ⅰ部門において価格の騰貴および利潤率の昂騰は他の諸部門に比して最も顕著に現れ、それが資本・所得配分に決定的な作用をもたらすことになる。つまり再生産の均衡阻害であり、破壊であり、不均衡化である。この第Ⅰ部門の不均等発展＝部門間不均等↓均衡関係の攪乱↓利潤率低下・不均衡化の潜在的・加速度的進行はやがて第Ⅰ部門の生産物が市場に現れたときに、過剰生産・過剰供給↓価格崩落↓利潤率の急落として現れる。他方第Ⅱ部門の生産物も過剰生産↓価格崩落・利潤率の急落となり、両部門の過剰生産・過剰蓄積が表面化する。一般的〔全般的〕過剰生産恐慌である。すなわち「恐慌は……利潤率の低下傾向が需要の増大の結果として価格と利潤の昂騰をひき起こした諸傾向に対抗して自己を貫徹する瞬間に出現する。」(*Das Finanzkapital*, SS. 384-385. 訳②一四三、㊦一七四)。これまでに明らかになったヒルファディングの恐慌・産業循環論の分析内容である。

これまで、この論理展開の規定要因は生産諸部門における資本の有機的構成の差異に求められてきた。ここではさらに、その決定的要素である固定資本の特有の性質――その独特の回転＝再生産様式――との関連においてヒルファディングはどのように捉えていたか。まず巨大固定資本の長期建設期間の場合が分析の対象になる。事柄の性質上、前節と重複する部分がある。

資本主義的生産の発展とともに、総資本中の可変資本に比しての不変資本の増大、不変資本中の流動資本に対する固定資本の占める割合の増大、とりわけ固定資本の絶対量の飛躍的増大、したがって、この飛躍的増大に伴って充用固定資本の量に関して種々の産業部門の間の差異もますます拡大する。しかるに、固定資本の量が大きければ大きいほど、新たな資本投下をなすために必要な時間はますます長くなり、したがってまた、個々の産業部門で生産が拡張されるために必要な時間の差異もますます大きくなる。新たな資本投下のための時間が長ければ長いほど、消費の要求への適合はより一層困難となり、長期にわたって供給は需要の増大に追いつかない状態が続くであろう。これらの部門では価格の上昇は一段と甚だしく、それによって生ずる特別利潤も著しく大きなものとなるであろう。いまや、ここでは再生産上の不均等↓不均衡が拡大していくにもかかわらず、さらなる需要の増大が投資を呼び、投資がさらなる投資を誘発していく。かくてこれらの産業部面では蓄積衝動がますます一般的傾向を呈するようになる(1)。

叙上の如く固定資本の量が大きければ大きいほど、新たな変化が現れて作業能力が高められるまでには、ますます長期の時間がかかるようになる。しかし問題は、この時点までは、供給は需要に追いつかないということである。溶鉱炉の増設、新たな炭坑の開設、新たな鉄道の完成は、繊維生産物や製紙の増加よりもはるかに長期の時間を要する。このように大量の固定資本の更新投資と拡大・集中需要を契機とするこれらの部門＝第Ⅰ部門の飛躍的拡張は、原材料部門との相互誘発を通じてより長期にわたって展開していくのである。かくて、固定資本の巨大化↓資本の有機的構成の高度化とともに、結局、利潤率の低下を引き起こさざるをえない諸原因――価値増殖諸条件悪化の諸原因――を累積的・加速度的に増加することになるのである。が同時に、まさにこれらの部面においてこそ、好景気の間＝繁栄期は、競争関係の変化、供給が需要よりも緩慢にしか増加しえないという需給関係の推移の結果、さし当たりは、他の産業部面におけるよりも甚だしい価格の上昇が継続的・持続的に生ずるのである。だからこそ、これらの部門における大量の固定資本の更新投資と拡大・集中に伴う資本の有機的構成の高度化によっては直ちに利潤（率）が減少しないだけでなく、有機的構成の変化がさし当たりは価格の上昇と利潤の増大とを伴うということである。価格は一般に、有機的構成が高くなればなるほど、ますます上昇するという傾向をもつ。だから巨大な固定資本投資に規定される有機的構成の最も高い生産部門＝第Ⅰ部門はより顕著な価格の騰貴と利潤率の昂騰を引き起こすのである。いまや蓄積されるべき多くの資本はこの諸部面に集中するであろう。そして、これらの資本流入は、新たな固定資本投資が完了して新たな諸経営のより激しい競争が効力を現すまで比較的長く続くであろう。かくて、固定資本量が最も大きく有機的構成が最も高い諸部面では、資本構成のより低い諸部面に比して資本の過剰投下、過剰蓄積の傾向が顕著に現れるのである。第Ⅰ部門の不均等発展↓部門間均衡諸条件の破壊↓資本と所得の配分変更↓不均衡化の論理である。

しかしこの過剰投下・過剰蓄積→資本と所得の配分変更→不均衡化はこの部門における需要（架空需要）の増大→価格騰貴→利潤の昂騰現象の下で、潜在的に進行していくのである。やがて不均衡は第一諸部面における大量の生産物が市場に達するその時点で現れる。これらの新たな生産物の売れ行きは困難を余儀なくされるであろう。なぜならば、すでに明らかにされたように資本構成のより低い諸部面における生産の増加が、同じ仕方、同じ速さをもってではなく、より速くより短く、しかしその代わりにより弱く小規模に行われたということによって、妨げられるからである。このことは、技術的に最も発達した生産部門では、したがって、初期にはなかんずく繊維（木綿）工業で、後には重工業で、恐慌が最も激しく現れるのは、なぜであるか、を説明する。恐慌は、一般に資本の回転が最も長くて技術上の改良と革新とが最も大きい——有機的構成が最も高い場合にはたいていそうである——ところで、最も強烈である(2)。固定資本の独特の回転＝再生産様式と恐慌・産業循環との関係についてのヒルファディングの卓越した理論的分析である。彼の強調する固定資本投資の更新と拡大・集中は資本主義的生産特有の無政府的生産の集中的表現であり、生産と消費の矛盾の展開を集約的に表現するものである。

ここでは繁栄期の第一段階および第二段階における固定資本の巨大化→資本の有機的構成の最も高い生産部門＝重工業部門、したがって生産手段生産諸部門における資本蓄積の加速度的展開→過剰投下・過剰蓄積の傾向が分析的に解明されると同時に、他方では、その過程の展開に対比して有機的構成の低い生産部門＝軽工業部門、したがって消費手段生産諸部門における生産の増大が同じ仕方、同じ程度ではなく、より速く、しかしより小規模により弱く行われるがゆえに、これらの部門における需要増大→生産拡大が、「有機的構成の最も高い生産諸部門」＝重工業部門における「需要増大→生産拡大→有機的構成の高度化→利潤率の低下の潜在的進行→新投資の停止・販路の停滞・梗塞→過剰生産」という側面から析出される「過剰投下、過剰蓄積」に対応して部門間不均衡を緩和できるものではなく、逆に不均衡の拡大→価格破壊と利潤の喪失に結果せざるをえないというわけである。

恐慌そのものは、まず第一に、価格と利潤との正常水準以下への低下、すなわち、生産価格および平均利潤以下への低下——価格破壊と利潤の喪失・利潤率の崩落——を伴う。生産は収縮し、より弱い経営は没落し、そして結局は、低落・崩落した価格をもってしても平均利潤をあげうるものだけが経営を続ける。しかし、この平均利潤は、いまでは以前と異なる水準をもつ。それは、もはや産業循環の出発点における資本の有機的構成に対応するものではなく、変化したより高い有機的構成に対応するものである。価格破壊→価値革命であり、利潤率の低下傾向の法則の貫徹である。(3)

他方逆に、固定資本の量がより少ない、資本の有機的構成がより低い産業では、消費へのより速い適合が行われ、価格の上昇はより狭い限界内に止まり(原料の価格変動は別として)、蓄積が刺激されることもより少ないであろう。このことは何故に不均衡が発生するか。すなわち、新たに投下される資本が、何故に価格が最も急速にかつ最も甚だしく上昇する産業部門に集中されるのか。そのもう一つの理由である。が、それと同時に、一般に、固定資本が大量であればあるほど、そして固定資本が最大の範囲を占める生産部門において、恐慌がますます強く作用することの理由でもある。(4)

さらに一定の瞬間に一定の生産部門について技術の状態が要求する資本量が大きければ大きいほど、増大した消費への生産増加の精確な量的適合はますます困難になる、ということが加わる。小さな製鋼工場の新設によって鋼生産を増やすということは、技術的に不合理であり、したがって不経済である。ここでは、生産増加の程度を技術がそれ自身の絶対権によって決定するのであって、増加の程度が消費の要求に一致するかどうかにはかかわらない。重工業=生産手段生産部門=第Ⅰ部門における生産の増加は、現存生産諸力がすでに完全に利用し尽くされている場合には——そして利用可能性における差異は、需要の比較的僅少な動揺を調整するための重要な一要因である——ただ大規模に飛躍的にのみ行われうるもので、資本主義の初期におけるような控え目な規模においてではない。この点でも軽工業＝消費財生産部門＝第Ⅱ部門の適合可能性ははるかにより大きく、したがって、軽工業＝第Ⅱ部門では中間期間における価格上昇はより僅かである。(5)

このように大規模な固定資本設備を擁し、資本の有機的構成が最高度化しており、その生産能力も最も高く加速度的な発展・過剰蓄積・過剰生産への顕著な傾向をみせる基軸的な生産諸部面＝重工業部門＝第Ⅰ部門とそうでない他の生産諸部面＝軽工業部門＝第Ⅱ部門との間の不均等↓不均衡が拡大し、その不均衡がこれらの諸部門における価格形成を困難化し、利潤を消失せしめるに至ると、事態は新たな局面に突入するのである。ここでも、巨大な固定資本を擁し資本の有機的構成の高度化した重工業部門＝生産手段生産部門と軽工業部門＝消費手段生産部門との二部門分割の再生産様式が基本的な関係として措定されている。

二　不均等発展↓均衡諸条件の攪乱↓利潤率低下・不均衡化の潜在的進行↓新投資の停止・販路停滞↓過剰生産↓価格の崩落と利潤率の急落↓一般的過剰生産・恐慌(2)

ヒルファディングによれば、上述の如く資本の有機的構成の相違から生ずる価格形成上のこうした著しい攪乱・不均衡のほかに、なお自然的諸事情から生ずる別の不均衡がある。われわれは有機的構成が最も高い諸部面には過剰蓄積への傾向が顕著に存在するのを見た。これらの部面は、一面では原料の大消費者であるとともに、また他の諸産業に原料および半製品（鉄、石炭）を供給しもする。いまやここに再生産の均衡の攪乱↓不均衡が生じうるのをみる。

原料の価格変動の第一の要素についていえば、「諸商品が貨幣に転化され、売られた後には、この貨幣の一定の部分は、再び不変資本の素材的諸要素に、しかも所与の各生産部面の特定の技術的性格が要求するような比率において再転化されねばならない」ということ、このことは、すでにみてきたところである。この場合には、「すべての部門において——労働賃金……を別とすれば——最も重要な要素は、補助材料を含めての原料であって、この補助材料は、鉱山業および採取産業一般におけるように本来の原料が入らない生産部門では、ことに重要である。……原料の価格が上昇すれば、労働賃金を控除した後に商品の価値のうちから原料を完全に補塡することは、不可能であるかもしれない。それゆえ、急激な価格変動は、再生産過程における諸中断、大きな摩擦、そして破局をさえ引き起こす。ことに本来の農業生産物、有機的自然から生ずる原料は、収穫の変動などに起因するかのような価値変動——ここでは信用制度はまだまったく考慮外に置かれる——にさらされている。……だからこれは原料の価格変動の第一の要素である。(6)」

原料の価格変動の第二の要素についていえば、「ここでは、説明の補完のためにのみ述べるのであるが、——というのは競争も信用も、ここではまだ考察の圏外にあるのだから——それは次のようなものである。その成長および生産が、一定の自然的期間に結びつけられた特定の有機的諸法則に従わざるをえない植物的および動物的素材は、諸他の自然条件を前提すれば、産業的に発達した国ではその増加が極めて短期間に行われうるところの、たとえば機械その他の固定資本、石炭、鉱石などと同じ程度に突然には増大されえないが、これはことの性質上当然のことである。それゆえ、機械その他の固定資本から成る不変資本部分の生産および増加が、したがって有機的諸原料に対する需要の増大がその供給よりも急速に増大し、したがってその価格が騰貴するということは当然、ありえるし、また発展した資本主義的生産にあっては不可避的でさえある。(7)」

この価格騰貴は実際に次のことを伴う。①価格の上昇が運輸費用の増大を償うに至るために、これらの原料がより遠方から供給されること。②これらの原料の生産が増加されること、しかし、ことの性質から見て、おそらく一年後にはじめて現実に生産物量を増加させうる一事情であること。③以前は利用されなかった各種の代用品が利用され、かつ屑がより経済的に取り扱われること。価格の上昇が生産の拡張および供給に極めて顕著に作用し始めるときは、大抵はすでに転回点が現れていて、そこでは、原料およびそれを一要素とする全商品の騰貴が比較的長く続いた結果、需要は減退し、したがってまた原料価格にも反動が現れる。このことが種々の形態における資本の価値減少によって引き起こす種々の痙攣は別としても、なお他のすぐ次に述べる諸事情が現れる。[8] しかし、さし当たり、これまでに述べてきたことからすでに次のことが明らかである。

「資本主義的生産が発展すればするほど、したがって機械などから成る不変資本部分の突発的かつ持続的な増加の手段が大きければ大きいほど、蓄積が（ことに繁栄期におけるように）急速であればあるほど、それだけ機械その他の固定資本の相対的過剰生産は大きく、そして植物的および動物的原料の相対的過少生産は頻繁であり、それだけ前述のこれらの原料の価格上昇とそれに対応する反動とは甚だしくなる。したがって、再生産過程の主要要素の一つのこの激しい価格変動にその原因をもつ諸激動は、それだけますます頻繁になる。[9]」「それゆえ、生産の歴史において現代に近づけば近づくだけ、わけても決定的産業諸部門では、有機的自然から得られる諸原料の相対的騰貴とこれらから生ずる後の減価との不断の交替がますます規則正しく見出される。[10]」

これらの「攪乱→不均衡」のほかに、前述の固定資本が再生産される仕方から生ずる「他の攪乱→不均衡」があり、さらに「もう一つの均衡攪乱→不均衡」が加わる。この点は後述する。続いて次項三で「蓄積率の上昇→生産の消費に対する割合の変化→均衡の攪乱→不均衡」についてヒルファディングの所説を検討することによう。

三　蓄積(率)の上昇→生産の消費に対する割合の変化→不均等の拡大→均衡の攪乱→不均衡化の潜在的進行→販路の停滞・新投資の停止→過剰生産→価格の破壊・利潤率の急落

ヒルファディングは繁栄の第一段階から第二段階にかけての、生産と消費の問題について次のように述べている。

「生産と消費に関していえば、生産の消費に対する割合が変化することによって、もう一つの均衡攪乱が生じうる。」

この「生産の消費に対する割合の変化」に関する彼の所説に対して高山満氏は次のように批判されている。すなわち「これは好況を通じる資本家階級の増加所得からの相対的に大きな投資への配分による生産と個人消費のギャップというささかミスリーディングな論点提起で、彼自身の見地からしても論外であろう。(11)」

しかしそのように断じてしまって問題はないだろうか。この点に関するヒルファディングの見方はむしろ重要な論点を提示したものである。続いて彼は次のように論述している。すなわち、繁栄期には価格が上昇し、したがって利潤も増大する。需要の拡大に伴う商品価格の上昇は労働賃金の上昇よりも甚だしくなければならない。なぜならば、そうでなければ利潤は増大しえないであろうからである。かくて、新生産物における企業者階級の分け前は、労働者の分け前よりも急速に増大する。が、もちろんこの時期には消費は絶対的に増加する。企業者も労働者も彼らの消費を拡張するからである。すなわち、蓄積が次第に速度を加えていく繁栄の第一段階から第二段階につれて労働者の雇用も増大し賃金（率）も上昇していくし、また企業家＝資本家階級の利潤からの消費分もそれ以上に急速に増大するであろう。このことは消費需要の増大→消費手段生産部門＝第Ⅱ部門の拡大を意味するであろう。したがってそれは回復期に投下された諸資本が建設期間を終えて生産能力を発揮しはじめてから生産段階を下降して消費財生産の増大をもたらすにいたるが、この段階では生産物を受け入れるのに十分過ぎるほどに消費需要が増大しているということになろう。そしてまた、それによってさらなる投資が加重に誘発されていくのである。彼はまずこのように述べている。続いて以下、彼の所説に則して分析的に検討することにしよう。

蓄積が競争の強制圧力を介して加速度的に進行していく繁栄の第一段階・過程において労働者の雇用が絶対的に増大していくということは、消費財に対する需要もまた絶対的に増大するということである。消費財需要の絶対的増大は必然的に消費財生産の絶対的増大を生ぜしめるであろう。消費財需要が増大すれば、それに伴って消費財の生産も刺激され、それだけ増大するであろう。こうして第Ⅱ部門の蓄積もまた全般的に高揚し生産の拡大が加速度的に進行していくのである。新投資が活発となり、既存設備の拡張が行われる。機械設備がフル運転の状態に突入し、労働時間は延長され、非番時間の廃止、時間外労働、新たな雇用の増加によって強度に利用される。雇用はさらに増大し賃金（率）は昂騰する。また利潤もさらに増大し、増大した利潤からの企業家＝資本家階級の消費分もそれ以上に急増するであろう。前述した通りである。こうした繁栄の第二段階における価値増殖諸条件の熱病的な緊張関係は、あらゆる生産部門に生ずる一般的現象であろう。もちろん、各々の部門ではその固有の条件に規定されて、それぞれ異なった全面的な展開を示すことになる。だが、価値増殖諸条件の全開によるこの熱病的な緊張関係は、最大限の利潤追求の条件となっていたが、いまやこの同じ事情が価値増殖諸条件を悪化させる潜在的な極度の緊張関係に転化するのである。

しかしこうした事情下では、蓄積はそれ以上に急速に増大する。この時期こそは蓄積への刺激が最も強く作用するからでる。ある期間が経過すれば、奢侈消費が増加するとはいえ、奢侈消費は極めて弾力的であって、強い蓄積衝動に容易に適応する。かくて、一つの変化が生ずる。利潤の相対的により大きい部分が蓄積に当てられ、相対的に小さい部分が消費に当てられるということである。さらに加えて消費のうちには不変な部分もある。すなわち、固定給を受ける所得層、または、直接に生産から養われているのではなく、したがって生産の変動からは間接にしか影響を受けない諸所得層に割り当てられる部分である(12)。

上述の如く蓄積の増大に伴って生産手段生産部門＝第Ⅰ部門に対する需要が絶対的にはもちろん，相対的にはより以上に増大し、消費財生産部門＝第Ⅱ部門に対する需要は絶対的には増大するが、相対的には減少するということである。こうした論点はすでに説明してきた通りであるが、第Ⅰ部門の比重は一層拡大し部門構成もさらに高度化するであろう。したがって第Ⅰ部門は第Ⅱ部門に比してさらに一層不均等発展を加速せしめていく。それはまた再生産過程の均衡諸関係を攪乱し不均衡化を促すことになる。しかし、それは、消費が生産の増大に伴わないことを意味する。

生産と消費の間の一定率の資本の価値増殖諸条件が攪乱されるということである。「生産の消費に対する割合の変化」が生じたのである。この変化が均衡を攪乱し全面的な価格形成の攪乱と激しい利潤（率）の変動を引き起こす。この価格形成の攪乱と利潤（率）の変動が新投資の停止・販路の梗塞に導くことによって過剰蓄積・過剰生産→再生産過程の不均衡状態が顕在化する。かくして蓄積は鈍化し、価格は崩落、利潤率は急落する。ついに過程は中断せざるをえなくなり、一般的過剰生産・恐慌に突入する。ヒルファディングは以上の如く論述しているのである。そこで次の点を確認しておこう。

「このようにして好況期の経過するうちに価格形成の攪乱から不均衡関係が発生する。なぜならば、上述の諸契機はすべて生産価格からの市場価格のズレを意味し、したがって価格形成のいかんによってその量と方向とを決定される生産の調整上の攪乱を意味するからである。これらの攪乱がついには販路のゆきづまりとならざるをえないことは明白である。こうした攪乱の貫徹は、信用現象をともない、それに媒介される。次に、この信用現象を分析しなければならない。[13]」

このヒルファディングの見解は次のトゥガンの価格形成に関する所説とは決定的に異なる。

「一般的過剰生産の原因は部分的過剰生産であり、社会的労働の配分における釣合いの欠如である。一商品の生産が消費の欲望を超過する。――その結果その貨幣価格の低落が起こる。――そして各種生産物の貨幣価格の間には連絡が存するが故に、この価格低落はまた他の商品に影響を及ぼすのである。かくて……一般的過剰生産は貨幣的交換の条件における部分的過剰生産の顕現であり、社会的労働の配分における釣合いの欠如の顕現である。[14]」

このトゥガンの見解はヒルファディングの見解とは似て非なるものである。社会的労働の配分における比例性の欠如は部分的過剰生産の原因にはなりえても一般的過剰生産の原因にはなりえない。労働配分の釣合の欠如は価格形成メカニズムを通じて一定の調整は可能であるが、一般的過剰生産は価格メカニズムの機能不全をもたらし、恐慌を通じて解決するしかない。トゥガンの資本主義的生産の価格機構に対する無理解を示すものといえる。そしてこの無理解はいわゆる価格メカニズムを通じた「部分的過剰生産から一般的過剰生産への波及」という誤った「波及の論理」に導くのである。(15)

この論理段階での、ヒルファディングの「価格形成の攪乱と利潤（率）の変動」の論理から導出される諸生産部門間の不均等発展→均衡関係の攪乱→不均衡化→さらなる不均衡拡大の論理は、上述の如くであるが、景気回復・好況期において集中的に行われる大量の固定資本の更新・新規投資需要を契機とする重工業部門＝生産手段生産部門＝第Ⅰ部門の拡大が、これらの部門における相互誘発を通じて長期にわたって大規模に累積的、加速的に展開され、その独特の再生産様式（独特の回転様式）に規定されて需給関係が独特の形態をとって現れ、新たな価格形成と利潤（率）の変動に導くということである。第Ⅰ部門における巨大な固定資本投資→資本の有機的構成の高度化は必然的に利潤率の低下に導くが、実際には景気の循環過程（繁栄の第一・二段階）では直ちに利潤率の低下として現れるのでなく、むしろ価格の上昇と利潤（率）の増大として現れるのである。資本の有機的構成が最も高度な第Ⅰ部門での需要の増大→生産の拡大→価格の上昇と利潤（率）の変動は、資本の有機的構成の「格段的」差異を反映して大きく異なって現れる。他方関連諸部門、ことに軽工業部門＝消費手段生産部門における需要の増大→生産の拡大は、既述の如く重工業部門＝生産手段生産部門の需要の増大→生産の拡大に誘発されて、まったく対照的に、その固有の条件に規定されて展開していく。第Ⅰ部門における固定資本の巨大化、資本の有機的構成の高度化、したがってその部門間の「格段的」差異に規定される両部門間の不均等発展の拡大→均衡関係の攪乱→不均衡化が一層拡大していくこと、つまり均衡関係の攪乱・新投資の停止・販路梗塞→過剰生産→不均衡・資本配分の変更→価格破壊と一般利潤率の崩壊に導く過剰生産・過剰蓄積の顕在化→恐慌を発現せしめることであり、その一般的論理である。それはまた、既述の如くこの論理を基軸としてそれに関連した多面的・重層的かつ複雑な価値増殖諸要因の発展が同時にまた、その発展それ自体に内在する価値増殖諸要因の悪化を潜在的に累積、増大し複合的に成熟せしめていく。結局この過程は一般的〔全般的〕過剰生産・過剰蓄積の顕在化、複合的諸原因の集合的爆発としての恐慌の発現に導くのである。すなわち、「恐慌は……利潤率低下の諸傾向が需要増大のもたらせる価格および利潤の昂騰諸傾向に打ち勝つ瞬間に発現する」(16)ことになる。あるいは「恐慌は、販路の欠乏を意味する。販路の欠乏は資本主義社会では、資本の新投資の停止を意味する。これはまた利潤率の低下を前提とする。この利潤率の低下は資本の有機的構成の変化によってひき起こされるが、この変化はこの資本の新投下の際に起こったのである。恐慌とは利潤率の低下のはじまるその瞬間を意味するにすぎない。(17)」

また、既述の如くヒルファディングは恐慌分析にあたって次のように述べている。「無政府的生産にあっても、そこには複雑な諸均衡関係が維持されなければならないが、その機能は価格法則が果たさねばならない。なぜなら、価格こそが資本主義的生産を規制し、価格の変動こそが生産の拡張または制限、新たな生産の開始等にとって決定的なものだからである。このことから、資本主義経済の唯一可能な規制者としての客観的な価値法則の必然性も出てくる。かくてこれらの均衡の攪乱は、この生産の特殊な規制の攪乱によって、すなわち、価格がもはや生産の必然性を正しく認識できなくなるような価格形成における攪乱・破壊によって説明されなければならない。この攪乱・破壊は周期的であるから、価格法則における攪乱・破壊も周期的に出現するものとして論証されねばならない。(18)」（傍点――中田）

以上の如きヒルファディングの恐慌・産業循環に関する論理は、次の南克巳氏の批判的見解がいかに一面的なものであり、皮相的な理解に基づくものであるか明白であろう。すなわち「こうした部門の不均衡ならば、資本主義的再生産の各部面にわたって、常住不断に生起し、多かれ少なかれ、再生産の攪乱を伴いながらも、全般的に波及することなく、部分的に調整されうるもの」であり、「それは、日々の価格変動としてあらわれる矛盾にすぎず、むしろ競争の過程で進行する価格変動の自動調整のメカニズムのうちにくみいれられるもの」である。

しかし上述の如く、ヒルファディングの所説は南氏の批判されるような「常住不断に生起し」「日々の価格変動として現れる」ような「日常的な経済現象」とは本質的内容を異にするものである。それは「価格がもはや生産の必然性を正しく認識できなくなる、そのような価格形成における攪乱・破壊、したがって利潤の消失」つまり「市場価格と市場利潤率の全面的崩落」を意味するものである。その「攪乱・破壊」は「日常的現象」ではなく、周期的にのみ出現する「価格メカニズムの機能不全」「経済秩序の崩壊」をもたらすものであり、恐慌を通じて解決される以外にないことを表現するものである。すなわち周期的な価格と利潤（率）の変動を通して「有機的構成の高度化→利潤率低下の傾向」が如何に自己を貫徹するか、つまり価値法則が如何に貫徹し自己を表現しうるかということになる。

「恐慌そのものは、まず第一に価格および利潤を正常利潤以下への低下、すなわち生産価格および平均利潤以下への低下を伴う。生産は収縮し、より弱い経営は没落し、そして結局は、低落した価格をもってしても平均利潤をあげるものだけが経営を継続できる。しかしこの平均利潤は、いまでは〔恐慌以前〕とは異なる水準をもっている。この水準は、もはや産業循環の出発点における資本の有機的構成に照応するのではなくて、変化したより高い有機的構成に照応するのである。[19]」

このように恐慌は価格および利潤が生産価格および平均利潤以下に低下すること、生産は収縮し弱小資本の駆逐、資本の集中が進むこと、旧循環出発段階における資本の有機的構成に照応した生産価格・平均利潤はより高度の有機的構成に照応した新生産価格・平均利潤に転化すること、つまり平均利潤率が結果として循環周期後には低下することを意味する。したがってそのことは一般的利潤率の傾向的低下の法則が産業循環の周期ごとに貫徹することを意味するであろう。[20] しかしこの論理段階ではいまだ信用との関連は除外されている。

（1） *Das Finanzkapital*, S. 387. 訳②一四五—一四六、㊦一八一—一八二頁。

（2）a. a. O., SS. 387-388. 訳②一四六―一四七、㊦一八二―一八三頁。

（3）a. a. O., S. 388. 訳②一四七、㊦一八三頁。
高山満は前掲論文および関連論文の中で、ヒルファディングの所説は「永続的発展の軌道を回り続けるような均衡論的景気循環論」であると述べているが、そうした見解は正鵠を射たものとはいい難い。この点に関説したものとして松井安信氏の所説がある。松井安信編著『金融資本論研究』北海道大学図書刊行会、一九八三年、一五頁。松井安信「高山満教授のご高評に応える」（『札幌学院商経論集』第10巻第1号、一九九三年七月）上条勇、前掲論文。

（4）*Das Finanzkapital*, SS. 388-389. 訳②一四七、㊦一八四頁。

（5）a. a. O., S. 389. 訳②一四七―一四八、㊦一八四―一八五頁。

（6）a. a. O., SS. 389-390. 訳②一四八―一四九、㊦一八五頁。

（7）a. a. O., SS. 390-391. 訳②一四九、㊦一八六頁。

（8）a. a. O., SS. 390-391. 訳②一四九、㊦一八六―一八七頁。

（9）a. a. O., S. 391. 訳②一五〇、㊦一八七頁。

（10）a. a. O., S. 391. 訳②一五〇、㊦一八七―一八八頁。

（11）高山満「ヒルファディングの恐慌・産業循環論」（『資本論体系9-2　恐慌・産業循環（下）』有斐閣、一九九八年、一七八―一七九頁）

（12）*Das Finanzkapital*, SS. 392-393. 訳②一五一―一五二、㊦一八九頁。

（13）a. a. O., S. 393. 訳②一五二、㊦一九〇頁。

（14）*Les Crises*, S. 250. 訳二四八頁。

（15）a. a. O., SS. 250-251. 訳二四八―二四九頁。

（16）*Das Finanzkapital*, SS. 384-385. 訳②一四三、㊦一七八頁。

（17）a. a. O., S. 380. 訳②一三八、㊦一七二頁。

（18）a. a. O., S. 379. 訳②一三七、㊦一七一頁。

（19）a. a. O., S. 388. 訳②一四七、㊦一八三―一八四頁。

（20）松井安信、前掲論文、七頁。

第六節　恐慌・不況局面――局面転換の諸動因

一　不況期(沈滞期)における生産資本の遊休化

これまでは恐慌・産業循環の理論的分析にあたっては、好況過程の分析から始めたが、その際、恐慌・不況局面に関しては好況過程分析の理論的前提として最少限必要な限りにおいて触れるに止めておいた。ヒルファディングは恐慌・産業循環を好況過程の分析から、したがって「回復・好況→繁栄→恐慌→不況」という局面転換において把握しており、恐慌・不況局面の分析は産業循環の最終局面に措定されている。ここではその恐慌・不況局面の分析が課題である。当面の課題は「沈滞期における貨幣資本と生産資本」との関連の問題に向けられる。ヒルファディングは次のように述べている。

恐慌後の蓄積過程を見れば、まず第一に次のような縮小された規模における再生産期間が進行する。社会的生産は制限される。その場合、過剰生産がどの部面で始まったかは、「生産諸部門の連帯性」のゆえに、なんらの差異をも生ぜしめない。主要な生産諸部面における過剰蓄積・過剰生産は一般的過剰生産を意味する。したがって生産的蓄積は行われず、利潤の資本への再転化の増加も、生産手段の充用の増加も生じない。すなわち、生産的蓄積は姿を消している。しかし個人的蓄積および個々の産業部面の蓄積は、どうであるか？　たしかに生産は縮小された規模においてであるが、進行する。同様にまた、多数の企業にとって、ことに個々の部面の内部で技術的に最大の能力をもつ企業にとって、さらにまた、その消費があまり甚だしくは減少させられない絶対的に必要な生活手段を生産する諸部面において利潤が得られるということも確かである。この利潤の一部は蓄積されうる。いま利潤率は低下しており、その低下は蓄積率をも減少させるであろう。また利潤量も減少しており、これもまた蓄積の可能性を小さくする。さらに、資本家階級の一部は利潤を得るが、他の部分は損失を受け、破産を免れようとすれば損失は追加資本によって償われねばならない。しかし、沈滞期には拡張されない。したがって、蓄積が行われるとすれば、それは貨幣形態における蓄積でしかありえない。貨幣はどこから蓄積資本家のもとに流れてくるのか。そこで、もう一度再生産の表式を思い浮かべてみよう(1)。

I. 4000c＋1000v＋1000m＝6000

II. 2000c＋500v＋500m＝3000

ヒルファディングによれば、この表式は恐慌によって縮小された再生産過程であるとする。それは実際にもありうる事柄である。恐慌に端を発した螺旋形の縮小過程もやがて静止状態に、すなわち、異常に縮小した規模での、一種の単純再生産とみなすことができる状態に入ることができるからである(2)。しかし、資本家たちが生産するのは、貨幣ではなく商品である。彼らが貨幣を得ようとすれば、しかも彼らがすでに処理しえたよりも以上に――というのはそうでなければ貨幣蓄積は行われないであろうから――得ようとすれば、彼らは商品を貨幣に転化せねばならないが、商品への再転化はやめねばならない。第二部類がその500mのうち、たとえば250を蓄積しようとすれば、それは、生活手段を売って（しかも第二部類の一部の成員が同じ部類の他の諸成員に売るのである、というのは、第二部類mの取引は第二部類の内部で行われるのだから）、自分自身は他の諸成員から彼らの商品を買わずにおかねばならない。したがって第二部類の内部で250mが売れずに残る。一方が売りに成功しても他方はその商品を抱え込んだままである。そこで、貨幣資本の配分の変化が現れる。売り手は買い手から貨幣を受け取る。しかし貨幣は買い手のもとには帰らない。彼は250の商品を売ることができないからである。

II.　2000c＋500v＋500m　　　　　　＝3000

2000c＋500v＋250ma＋250mb＝3000

II K_A　　　　　　　　II K_B

…………→商品（250）

貨幣（250）←…………

II K_A　　　　　　　　II K_B

貨幣（250）…………商品（250）

（残る）　　　　　　　（残る）

第一部類の資本家たちが、剰余価値の半分を蓄積すると仮定しても、同じ結果が生ずる。その場合、彼らは生産手段の形態をもつ 1000v＋500m〔1000v＋1000m〕を第二部類 c に売ることができる。第二部類 c はこれに対し 1500〔2000〕を貨幣で支払いうる。が、第一部類 m〔v＋m〕はいまや 2000 の生活手段を買うのではなく 500 を貨幣で保持するのだから、第二部類 c はいまや 1500 しか売りえない。そこで第二部類には 500 が生活手段の形態で残留し、それのもつ貨幣は、第一部類の手中で蓄積されたままの 500 だけ少ない。しかし第二部類 c が生産手段の購入のために 1000〔500〕の貨幣を前貸ししないで、第一部類がその過程を始めると仮定すれば、第一部類は 1500 の生活手段を買うであろうし、第二部類はその貨幣で 1500 の生産手段を買い戻し、そして第一部類には 500 の生産手段が売れずに残る。第一部類の蓄積希望は実現されなかったことになる。第二部類は、さらに生産を制限し、1500c で再生産を開始し、それに応じてその可変資本を減らす。それは、第一部類 c〔v＋m〕との取引を媒介するために 2000 の貨幣をもっていたのに、いまは 1500 を充用しただけで、前に貨幣資本として機能した500が休息することになる。そのうえ、貨幣資本として投下された貨幣も減ることになる。[3] 以上の諸論点を「表式的」に図式すれば次のようになる。

I. 4000c＋1000v＋1000m＝6000

II. 2000c＋ 500v＋ 500m＝3000

I. 4000c＋1000v＋500ma＋500mb＝6000

II. 2000c＋ 500v＋500m＝3000

I. 1000v＋500mb ＜ II. 2000c とすれば、

I. 1000v＋500mb＝II. 2000c－500c＝1500c

この「事情」の場合、第Ⅰ部門では、①生産開始にあたって 2000 を 1500 に減らし、500 を貨幣形態で保持する。②500 の生産手段が売れずに残る。第Ⅱ部門では、① 2000c から 1500c に生産を制限し、500 が生活手段で残る。それに応じて可変資本も減少する。② 2000 の可変資本を 1500 に減らし、500 の貨幣資本が遊休化する。さらに投下資本も減少する。こうした変化は再生産の均衡諸条件の攪乱に導かざるをえない。かくしてこの時期＝不況局面においては第Ⅰ・第Ⅱ部門共に蓄積諸条件は未だ見出せず蓄積希望は実現不可能であるということである。ヒルファディングはこのように述べているのである。トゥガンの所説とは決定的に異なる。

そこで、社会的規模における純粋な貨幣蓄積は、生産の縮小または不変という前提のもとでは不可能であるということがわかる。個人的蓄積だけが行われうるのであるが、このことが意味するのは、一者の蓄積は他者の貨幣資本の分配の変化に過ぎず、この変化そのものがまた再生産の新たな攪乱に導かざるをえないということにほかならない。この点、不況からの脱出を需要の増大→生産拡大の可能性の論理系譜上に捉えるのではなく、したがって再生産過程の内在的諸条件――資本構成の変化および部門構成の技術的・経済的諸連関の変化――から把握するのではなく、もっぱらその外部に形成源泉を有する、不況期における貨幣資本の豊富・過多に求めるトゥガンの所説とは根本的に異なるものである。

また金生産者そのものの部類を考察しても少しも変わりはない。ここでは確かに直接的貨幣蓄積が可能である。しかしこの貨幣蓄積は、この一つの生産部門でつくり出される蓄積利潤の大きさに直接にその限度を見いだす。この蓄積された貨幣の額だけ同時に他の諸産業の販売が縮小される。というのは、まさに貨幣が蓄蔵されて蓄蔵貨幣形態で保持されるからである。なおこの要因をどのように計算に入れようとしても、それは、一般的蓄積を意味するには量的にあまりにも些細にすぎるものである。(4)

二　不況期(沈滞期)における貨幣資本の遊休化

信用は、これらの関係にはなんの変化も生じさせない。第一部類の 2000（v＋m）は第二部類の 2000c に対して売られねばならない。しかし貨幣蓄蔵は、第一部類が 2000 だけ売りうるが、第二部類から 1500 しか買い戻さないことを意味する。いまこれらの取引が信用によって媒介されようとされまいと、第一部類が 500 を貨幣かまたは信用貨幣かまたは将来の生産引き当ての手形かで蓄積しうるのは、第二部類が第一部類から 2000 買う場合だけである。ところが第二部類がこれをなしうるのは、2000 の買いを自己の商品で支払うか、またはなんらかの貨幣準備のうちから支払う場合だけであるが、前の方は前提によって不可能であり、後の場合には第二部類が失うものを第一部類が蓄積するに過ぎない。それゆえ、沈滞期における遊休資本は、貨幣形態または信用形態で蓄積された貨幣資本から成るというのは正しくない。それは生産の制限によって解放された貨幣資本、以前には取引の遂行に役立ったが、生産の縮小によって余計になった貨幣資本である。その遊休化は生産資本の遊休化に対応する。生産諸力は生産の制限の結果、一部だけが利用されている。新たに生産された不変資本は、貯蔵されているだけで、生産には充用されない。

貨幣資本と現存信用組織の可能性とは、制限された取引に比して大きく成りすぎており、貨幣資本は銀行に遊休していて充用を待っているが、その充用の前提は生産の拡大である。(5)

既述の如く好況期における拡大再生産＝蓄積過程は豊富な蓄積源泉を産出する。利潤は増大し貨幣蓄積も累増する。貨幣資本は豊富であり、この時期には貨幣資本の欠乏は生じ得ない。しかしトゥガンは蓄積のための貨幣資本を再生産過程の外に求めた。すなわち、国債、抵当証券、社債等の利子や地代、その他金利生活者および固定収入を得る者（軍人・官吏・恩給生活者・使用人……）等の貯蓄である。このように蓄積源泉＝貨幣資本が再生産過程の外に在る貸付資本に、したがって、景気変動に影響されないで存在する貸付資本に求めたのである。それはまた逆に、不況期における貨幣資本の形成を、「生産の制限によって解放された貨幣資本、以前には取引の遂行に役立ったが、生産の縮小によって余計になった貨幣資本として、貨幣資本の遊休化、過多を生産資本の遊休化、過剰化に対応するものとして把握できなかった。ここにトゥガンの根本的な誤りがある。そこからトゥガンは、この景気変動に関わりのない、再生産過程の外部に存在する豊富・過多となった遊休貨幣資本が不況期において投下口を求めて生産的投下への圧力となり、産業内への浸透によって繁栄がもたらされると説く。(6) ここにもヒルファディングとの決定的な違いがある。

なお、この論理次元では、「現存信用組織」つまり信用・銀行制度および証券取引所が措定されており、そこには上述の諸所得貨幣だけでなく、再生産過程から遊離・遊休化した貨幣資本が利子生み預金として集合・集積されているということであり、したがって不況・沈滞期における遊休貨幣資本が「貨幣形態または信用形態で蓄積された貨幣資本からなる」というのは正しくないし、この期における貨幣資本の豊富・過多を各種の所得・貯蓄貨幣からのみなるとみなすのも本末を転倒させた議論である。いずれにせよ、如何に強大な貨幣力・信用創造力をもって産業に多大な影響を発揮しうる「現存信用組織」であっても、この期には「信用は、これらの関係には何らの変化も生じさせない」のであり、むしろ「現存信用組織の可能性とは、制限された取引に比して大きく成りすぎており、貨幣資本は銀行に遊休していて充用を待っている。が、その充用の前提は生産の拡大である。(7)」ヒルファディングはこのように主張し、トゥガンの「貨幣資本の豊富・過多説」あるいは「貨幣資本の欠乏・不足説」を「本末を転倒させてた議論」としてきびしく批判したのである。

(1) *Das Finanzkapital*, SS. 416-417. 訳②一七七—一七八、㊦二二一—二二二頁。
(2) a. a. O., S. 417. 訳②一七七—一七八、㊦二二一—二二二頁。
富塚良三『増補 恐慌論研究』(未来社、一九七五年)にも次のような指摘がみられる。

「恐慌は、それ自体としては、必ずしも資本主義体制の終焉の始まりを意味するものではない。かくして、——好況過程の挫折・反転の必然性とは異なった意味においてではあるが、——恐慌に始発した螺旋形の縮小過程もやがて『静止状態 Zustand der Ruhe』〔『資本論』第三巻、三九四ページ〕——それは既存設備の正常能力以下での運転によって特徴づけられる、異常に縮小した規模での、一種の単純再生産過程とみなすことができる——に入る。」(同、二一四—二一五頁)
(3) a. a. O., SS. 417-418. 訳②一七八—一七九、㊦二二三—二二四頁。
(4) a. a. O., S. 418. 訳②一七九、㊦二二四頁。
(5) a. a. O., SS. 418-419. 訳②一七九—一八〇、㊦二二四—二二五頁。
(6) *Studien zur Theorie*, SS. 242-243. 訳二五八—二五九頁。
(7) *Das Finanzkapital*, SS. 418-419. 訳②一七九—一八〇、㊦二二四—二二五頁。
産業循環の開始局面について久留間鮫造氏は次のように述べている。

「循環は中位の活況の局面から始まると考えるのが正しい。なぜなら、必然的に恐慌にみちびく景気上昇の過程は、同時に、資本がその内在的な制限を突破する過程として把握さるべきものなのだからである。『停滞』の局面においては、この突破はまだおこなわれていない。」(『増補新版 恐慌論研究』大月書店、一九六五年、二二四頁)。なお、この局面区分に関しては井村喜代子、前掲書、一八八—一九〇頁で詳述されている。

引用・参考文献

石田興平『再生産と貨幣経済』有斐閣、一九五二年。

伊藤誠「不均衡説—ツガン・バラノフスキーとヒルファディング」(大内力他編『資本論講座 7』青木書店、一九六四年)

井村喜代子『恐慌・産業循環論』有斐閣、一九七三年。
大内力『農業恐慌』有斐閣、一九五四年。
上条勇「ヒルファディング恐慌論の意義と限界」(『金沢大学経済学論集』第二五巻第二号、二〇〇五年三月)
高木彰『恐慌・産業循環の基礎理論研究』多賀出版、一九八六年。
高山満「ヒルファディング恐慌論の基本構造(I)—(VIII)」(『東京経大学会誌』第27・28・31・33・35・40・43・44・45号、一九六〇—一九六五年)
高山満「ヒルファディングの恐慌・産業循環論」(『資本論体系 9－2恐慌・産業循環』(下)、有斐閣、一九九八年)
鶴野昌孝「第四篇　金融資本と恐慌」『現代社会における国家と企業——『金融資本論』研究を中心として——』(和歌山大学経済学部)一九八三年。
富塚良三『恐慌論研究』未来社、一九六二年。
富塚良三『経済原論』有斐閣、一九七六年。
長島誠一『独占資本主義の景気循環』新評論、一九七四年。
林直道『景気循環の研究』三一書房、一九五九年。
前田豊昭「ヒルファディングの恐慌理論について」(広島大学『工業経営』7巻1号、一九五五年)
松井安信編著『金融資本論研究』北海道大学図書刊行会、一九八三年。
松石勝彦『資本論研究』三嶺書房、一九八三年。
松石勝彦「好況過程の二部門分析——二大部門間の関連の実証的・理論的分析——」(『経済学研究』15、一九七〇年)
松石勝彦「再生産表式と内在的矛盾」(『人文科学研究』18、一九七八年)
宮本義男『資本論入門』㊤・㊥・㊦、紀伊国屋書店、一九六六—一九六七年。
宮本義男『資本論の再生産構造』新評論、一九六八年。
宮本義男『資本論の再生産論体系』有斐閣、一九七七年。
南克巳「資本の再生産＝流通過程と恐慌㈠」(『商経法論叢』VI—4、一九五六年三月)
南克巳「資本の再生産＝流通過程と恐慌㈡」(『商経法論叢』VII—3、一九五七年二月)
南克巳「再生産過程の周期的構造——固定資本再生産の矛盾を中心として——」(『商経法論叢』VIII—3、一九五八年二月)
山田盛太郎『再生産過程表式分析序論』改造社、昭和二三年(『山田盛太郎著作集』第一巻、岩波書店、一九八三年、所収)
吉村達次『恐慌論研究』三一書房、一九六一年。
E・S・ヴァルガ「マルクス恐慌論とそれの社会ファシスト的歪曲」(太平洋研究会訳『貨幣の発展と恐慌』叢文閣、一九三六年)
T・チューロク「ヒルファディングの社会ファシスト的恐慌論」(プロレタリア科学研究所『マルクス主義の旗の下に』第21号、一九三二年)

第三篇　恐慌・産業循環と信用論

第七章　恐慌・産業循環と信用関係——信用論の理論的展開

第一節　繁栄期の第一・二段階——景気の回復・好況→繁栄局面

一　貨幣資本の豊富と利子率の低位——景気変動と流通信用の展開

これまでは、さし当たり恐慌・産業循環を媒介する信用を問題外としてきたが、恐慌・産業循環を基本的に分析し終えたいま、さらに、より具体的な把握のためにその前提を取り除かねばならないが、ここでは『金融資本論』の論理に内在して再生産過程の循環的な変化に対応した信用の展開に焦点を向けることにしよう。ヒルファディングは次のように述べている。

「繁栄期のはじめには、一般に利子率は低く、緩慢に漸次的にしか上昇しない。貸付資本は豊富である。生産の拡張、したがってまた流通の拡張は、貸付資本に対する需要を高める。しかし、高められた需要は容易に充たされる。なぜならば、第一には、沈滞期のあいだ遊休していた貨幣資本がこれに用立てられるからである。また第二には、繁栄期のはじめには同時に流通信用も拡大されるからである。……信用貨幣の量が増大すると同時に、生産資本の回転の急速化につれて信用貨幣の流通期間が短縮される。増大した信用貨幣創造によって与えられる貸付資本の増大供給は、利子率を高めることなしに、貸付資本に対する増大需要を充たす。(1)」さらに「資本の流通期間中利用できねばならない貨幣資本は、その大きさを流通期間の長さによって規定されるので、この貨幣資本が流通期間の短縮によって減らされ、貸付資本として貨幣市場に現れるからである。(2)」

繁栄期の初期段階では需要が増大し生産が拡大する。価格が上昇し利潤(率)も増大する。すなわち投資が活発となり市場価格が上昇し利潤率も上昇していく。賃金は利潤の増大に遅れながらも上昇し、雇用も増大していく。かくしてこの過程は以後、かような価値増殖のための諸条件を急速に改善しながら、投資が投資を誘発しさらなる投資を生む「加速的」蓄積の過程として現れてくる。が同時に、この価値増殖諸条件の改善が同じだけ多くの「悪化の潜在力」となって累積的に進行していくのである。この論点は前述の通りである。

さて、好況・繁栄期の初期段階では「貸付資本は豊富」であり、「現実の蓄積と貨幣資本の蓄積とはほぼ一致」した関係にある。一般に利子率は低位にとどまっており、ゆっくりと上昇していく。市場価格は上昇し利潤(率)も増大する。信用は生産的資本家=産業資本家相互の信用=商業信用(ヒルファディングの流通信用)が充用される。さし当たり設備投資のための信用=資本信用は除く。また、ここでは機能資本は産業資本が代表する。

しかし繁栄の持続に伴って価値増殖諸条件は次第に変化していく。この変化に応じて利子率も変化する。利子率の変化・上昇が再生産過程の内在的諸条件に連結され、その諸条件の変化に対応して展開していく。ヒルファディングはこの変化を規定するものとして二つの要因を挙げている。第一には「資本の回転期間の長さ」であり、第二は「生産諸部門間の不均衡」である。この二つの要因はいずれも繁栄期の過程的展開において現れてくる。

二 均衡の攪乱→販売の緩慢化・販路の停滞・還流の遅滞→信用の動揺・変容(1)——景気変動と流通信用の動揺、流通信用から資本信用へ

繁栄の第二段階に入ると、既述の如く生産力の発展→資本の有機的構成の高度化→利潤率の低下は、各々の生産部門で差異をもって需要の増大→価格騰貴→利潤(率)昂騰……として現れる。とりわけ「固定資本の更新と拡張・集

中」した有機的構成の最も高い生産諸部門＝生産手段生産部門＝第Ⅰ部門では固定資本の回転期間は最も長期化し利潤率の低下傾向を潜在的に強めていく。利子率も変化し漸次上昇する。とくに、この部門における価格の騰貴および利潤（率）の昂騰は他の諸部門に比して最も顕著に現れる。つまり不均等発展→再生産の均衡攪乱であり、不均衡化の進行である。この第Ⅰ部門の不均等発展＝部門間不均等→均衡関係の攪乱→利潤率低下・不均衡化の潜在的、加速度的進行はやがて第Ⅰ部門の生産物が市場に現れたときに、過剰生産・過剰供給→価格崩落→利潤率の急落として現れる。利潤率の低下と利子率の昂騰が反作用的に現れる。他方第Ⅱ部門の生産物も過剰生産→価格崩落→利潤率の急落として現れる。利子率は利潤率の低下に反作用的に昂騰し、全部門にわたって全面的に顕れる。かくして全面的過剰生産・過剰蓄積が一気に表面化する。一般的〔全般的〕過剰生産恐慌である。すなわち「恐慌は……利潤率の低下傾向が需要の増大の結果として価格と利潤の昂騰をひき起こした諸傾向に対抗して自己を貫徹する瞬間に出現する。(3)」

繁栄の持続とともに、これらの価値増殖諸条件の改善関係は同時に同じだけ多くの悪化の潜在力に転化するが、「この変化の漸次性は利子率の漸次的上昇に表現される。繁栄期のあいだに、われわれは、第一に資本の回転期間が長くなり、第二には諸生産部門間の不均衡が育成されるのを見た。しかるに、回転期間の延長、したがって販売の緩慢化は、同時に信用貨幣の流通速度の緩慢化を意味する。三ヶ月払い手形は、これによって自分の貨幣形態を代表されている商品が四ヶ月目にしか支払われないならば、満期になっても支払われえない。手形は延期されるか現金で支払われるかせねばならない。延期は、信用の、銀行の側からの資本信用の要求を意味し、したがって銀行信用に対する需要の増大を意味する。銀行信用に対する需要は一般的となるであろう。というのは、延期の必要は個々の資本家にではなく、一定の平均において生産的資本家の全階級に生ずるのだからである。それは、生産的資本家たちが相互に与え合う流通信用ではもはや十分でないという事情の結果に他ならないからであるが、この需要増大も現金に対する需要の増大も、ともに直接に利子率に作用してこれを高くする。(4)」

信用貨幣が、現金に代位するというその機能を果たしうるためには、商品が商品によって代置されねばならない。相互的商品取引が停滞すれば、信用貨幣は現金に代わらねばならない。手形が満期に支払われないのは、これによって代表される商品が売れなかったからである。それでも手形が支払われるべきならば、いまや流通信用に代わって現れた銀行信用を求めることによってこれをなすよりほかはない。すなわち、一方では潜在的に進行してきた価値増殖諸条件の変化が累積的に悪化するにつれて均衡諸条件の攪乱→販売の緩慢化→販路の停滞・還流の遅滞が生起する。他方では販売の緩慢化→信用貨幣の流通速度の緩慢化→手形支払の延期・困難化→流通信用の資本信用への転化→利子率の上昇が惹起する。この二側面における価値増殖諸条件の悪化・攪乱から価格形成の困難と利潤の変動→利潤率の低下が導出される。

ところで、繁栄期には価格も利潤もまだ高い。まだ彼は、彼の手形の支払い（現金化）によって、同じ規模で生産を続行しうるために必要な貨幣資本をもっている。彼がいま運用する貨幣資本は、もはや彼自身の商品資本の転化形態を表すものではなく、彼の商品資本は現実にはまだ全然売れていないということは、彼の目には隠されている。銀行家が彼に用立てた追加貨幣資本をもって、いまや彼は生産を続行するのであるが、彼はこのことを知らない。(5) すでにこの論理段階において、トゥガンはいわゆる「貨幣資本の不足・欠乏」を説き、再生産過程の内在的諸原因からではなくそれのみが恐慌の直接的契機・条件であると主張する。が、それは明らかに誤りである。

上述の如くヒルファディングの所説は、恐慌の主要な契機・原因を「貨幣資本の不足・欠乏」に求め、不況脱出・景気回復の主要契機・原因を「貨幣資本の豊富・過多」に求めるトゥガンの説とは根本的に異なる。

このように、いまや一方では生産手段生産部門＝第Ⅰ部門において新投資が信用の媒介によって行われ、それによって超過需要が形成されると、それが市場価格の上昇と利潤（率）の増大をもたらす。が、その価格と利潤（率）の上昇がまた、さらなる新投資を生み、それがまた信用の媒介――貸付資本の供給――によって支えられながら、積極的に展開していくのである。貸付可能資本はまだ豊富であり、かような貸付資本に対する需要の増大につれて利子率も上昇するが、価格と利潤率の上昇に比してはいまだ低位にとどまっている。この信用は再生産過程の外部から、銀行の利子生み資本としての貨幣貸付であり、「資本所有の量的制限の止揚」の論理系譜上に措定される信用である。『資本論』の理論ではこの利子生み資本の論理＝銀行信用と手形割引の論理＝銀行信用とは結び合うことなく、いわば二元論的に扱われているが、ヒルファディングは景気変動過程を媒介する信用の動態分析によってこの二側面を結合し統一的に把握したのである。そこで次に、再生産過程の内部における生産的資本家相互の信用が価値増殖諸条件の改善↓悪化の状況変化によって、如何なる変化を、つまり流通信用（商業信用・手形割引）から資本信用に如何に転化し、銀行信用が流通信用↓資本信用において如何に結合・統一されるか、を明らかにすることにある。彼は概要次のように述べている。

三　均衡の攪乱↓販売の緩慢化・販路の停滞・還流の遅滞↓信用の動揺・変容(2)――資本信用の全面的展開↓貨幣資本・現金準備の枯渇↓利子率の昂騰と価格形成の破綻・利潤率の崩落

前述の如く、繁栄期の第二段階では固定資本量が最も大きく有機的構成が最も高度である生産手段生産部門＝第Ｉ部門の不均等発展――ことに固定資本・有機的構成の格差、固定資本の回転期間の格差――をさらに拡大していくが、他方では第Ｉ部門の生産の拡大に誘発される消費手段生産部門＝第Ⅱ部門においても各々固有の条件に規定されながら異なった形態をとって展開していく。いずれにせよ、過程の進行に伴う不均等発展は再生産の均衡の攪乱↓利潤率低下・不均衡化を潜在的に進行せしめていくが、この不均衡の拡大は一層利潤率を低下し、さらに利子率を上昇せしめる。再生産の不均衡化の進行と固定資本の回転期間の長期化とが利潤率低下の潜在的進行を加速せしめることによって売れ行きの緩慢化・鈍化→販路の停滞→資金還流の遅滞を引き起こすことになる。ヒルファディングは次のように述べている。

「しかし、これは極めて大きな意味をもつ一事情である。始まりつつある不均衡は、商品在庫の形成に現れざるをえない。商品の流通過程のどの点かで停滞が生ぜざるをえない。もし商品の売上代金をもって生産を続行するために商品が売られねばならないとすれば、この商品在庫は市場を圧迫せざるをえないであろう。この作用、したがって価格と利潤とへの作用が避けられるのは、生産的資本家に銀行から貨幣資本が用立てられるからである。かくして信用が不均衡の発生を覆い隠す。生産は変わることなく続行され、まだ特別に価格の高い部門では、なお大いに拡張される。というのは、商品が市場に圧迫を加えて価格を動揺させることを、貨幣資本の引き入れが防ぐからである。生産はなおまったく健全に見える。諸生産部門間の不均衡はすでに醸成されているにもかかわらず[6]。」

いまやこの過程が過当競争と架空信用の媒介によって熱病的緊張の中で加速されていくが、この矛盾に充ちた過程の盲目的進行に伴う不均衡の顕在化は信用によって覆い隠されながら、生産の続行、さらなる生産の拡張が極度の緊張をもって展開され、さらなる市場の圧迫と価格の動揺を激化させていく。いまや流通信用の基礎を成す再生産過程の均衡諸関係の攪乱→販路の停滞・還流の遅滞は「信用の連鎖→相殺」のメカニズムを攪乱し、破綻せざるをえなくせしめるだろう。

このように不均衡が現れるようになると、商品の売れ行きが緩慢化・鈍化し、商品の滞貨が生じてくる。流通信用が動揺し、その価値を失い機能を果たしえなくなる。この場合、流通信用は、①商業信用であり、その代位形態としての、②手形割引＝銀行信用であり、両者の包括的概念である。商業信用は再生産過程内の生産的資本家相互の前貸しであり、その決済はW'—G'に依存する。手形割引は銀行信用が商業信用に代わって銀行手形をおくだけで信用の内実は商業信用である。この場合の銀行信用は信用貨幣の創造であり、したがって準備金には連動しないので利子率の変動に関係しない。この包括的信用が流通信用であるが、この流通信用では商品量の増大と信用貨幣＝手形の増大とが一致して流通し、流通費を節約するが、利子生み資本とは直接には結びつかない。利子生み資本と直接結びつき「資本所有の量的制限の止揚」に関わるもう一つの信用が資本信用であり、利子率の変動に規定的に関係する。ここでの資本信用はそれとは異なり、流通信用の変動規定から導出される資本信用——銀行信用のことである。

ところで「固定資本の回転期間の延長↓販売の緩慢化は同時に信用貨幣の流通速度の緩慢化を意味する。」「還流の緩慢化は銀行信用に対する需要の増大を喚起する。(7)」この信用〔手形割引・信用貨幣の創造〕は増やせない。信用貨幣として機能するという手形の機能が縮小したからである。(8)いまや銀行信用に対する需要の増大は一般的となる。満期になっても支払われえなければ、手形は延期されるか現金で決済する以外にないだろう。信用貨幣が貨幣＝現金に代位するというその機能を果たしうるのは商品が商品によって代置されなければならない。相互的商品取引が停滞すれば、信用貨幣は貨幣＝現金に代置されなければならない。手形が満期に支払われないのは、これによって代表される商品が売れなかったからである。それでも手形が支払われるべきならば、いまや流通信用に代わって現れる銀行信用を求めることによってこれをなすよりほかはない。産業資本家にとっては流通信用によって、したがって彼の商品が他の商品によって支払われようと、または銀行信用によって、したがって彼の商品を他の商品に終局的に代えることなしに支払われようと、それはどうでもよいのである。(9)

いまや支払い延期の必要は個々の資本家にではなく一定の平均において全生産的資本家階級に生ずる。このことは生産的資本家が相互に与え合う流通信用ではもはや十分でないことを意味する。かくして手形に代わって貨幣が現れざるをえなかったのである。(10)その貨幣は銀行から引き出されたものであり、銀行では貨幣資本に対する需要の増加として感受されるわけである。販路停滞・還流遅滞↓流通信用の支払い延期という事態が発生すれば、流通信用は資本信用によって肩代わりされなければならない。この流通信用の資本信用への転化が形式的には流通信用＝手形割引のままであっても、その実質的内容は資本信用に機能変化し利子率変動に直接関わるものとなる。ここでの論理展開の特徴は再生産過程の均衡の攪乱↓販路の停滞・還流の遅滞↓不均衡に関連させて流通信用の資本信用への転化を分析的に解明したことである。つまり流通信用＝銀行信用の変動的規定である。

ヒルファディングは商業信用とその代位形態である手形割引とを流通信用で括り、さらに銀行信用を流通信用と資本信用とに分割したうえで、手形割引がこの両者をまたいで自らもそれぞれと関係を結ぶものとして位置づける。そこから手形割引に次のような新たな内容規定が付与される。すなわち、再生産の均衡諸関係が維持されている限り、生産と流通の拡大には流通信用の拡大が照応するので、銀行信用による商業信用代位——信用貨幣創造——では、本質的には流通信用としては利子率に作用しない。つまり流通信用の基本的規定である。この規定に対して再生産過程の均衡諸関係が攪乱し、不均衡化が進み販路の停滞・還流の遅滞が生じてくると、銀行による手形割引では本質的には資本信用として利子率に作用するものとなる。つまり流通信用の変動的規定であり、景気変動に関連した信用の動態的分析による流通信用＝銀行信用の重層的・包括的な形態規定である。

ヒルファディングは資本信用を上述の二側面から統一的に把握することによって信用の新たな展開形態を分析的に解明したのである。すなわち一方では景気変動・恐慌との関連で流通信用の資本信用への転化による資本信用の展開形式であり、同時に他方では、同じ資本信用で銀行が産業資本家に貨幣資本を用立てる形式である。いずれも利子生み資本範疇の確立を前提にして展開されるが、後者の場合は再生産構造の量的発展と質的高度化に対応して流動資本信用↓固定資本信用の要求という資本信用の展開が提示されたのである。この資本信用展開の論理系譜上に上記景気変動＝繁栄から恐慌への局面転換の過程に関わる信用を利用した、諸資本の競争↓固定資本投資の拡大と集中↓資本の有機的構成の高度化↓利潤率の低下↓恐慌↓さらなる集積・集中↓競争制限・独占形成が措定される。が、ここでは恐慌を媒介とする、さらなる集積・集中↓競争制限・独占形成の過程分析は考察対象から除外し、第四篇「金融資本と恐慌・産業循環の変容」での課題とする。

さて議論を本筋に戻そう。固定資本投資の拡大と集中→資本の有機的構成の高度化は既述の如く部門間の不均等発展をさらに拡大し、再生産の均衡諸関係を攪乱し利潤率低下の潜在的進行を加速させるが、それがまた不均衡化の潜在的進行→新投資の停止・販路の停滞・還流の遅滞を惹起せしめる。こうした景気変動の過程的展開に対応して信用も流通信用に代わって資本信用が登場するのである。また後述の投機のための資本信用が加わる。そして継続的な設備投資のための資本信用が基軸的に加わり、いまや「銀行の準備金が枯渇してくる[11]」。販路の停滞・還流の遅滞は過剰生産として現れ、価格は下落し利子率は昂騰し利潤率は低下する。後述するが、利潤（率）の低下は配当（率）の減失に、したがって株価の崩落に、証券取引の危機に導くことになる。かくして銀行の準備金の枯渇→「利子率の昂騰と利潤率の崩落」に対応して結局「中央発券銀行への要求となって反作用せざるをえなくなる。[12]」

（1）*Das Finanzkapital*, S. 394. 訳②一五三、㊦一九一頁。
（2）a. a. O., S. 394. 訳②一五三、㊦一九二頁。
（3）a. a. O., SS. 384-385. 訳②一四三、㊦一七八頁。
（4）a. a. O., S. 395. 訳②一五四、㊦一九二—一九三頁。
（5）a. a. O., SS. 395-396. 訳②一五四—一五五、㊦一九三—一九四頁。
（6）a. a. O., S. 396. 訳②一五五、㊦一九四頁。
（7）a. a. O., S. 395. 訳②一五四、㊦一九二頁。
（8）a. a. O., S. 395. 訳②一五四、㊦一九二頁。
（9）a. a. O., S. 395. 訳②一五四—一五五、㊦一九二—一九三頁。
（10）a. a. O., S. 395. 訳②一五四、㊦一九二頁。
（11）a. a. O., SS. 401-402. 訳②一六一、㊦二〇一頁。
（12）a. a. O., SS. 401-402. 訳②一六一、㊦二〇一頁。

第二節　繁栄期の第二段階——繁栄の頂点（繁栄から恐慌へ）

一　証券取引所取引の危機・恐慌と再生産の撹乱・不均衡→利子率の昂騰——信用の動揺→利子率の高騰→投機取引の撹乱→危機・恐慌

ヒルファディングは利子率の諸変化とそれの及ぼす影響について次のように述べている。利子率の高さにおける諸変化は、まず第一に景気の経過における均衡関係の諸変化によって制約されているのであるが、それはまた、創業、商品投機、証券投機……の過程に、したがってまた取引所取引の状況に極めて強く影響する。繁栄期のはじめには、利子率は低い。このことは、他の事情が同じならば、擬制資本の相場の高騰を引き起こす。擬制資本中の固定した、保証された収益をもたらす部分にあっては、すなわち、たとえば国や公共団体の債券、諸種の抵抗証券などにあっては、利子率の低下によって直接に相場が上昇する。株式にあっては、利子率の低下による相場の上昇に対して、配当の減少と収益のより大きな不安定とが反対作用する。繁栄はこの反対作用を除去する。すなわち、収益とその安定性が増すので、低い利子率が続けば、株式相場は上昇する。同時に高くなる相場を先取りしようとする投機が盛んになり、したがって株式に対する需要が増して相場はさらに上昇する(1)。

生産の拡大は、同時に創業活動の増大を意味する。新たな株式会社が創立され、既存の会社はその資本を増す。銀行の発行活動は活発になる。高い株式相場と低い利子率とは高い発行利得を必至とする。新たな株式は証券取引所によって急速に受け入れられて、容易に公衆に、すなわち貸付資本を自由に利用しうる資本家に売られる。それは、創業活動が最も活発で、発行活動らの銀行の利得が最も大きい時期である。貨幣の流動状態はその操作のために信用を求めざるをえない投機に幸いする。利子が低いので、繁栄期のはじめには、まだ一般的であるような相場の小変動でも、すでに投機によって十分利用されうる。取引所活動は活発で、変動は比較的小さくても取引は盛んである。といってもこれらの小変動も全体の合計としては結局相場水準の上昇となるのであるが、一方では、証券量の増加と相場の上昇とから生ずる相場水準の上昇、他方では取引の増加、それは、ますます大きな資金量を必要とするであろう差額決済のためにますます多くなる信用が求められることを意味する。しかも、かような時期には、高値思惑が安値思惑よりも優勢であり、買いが売りをしのぎ、最後に決済される差額が増大するので、なおさらそうである。(2)

しかし、証券取引所によって引き起こされる信用需要の増大には、ここでは――増大する需要が差し当たりは流通信用の拡大によって充たされる生産資本家の場合とは違って――供給の増加が対応しない。この場合の信用は銀行自身の貨幣資本の貸付であり、資本信用である。したがって、需要の増加は、直接に利子率を高める作用をなし、そして、生産諸事象に起因する利子率上昇傾向をさらに強める。(3) それはもっぱら短期の「売買差益」「差額利得」を目的とする投機取引であり、賭博的特質をもつものであるが、擬制資本の流通過程に吸着し寄生しながら、自立化し独自の運動態様を確立するのである。この投機取引がヒルファディングによって経済理論の分析対象として取り上げられ、金融市場・証券経済論の一環としてその理論体系に組み込まれたのである。

商品投機の領域も、成り行きは同様である。商品投機もまた、上昇する価格を自分のほうに先取りして上昇傾向を強めようとする。商品は価格を高くするために、できるだけ長く市場に出さずにおかれる。それは人為的な商品欠乏をつくり出して価格をつり上げようとする買占団が結成される時期である。商品を引き留めておくことができるためには、やはり信用が求められることが必要であり、これもまた結果として利子率の上昇を伴う。(4)

このように、証券投機取引および商品投機取引はいずれも信用需要を増大し利子率を上昇せしめる。この二側面における投機取引→信用需要の増大→利子率の上昇は、相互促進的に作用し合うことによって生産諸事象に起因する利子率の上昇傾向をさらに一層強めていくというのである。証券取引所と商品取引所における投機取引が産業資本の再生産運動から相対的に自立した独自の運動を展開しながら、しかしそれらの運動が逆に産業資本の循環・回転運動に如何に作用し、また逆に如何に規定されていくのかが問われることになる。それは証券取引所および商品取引所における価格の形成と利子率の変化が産業諸部門における市場価格と利潤の変動に如何なる関わりをもつのか、ということである。この関係においては、これらの側面は相対的に自立的な運動体でありながらも相互に関係し合って展開していく。その相互連関において再生産過程を基礎にした生産活動が規定的要因であるとすれば、ここでの考察は産業循環の局面転換の進行過程に則した周期的・循環的な分析によって解明されなければならないであろう。

商品投機と信用との関連についていえば、証券投機におけると同様な経過は、商品投機においても示される。ただここでは、事柄の性質上、生産諸事情との関連がより密接であるというだけである。ここでも、利子の上昇と信用の制限とが、商品の引き止めと、したがって価格の維持とを困難にする。しかし同時に、高い価格水準は、生産の緊張、供給の増加、消費の抑制を引き起こして、結局は崩壊に導かざるをえなくする。ある商品の価格水準が同時に主要な取引所証券の相場に影響を及ぼすような場合、たとえば、銅の価格が銅株の相場に影響を及ぼすというような場合には、商品投機の崩壊は同時に取引所投機の崩壊の前兆でもありうる。[5]

そのうち、産業的繁栄は一般化されて景気の絶頂に達する。価格も利潤も最高位にある。株式相場は、収益の上昇によって高騰している。大体においてこれまでは利得をもって終わった投機は、投機が投機を、そしてさらなる投機を呼ぶといった独特の取引を通じて絶えず拡大してきたのである。投機利得はその宣伝力を発揮する。取引所取引への公衆の参加が増して、これによって、職業的投機が公衆を踏み台にしてその操作を拡張することを可能にする。利子率は高い。投機取引が利得を上げうるためには、投機の利得が、高くなった利子に呑み込まれないように、相場の変動もより大きくならなければならない。しかしいままでは、この変動・動揺は次の理由からも甚だしくなる。というのは、利得の上昇とならんでここかしこに停滞が現れ、産業からの情報がもはや無条件には好況を伝えなくなるからである。売れ行きが順調ではなくなり、銀行にとっては投機を援助することが危険に思われ始める。しかも公衆の参加が多くなるにつれて自己の資力なしで、またはその範囲を遙かに超えて投機をやる仲間が増え、信用が困難になり始めるからである(6)。

しかし、利子率の上昇は相場を低くする傾向をもつ。かくて投機が価格引き上げの努力をやめる瞬間が現れざるをえない。信用の一部が投機から取り上げられるようになれば、さらに速められる。いまや他の一原因が加わる。利子率は創業者利得の高さにとって決定的である。最好景気の高い利子率は創業者利得を減少させ、したがって発行活動を制限する。そのうえ、この時期には投機はすでに飽和の状態に達して、従来の高い相場では増発できなくなる。銀行は新株がまったくさばけないか、または比較的低い相場でしかさばけないという危険に直面することになろう。銀行が投機に用立てうる資金はますます少なくなり、投機は制限されざるをえなくなる。

しかし投機に与えられた信用は、一定の相場水準を基礎としている。いまや、担保株、またはその他信用の基礎に用立てられた証券が追加されなければならなくなるが、多数の投機業者、特に大衆参加者にはそれは無理である。かくて担保株の強制売却となり、突然の供給増加となって証券の相場は急落する。この急落は職業的投機が方向転換をはじめることによってさらに強められる。すなわち、職業的投機は、すでに市場の危機を捉えていて、いまや安値思惑に転ずるのである。相場の低下は、新たな信用制限、新たな強制売却を意味し、低下は暴落となり、取引所危機、恐慌、崩落が現れる(7)。

有価証券は大量的に減価して、利子率の正常な高さのもとではその現実の収益に相応する水準以下に、急速に低落する。これらの減価した証券は、いまや大資本家と銀行とによって買い集められて、恐慌が去って相場が再び上がったときにより高い価格で売られ、やがて、次の循環の進行中に投機者の一部分の収奪の過程と大資本家と銀行の手中における所有集中の過程とが新たに遂行されることになり、かようにして、擬制資本の集中という仕方での所有集中

の手段として役立つという取引所の機能が果たされる。(8)

かくて取引所恐慌は貨幣市場で実現される信用関係における変化によって直接に呼び起こされる。取引所恐慌の出現は直接には利子率の高さにかかっているだけだから、それは一般的商業、産業恐慌が出現するよりも少し前にすでに起こりうる。しかしそれは、後者の一兆候、前兆であるに過ぎない、というのは、貨幣市場における変化は、恐慌に至らしめる生産上の諸変化によって制約されているからである。(9)

二　貨幣恐慌・信用恐慌――均衡の攪乱→販路の停滞・還流の遅滞→不均衡と信用の動揺・利子率の昂騰→信用の崩壊→恐慌

ヒルファディングによれば、貨幣市場諸関係の変化は銀行利得の高さと種類とにも規定的に作用する。繁栄の初期には、低い利子率と高い発行利得とが一般的である。すでに見たように、この二つは景気の経過において相反する方向に進む。さらに、景気が続く全期間にわたって、銀行が流通信用の媒介者として収得する手数料からの利得が増大する。生産的資本家のための支払業務が拡張されるので、貨幣取扱資本の利潤が増大し、そして、なによりもまず、利子率の上昇と共に、第一には生産的資本家の利潤における銀行資本の分け前が企業者利得の犠牲において増大し、第二には、投機者の利得における銀行資本の分け前が差額利得の犠牲において増大する。利子率が高ければ高いほど、好景気の果実における金融資本の分け前もまたますます大きい。かくして繁栄の持続と共に生産的資本の利潤における貨幣資本の分け前は増大する。(10)この論理段階では貨幣資本の不足は現れていない。

同時に景気の経過において流通信用がその最高限界に達する瞬間から銀行信用がますます強く要求される。銀行信用が要求されるのは、生産の拡大は流通の拡大を意味し、流通の拡大は流通手段の増加を必要とするからである。かくして過程の進行に伴って銀行準備金の不足・枯渇はますます甚だしくなり、それはついに中央発券銀行への要求に反作用せざるをえない。なぜなら、販売の緩慢化は手形流通の緩慢化、したがって流通信用の制限を意味し、流通信用に代わって銀行信用が現れねばならないからである。しかし不均衡の過程はそのあらゆる結果を伴って進行し、この過程の銀行信用への作用は投機からの要求の増大によってさらに激しくされる。かくて、次第に銀行信用の緊張が現れ、ついに銀行がその準備金をあまりにも甚だしく削減するまいとすれば、もはや信用を拡大しえなくなる点に達する。もはや信用によって拡張されない流通は、いまや現金を要求し、かくて現金はより多量に流通に流れ込んで準備金を減少させるであろう。そしてこのこともまた、銀行にますます信用供与の制限を強要せざるをえなくなる。(11) この論点はすでに指摘したところである。

しかしこの信用供与の制限は、産業にとっては不均衡から生ずる攪乱がもはや調整されえないことを意味する。というのはそのために必要な貨幣資本がもはや用立てられないからである。支払手段はもはや信用によっては得られないので、これを得るために商品が投げ売りされざるをえない。価格の下落が始まる。しかしすべての信用取引の基礎には従来の価格水準があった。価格低下は、この商品を引き当てに振り出された手形がこの商品の代金からは支払われえない、ということを意味する。供給が制限されるその同じ瞬間に、支払を目的とする需要が発生する。なぜならば、価格の低下が手形を減価させて手形取引を減少させるので、流通信用が急速に減少するからである。同時に銀行信用も拡大されえない。というのは、価格の下落が生産的資本家の支払能力の確実性を疑問視にするからである。かくて、支払のための需要は、その充足の不可能に至らしめる。信用逼迫は極度に高まる。利子が最高点に達しているだけでなくおよそ信用が得られなくなっている。というのは、信用の動揺によって、現金を処分しうる人はみな自分の支払のためにこれを貯えねばならないからである。支払手段を手に入れる道はただ一つ、商品の貨幣への転化があるだけである。みなが売ろうとする。しかしまさにそれゆえに、だれも買おうとしない。価格は暴落するが、商品は相変わらず売れない。販路停滞は絶対的であり、したがって流通信用は絶無である。信用貨幣に代わって現金が登場せねばならない。支払手段に対する需要は現金に対する激烈な需要となる。(12)

諸商品の価格暴落は産業資本家の支払能力を極度に損傷し、したがって銀行信用の返済を疑わしくする。銀行がその資金を支払能力のない産業資本家への信用に固定させていれば、この資本家の破産は銀行の破産を伴う。銀行が預金の形態において受けていた信用は突然破棄される。銀行の取り付けが始まる。預金の現金払戻が求められるが、貸し出されていないのは預金の最小部分だけでしかない。預金はなくなっている。そして恐慌はここから始まって他の諸銀行に伝播し、次々に銀行金庫の閉鎖を強要する。銀行恐慌が勃発する。(13) このヒルファディングの所説は支払手段としての貨幣・信用貨幣の無媒介的矛盾＝恐慌の第二の一般的条件から第三の一般的条件への転化、つまり両者の結合によって恐慌の第二の一般的条件――支払手段の無媒介的矛盾――が現実性に転化したところの、信用・銀行恐慌の発現を産業循環との関連において提示したものである。(14)

しかしヒルファディングによれば、貨幣恐慌は恐慌の絶対的必然性として現れるのではなく、それが生じないこともありうる。恐慌のあいだも、商品取引は異常に収縮するとはいえ、やはり行われる。この範囲では、流通は信用貨幣をもって続行されうる。恐慌は必ずしもすべての生産部門を同時に同じ圧力でおそうとは限らないので、ますますそうでありうる。販路停滞は、むしろ銀行・貨幣恐慌との併発によってはじめて極度に甚だしくされる。しかし必要な信用貨幣が流通に用立てられれば、貨幣恐慌は避けられうる。……不動の信用を有する銀行によって産業資本家に担保と引き換えに信用貨幣が与えられればよい。実際にも、かような流通手段の拡張が可能だった場合には、貨幣恐慌は避けられた。いつでも貨幣恐慌は、その信用が不動だった銀行が信用貨幣を用立てることを妨げられた場合にのみ、生じたのである。(15)

このヒルファディングの所説は信用貨幣の無媒介的矛盾の発現、信用の動揺・崩壊と信用貨幣の価値減少・破壊↓支払のための現金＝貨幣準備金の枯渇↓利子率の昂騰・信用恐慌という貨幣・信用恐慌についての分析的・理論的展開である。そしてそのうえで、しかし「貨幣恐慌は恐慌の絶対的必然性として現れることではなく、それが生じないこともある」「必要な信用貨幣が流通に用立てられれば恐慌は避けられうる」として、信用貨幣＝手形が動揺すれば、それに代わって「不動の信用」を有し「流通能力」をもつ中央銀行の銀行券を用立てればよい。この銀行信用も動揺すれば、銀行券に「強制通用力」を付与されるか、あるいは直接国家紙幣を発行されるしかないであろう。ヒルファディングはこのように述べているのである。この彼の見解は繁栄から恐慌への局面転換の過程におけるイギリスのピール条例、アメリカの国法銀行条例に見られる発券規則との関わりで主張されたものである。

「イギリスでは一八四七年および一八五七年にそうだった。すなわち、銀行券を、したがって信用貨幣をまったく恣意的に金準備プラス一四〇〇万ポンドに制限していた銀行条例の停止によって、始まりかけていた貨幣恐慌が除かれたのである。信用貨幣流通が最も切迫した必要であるときに法律がもっと狂気的な形でこれを妨げているアメリカでは、貨幣恐慌は一九〇七年に古典的な完成に達している。(16)」

（1）*Das Finanzkapital*, SS. 396–397. 訳②一五五—一五六、㊦一九四—一九五頁。
（2）a. a. O., S. 397. 訳②一五六—一五七、㊦一九五—一九六頁。
（3）a. a. O., SS. 397–398. 訳②一五七、㊦一九七頁。
（4）a. a. O., S. 398. 訳②一五七、㊦一九六—一九七頁。
（5）a. a. O., S. 401. 訳②一六〇、㊦二〇〇頁。
（6）a. a. O., SS. 398–399. 訳②一五七—一五八、㊦一九七頁。
（7）a. a. O., SS. 399–400. 訳②一五八—一五九、㊦一九七—一九九頁。
（8）a. a. O., S. 400. 訳②一五九、㊦一九九頁。
（9）a. a. O., S. 400. 訳②一五九、㊦一九九頁。
（10）a. a. O., S. 401. 訳②一六〇—一六一、㊦二〇〇—二〇一頁。
（11）a. a. O., SS. 401–402. 訳②一六一、㊦二〇一—二〇二頁。
（12）a. a. O., SS. 402–403. 訳②一六一—一六二、㊦二〇二—二〇三頁。
（13）a. a. O., S. 403. 訳②一六二—一六三、㊦二〇三頁。

(14) ヒルファディングは「準備金」の枯渇理由として次の三点を挙げている。①信用貨幣の増加に伴って支払い準備として必要な現金額の増加、②信用貨幣の流通とともに、相殺されない信用貨幣の差額決済のための現金部分の増大、③流通の拡大→現金取引の増大に伴う現金需要（労賃、小売り取引）の増大などが生じ、これらによって貸付取引のために用いられうる現金額の減少……といった事情が生ずる。こうした事情のもとでは、繁栄期の終わりに商品の売れ行きが停滞するか、または緩慢になるときには、信用貨幣の増加は増加した生産および流通の要求に追いつかなくなる、という事態が発生する。このことは、期限のきた手形が相殺されないことを意味する。現金での支払いが求められる。それが利子率の上昇に作用するということである。(a. a. O., SS. 126-127. 訳①一九四―一九五、㊤一九一―一九二頁)

(15) a. a. O., S. 405. 訳②一六五、㊦二〇六頁。
高山洋一「中央銀行と管理通貨制に関する一考察」(『金融経済』204号、一九八四年、二四―二五頁)

(16) *Das Finanzkapital*, S. 405. 訳②一六五、㊦二〇六―二〇七頁。

第三節　不況期(沈滞期)における信用

一　恐慌理論家たちの「奇妙な考え方」(1)

信用は、第一に流通手段として貨幣に代位し、第二に貨幣移転を容易にする。しかし理論的には差し当たり信用を捨象することができる。というのは、純粋金属流通のために必要な金属量の存在を想定することによってである。(1) ヒルファディングは次のように述べている。

「貨幣市場の現象を生産関係から説明しないで、反対に景気現象を利子率の変動から説明することは、ほとんどすべての現代恐慌理論家たちの特徴である。その理由は容易にみいだせる。貨幣市場の現象はあからさまであり、日々新聞紙上で論議され、そして取引所および投機の動きに決定的な作用をする。そのうえ、貸付資本の供給は各瞬間ごとに一定の大きさとしてあらわれるし、またあらわれざるをえない。でなかったら、需要供給がどうして利子を決定しうるかの説明がつくまい。貸付資本の供給が生産状態に依存すること、しかも第一には生産の量に、第二には生産諸部門間の均衡に――商品の流通期間したがって信用貨幣の流通速度に決定的な影響をおよぼすところのこの均衡に――依存することは、とかく、見逃されるが、同様に流通信用と資本信用（銀行信用）とのあいだの機能的区別も一般に見逃されがちである。ことに銀行券の発行によってこの区別が消されてあらわれ、銀行業の発展とともに、すべての信用が銀行信用としてあらわれるので、ますますこの区別は見逃される。が、この区別を見逃すと、貨幣市場現象の展開はまるでちがった光のもとにあらわれる。すると、依存関係は生産の拡張にヨリ多くの資本がいるということだけにあるようにみえる。(2)」

このようにヒルファディングは、産業循環、その局面転換の過程においては、すべての信用が銀行信用として現れるので「信用の機能的区別」が消されて現れ、その変動過程を媒介する信用特有の機能が見逃されてしまうようになると指摘したうえで、しかしこの区別が見逃されると貨幣市場の諸現象の展開はまるで違った様相を呈して現れると述べている。このように彼はきわめて重要な論点を提示するのである。そして彼は、トゥガンをはじめとする当時の恐慌理論家たちの「奇妙な考え方」は、この貨幣市場の諸現象それ自体を本質であると誤って理解した点にある、と指摘したうえで、さらにこの「奇妙な考え方」を次のようにきびしく批判している。

「〔ほとんどすべての現代の恐慌理論家たちのあいだでは〕資本は漫然と、貨幣資本と同一視されてしまう。いわく生産が拡張され、貨幣資本の需要が高まり、利子率が上がる。やがて貨幣資本が不足し、高い利子率が生産の利得を消滅させ、新投資がやみ、そして恐慌がはじまる。それから沈滞期には、貨幣資本がすぐには設備資本に転化されないで蓄積される、と。これは無概念的な考えにすぎない。というのは、機械やドックや鉄道は金で生産されるのではないからである。なおいう、利子率が下がり、貨幣資本家は低い利子で満足しなくなって、ふたたび貨幣を生産に投じることになり、繁栄がまたはじまる、と。貨幣、機械および労働力を自分が資本とよぶところから、こんどは一つの資本すなわち貨幣を他の資本すなわち機械などや労働力に転化させ、あるいは彼らのいうように流通資本を設備資本に転化させる経済学者たちの、こうした考えの基礎をなすとんでもないはきちがえは別としても、この有名な『理論』は単に計算上からみても、その主張のばからしさをみのがしている。(3)」

この批判がトゥガンの所説に対する批判であることは容易に分かるであろう。この有名な『理論』とは、いうまでもなくトゥガン-バラノフスキー『イギリスにおける商業恐慌の理論および歴史の研究』である。このようにトゥガンの恐慌・産業循環に関する所説は、理論的にも実際的にも完全に誤りである。理論的にはもちろんのこと、「計算上からみてもその主張の馬鹿らしさにまったく気づいていない」と、トゥガンをはじめとする当時の恐慌理論家たちをきびしく批判しているのである。そしてまた、ヒルファディングは『資本論』からの次の部分を注記する。「そして、これはいまはじまったことではない。『経済学の浅薄さは、わけても経済学が産業循環の転換期のたんなる徴候にすぎない信用の伸縮を、かえってこの転換期の原因だとするところにあらわれている。(4)』」と述べて、さらに下記のごとく例示されるのである。

「発達した資本主義諸国では、利子率の開きは二―七%の公的割引率の変動で見るならば、せいぜい五%の開きに過ぎない。しかもなお、これらの変動の程度は窮屈な銀行立法や割引政策の欠陥によって、経済的に合理的な程度以上に高められているのである。ところで貨幣資本は、生産的資本家たちによって生産を拡張するために要求される。すなわち、借り入れられた価値は、生産資本に転化され、価値増殖され、利潤を生む。利潤の高さは他の事情が不変ならば価格にかかる。しかし好況期における商品価格の変動は、五%の変動というようなものではない。価格表を一見すれば、五〇%、一〇〇%、またはそれ以上の変動もけっして珍しくない。ところで利潤は同じ程度には上昇しないであろう。というのは費用価格が増すからである。しかしとにかく、繁栄期および好況期における産業資本家たちの利潤の増大も五%より比較にならないほど大きい。産業資本家たちの利潤がほかの原因によって低下するようなことがない限り、七%の利子が蓄積を現実に停止させるようなことはないであろう。(5)」

利子が次第に企業者利得を食い尽くすという奇妙な考え方は、利潤、企業者利得、監督報酬、利子、配当などのような諸範疇を支配する絶対的無概念性によって、なおさら堅固にされる。株式会社の普及とともにこの無概念性はさらに甚だしくなった。配当は利子として現れる。といっても、各瞬間に確定されている貸付利子に比すれば、変動が目につく利子としてではあるが、いまや貸付資本と生産的資本との区別は、もはや利子を生む資本と利潤を生む資本との区別としては現れない。むしろ両者が利子生み資本として現れる。ただ、「流動的」資本は、常に毎日取引所で決定される各瞬間に確定される利子を生むのに、「固定的」資本は配当通知によってはじめて知らされる利子を生むと言うだけである。そこでは、収益の確実性における差異が、「流動的」資本すなわち貨幣資本と、「固定的」資本すなわち産業資本との差異に帰着させられる。かようにすべての質的差異を混同するならば、そのとき、量的差異について奇妙きわまる考え方を生み出して景気転換の機構を明らかにしうる十分な説明を見いだしたと妄想するのも少しも不思議ではない。(6)このようにトゥガン理論に対する批判はその影響下にあった当時の恐慌理論家たちへも向けられたのである。

二　恐慌理論家たちの「奇妙な考え方」(2)

ヒルファディングは、当時の恐慌理論家たちが、貨幣資本の遊休こそは再生産の拡大の最も強力な動因であると言っているのも、一つの奇妙な考え方であると述べている。それによれば、あたかも物質的および無形的損耗の危険を伴う機械の停止状態や利得の損失だけでなく継続的損失をも意味する固定資本一般の利用度の減少の方が、貨幣資本の利子の減少よりもはるかにより強力な生産拡大の動因であるはずだが、そうではないかのごとくである。肝要なのは恐慌の後には貨幣の流動性の影響のもとで蓄積への動機が強められるということではなく、再生産の拡張が客観的に可能であるかないかが問題なのである。普通は恐慌後には直ちに甚だしい貨幣の流動可能性が現れるが、それにも拘わらず、十分な繁栄が始まるまでに数年を要することもありうる。(7)

このようにヒルファディングは、先の「自由な貸付資本」が不況脱出、繁栄出現の主要な動因であるという、トゥガンをはじめとする当時の恐慌理論家たちの見解を「奇妙な考え方」である、ときびしく批判したのである。

「沈滞期における貨幣の流動性の諸原因および沈滞期の克服にとっての、この流動性の意義についての間違った見解は、結局において経済的形態規定にとらわれて、『資本論』第二巻におけるマルクスの分析が示すような社会的生産の物質的被規定性を見逃すことに基づく。人々は資本、利潤、蓄積、等々の経済的概念だけをあやつる。そして単純再生産および拡張再生産が可能である場合、または諸攪乱が現れざるをえない場合の基礎となる量的関係を示せば、それで問題の解決が得られたものと信じている。そこでは次のことが見落とされている。これらの量的関係には同時に質的諸関係が対応するということ、そのまま直ちに相互に比較されうる諸価値額が互いに相対しているだけでなく、生産および消費において特定の諸属性を実現せねばならない特定種類の諸使用価値もまた互いに相対しているということ、再生産過程の分析にあたっては、生じうべき産業資本の過多または過少が、それに対応する貨幣資本部分によって「調整」されうるというように、諸資本部分一般が互いに相対しているだけでなく、また、固定資本または流動資本が問題であるだけでなく、同時にまったく特定の（技術的に特定の）種類の機械、原料、労働力が問題なのであり、諸攪乱を避けるために、これらのものがこの特殊な種類の諸使用価値として現に存在せねばならないということ、これである。(8)」（傍点―中田）この指摘は再生産過程の分析において――あるいは再生産表式分析において――きわめて重要な論点である。続いて次のように述べている。

この取り違えは、トゥガン-バラノフスキーの恐慌理論において極端化されている。この理論は、ただ資本主義的生産の特殊な経済的形態規定だけを見て、その際、一切の生産にその歴史的形態を問わず共通な自然的諸条件を見落としている。したがって、それは、生産は生産のためにのみ存在し、消費はただ荷厄介な偶然事としてのみ現れるという奇妙な考え方に到達する。これがすでに「狂気の沙汰」であるとしても、それはなお『方法』を、しかもマルクス主義的方法をとっている。というのは、まさにこの資本主義的生産の歴史的形態規定の分析こそは、マルクス主義に特有だからである[9]（傍点―中田）。

恐慌に際して現実にわれわれが見いだすのは、一方では遊休産業資本たる建物、機械、等々であり、他方では遊休貨幣資本である。産業資本を遊休させるのと同じ原因が貨幣資本を遊休させる。貨幣が流通に入らず、貨幣資本として機能しないのは、産業資本が機能しないからである。貨幣が遊んでいるのは産業が遊んでいるからである。「フェニックス」会社は、資本（貨幣資本）が不足だからとて生産をやめるのではなく、いまや貨幣資本を潤沢に利用しうるからとて生産を再開するのでもない。むしろ貨幣がありあまるのは生産が縮小されているからである。貨幣資本の『不足』は、すでに生じた過剰生産の結果としての流通過程の停滞の兆候であるに過ぎない[10]。トゥガンの恐慌・産業循環論に対するきびしい批判である。以上、ヒルファディングの諸批判は『資本論』の理論を全的に否定し、俗流経済学者の考え方が完全に正しいと主張したトゥガンの理論＝恐慌・産業循環論およびその強い影響をうけた当時の恐慌理論家たちに対する徹底した理論的批判・闘争である。それは文字通り、『資本論』の理論の継承である。

（1）*Das Finanzkapital*, S. 421. 訳②一八三、㊦二二九頁。
この有名な『理論』とはいうまでもなくトゥガン-バラノフスキー『イギリスにおける商業恐慌の理論および歴史の研究』である。
（2）a. a. O., SS. 421-422. 訳②一八三―一八五、㊦二二九―二三〇頁。
（3）a. a. O., SS. 422-423. 訳②一八四―一八五、㊦二三〇―二三一頁。
（4）a. a. O., S. 422. 訳②一八五―一八六、㊦二三二頁。
（5）a. a. O., S. 423. 訳②一八五、㊦二三一―二三二頁。
（6）a. a. O., S. 424. 訳②一八六―一八七、㊦二三三―二三四頁。

（7）a. a. O., S. 419. 訳②一八〇—一八一、㊦二二五—二二六頁。
（8）a. a. O., SS. 420-421. 訳②一八二、㊦二二七—二二八頁。
（9）a. a. O., S. 421. 訳②一八二—一八三、㊦二二八—二二九頁。
　ここでもまた、トゥガンの所説に対する批判であることが容易に分るであろう。
（10）a. a. O., S. 421. 訳②一八三、㊦二二九頁。

第八章　『金融資本論』と信用論(1)

第一節　問題の所在——従来の批判的諸見解

ヒルファディングの信用論は、『金融資本論』研究のなかでは、貨幣論と同様、きびしい批判を浴びせられてきた分野である。「貨幣の正しい分析によらなければ、信用の役割が、したがって、銀行資本と産業資本との関係の基本的諸形態が認識されえない」という、「貨幣論を前提した信用論の考察」という上向的な分析方法からすれば、レーニンによる「貨幣論」の誤りの指摘が、それ以降の、ヒルファディングの信用論研究に必要以上に影響を与えてきたことは否定できないであろう。たとえば飯田繁氏は次のように述べている。

「信用の正しい理解は貨幣の正しい分析によってはじめてこたえられる、というのだから信用理論が正しいか正しくないかは、貨幣理論が正しいか正しくないかによってきまることになる。そう考えたヒルファディングは、貨幣の分析には特別の注意をはらい、そしてどくとくな貨幣理論をうちだしたのであったが、この貨幣理論は、レーニンによるとまちがっている……。もしほんとうにかれの貨幣理論が正しくないとすれば、かれの信用理論もまた、かれじしんの論理にしたがうかぎりでは、正しくないことになろう。(1)」

「貨幣論のまちがいは直接信用論の誤りを意味する」として貨幣論と同様、全面的な批判に晒されてきた。マルクスの信用論の歪曲・修正という烙印のもとにその独自的意義さえも完全に放逐されてしまった。しかし最近の研究動向をみると、そうした分析的視角・分析的方法が是正され、ヒルファディングの所説に即した内在的考察が試みられるようになり、信用論をめぐる諸論点が一層明確になってきた。

ヒルファディングの信用論をめぐる主要な批判=通説的批判は概ね次の三点に要約できよう。彼の信用論は①利子生み資本の規定に欠け、利子生み資本の独自的運動を理解できなかったということ、②『資本論』の方法とは全く異なるものであり、貨幣、貨幣資本、利子生み資本が混同されてしまったということ、③利子生み資本範疇とその独自的運動の無理解が彼の流通信用と資本信用との区別と関連とを不明確なものにし、両者の混同をもたらしたということである。このように彼の見解はマルクス信用論を歪曲し修正するという誤りを犯した、ときびしい批判に晒されてきたのである。(2)

上述の如き諸批判は、ヒルファディングの信用論が商業信用と銀行信用というマルクスの信用範疇に対して彼独自の新たな信用範疇を置換されていることからくる、むしろ当然の疑念を動機とするものであろう。そこからともあれ、彼の信用論がマルクスの信用論をどこまで継承しているのか否かをめぐって論争が展開され、上記の諸批判が有力な流れを形成し通説的かつ支配的見解となったということができよう。しかし、こうした諸見解は、そこにいかに鋭い指摘がみられるとしても概ね否定的な評価の立場からの批判に終始しており、したがって、そこからはヒルファディングの信用論の独自的意義を析出するという道は閉ざされることになるであろう。

ヒルファディングの信用論は主として『金融資本論』第一篇「貨幣と信用」第一章「貨幣の必然性」、第二章「流通過程における貨幣」、第三章「支払手段としての貨幣。信用貨幣」の分析をふまえて、第四章「産業資本の流通における貨幣」、第五章「銀行と産業信用」、第六章「利子率」の三つの章から構成されており、それの「上向的」展開を通じて流通信用と資本信用が信用の基本的規定の論理系譜上に措定される一方、それを基礎に信用の変動的規定の論理系譜上に流通信用→資本信用が措定され、両者の内的関連性が理論的・分析的に解明されている。貨幣論を基礎にした信用論の展開という問題視角から重要な諸論点を挙げれば、さし当たり、①信用貨幣と紙幣との本質的相違性、②信用貨幣による貨幣節約、③信用貨幣と景気変動＝信用と恐慌との関連などが指摘できよう。

(1) 飯田繁「ヒルファディングの信用理論」(『講座信用理論体系Ⅳ』、日本評論社、一九七〇年、二三二―二三三頁)
(2) 松井安信編著『金融資本論研究』北海道大学図書刊行会、一九八三年を参照されたい。関説論文として宇野弘蔵「経済学における原理論と段階論――『金融資本論』における両者の混同について」『思想』第433号、一九六〇年(『宇野弘蔵著作集 9』岩波書店、一九七四年、所収)、その他、拙著『擬制資本論の理論的展開』未来社、一九九三年を参照されたい。

第二節　貨幣の機能変化と信用貨幣

一　貨幣の機能変化――流通手段の支払手段への転化

ヒルファディングは資本主義的信用について、流通手段としての貨幣の機能変化、つまる流通手段から支払手段への転化としての貨幣の機能変化という観点から説き起こす。まず支払手段としての貨幣とは何か。彼は次のように述べている。

「商品は、まず売られて後に至って始めて支払われることができる。商品の価値が貨幣によって置き換えられる前に、商品の位置転換がすでにすんでいる。売手は債権者となり、買手は債務者となる。貨幣は売りと支払との分離によって、新たな一機能を与えられる。それは支払手段となる。商品と貨幣という両等価が同時に販売過程の両極にあらわれるのではなくなった。支払手段は流通にはいるが、それは商品がすでに流通から出てしまってからである。貨幣はもはや過程を媒介するのではなく、これを独立に終結させるのである。債務者なる買手が貨幣をもたなければ、彼は支払をなしうるためには、商品を売らねばならない。彼が支払わなければ、彼の財産の強制売却が行われる。かくて、商品の価値姿態たる貨幣は、流通過程そのものの諸関係から生ずる社会的必然性によって、いまや売りの自己目的となる。流通手段としての貨幣は買手と売手との社会的関連を媒介し、したがって、この関連自体が貨幣の媒介によってのみ成立するのであるが、支払手段としての貨幣は、貨幣が機能し始める前にすでに、形成されていた社会的関連を表現する。(1)」

商品の売買当事者間の社会的関係を直接媒介する流通手段としての貨幣とは異なり、流通手段の機能変化から導出される支払手段としての貨幣は、すでに商品の位置転換がすんで形成されていた社会的関係を表現するものであり、したがって、流通手段のように過程を媒介するのではなく、交換価値の絶対的定在として過程を終結させるのである。だからこの社会的関係が無効になれば、つまり、支払が履行されなければ、債務者の財産の強制売却が行われるのである。かくて「支払手段としての貨幣の機能は、支払を延期するという買手と売手との双方の合意を前提する。したがって、ここでは、経済的関係が一つの私的行為から生ずるということを意味する。売買とならんで、債権者と債務者という第二の関係、二私人間の義務関係が成立する(2)」というわけである。このような論述は、支払手段としての貨幣の機能を把握し「貨幣恐慌の可能性」を理解するうえで基本的な指摘である。

しかし他面では、「支払手段としての貨幣は、すでに行われた売買を代表するにすぎない。貨幣は差し当たりはただ観念的に価値尺度として機能したにすぎない。支払は後になって始めてなされる。諸売買が同じ人々のあいだで行われたのならば、それは相殺され、ただ差額だけが貨幣で支払われればよいということになる。その限りでは、貨幣はここでもまだ諸価値の代表者であるにすぎず、代位されることができる。(3)」したがって、貨幣が支払手段として作用する場合には、「売手は商品を譲渡したが、その際社会的に妥当する等価、貨幣を入手したのでもなければ、この交換行為において貨幣を不要にするような等価値の他の一商品を入手したのでもない。彼はただ買手の支払約束をもつにすぎず、その背後には社会的保証はなく、ただ買手の私的保証があるだけである。彼がある約束と引換に商品を渡すということは、彼の私事である。(4)」そしてこの買手の私的保証が手形である。かくて「売手は、一つの支払義務、一つの『手形』と引換に、商品を引き渡した(5)」というわけである。

二　貨幣――信用貨幣としての手形の機能――手形の流通と信用貨幣

上述の如くこの手形で商品の売買が行われ、手形が転々と流通するようになると、「かような人々の圏内では、手形は、流通手段または支払手段として、簡単にいえば、貨幣――信用貨幣として機能する。」このように、手形が「転々と流通するようになる」という論理段階にあっては、その「圏内」では、手形は「流通手段または支払手段」として機能し、したがって、信用貨幣になるというわけである。この信用貨幣としての手形は、後述するように本来的信用貨幣たる銀行券の基礎をなす。しかし、信用貨幣とはいえ、それは本質的には私的に保証されうるものにすぎない。したがって、信用貨幣として機能しうるには、貨幣への転換＝兌換が必要である。(6)

「信用貨幣は、社会的にではなく私的に保障されたものであり、したがって、常に貨幣に転化されうるもの、兌換されうるものでなければならない。この兌換性が、疑わしければ、支払手段の代用物はあらゆる価値を失う。したがって、支払手段としては、貨幣は支払指図証によって代位されうるにすぎない。この指図証は、相互の組み合わせによって相殺されない限り、貨幣に換えられなければならない。(7)」

ヒルファディングは、支払手段としての貨幣の機能――手形の信用貨幣化――を論じたうえで、「支払手段の代用物」としての信用貨幣の特質を、国家紙幣との対比を通じて明らかにしている。そこでの私的保証としての信用貨幣の兌換性こそは、流通手段機能から生まれ強制通用力を有する国家紙幣との本質的区別標識をなすものといえよう。

この本質的差異性をふまえて、さらに両者の差異性の内容規定が概ね次のように指摘されている。「国家紙幣は商品流通の社会的最小限を基礎とする」が「手形流通はこの最小限を越えて場所を占める」。したがって、紙幣の量は「流通の最小限に制限されていなければならない」が、「信用貨幣の数量は、貨幣が支払手段としてそのために機能すべき諸商品の価格総額に懸かっているだけである」ということ、信用貨幣と異なり「国家紙幣は、信用貨幣を基礎とするものではない」が「手形はただ私人を義務づけ、国家紙幣は社会を義務づけるというこの事実に、国家紙幣と手形との減価可能性の相違は基づいている」ということ、つまり、紙幣を国家の債務または信用貨幣とよぶのは、全く誤りに導く、それは社会的義務という、いわば「連帯責任」を負っているので、流通の最小限を越えて過剰に発行されると、それに反比例して紙幣の減価を生ぜしめることになるということである。(8) これに対して信用貨幣は、どのように把握されなければならないか。

三　信用貨幣の形態規定性

「兌換性である信用貨幣は、その減価をその数量から導き出す（不換国家紙幣のように）ことはけっしてできず、兌換性の無効から導き出しうるだけである。兌換性に些かでも疑いがあれば、ただちに例題検算が行われる。愛らしく『小紙片たち』に囲まれて金のことを忘れてしまっていた商品所有者たちが、みな金のもとにかけつける。人々は常に彼らの初恋に返る。(9)」

このように、信用貨幣が流通しうるのは、貨幣との兌換に対する信頼が揺るぎない限りにおいて、兌換が確保されている限りにおいてである。信用貨幣がそのようなものである限り、それは商品流通にとって必要な限りでのみ流通にはいり、不要となれば、流通から引き上げられる。それは過程が必要とする量を超えて創造されたり、過程にとって不必要になったのに、そのまま滞留し累積されるなどということはありえない。この性質は本来的な信用貨幣たる銀行券において成熟するものとなる。こうした国家紙幣と信用貨幣との対比を通じて信用貨幣の機能的諸特質――両者の差異性――が明らかにされている。これらの論点は、いわば「両者における全貨幣節約の構造上の差異」を示すものである。その点、次のような論者の見解には同意し難い。

「ヒルファディングは、両者〔国家紙幣と信用貨幣〕における貨幣節約の構造上の差異にほとんど触れるところがない。せいぜい前述の如く背景に言及しているにすぎない。これでは、この背景そのものが有する意義の決定的相違から両者の本質的差異を明確にし、貨幣流通と信用流通との関連について確たる認識に到達することはとうてい不可能であったといわねばならない。(10)」

この点に関しては、さらにヒルファディングが国家紙幣は信用関係を基礎とするものではなく、それを国家債務または信用貨幣と呼ぶのは全くの誤りに導く、と述べた後、「減価可能性」について両者に言及しているところでも、上述の批判的見解が一面的であることが容易に理解されうるであろう。なお両者の関連性については「六　信用貨幣と景気変動＝恐慌との関連(2)――信用貨幣と国家紙幣――」でも取り上げている。

ところで、信用貨幣は具体的には生産的資本家相互間の売買に基づいて生ずる。それは流通の内部で流通に基づいて生ずる。つまり、それは商品の売買に基づく債権債務関係の発生から導き出されうるものである。資本主義的生産の発展は、個々の狭隘な市場を統一的な世界市場へ転化し商品取引を全面化するが、その「全取引の最大部分はこの私的な信用貨幣によって、すなわち、相殺される債務証書および支払指図証によって行われる。(11)」そして、それを最大限に可能にし貨幣を節約しうるのが、相殺と諸支払の集中のための、独特の施設の発展である。ヒルファディングはそのように述べているのである。次節では貨幣節約の様式としてこの点が検討される。

四　信用貨幣による貨幣節約様式

ヒルファディングは貨幣節約論を展開するにあたってまず「支払に必要な貨幣量」が支払手段の流通速度に懸かり、この流通速度がまた債権債務関係の連鎖と諸支払期間の間隔によって制約されることを明らかにし、続いて貨幣の節約について論及する。

「一定の時期には常に一定数の債務証書が満期になる。これらの証書は、諸商品の、すなわち、その販売がこれらの証書を生ぜしめた諸商品の、価格総額を代表する。この価格総額の支払に必要な貨幣量は、まず第一に、支払手段の流通速度に懸かる。この速度は二つの事情によって制約されている。すなわち、Aはその債務者Bから貨幣を受け取り、それをさらにその債務者Cに支払うというような、債権者と債務者との諸関係の連鎖と、相異なる諸支払期間のあいだの間隔とがそれである。[12]」

「過程G—W—G〔W—G—W〕において諸販売が同時に相並んで行われるならば、このことは流通手段の流通速度を制限し、したがって、流通速度をもって量を補うことを制約する。これに反して、諸支払が同時にかつ同一場所において行われるならば、それらは相殺されることができ、支払手段としての貨幣は節約されうる。同じ場所における諸支払の集中とともに、自然発生的に、それらの諸支払の特有の諸施設と諸方法とが発展する。たとえば、中世リヨンにおけるヴィルマン（振替）がそれである。諸債権は、つき合わされて、ある額まではプラスとマイナスとして相殺されさえすれば、よい。そうすれば、ある債務差額だけが決済されるべきものとして残る。諸支払の集中が大量的であればあるほど、それだけこの差額は、したがって流通する支払手段の量も、相対的に少ない。[13]」

ここでは貨幣節約の二様の観点が明確に示されている。すなわち「債権者と債務者との諸連関の連結」・「信用の連鎖」の形成→「貨幣の流通速度の加速」による貨幣節約と「諸支払の集中・相殺」による貨幣節約とがそれである。とくに諸支払の集中と相殺、それを媒介する組織・方法等の発展が強調されている。しかしここでは、一般的な意味において商品流通の基礎上で、支払手段としての貨幣の機能の変化から生ずるものとして信用が把握されているが、特定されるべき信用の形態規定はまだ与えられてはいない。続いて、ヒルファディングは「流通手段に対する支払手段の優勢」について次のように述べている。

「全取引の最大部分が、この私的信用貨幣によって、すなわち、相殺される債務証書および支払指図証によって行われる。流通手段に対する支払手段の優勢の理由は、資本主義的生産の発展とともに流通の諸関係も複雑化され、適当な販売と購買との時点が分離し、一般に、売られうるときにのみ買われうるという結びつきがなくならざるをえないということである。(14)」

ここではじめて、これまで一般的な商品流通の論理段階で捉えられたにすぎない、したがって、いまだ信用の形態的特徴を示しえなかった先の「信用」が、「全取引の最大部分が、この私的信用貨幣……によって行われる」という特定段階の商品流通における信用の問題として、より具体的に捉えられることになる。それ故に、この論理段階での信用貨幣による貨幣節約は、ヒルファディングによれば、資本主義的商品流通の論理段階における貨幣節約であるということができる。このように考えると、「ヒルファディングは……信用関係展開の社会的契機としての支払手段としての貨幣なる点を看過してしまって、支払手段と信用貨幣とを、その貨幣機能面において比較し、両者間に代替可能性を見るにとどまる(15)」という批判的見解は正鵠を射たものとはいい難い。その点は、先述の第二節二「貨幣――信用貨幣としての手形の機能――手形の流通と信用貨幣」において両者の同等性と差別性とが、明らかにされている。

さらに信用貨幣の「節約」機能についてヒルファディングは次のように述べている。

「信用貨幣は資本家相互間の売買に基づいて生ずる。それは、流通の内部で、かつ流通に基づいて生ずる。信用貨幣の効果は、金の現存額による制限から流通を解放することにある。信用貨幣が機能する限り、金は、もはや流通手段としては機能せず、したがって、肉身をもって商品に相対する必要がなく、ただ最終の貸借の清算に用いられるにすぎない。この貸借そのものは金量に比すれば、巨大であってその清算には独特の諸施設が用いられる。しかし流通はわれわれの見たように、資本主義的生産の条件でもあれば結果でもある。資本主義的生産は、資本家が流通上の一行為によって生産諸要素を所有するに至ったときにのみ開始される。この流通が現実の貨幣の定在から独立のものになると同じ程度で、生産も金量から解放される。この金は、結局は労働を要費し、空費の一大項目をなすのであるから、貨幣の代位は、直接には流通過程の無益な費用の節約をなすものである。(16)」

ここではまず、信用貨幣が流通過程での資本家相互間の売買に基づいて生ずるものであると述べているように、信用貨幣による貨幣節約が資本主義的生産の論理段階に明確に位置づけられていることがわかる。が、なおそれが資本主義的信用としては、いかなる範疇のものであるかについての規定は与えられてはいない。そこでは「貨幣の代位〔貨幣の節約〕は流通過程の無益な費用の節約をなすもの」として、「流通空費としての貨幣の節約」であることが明示されている。この機能的特質をなすものが商業信用である。それが「流通空費の縮減」という信用の基礎規定をなすものであることは、容易に理解されうるであろう。こうした信用の基礎規定をふまえて、ヒルファディングは「諸支払の集中、相殺による貨幣節約」を論述すると同時に、後述するように、諸支払の相殺の限界性と無媒介的矛盾を含有する支払手段としての貨幣の機能との関係を取り上げ、信用貨幣と景気諸変動との関連性つまり信用の変動的規定を明らかにする。

五　信用貨幣と景気変動＝恐慌との関連(1)

ヒルファディングは、信用貨幣による貨幣節約機能のためには、「同じ場所における諸支払の集中」とともに、それらの「相殺の特有な諸施設」が必要であると述べている。この点については後述する。まず、差し当たり次の点をふまえておこう。貨幣節約は手形の相殺と手形の流通範囲の拡張とによって一層大きくなるが、生産的資本家相互間の商業信用＝流通信用では、限界がある。この限界を止揚する方法が銀行券で手形を割り引くということである。しかし、そのためには手形が集められて突き合わされる「特有の諸施設」が必要である。この諸機能を銀行が果たす。が、この機能は本来の銀行業の規定内容をなすものではなく、貨幣取扱業者としての銀行機能にとどまっているものといえる。しかしいずれにせよ、それは流通信用の範疇的定立と銀行機能導出という、彼の信用論の展開方向が明確に提示されたものといえる。彼は諸支払の相殺による貨幣節約に関して信用貨幣が「支払約束にすぎない」という意味において、無媒介的矛盾を内包することによるその問題性を指摘し、そこから信用貨幣と恐慌との関連を取り上げている。この論理次元における信用と恐慌との関連の問題である。

「信用貨幣の数量は生産および流通の大きさによって制限されている。信用貨幣は商品取引に役立つのであり、結局において、その媒介によって取り引きされた商品の価値によって保証されている。しかし、国家紙幣の場合とは異なり、ここでは増大されえない最小限は与えられてはいない。反対に、商品の数量および価格の増大とともに信用貨幣は増大する。しかし、信用貨幣は支払約束であるにすぎない。もし商品の取引が現実の金と引換になされたのであり、したがって、価値と価格とが交換されたのであれば、過程は終局的にすんでいて、その後の攪乱は排除されているであろう。しかし、いま、取引は支払約束と引換になされたにすぎない。この約束が守られうるかどうかは、債務者が彼の買った商品を、またはその代わりに他の一商品を同じ価値で再び売りうるかどうか、に懸かっている。交換行為が社会的諸条件に適合しなかったり、またはそのあいだに諸条件が変化したりすれば、彼はその支払約束を履行しえず、その約束は無価値となる。これに代わって現実の貨幣が登場せねばならない。(17)」

このように、信用貨幣は本質的には支払約束にすぎないものであり、無媒介的矛盾を内包するものである。それ故にこそ、再生産が流動性を維持、諸支払が相殺される限りにおいて現実の貨幣は登場しないですみ、貨幣は節約される。が、再生産の諸条件が変化し、商品の販売困難が生じると、支払約束の不履行→支払約束の価値喪失により、現実の貨幣があらわれざるをえなくなるというわけである。こうした観点から、続いてヒルファディングは信用貨幣と恐慌との関連について、さらに次のように述べている。

「信用貨幣の数量は、恐慌時における諸商品の価値の収縮とともに甚だしく収縮するということがでてくる。しかし、収縮は、より高い価格を代表する信用貨幣の減価を意味する。物価の収縮に売れ行きの停滞が加わり、商品は売れなくなるのに、手形は満期になる。手形の換金は疑問になった。かくて価格収縮と販路梗塞とが、諸商品と引換に振り出された信用貨幣の価値を減少させる。この減価は、すべての商業恐慌に伴う信用恐慌の本質的要因をなす。(18)」

この叙述に続いて、彼は『資本論』第一巻から次の箇所を引用している。

「支払手段としての貨幣の機能は一の無媒介的矛盾を含んでいる。諸支払が相殺される限り、貨幣はただ観念的に計算貨幣または諸価値の尺度として機能するにすぎない。現実の支払を要する限りでは、貨幣は流通手段として、すなわち物質代謝の単に一時的で媒介的な形態として現れるのではなく社会的労働の個別的化身、交換価値の独立的定在、絶対的商品として現れる。この矛盾は生産・商業恐慌中の貨幣恐慌と呼ばれる瞬間に破裂する。貨幣恐慌は、諸支払の連鎖と諸支払の相殺の人工的な制度とが充分に発達している場合にのみ起きる。この機構のより一般的な攪乱とともに、この攪乱がどこから生ずるかを問わず、貨幣は突然に、かつ媒介なしに計算貨幣の単に観念的な態様から硬貨に一変する。(19)」

信用貨幣の量は、恐慌が生ずると商品価格の収縮とともに、甚だしく収縮するということ、それによって、収縮時の、より高い価格を代表する信用貨幣は、その価値を減少させざるをえないということである。この信用貨幣の「価値減少→無価値化」は「流通の中に一つの間隙をつくりだす」ことになり、そこからヒルファディングは、恐慌との関連において、信用恐慌を回避するためには、この「間隙」を補充するための国家紙幣の流通を拡張すべく必要性を説く。(20) すなわち、価値増殖諸条件の悪化→価格下落→販路の停滞・梗塞→信用貨幣の価値減少・無価値化→流通過程の「間隙」→流通の「攪乱・断絶」が発生すると指摘し、この「間隙」を補充し「断絶」を回避するために、無価値となった信用貨幣（支払約束）に代わって「現実の貨幣」が登場せねばならないと主張しているのである。したがって、ヒルファディングは信用貨幣を資本の再生産から切り離し、それの貨幣的形態規定の段階においてのみ把握されている、という通説的批判には根本的な難点が残るといわざるをえない。したがってまた、次のような論者の批判には問題がある。

「国家紙幣は、それの投入される契機と道程からして、資本の再生産過程にとっては、外的にのみ関与し、それに組み込まれることがない。これにたいして、信用貨幣が、純粋にその形態を展開するのは、資本の再生産過程の流通契機と、その背後にある産業資本の剰余価値生産および実現のより具体的、現実的側面に由来しているのである。こうした点からしても、〔ヒルファディングの信用貨幣把握は〕それを、資本の再生産から切り離し、論理的に抽象されたそれの貨幣的形態規定の次元においてのみされているのであり、信用貨幣の真の形態規定論の展開をなしているものとはみなしがたい。[21]」こうした批判は正鵠を射たものとはいい難い。以上の諸論定をふまえて、ヒルファディングは支払責任・負担の中央銀行への転嫁という信用関係の上向展開の方向を次のように提示する。

六　信用貨幣と景気変動＝恐慌との関連(2)――信用貨幣と国家紙幣

「信用貨幣の減価が最大なときにこそ、強制通用力をもつ国家紙幣はその最大の勝利を体験する。それは金貨幣と同様に法定支払手段である。信用貨幣の無効は、流通の中に一つの間隙を作り出し、そしてかの真空嫌忌（horror vacui）はその充塡を命令的に要求す。かような時期には、国家紙幣（または中央銀行券――その信用は揺るがず、またそれは、後にみるように、実際に法律的規制によって国家紙幣と信用貨幣とのあいだの――中間段階をなす）の流通を拡張することが合理的となる。これが行われなければ貨幣（金属および国家紙幣）は打歩を得る。たとえば、最近のアメリカの恐慌におけるグリーンバックのように。[22]」

ここでは明らかに信用貨幣が、その機能を発揮しうる特有の施設、つまり、「諸支払の連鎖と諸支払の相殺の人口的制度」として、したがって利子生み資本の制度として発展した信用・銀行制度の形成が論理的な基礎・前提となっていることが分かる。こうして信用貨幣は、一方では「金の現存額による制限から流通手段を解放」し、「流通過程の無益な費用の節約」、つまり、「流通空費としての貨幣の節約」に作用するが、この信用貨幣の貨幣節約機能にとっては、「諸支払が相互に比較されうる特有の施設が必要とされ、こうした諸施設の発展に伴って貨幣の節約が増大する。そしてこの任務は発達した銀行制度のもとでは諸銀行の重要な一機能となる。[23]」というわけである。しかし、同時に、他方ではこの諸支払の連鎖と諸支払の相殺の人口的制度の発展こそが逆に、恐慌時における価格収縮と販路梗塞とによって、「信用貨幣の無媒介的矛盾の発現」を生ぜしめることになる。この「矛盾の発現」を回避するために、つまり「流通の中での間隙」を埋めるために「国家紙幣または中央銀行券の流通の拡張」が要請される」というのである。こうした論点には、支払の責任負担を中央銀行・政府へと転嫁していくという信用体系の上向展開の方向――管理通貨制――が容易に看取されうるであろう。こうした論理の道筋をふまえて、ヒルファディングは第三章「支払手段としての貨幣。信用貨幣」を次のようにしめくくる。

「資本主義的発展の進行につれて、第一に流通させられる商品の総量は、したがって社会的に必要な流通価値は、急速に増大する。それとともに強制通用力をもつ国家紙幣の占めうる余地が増大する。第二に、生産の範囲の大きさとともに、諸取引が信用貨幣によって行われる範囲が増大する。この二つのことは、いずれも遂行されるべき流通過程と支払とに比しての金属貨幣の著しい減少を引き起こす。[24]」

すなわち、第一の論理体系上には管理通貨制が、第二の論理体系上には中央銀行がそれぞれ措定されうるであろう。このように資本主義的生産の発展に伴って、一つには流通商品総量の急速な増大→紙幣流通領域の拡張を、いま一つには生産範囲の飛躍的な拡張↓信用貨幣による諸取引範囲の増大……というように、再生産過程の内的諸条件の拡大をもたらすが、こうした再生産の拡大に対応した信用諸関係の展開は、いずれも金貨幣を著しく節約させる。つまり、金貨幣節約の一般的傾向である。この資本主義的生産の発展に伴う「紙幣流通領域の拡大」と「信用の流通による金貨幣の節約」とから「無政府的生産の作用の除去」の論理が信用流通領域にも拡大されることになる。がこの論理は、第二篇「資本の可動化、擬制資本」における株式会社・証券市場論および信用・銀行制度の構造的変化——銀行資本論の展開——を経て、第三篇「金融資本と自由競争の制限」の論理段階において理論的に展開される。すなわち金融資本と独占の形成とその独占的支配下において、一方では、景気変動の全局面を通じて貫徹される「生産の基本額」の設定とそれに対応した価格形成という独占段階の価格支配＝市場支配の論理および金融資本と恐慌・産業循環の変容の論理の理論的前提となるものである。

（1）*Das Finanzkapital*, S. 62. 訳①一一八—一一九、㊤九八—九九頁。
（2）a. a. O., S. 63. 訳①一二〇、㊤一〇〇頁。
（3）a. a. O., SS. 63-64. 訳①一二〇、㊤一〇〇頁。
（4）a. a. O., S. 64. 訳①一二〇—一二一、㊤一〇一頁。
（5）a. a. O., S. 64. 訳①一二〇—一二一、㊤一〇一頁。
（6）a. a. O., S. 64. 訳①一二〇—一二一、㊤一〇一頁。
（7）a. a. O., SS. 64-65. 訳①一二一、㊤一〇二頁。
（8）a. a. O., SS. 65-66. 訳①一二一—一二三、㊤一〇二—一〇四頁。
（9）a. a. O., S. 66. 訳①一二三、㊤一〇四—一〇五頁。
（10）飯田裕康「ヒルファディングおける貨幣と信用」(『三田経済学会誌』第70巻6号、一九七七年、第72巻2号、一九七九年)
（11）*Das Finanzkapital*, S. 68. 訳①一二五、㊤一〇七頁。
（12）a. a. O., SS. 66-67. 訳①一二三—一二四、㊤一〇五頁。

(13) a. a. O., S. 67. 訳①一二四、㊤一〇五—一〇六頁。
(14) a. a. O., S. 68. 訳①一二五、㊤一〇七頁。
(15) 飯田裕康、前掲論文、二五頁。
(16) *Das Finanzkapital*, SS. 68-69. 訳①一二五—一二六、㊤一〇七—一〇八頁。
(17) a. a. O., S. 69. 訳①一二六—一二七、㊤一〇八頁。
(18) a. a. O., S. 69. 訳①一二七、㊤一〇八—一〇九頁。(『資本論』岩・一・二六一頁)
(19) a. a. O., SS. 69-70. 訳①一二七、㊤一〇九頁。
(20) a. a. O., SS. 69-71. 訳①一二七—一二八、㊤一〇八—一一〇頁。
(21) 飯田裕康、前掲論文、二七頁。
(22) *Das Finanzkapital*, S. 70. 訳①一二八、㊤一〇九—一一〇頁。
(23) a. a. O., S. 70. 訳①一二八、㊤一一〇頁。
(24) a. a. O., S. 71. 訳①一二八—一二九、㊤一一一頁。

第三節　産業資本の流通における貨幣の役割と信用

一　産業資本の流通における貨幣

ここでは「貨幣は商品に、商品は貨幣に、形式的には常に一様な仕方で転化している永久に一様な市場事情」・「流通事情」そのものから、如何にして信用が成立するか、また如何にしてその信用が「資本主義的信用としてついには社会的諸事象を支配する力」となりうるのか。その秘密が追跡＝解明される。すなわち、再生産過程における資本の循環過程の考察から流通信用が、資本の回転期間の考察から資本信用が析出され、両信用の論理的必然性が解明される。さらに、景気変動との関連で流通信用の資本信用への転化の論理が析出される。ヒルファディングは『資本論』

の理論を継承し、それを理論的前提にして次のように述べている。すべて産業資本は一つの循環過程を通るが、ここの関連で関心をもたせるのは、形態転化だけである。資本主義的生産過程の分析はマルクスが『資本論』第一巻であますところなく与えている。ここの研究で立ち入る必要のあるのは、価値の形態変化だけであり、価値・剰余価値の発生ではない。剰余価値の発生・資本の価値増殖は生産過程で行われるが、価値の形態変化は流通過程に属する。(1)

このように、ヒルファディングは、資本主義的生産過程の分析はマルクスが『資本論』第一巻であますところなく与えており、そこには何一つ追加すべきものはないと述べ、『資本論』第一巻の理論を継承し前提とする。彼はこれまで部分的・限定的に論じてきた信用関係を資本の循環過程および回転期間における資本価値の形態変化との関連において体系的・分析的、より具体的に検討する。信用はまず資本の循環過程との関連において取り上げられる。資本の循環はG(貨幣)—W(商品)…P(生産過程)…W'—G'をえがく。このように産業資本はその特殊の機能形態として貨幣資本(G)および商品資本(W)として現れるので、ここでの分析対象は流通過程における貨幣資本および商品資本に即したものでなければならない。流通信用の分析視角が提示される。何故に彼が『資本論』の理論を継承し前提としながら、マルクスの二大信用範疇をなす商業信用と銀行信用に置き換えて流通信用と資本信用とを用いざるをえなかったか。その点は単なる便宜上の問題であろうか。それともマルクスの信用論からの逸脱、その否定であろうか。しかし、そのいずれも的外れの議論である。それはマルクスの信用論における重要な論理の展開を意味するものであると考えられる。その点は行論の中で明らかにされるであろう。

ヒルファディングは「支払手段としての貨幣の機能が諸信用関係を含みうる」という論点を再確認したうえで、次のように述べている。「資本の流通過程の第一段階G—Wは二つの部分、すなわち、G—PmとG—Aとに分かれる」が、G—Aでは労働力の維持には日々の消費を必要とするから、賃金は現金でなければならない。ここでは「信用はなんの役割も演じない」として、さし当たり賃金Aを考察の対象から除外する。そのうえで、信用の分析対象を特定

＝設定する。すなわち、「過程G―Pmは異なる。ここでは信用がより大きな役割を演じる」と述べて、G―Pm過程における信用の役割を取り上げる。このようにG―Aにあっては、労働力の維持は日々の消費を必要とするから、賃金は現金でなければならないが、過程G―Pmではそれとは異なる。ここでは信用がより大きな役割を演じうると指摘する。生産手段は資本として機能し剰余価値の生産、資本の価値増殖を目的とする。正常な経過を前提すれば、この貨幣は流通期間の経過後、増殖されて彼の手に帰るものである。この貨幣の前貸、すなわち、還流を前提とし商品を基礎とする信用（掛売と掛買）が生ずる。ヒルファディングはこの信用を生産信用と呼ぶ。(2)

このように資本の「前貸―還流」が一般に生産信用の前提であるが、同時に「信用は、ここではその購入に貨幣が前貸しされた諸商品を基礎とする。(3)」生産信用は、それが直ちに「資本信用」であるとか、「支払信用」ないし「流通信用」であるとかという、特定の信用形態・信用機能を指したものではないが、そしてその限りでは資本主義的信用一般を指したものと解されるが、しかしこの場合、ヒルファディングは、まず資本の「前貸―還流」を資本主義的信用成立の一般的前提条件であると述べたうえで、この信用は「その購入に貨幣が前貸しされた諸商品を基礎としている」として「諸商品を基礎」とするという・制限的・規定的条件を付与される。ここではじめて、この信用が「支払信用」ないし「流通信用」と同義のものとして内容規定される。そしてこの信用だけが、ここで問題とされる信用として分析的検討の対象とされるのである。ヒルファディングは次のように述べている。

「生産手段の売手は、彼〔買手〕に商品を前貸しして、その代わりに支払約束を、たとえば手形を受け取る。そこで資本家〔買手〕は期限の終わりには、おそらくすでに彼の前貸資本の流通過程からの還流をもって支払いうるであろう。そうである限り、彼の貨幣資本の総額は、そうでない場合に必要であるべき額よりも少なくありうるのであって、信用が彼の資本力を拡張したのである。(4)」

ここでは、商品流通そのものから、貨幣機能の変化から、つまる流通手段から支払手段への貨幣の転化から生ずる信用が問題にされているのである。資本家が相互に取り結ぶこの信用においては、それを受ける側の資本家の貨幣資本が節約されうること、それが用いられない場合よりも、彼の資本力が拡張されうるということ、である。つまり、ここでの問題は、信用を受ける側に生じうる貨幣資本の節約であり、それによる資本力の拡張である。そこにこの論理次元での、この信用の基本的特徴がある。

「信用という事実は商品を買いうるためには、資本は貨幣形態をもたねばならない、ということを少しも変えるものではない。この事実は、ただ、諸支払が相殺される限り、さもなければ、交換のために必要とされるであろう金属貨幣の量を減少させるだけである。しかしこの量は、貨幣が取引においてもつ資本性格によって規定されるというようなものではなく、ただ、商品流通の性格から生ずる諸法則に従うにすぎない。他の事情をすべて不変とすれば、前貸しされねばならない貨幣の量を決定するものは、買わねばならない諸商品の価格総額である。したがって、貨幣資本の前貸しの増加は、生産資本たるに適する諸商品（Pm＋A）の購入の増加以外には、したがって、流通手段および支払手段の量の増加以外には、なにものをも意味しない。[5]」

上述のように、この信用は資本の貨幣形態の問題であり、利子率の変動には本質的には関係はない。貨幣形態にある資本の問題ではない。したがって、この信用は利子率に直接作用しない。利子率に変動を及ぼすことなく増加する。利子率に直接作用するのは「貨幣形態にある資本の供給と需要との関係」、つまり、ただこの需要だけである。[6]この論理次元での信用は繰り返すが「商品流通そのものから、貨幣機能の変化から、流通手段から支払手段への貨幣の転化から生ずる信用」である。その意味においてこの信用は単純商品流通を論理的契機とするものである。が、しかし、そうだからといって、ここでは、この信用は歴史的過程としての単純商品流通を直接その形成基盤とするものではない。この信用は単純商品流通とは発展段階をまつたく異にした資本主義的商品流通段階に措定されるものでなければならない。つまり、ここでの論理的契機とは資本主義的商品流通から抽象された単純商品流通のことである。そのことが疑問の余地なく明示されている。なぜなら、この信用による貨幣節約、つまり個別資本家にとっての貨幣資本の節約の論理の特徴は「ただ、商品流通の性格から生ずる諸法則に従うにすぎない」という意味において、資本主義的商品流通に基づく信用であり、その過程を媒介するこの信用による貨幣の節約であるからである。事情に変化がなければ、前貸しされねばならない貨幣の量を決定するのは、買わねばならない諸商品の価格総額であり、したがって、貨幣資本の前貸しの増加、生産資本に適する諸商品の購入価格の増加、つまり、そうした意味における流通手段および支払手段の量の増加以外には、なにものをも意味しないからである。このように、資本主義的商品流通に基づくこの信用の一般的性格と限界性を指摘したうえで、ヒルファディングはこの「増加」に際して、二つの相反する傾向が作用する、と次のように述べている。

「好況期における蓄積の急速化とともに、特定の諸商品に対する需要は増大し、したがって、その価格は上昇する。価格総額の上昇は、貨幣の増加を必要ならしめる。同時に他面では、信用が増大する。というのは、このような好況期には、還流は規則的に行われ、資本の価値増殖は確実に見え、したがって、信用供与の意向と可能性が増すからである。信用の膨張は、ここでは金属貨幣の基礎をこえて急速な拡張を可能にする。(7)」「資本主義的生産の発展とともに、信用の充用な部面が絶えず絶対的に増大し、相対的にはより以上に増大することは明らかである。なぜならば、資本の有機的構成の高度化の進展とともに、G―Pmなる取引はG―Aに比して絶えず増大し、したがって、信用の部面も現金の部面に比して増大するからである。(8)」

ここでは、産業循環＝好況・繁栄局面におけるG―Pmに関連した信用の必然性が論述されている。すなわち、この循環局面は一方では「蓄積の急速化→特定諸商品W（Pm＋A）の需要増大→さらなるAに対するPmの相対的増大→商品価格の上昇→貨幣需要の増加（信用需要の増大）」という貨幣需要（信用需要）の急速な増大があり、他方では「貨幣還流の規則性→価値増殖の確実性→信用供与の可能性の増大」という価値増殖諸条件の改善に伴う信用供与の急速な増大がある。この二側面における過程進行の統一的把握から信用の必然性が導出されている。この論理次元におけるトゥガンの貸付資本の「過多説」または「不足説」とはその見解を根本的に異にしている。

さらに上記の観点からヒルファディングは次の諸点を指摘する。すなわち、資本主義的生産の発展とともに信用の充用な部面が絶えず絶対的に増大し、相対的にはより以上に増大する信用の展開方向が強調されているが、その過程は産業循環に媒介される需要の増大・生産の拡大↓価格の形成と利潤の増大↓固定資本投資の拡大と集中↓資本の有機的構成の高度化↓価格の高騰と利潤率の上昇↓利潤率の低下傾向の潜在的進行↓還流の遅滞と販路停滞↓新投資の中止↓過剰生産・過剰蓄積↓価格破綻と利潤率の急落……を必然化せしめる。したがって、この過程の進行は同時に「流通過程の攪乱、W—GまたはG—Wの過程の延長」となって現れる。この過程を資本の循環過程として捉え、そこでのG—Pmに関連した信用の必然性が論証される。上記の如くこの信用は①支払信用であり、②相互信用であり、③前貸——還流を前提した商品を基礎とする信用であり、そして④手形信用である。その包括的概念がこの論理次元の流通信用である。が、それは流通信用の商業信用機能の側面をなすものといえる。流通信用の内容規定の第一形態である。(9) この点に関する流通信用の内容規定は行論の関係上、後述する。

しかし、以上の「資本の循環過程の考察」という分析視角からは貨幣資本の所有者と企業者とへの資本家の機能分割から生ずる信用はいまだ考察されてはいない。だが「貨幣資本の大きさに対する回転期間の影響を考察する場合には、事情は一変する。これまでとは異なる「新たな一機能」を果たす信用が形成されるからである。ここにはじめて、商品流通を基礎にして形成・発展する生産的資本家相互間の信用という商業信用機能とは本質的に異なるものとして再生産過程の外部から生産資本家に貸付けられる「新たな機能」としての信用と、それの創出・担い手としての銀行業＝信用・銀行制度とが分析視角に明確に据えられることになる。

二　資本の循環・回転→遊休貨幣資本と信用の形態規定

ヒルファディングは第四章「産業資本の流通における貨幣」で「これまでのところでは、循環過程の考察からはまだ信用の役割についての新たな規定は生じない。われわれが貨幣資本の回転期間の影響を考察する場合には、事情は一変する」[10]と述べている。資本の循環を一回限りではなく、連続的な過程としてみれば、それは資本の回転である。資本の回転期間は生産期間と流通期間とからなる再生産過程の連続的な過程である。この資本の回転期間の考察から周期的に遊離する貨幣が生ずる。再生産過程から排出される遊離・遊休貨幣資本の形成である。しかし遊離・遊休貨幣化した貨幣資本は利潤を生みえない。したがって、この遊休をできる限り妨げようとする努力が生まれる。この課題は信用によってのみ解決されうるが、それによってまた、信用は新たな機能を果たす。この新たな信用の機能、新たな信用諸関係が問題になる。が、まず遊休貨幣資本の発生原因＝形成源泉が明らかにされなければならない。彼は次のように述べている。

(1)　資本の再生産過程＝生産過程の連続性を維持するために必要な購買手段準備金としての貨幣資本（追加資本）が形成される。この追加資本はそもそものはじめから、一定期間の遊休化を余儀なくされる貨幣資本であること、——遊休貨幣資本の形成①——である。

(2)　$G-W<^{Pm}_{A}$ の過程においては、貨幣が直ちに労働力および生産手段の購買に当てられうるわけではないので、一部分留保されているあいだ、それが遊休貨幣資本に転化すること、——遊休貨幣資本の形成②——である。

(3)　固定資本は耐用期間の終了まで、その価値を一回転期間中の平均的消耗分に等しい部分だけ生産物に移転する。たとえばその価値が一〇万マルク、その機能期間を平均一〇〇ヶ月だとすれば、その補塡分として一〇〇マルクが還流する。この補塡分が一〇〇ヶ月後に新たな建物・機械等の購入に必要とする一〇万マルクに達するまで、貨幣形態で保持せねばならない。このように、固定資本の回転＝再生産様式の特定の仕方、つまり、固定資本の還流の仕方から形成される貨幣資本が周期的に遊休化すること、――遊休貨幣資本の形成③――である。

⑷　実現された剰余価値の貨幣額が生産的使用に十分な額となるまでのあいだ、絶えず貨幣形態で積み立てられなければならない。この蓄積基金としての貨幣資本が、遊休化すること、――遊休貨幣資本の形成④――である。

以上⑴、⑵は流通資本としての貨幣資本の遊休化①②であり、⑶は固定資本の還流の仕方から析出される貨幣資本の周期的遊休化③であり、⑷は資本主義的蓄積の仕方から生ずる貨幣資本の遊休化④である。

留意すべき事項〔1〕として、② G－W$<^{Pm}_{A}$の場合であるが、既述のごとくG－W$<^{Pm}_{A}$の過程においては、貨幣が直ちに労働力および生産手段の購買に当てられうるわけではないので、一部分留保されているあいだ、それが遊休貨幣資本に転化するということ、である。こうした貨幣の存在が新たな信用成立の条件・基礎である。このように、この論理次元では賃金部分が遊休貨幣資本の源泉に組み込まれ、信用の対象領域に含まれうるものとして把握されたことである。信用諸関係の考察対象を明確にする際に、流通信用＝商業信用の論理次元では賃金部分は信用の考察からは除かれていた。

「賃金労働者は労働力を売ることによってのみ生活し、労働力の維持には日々の消費を必要とするから、彼への支払は、常則的に比較的短期間に反復されて、彼が自己保存に必要な買い入れを絶えずなしうるようになさねばならない。したがって、資本家は絶えず貨幣資本家として、彼の資本は貨幣として、賃金労働者に相対せねばならない。それゆえ、ここでは信用はなんらの役割も演じない。[11]」文字通り『資本論』の理論の継承である。

このように、既述の流通信用＝商業信用の機能規定の論理次元では、賃金部分には信用の役割は見出しえなかったのであるが、この賃金部分が、上述のように遊休貨幣資本の中に取り込まれると、銀行信用との関連では、それは遊休化した手形流通のための準備金とともに銀行に預けられることによって銀行の準備金を形成し、それを基礎にした手形割引が行われるのである。ここではヒルファディングはこうした論理の展開方向――利子率に連動する方向――

を明示している、と考えられる。つまり流通信用のいま一の側面への展開方向の指摘である。

留意事項〔2〕として、④資本主義的蓄積の仕方の場合であるが、実現された剰余価値の貨幣額が生産的使用に十分な額となるまでのあいだ、絶えず貨幣形態で積み立てられなければならない。この蓄積基金としての貨幣資本が、遊休化するということである。留意すべきことは、こうした資本の循環過程の諸条件から析出される「暫時的」な意味での貨幣形態での積立・貯蔵は、単純な商品流通段階の貨幣蓄蔵とは本質的に異なるという点である。それは資本主義的再生産過程＝生産過程そのものの性質から生ずる必然性となるのであって、偶然的・恣意的性質のものではないし、また、それらはけっして再生産過程の外部において形成される「国債、抵当証券、社債等の利子や地代、金利生活者およびすべての固定的収入をうる者の貯蓄等々」ではないということである。

「単純な商品流通との差異は、さらに単なる流通手段が遊離させられて蓄蔵貨幣に凝固するのではなく、貨幣資本が遊離させられるということである。それは同時に価値増殖過程の段階だった貨幣、そしていまや、新たに価値増殖過程にはいるべく、改めて貨幣資本となるべく努めねばならない貨幣である。したがって、それは貨幣市場に圧迫を加える。[12]」（傍点―中田）

資本の一般的範疇G―W―G'からみれば、資本の運動は資本の生産過程Pを包摂した過程であり、この過程が生産物の販売（W'―G'）および生産諸要素の購買（$G-W<\begin{smallmatrix}Pm\\A\end{smallmatrix}$）によって補塡される・いわば包括的な統一過程をなす。このような生産物の販売（W'―G'）と購買（G―W）は、商品価値の視点からみれば、単純な商品流通に過ぎず、そこでの遊離貨幣・蓄蔵貨幣の形成は単なる流通手段の遊離に過ぎないが、資本の運動＝価値増殖の視点からみれば、それは資本の循環過程における商品資本の貨幣資本への転形と貨幣資本の生産資本への転形である。このような二の過程の本質的差異性を確認したうえで、ヒルファディングは資本の運動の視点から価値増殖過程の段階にあった貨幣、そしてさらに新たに価値増殖過程に入るべく起動力＝貨幣資本となるべく貨幣、この貨幣こそが、この論理次元にお

ける遊休貨幣資本でなければならない。だからこそ、このような遊休貨幣資本は貨幣市場に圧迫を加える、と述べているのである。このような分析視角はトゥガンの観点――不況期の「貨幣資本の過多」説、あるいは繁栄期の「貨幣資本の欠乏」説――とはまったく異なるものでる。

こうして、ヒルファディングはここでの貨幣蓄蔵が資本主義的商品流通段階において把握されなければならないものであることを指摘したうえで、いまやそれは、上述の資本の循環・回転から遊離・析出された遊休貨幣資本、新たに価値増殖過程に入るべく、あらためて貨幣資本となるべく努めねばならない貨幣、起動力としての貨幣資本となるべく貨幣、そうした貨幣として内容規定されるのである。

この論理次元での、起動力としての貨幣資本となるべく努める貨幣とは、『金融資本論』第九章第三節三「遊休貨幣資本の変動とその諸要因」において論述しているように、資本の有機的構成の高度化→総資本のうち可変資本部分に対する不変資本部分の比率の増大、したがって、流動資本に対する固定資本比率の増大……といった社会的生産力の発展段階における資本の循環と回転の過程から形成される遊離・遊休貨幣資本のことである。この巨額の貨幣資本は、資本の循環過程の開始、価値増殖過程に入るべく改めて貨幣資本となるべく貨幣である。それは新投下資本＝生産手段の買いG―Wであり、したがって資本の循環過程 $G-W<^{Pm}_{A}\cdots P\cdots W'-G'$ の発端過程を始動せしめる「起動力」をなすものであり、だからこそ「過程全体に衝撃を与える機動力となる」というわけである。

ここではじめて、貨幣市場との関連が指摘される。がしかし、貨幣資本が大なり小なりの量で長短の期間、遊休するということは「貨幣資本がこの期間は利潤を生みえないことを意味し、資本の立場からいえば、死重である」(13)ということである。それは、価値増殖を旨とする資本、つまり資本の機能と矛盾せざるをえない。それゆえに資本の遊休化を最小限に抑え、遊休貨幣資本を機能貨幣資本に転化させるべく、新たな信用関係の形成に導くことになると主張する。したがって、「彼〔ヒルファディング〕は、ここで産業資本の回転から、必然的に周期的に生み出される『遊休貨幣資本』が『信用制度の基礎の一つ』をなすという事実と、この『遊休貨幣資本』そのものの規定を明確にすることなしに、この『遊休貨幣資本』発生論から直接に資本制信用の諸規定、したがってまた近代的信用制度の問題を説くこととの正当性とを簡単に同一視するという誤りを犯してしまう(14)」という、論者の理解の仕方には根本的な難点がある。

三　遊休貨幣資本の変動とその諸要因

この新たな信用関係の検討に入るまえに、ヒルファディングは遊休貨幣資本の量的変動とその諸要因とについての考察に向かう。なぜか。それは、なによりもこの遊休貨幣資本の変動が、資本にとっての死重の程度を規定するものであり、貨幣市場に、貨幣資本の需給に、直接的影響を及ぼすものである、と考えたからである。彼は次のように述べている。

「すべての前述の諸要因、すなわち、資本の有機的構成〔の高度化〕、ことに流動資本部分に対する固定資本部分の比率〔の上昇〕、流通期間を短縮する商業技術の発達、これと同じ方向に作用する運輸手段の発達、しかし、これに対して生ずる一反対傾向としてのますます遠隔な市場訪問〔進出〕、周期的景気変動による還流速度の相違、最後に生産的蓄積の緩急、すべてのこれらの事情が、遊休貨幣資本の量と遊休期間の長さとに作用する。」「さらに、諸商品の価格変動の影響が、重要な要因としてこれに加わる。原料の価格低下が生ずれば、われわれの例解の資本家は、生産を同じ規模で続行するためには、毎週一〇〇〇マルクではなく、たとえば九〇〇マルクだけ前貸しすればよい。したがって、彼の資本の全回転期間については、九〇〇〇マルクではなく、八一〇〇マルクでよく、九〇〇マルクが遊離する(15)。」

そしてこの遊離した九〇〇マルクの貨幣について次のように『資本論』からの引用を加える。

「このように『分離されていていまでは使用されておらず、したがって貨幣市場で投資口をさがす資本すなわち貨幣資本は、もともと貨幣資本として投下された』九〇〇〇マルク『の資本の一部分にほかならないが、この部分は、それが周期的に再転化されてゆく生産諸要素の価格の下落によって、事業が拡張されずに旧来の規模で続けられるためには、過剰となる。この価格の下落が偶然的事情（なかんずく豊作や供給過剰など）によるのではなく、原料を供給する部門における生産力の増大によるとすれば、この貨幣資本は、貨幣市場への、一般的にいえば、貨幣資本形態で利用できる資本への、絶対的追加となろう。というのは、それは、もはや、すでに充用されている資本の不可欠な構成部分ではないからである。[16]』」

このように、遊休貨幣資本の量的変動がひき起こされるのであるが、これらの諸要因は、景気の周期的な変動に際しての貨幣市場の発展にとって、大きな重要性をもつ。ヒルファディングは次のように述べている。

「繁栄〔繁栄の第一段階＝回復・好況期〕のはじめには物価は低く、還流はまだ速く行われ、流通期間は短い。好景気〔繁栄の第一・二段階＝好況・繁栄期〕のときには、物価は上昇し、流通期間は長くなる。流通のために信用がより強く要求されるが、同時に、生産の拡張によって、資本信用に対する要求も増大している。流通期間の延長も、物価の上昇も追加資本を必要ならしめ、この追加資本は貨幣市場から取り出されざるをえず、利用されうる貸付資本の量を減少させる。[17]」

ここでは、産業循環＝周期的変動と信用、および生産拡大と信用との諸関連が取り上げられている。内容的には一応の指摘にとどまり、理論的考察は後の課題とされているが、そこには重要な論点が提示されている。この論理次元は社会的生産の拡大による資本の有機的構成の高度化に伴って、①総資本のうちの可変資本部分に対する不変資本部分の比率の増大、不変資本のうちの流動資本に対する固定資本部分の増大、②商業の発展＝商業技術の発展に伴う流通期間の短縮、運輸手段の発達……といった景気の周期的変動＝好況から繁栄への局面転換に対応する信用の変動、動態化の過程である。したがって、この過程は新価格の形成と利潤の増大――雇用の増大と賃金の上昇――消費の拡大……といった価値増殖諸条件（改善の諸原因）の全面的な展開の過程である。が同時に、この過程は逆に、それと同じだけ反対（悪化の諸原因）の諸傾向を潜在的に強めていく過程でもある。すなわち、①ますます遠隔化する市場の開拓、②周期的な景気変動による還流速度の相違と遅滞、③さらに生産的蓄積の緩急と部門間の不均衡の拡大、④販路の梗塞・停滞、⑤貨幣還流の遅滞……といった価値増殖諸条件の悪化の潜在的累増の全面的な進行過程でもある。

さらにヒルファディングは次のように述べている。社会的生産力の発展→生産規模の拡張については「資本のより高い有機的構成への進展とともに、一般にその回転期間も長くなる。充用資本の大きさだけでなく、それが生産過程で機能する時間も増大する。前貸資本がその出発点に帰るまでの時間が長くなる」[18]と述べ、この論理段階における生産規模の拡張は、資本量の飛躍的上昇――固定資本の増大と最低必要資本規模の拡大――と資本の長期にわたる前貸しを必要とすると指摘している。そのことによって、ヒルファディングは、一方では景気変動との直接的関連における信用の動態化と、他方では、生産力の発展に伴う「生産の拡大→資本の有機的構成の高度化→固定資本の拡大・最低必要資本量の飛躍的上昇」という、この二側面を内的に関連させ統一的に把握し、この二側面の過程的進行に対応すべく信用形態の展開を分析的に解明する。後者の過程に前者の景気変動的諸要因が結合し、全体として過程が、複雑に絡み合いながら、一体的な進行を通じてさらなる競争の激化→一層の利潤率の低下……として現れると指摘する。この重層・複雑な動態化過程において貨幣資本需要の「量的」側面だけでなく「質的」側面も重視される。前者が景気変動と信用、後者が固定資本の回転と信用の問題であり、かつ一方は流通信用＝手形割引の限界→流通信用の資本信用への転化であり、信用の変動的規定――信用と恐慌――に関わる論理の展開方向である。他方は資本信用の基本的規定――信用と再生産過程の質的高度化と量的発展――に関わる論理の展開方向である。このように、二側面の過程進行に対応した新たな信用諸関係、新たな信用論の展開方向が提示される。そのことが「資本の遊休を最小限におさえ、遊休貨幣資本を機能貨幣資本に転化させるべく「新たな信用関係」、「新たな信用論」に関する問題である。

ヒルファディングは「しかし、資本の遊休は、利潤を生産するという資本の機能と矛盾する。かくて、この遊休を最小限に縮減しようとする努力が生ずる。この任務は、信用の新たな一機能をなす(19)」と述べ、「信用による遊休貨幣資本の機能貨幣資本への転化」の分析に向かうのである。まず「生産的資本家が遊休貨幣資本を相互に融通し合う(20)」という資本主義的信用の基本的関係を論理的前提にして分析的解明を試みる。

四　信用による遊休貨幣資本の機能貨幣資本への転化――資本の社会的相互融通と再生産過程の連続性の維持

ヒルファディングは、前項「遊休貨幣資本の変動とその諸要因」の末尾で「しかし、資本の遊休は利潤を生産するという資本の機能と矛盾する。かくて、この遊休を最小限に縮減しようとする努力が生ずる。この任務は、信用の新たな一機能をなす(21)」と述べていた。すなわち、遊休化した資本は、利潤を生みえず、資本の価値増殖にとって死重をなすものであるが、しかし、この遊休貨幣資本は節約することはできない。それは「資本の流通機構自体から貨幣資本が大なり、小なりの量で長短の期間、遊休するという必然性(22)」に基づくからである。そうだとすれば、この節約できない貨幣資本の遊休化を最小限に縮減することが、要請される。この要請に応えることが信用の新たな一機能、つまり、新たな信用の任務となるというわけである。このように、これまでとは明らかに異なる信用の展開方向を提示したうえで、彼は次のように述べている。

「信用がこの機能を果たしうる仕方は、いうまでもなく明きらかである。われわれは、資本の循環過程から周期的に貨幣資本が遊離させられることを知っている。しかし、この、一個別資本の循環から分離された貨幣資本は、それが信用によって他の資本家に用立てられるならば、他の一資本の循環において貨幣資本として機能しうる。かくて資本の周期的遊離は、信用関係の発展にとって重要な一基礎をなす(23)。」

このヒルファディングの叙述の特徴は遊休貨幣資本の利潤生み資本化の方向を提示するものである。ここでは「資本の遊休は、利潤を生産するという資本の機能と矛盾する」、つまり、それは「資本の価値増殖にとって死重をなすものである。」「資本家の立場からすれば死罪である」がゆえに、信用の媒介により、この「遊休する貨幣資本」を遊離させた個別資本とは別の個別資本に用立てることができれば、貨幣資本として機能し、死罪を免れうるというわけである。つまり、個別諸資本家相互の間における遊休貨幣資本の社会的な相互融通という資本の要請に基づく信用関係の展開過程に措定される信用の問題である。それが「新たな信用」、「資本信用」である。それは次の叙述からも確認されうる。

「例えば、一資本の循環過程に休止が現れて、資本が貨幣資本として固定したままになるように循環過程の中断が生ずるならば、潜在的貨幣資本が形成され、それがいまや信用によって他の資本家たちに用立てられる。これは、非連続的生産過程の場合に起こることである。……しかし、すべて貨幣資本の遊休は、この貨幣資本を、信用の媒介によって、これを遊離させる個別資本の外部の他の生産的目的に振り向ける可能性を意味する。[24]」「これに反して、貨幣資本が遊離させられない他の諸段階で循環が中断されれば、今度は逆に、過程が連続的に維持されるためには、やはり貨幣形態で保証されなければならない準備金か、または発達した信用制度のもとでは、信用を求めることが必要である。[25]」

ここでの論理の特徴は、いずれの部面においても過程の連続性を維持するために信用の媒介によって個別諸資本間における遊休貨幣資本の社会的な相互融通の要請に応えるという点である。この遊休貨幣資本の社会的な相互融通関係による再生産過程の連続性の維持が、貨幣信用の論理系譜上に位置づけられる資本信用の展開、その基本的な方向性を示すものである。このような問題視角から、ヒルファディングは資本信用の必然性を次の二側面から論述する。

「かようにして、一面では循環過程の性格から資本信用の供与の可能性を与える。しかし、貨幣は常に流通空費をなし、したがつて資本主義的生産は、貨幣資本を同様に増加させることなしに自分の諸力をますます強く緊張させようとする傾向をもつので、この信用は必然的となる。他面では流通過程におけるいかなる撹乱も過程W―GまたはG―Wのいかなる延長も、生産過程の連続性を維持するためには追加資本、予備資本を必要ならしめる。」(26)

このように、資本信用の必然性の論理は、上述の「分析視角」から、一面では利潤を生みえない遊休貨幣資本の形成・存在を論理的前提として「流通空費」としての貨幣資本の縮減、つまり、遊休貨幣資本の縮減を、信用の媒介による生産的資本家間の社会的な相互融通関係を通じて利潤生み資本化すること、したがって、「貨幣資本を同様に増加させることなし」に、自己の資本力の増大をはかろうとすることに求められている。この論理段階――『金融資本論』第一篇第四章「産業資本の流通における貨幣」――では、この側面からの資本信用に関する把握は、以上のごとく抽象的な内容規定にとどまるが、資本信用のより具体的展開は、ここで析出された信用機能が後続の第五章「銀行と産業信用」において銀行の特殊機能として自立化し「新たな信用」であると位置づけられる。この「新たな信用」が資本信用として内容規定される。他面では流通過程の撹乱――不均衡の増大などというように、再生産過程の齟齬と還流の遅滞といった景気変動の特定局面の諸契機を媒介とする産業資本家の追加資本需要に対応する信用の新たな一機能が指摘される。信用貨幣（手形）に代わって貨幣が求められるというのがそれである。この場合、銀行にとっては「貨幣資本に対する需要増加」としてあらわれ、利子率変動に直接関わるものとして把握される。この観点は、景気変動的諸要因を媒介・契機として、流通信用――商業信用の代位形態としての手形割引（銀行信用）――から資本信用（銀行信用）へ転化するという資本信用の展開の方向である。しかし、この展開方向からの資本信用論は第五章「銀行と産業信用」で基本的観点が取り上げられ、さらに第六章「利子率」で本格的に論述される。この点は後述する。

しかし、こうした「貨幣資本の遊離に基づく信用は、単純な商品流通の基礎のうえで、単に貨幣の機能変化から生ずる、支払信用からは本質的に区別される」[27]というものでなければならない。ヒルファディングはこの両者が本質的に異なるものであることを強調する。このように述べた後で、彼は、この章の最末尾においてこの論理段階でのかかる「新たな信用形態」の具体的な展開の方向性をふまえて、「銀行による産業支配」を、マルクス『資本論』第二巻からの引用をもって締めくくっている。すなわち、「資本主義的生産の進行とともに、各個別生産過程の規模は拡大され、またそれとともに前貸しされるべき資本の最小限は拡大されるから、かの事情が他の事情に加わって、ますます産業資本家の機能を、個別的または総合的大貨幣資本家の独占に転化する。[28]」この「所説」に対してヒルファディングは「……マルクスのこの箇所では、銀行による産業の支配という最近時の最重要な現象が、わずかにこの現象の萌芽が見られえたばかりのときに、予言されているのである。[29]」と述べて、この章を締めている。

この『資本論』の「産業資本と銀行資本との関係」の展開方向が継承され、ヒルファディングの「銀行資本と産業資本との緊密化」の論理として展開される。まずそれは、第五章「銀行と産業信用」、第六章「利子率」で信用論の上向的展開過程に即して取り上げられ、さらに第二篇第七章「株式会社」、第八章「証券取引所」の分析を経て、第二篇第十章「銀行資本と銀行利得」における信用・銀行制度の構造的変化——銀行資本の再規定——を通じて、その理論的な展開が試みられる。そうした理論的展開の総体関係こそが、第三篇「金融資本と自由競争の制限」の論理の理論的な基礎・前提諸条件をなし、この論理段階における「かの集積」過程、すなわち一方における産業的集積・集中運動、他方における銀行集積・集中運動という二側面の過程的進行を「銀行資本と産業資本との緊密化」の論理を媒介環として結合し資本の金融資本への転化と独占の形成を導き出したといえる。

（1）*Das Finanzkapital*, S. 74. 訳①一三二—一三三、㊤一一五—一一六頁。
（2）a. a. O., S. 76. 訳①一三五、㊤一一八—一一九頁。
（3）a. a. O., S. 76. 訳①一三五、㊤一一八—一一九頁。

(4) a. a. O., S. 77. 訳①一三六、㊤一一九—一二〇頁。
(5) a. a. O., S. 77. 訳①一三六、㊤一二〇頁。
(6) a. a. O., S. 96. 訳①一五八、㊤一四七頁。
小野朝男、前掲論文を参照されたい。
(7) a. a. O., SS. 77-78. 訳①一三六—一三七、㊤一二〇—一二一頁。
(8) a. a. O., S. 78. 訳①一三七、㊤一二一頁。
(9) この点に関する流通信用の概念の内容は「四『近代』資本主義と信用(1)」で明らかにされる。
(10) a. a. O., S. 78. 訳①一三七、㊤一二一頁。
(11) a. a. O., S. 76. 訳①一三四—一三五、㊤一一八頁。
(12) a. a. O., S. 84. 訳①一四五、㊤一三〇頁。
(13) a. a. O., S. 84. 訳①一四五、㊤一三〇頁。
(14) 高山満「ヒルファディング恐慌論の基礎構造Ⅷ」(『東京経大学会誌』第44号、一九六五年)を参照されたい。
(15) *Das Finanzkapital*, S. 88. 訳①一四九—一五〇、㊤一三五—一三六頁。
(16) a. a. O., SS. 88-89. 訳①一五〇、㊤一三五—一三六頁。(『資本論』岩・六・二二一頁)
(17) a. a. O., S. 89. 訳①一五一、㊤一三六—一三七頁。
(18) a. a. O., S. 89. 訳①一五一、㊤一三七頁。
(19) a. a. O., S. 91. 訳①一五三、㊤一三九頁。
(20) a. a. O., S. 91. 訳①一五三、㊤一四〇頁。
(21) a. a. O., S. 91. 訳①一五三、㊤一四〇頁。
(22) a. a. O., S. 92. 訳①一五四—一五五、㊤一四一—一四二頁。
(23) a. a. O., S. 91. 訳①一五三、㊤一三九—一四一頁。
(24) a. a. O., S. 92. 訳①一五三、㊤一四〇頁。
(25) a. a. O., SS. 92-93. 訳①一五四、㊤一四一頁。
(26) a. a. O., S. 93. 訳①一五四—一五五、㊤一四一—一四二頁。
(27) a. a. O., S. 93. 訳①一五五、㊤一四二頁。
(28) a. a. O., S. 93. 訳①一五五、㊤一四二頁。(『資本論』岩・五・一六六頁)
(29) a. a. O., S. 93. 訳①一五五、㊤一四二—一四三頁。

第四節 「近代」資本主義と信用(1)——信用論の展開

一 銀行と産業信用

ここでは、資本主義的信用に関するこれまでの、ヒルファディング独自の分析をふまえて、流通信用と資本信用に関する総合的な分析的考察から両信用の概念の内容が規定される。まず「流通信用」に関しては、これまで個別に検討されてきた貨幣節約と資本節約およびこの二つの節約形態の関連が明らかにされる。

「信用は、まず第一に、支払手段としての貨幣の機能の変化の単純な結果として、あらわれる。実際に販売が行われてから、ある時間の後に支払が行われるならば、この時間中は貨幣が信用貸しされることになる。したがってこの信用形態は商品所有者を、発達した資本主義社会では生産的資本家を前提とする。過程を個別的な一回限りのものと想定すれば、この過程の意味するところは、ただ、資本家Aが十分に予備資本をもっていて購買の瞬間には支払手段の必要額を使用しえないBからの還流を待ちうる、ということにすぎない。この一方的な信用供与の場合には、AはBが支払期限まで必要とするのと同じだけの貨幣を余分にもっていなければならない。これによって貨幣が節約されるのではなく、ただ移転されるだけであろう。(1)」

ここでは、一方的な信用供与をなすところの、二人の生産的資本家(A→B)間の信用関係が取り上げられている。AはBが支払期間まで必要とするのと同じだけの貨幣、つまり、節約された貨幣資本に相当する額を余分にもっていなければならない。つまり、Aの販売期間=手形期間には貨幣資本の現実の還流は生じえないので、Aは生産過程の連続性を維持するために、生産手段の諸要素への転形を持続させるに必要な追加資本=購買手段準備金をもっていなければならない、というわけである。しかし、それは信用が形成されなかった場合にも必要なものであるから、Aにとって事態の変化は、貨幣資本の現実の還流がBの支払能力に依存することになるという点である。これに対してBは貨幣資本が節約されたことになる。Bは、現実に貨幣を支払うことなしに商品を手に入れたのであるから、その分だけの貨幣資本が不要となり、節約されたことになる。しかし、この場合、Bは、彼自身の商品資本の貨幣資本への転形によってAへの支払をなすので、ここでは支払手段としての貨幣の節約は生じえない。このように、資本主義的信用としてのこの「信用」は、信用を受ける側のBの貨幣資本の節約を基本的契機とするものである。しかし生産的資本家間に信用連鎖が形成され、それぞれの商品売買が貨幣の介入なしに行われる場合には、事態は変化する。

「支払指図指証そのものが支払手段として機能する場合には、これとは異なる。言い換えれば、Aが信用をBに与えるだけでなく、Bの手形でCに支払うことによってA自身もCから信用を受ける場合である。このときC自身がBになすべき支払があって、CがBにこのB自身の手形で支払うとすれば、この場合には、AB間、AC間、CB間のそれぞれの商品売買が、貨幣の介入なしに行われることになる。したがって、貨幣が節約されたことになる。また同時に、この貨幣は追加貨幣資本（商品資本の流通過程のための）として生産資本家たちの手になければならないはずのものだったから、これによって彼らにとっては貨幣資本が節約されたことになる。手形が貨幣に代位したのは、手形自身が貨幣機能を果たし信用貨幣として機能したからである。[2]」

ここでは信用の一方的供与の場合とは異なり、A・B・C三者間の円環的な信用の連鎖が考察の対象である。この場合には、手形は、債権債務の相殺によって決済されるので「絶対的貨幣」として機能したことになる。なぜなら、この場合には、貨幣に転化されるということが生じないからである。したがって、貨幣が節約されたことになる。ここでの信用は、再生産にたずさわっている生産的資本家たちが、商品をもって相互に与え合う信用である。ヒルファディングによれば、この場合の商品は単純商品ではなく商品資本である。したがって、販売者にとっては、この商品の販売は、単なる価値ではなく増殖した価値の実現であり、購買者にとっては単なる使用価値の獲得ではなく生産手段の獲得である。

ここでの貨幣の節約は、資本主義的商品流通段階での信用に関する問題であり、それ故にこそ、それはまた、個別資本家にとっては貨幣資本の節約としてあらわれるのである。したがって、この信用は、貨幣資本を節約することによってより少ない貨幣資本で同額の生産資本を、また同額の貨幣資本でより多くの生産資本を運動させることができるのである。(3) また資本主義的商品流通過程は、生産した商品を流通へ送り込む産業資本の運動を中心にして展開するが故に、この貨幣の節約は、いまや個別資本家間の信用に基づく貨幣資本節約を基本的契機として展開するものとして把握される。ここにはじめて、ヒルファディングはこの「生産的資本家たちの間に行われる信用」を流通信用と名づけ、資本主義的信用としてその形態規定を与える。

ここで考察されたような、「生産的資本家たち自身のあいだに行われる信用を……流通信用と名づける。……それは貨幣に代位し、したがって、費用のかかる金属を節約する。なぜならば、それは貨幣の介入なき商品の移転を意味するからである。この信用の拡張は、かような商品移転の拡張に基づき、そしてここでは商品資本――生産的資本家たちのあいだの諸過程――が問題にされるので、再生産過程の拡張に基づく。再生産過程が拡張されれば、生産資本の形態における資本（機械、原料、労働力など）にたいする需要が増大する。(4)」

このように、この流通信用において貸付けられるのは遊休貨幣資本ではなく再生産過程で現に機能している商品資本であるから、流通信用の拡張は「商品の移転の拡張」に、「再生産過程の拡張」に基づく、というわけである。ところで、この流通信用の特徴は商品量の増大と信用貨幣（手形）量の増大とが一致し、流通費を節約するのであるから、貨幣形態における資本の（供給と）需要には直接結びつかず、したがって、利子率に作用しないという点である。ヒルファディングは次のように述べている。

「生産の増大は、同時に流通の増大を意味する。増加した流通過程は、増加した信用貨幣によって処理される。手形流通は拡大される。そして、それが拡大されうるのは、流通にはいる商品量が増加しているからである。かくてかような流通の増大は、金貨幣に対する需要が増大する必要がなく行われうる。貨幣資本の需要と供給との関係にも変動の生ずる必要はない。なぜならば、増加した商品量に基づいて信用貨幣がより多量に発行されうるので、流通手段に対する需要の増加と同時に、またそれと同じ割合で、供給が増大しうるからである。[5]」

この点は、この信用形態の本質的特徴の一つを表示するものであるが、しかし、ヒルファディングは、こうした論理段階の信用機能の特質を確かめることにのみ、この流通信用の分析課題を求めたわけではない。むしろそこに、再生産の齟齬と還流の停滞とに伴う貨幣需要の変化という要因を取り込むことによって、信用の動態化への論理の展開方向を提示することにあった。この「貨幣需要の変化」こそは、信用の動態的把握にとっての決定的な要因・契機をなすからである。肝要な点であるが、それは、利子生み資本の運動に関連し利子率に作用するのが、まさにただこの「需要」だけである、と彼が考えていたからである。

二　信用論の展開方向(1)――銀行と流通信用(1)

ヒルファディングは、まず「手形信用は、流通過程の経過中の信用であって、流通期間中保持されねばならない追加資本に代位する。この流通信用を生産的資本家たちは自ら互いに与え合う[6]」と述べ、流通信用機能の商業信用的側面の内容把握を総活的に与えたうえで、流通信用＝商業信用は再生産過程が流動的であり、還流が保証されている限りは、持続し拡張しうるが、「還流が生じない場合に限って、貨幣が第三者によって、銀行によって用立てられねばならない[7]」と指摘し、ここにおいて流通信用機能の銀行信用的側面の内容把握の方向がうち出されることになる。が、しかし、ここでは直ちに、そうした観点から銀行信用（手形割引）による商業信用代位としての流通信用の具体的な展開の方向に向かうのではなく、再生産過程の流動性と銀行信用との関連の問題から論述が始められる。

「手形流通は、現実に行われる取引の総額によって制限されているだけである。国家紙幣は過剰に発行されることがありえ、それによって個々の片の価値は低下させられるが、総額の価値はけっして変えられない。手形は原則としてなされた取引についてのみ振り出されえ、したがって、過剰に発行されることはありえない。(8)」

このように、手形流通の事後的介入・事後的性格が指摘されたうえで、ヒルファディングは、ここに景気変動的諸要因を導入することによって、事態の変化を説く。しかし、「手形が過剰に発行されえないということは、手形の表示する貨幣額が高すぎることはありえないということを証明するものではない。(9)」彼はまず、このように前提となる重要な論点を確認したうえで、次のように述べる。

「商品が減価せられるような恐慌が起きれば、支払義務は完全には果たされえない。販売の停滞は、商品を貨幣に換えることを不可能にする。機械製造業者が鉄や石炭の購入のために振り出した手形を決済するのに、彼の機械の売れることを当てにしていたとすれば、いまや彼はこの手形を決済することはできず、また彼の機械の買い手から受け取ったであろう手形となんらかの仕方で相殺することもできない。ほかの手段もなければ、彼の手形は振り出されたときには商品資本（機械に転化される鉄や石炭）を代表していたにもかかわらず、いまでは無価値になる。(10)」

このように、再生産の齟齬と還流の停滞という景気変動的諸要因を導入し、それと関連させて、手形が信用貨幣として内包する無媒介的矛盾を発現させるその際には、上述のように「貨幣が第三者によって、銀行によって用立てられねばならない」とヒルファディングは主張するのである。この流通信用の機能的側面は、手形流通を基礎とし、かつその準備金を継承する関係にある銀行信用それ自体に持ち込まれることによって、銀行信用の新たな一機能を形成することになる。つまり、還流が停滞した場合、「貨幣が銀行によって用立てられねばならない」という彼の見解は、形式的には銀行信用による手形割引のことではあるが、しかしこの場合、それは商業信用の代位形態として利子率に直接作用しない手形割引そのものではない。肝要なことはその固有の機能そのものが形式的に問題にされているのではないという点である。

ここでは、いまやそれが「貨幣形態にある資本の供給と需要との関係」としてあらわれるので、この側面における銀行信用＝手形割引においては利子率に直接作用するという新たな事態が発生するという指摘である。そのことによって、銀行信用は流通信用の機能範疇としての手形割引を超えた新たな一機能を形成し、流通信用は資本信用に転化するといわれるのである。こうして景気変動との関連で流通信用の資本信用への転化の論理が析出されるが、ここではまだ、この点に関する本格的な論述はなされていない。その転化の可能的諸契機とその限りでの新たな信用の展開方向とが指摘されているにすぎない。その本格的展開は『金融資本論』第六章「利子率」における利子率変動論との関連で明らかにされる。

ところで流通信用の資本信用への転化の論理は、こうした景気変動的諸要因を媒介契機とする論理的側面からだけではなく、流通信用＝商業信用の本質規定に基づく信用の限界性を止揚する観点からも把握されなければならない。後者の展開方向が信用の基本的規定に基づく把握の仕方である。流通信用が商業信用把握のレベルにとどまる限り、手形流通を基礎にその準備金を継承することを通じて、銀行は「産業手形および商業手形に彼自身の手形（銀行業者引受けの手形）を代置する」ことによって商業信用の限界を止揚する。つまり、銀行信用――手形割引による商業信用の代位形態――がそれである。しかし、この信用は手形流通を基礎にその準備金を形成基盤とするものであり、したがってまたその線上に措定されるものであるという制約された信用の限界を同時に孕んでいる。したがって、この限界の止揚――「新たな信用」＝「資本信用」の展開――という問題が残されているのである。ではまず、流通信用＝商業信用の本質的把握に基づく限界性とは何か。ヒルファディングは概ね次のように述べている。

①流通信用＝商業信用は流通過程の経過中の信用であり、生産過程の連続性を維持するために流通期間中保持されねばならない追加貨幣資本に代位する。つまり、追加貨幣資本を節約する。しかし、この追加貨幣資本を節約できる

のは、信用を受ける側であって、信用を供給する側ではない。②流通信用＝商業信用の連鎖の形成・展開を通じて、個別資本家にとっては貨幣資本の節約を実現し、それによって自己の有する貨幣資本を越えて生産の基礎を拡張し、貨幣資本は信用という上層建築の基礎となる。しかし、このことは、流通信用＝商業信用にあっては、手形の完全な相殺はありえず、したがって、手形差額の決済基金および手形が無価値になった場合の損失に対す準備金の保持の必要性から解放されていないということを意味する。なおそのうえ、賃金が信用によって節約できないことを考えに入れると、その部分の準備金が加えられることになろう。これらが流通信用＝商業信用の限界である。こうした商業信用の限界は、銀行信用＝手形割引によって止揚されることになる。

ヒルファディングは、まず銀行信用＝手形割引による商業信用代位について次のように述べている。

「現金の節約は、第一に、手形がより多く相殺されるほど、より大きいであろう。そのためには特有の施設が必要である。手形が集められてつき合わされねばならない。この機能を銀行が果たす。次に、貨幣の節約は、同じ手形が支払手段として機能することが多いほど、それだけ大きくなる。しかし、手形の流通は、その支払能力が確実であればあるほど、より広範囲でありうるであろう。流通手段および支払手段として機能すべき手形の信用性は、周知されていなければならない。この機能も銀行のものとなる。銀行は手形を買うことによって、この両機能を果たす。銀行業者が手形を買えば、彼は信用を与えるものである。銀行業者は、商業信用に銀行信用——彼自身の信用——を代置する。手形と引き換えに銀行券を与えることによって、産業手形および商業手形に彼自身の手形を代置する。なぜならば、銀行券は銀行業者引き受けの手形にほかならず、この手形は産業資本家や商人の手形よりも好んで受け取られるからである。したがって、銀行券は手形流通を基礎とする。(11)」

このように、銀行は諸支払の集中と相殺の社会的機構として、支払能力の確実性と手形の社会性という両機能を自らのものとする。そうしたものとして銀行は手形と引換に銀行券を与えることによって、①私的・個別的性格・形態を特質とする商業信用に一般的、社会的な性格・形態である銀行信用を代置し、手形よりもはるかに流通能力あるものにするということ、また②手形流通＝信用連鎖をさらに拡張し、さらなる貨幣の節約を可能にするということ、である。

ところで、この銀行券は、貨幣流通――金属貨幣の流通であるか国家紙幣の流通であるかを問わず――を基礎とするものではなく手形流通を基礎とする。この点を紙幣との対比によって明らかにしたうえで、ヒルファディングは、銀行券と紙幣との関連、および銀行券の紙幣化――銀行券への強制通用力の付与――について論述しているが、その際、留意すべきことは、銀行券の発行が国家の管理下にある中央銀行に独占されることによって可能となる国家の経済過程への干渉が、経済諸法則を廃棄するものではないが、一つの変化を引き起こすという指摘である。つまり、それは、銀行券の兌換性の確保とその限界↓恐慌を媒介とする銀行券への強制通用力の付与という、責任・負担の上向転嫁の展開方向を提示すると同時に、管理通貨への理論的展開の方向性を示唆するものとして重要である。

「国家紙幣が商品取引の社会的に必要な最小限によって保証され、手形が資本家の一私的行為としてのすでになされた商品取引によって保証されているとすれば、銀行券は手形によって、すなわち交換を行ったすべての人々の全財産が保証する支払約束によって保証されている。同時に銀行券発行は割引手形の数によって制限されており、この手形の数そのものはまた、なされた交換行為の数によって制限されている。(12)」

このように、ここではまず、信用貨幣としての銀行券の本来的性格とその機能的特質ならびにその限界性が併せて指摘されている。しかし、後述の如く国家の干渉が一つの変化をもたらす、とヒルファディングは述べている。銀行券の兌換性を確実なものにすることを目的として、銀行券の発行が制限され、国家の管理下にある銀行＝中央銀行に独占されるに至るが、中央銀行による銀行券発行の独占化の論理段階では、銀行信用による商業信用代位は、銀行券の発行以外にも、いわゆる「手形引受」によって行われるようになる。そのまえに手形割引について考察することに

しよう

「銀行業が発達してすべての遊休貨幣が銀行に流入するようになるとともに、銀行信用が商業信用にとって代わる。すなわち、ますますすべての手形が生産的資本家たちのあいだで流通することによって、その元来の形態で支払手段として用いられることはなくなって、その転化された形態で銀行券として用いられるようになる、というふうにしてである。貨幣の相殺と決済とがいまでは銀行で、また諸銀行相互間で行われる。それは可能な相殺の範囲を拡げ、決済に必要な現金を一層減少させるところの技術的容易化である。(13)」

これまでは生産的資本家自身が自分の振り出した手形の差額を精算するために保持すべく貨幣は、いまでは不要となる。その貨幣は預金として銀行に流入し、銀行がそれをもって差額を精算するようになるからである。したがって、生産的資本家が貨幣資本の形態で保持すべく資本部分が減少する。

「銀行業者は彼自身の信用をもって手形に代えるのだから、信用を必要とするが、しかし彼の支払能力の保障源としてただ僅少な貨幣形態における自己資本を必要とするにすぎない。銀行がここでなすことは、未知の信用に銀行自身の既知の信用を代置することによって、信用貨幣をより高い程度で流通能力あるものとすることである。かくすることによって、銀行は、地域的にはるかにより広い範囲にわたる諸支払請求権の相殺をも可能にし、また、これによって時間的にも相殺可能性が何倍化される限りでは、時間的相殺をも可能にする。かくして銀行は生産的資本家のあいだに限定された手形流通が達成したであろうよりも、はるかに高い程度において信用上層建築を拡大する。(14)」

「しかし、銀行が手形割引によって生産的資本家に用立てる資本を二重に計算してはならない。銀行預金の最大部分は生産的資本家階級に属し、彼らは銀行業の発達とともに彼らの処理しうる全貨幣資本を置いておく。この貨幣資本は……手形流通の基礎をなす。しかしそれはこの階級自身の資本である。手形割引によってはこの階級そのものには新たな資本は供給されない。一つの貨幣形態(私的支払約束)における資本に、他の貨幣形態(銀行の支払約束、場

合によっては現金）における貨幣が代置されるだけである。機能的には、やはり、それは貨幣（支払手段または購買手段）であ
る。」(15) ただそれがまさに実現された商品資本に代位する限りでのこと……である。」

このように、銀行業の発達にしたがって生産的資本家たちの処理しうるすべての貨幣資本が銀行に流入し、それが手形流通の基礎をなした。銀行信用による商業信用の代位は、この貨幣資本が継承され、それを源泉とする銀行券をもって手形の割引が行われたのである。しかし、それはこの階級自身の資本であるから、手形割引によってはこの階級そのものには新たな資本が供給されるわけではない。一つの貨幣形態（私的支払約束）における資本に、他の貨幣形態（銀行の支払約束、場合によっては現金）における資本が代置されるだけである。したがって、貨幣資本が問題にされるのは、それが実現された商品資本に代位する限りでのことにすぎない。ここでは、その貨幣額が発生的に考察される限りでのことにすぎず、機能的にはやはり、それは貨幣（支払手段または購買手段）である。流通信用＝手形割引の概念の内容であり、その基本的規定である。かくしてこの「転化形態」で銀行券として用いられるようになると、貨幣の相殺と決済とが銀行で、また銀行相互間で行われるようになり、相殺範囲は拡大し決済に必要な現金は一層減少（節約）させることができるようになる。このようにヒルファディングは手形割引＝銀行信用について論述したうえで、さらに手形引き受けについて次のように述べている。

「銀行信用による生産的資本家の信用の代位は、もちろん銀行券の発行という形態とは、別の形態でも行われる。発券独占の行われている諸国では、私立銀行は、生産的資本家の手形を『引き受ける』ことによって、すなわち、銀行の署名を与えて手形の支払能力を保証することによって、生産的資本家に自己の銀行の信用を用立てる。これによって、手形は銀行のもつ信用を享受し、このことは、手形がこの銀行の銀行券によって代位されたのと同じに手形の流通能力を高める。(16)」

原則上、私的銀行が、このように引き受けた手形と銀行券とのあいだにはなんらの差別もない。銀行券との同一性が付与されている。ここでは、銀行業の発展も新たな論理段階を示していることが分かるであろう。前段では発券独占の論理段階が措定されており、後段では銀行による貨幣市場支配の確立段階が考察の対象とされている。ここで指摘されているように「銀行業が発達して、すべての遊休貨幣が銀行に流入するようになる」ということは、資本家階級のすべての予備資本だけでなく、非生産的諸階級の貨幣形態での所得までもが預金としての、利子生み資本へ転成することであり、それによる銀行への集積・集中のことである。しかし、このことは、これまで銀行信用による商業信用代位が、かかる資本家階級の遊休貨幣資本のみを基礎にするものではあったが、しかしいまやそれだけでなく、その「あるべき準備金」を超えて銀行準備金が形成・保持され、それが銀行信用の新たな形態展開を可能にするということをも併せて理解すべきであろう。重要なことは、この部分が資本信用の形成源泉をなし、したがって、資本信用の論理的展開の契機をなすものである、という点である。

三　信用論の展開方向(2)——銀行と流通信用(2)

これまでに明らかにしてきたように、銀行業の発達はいまや生産的資本家階級のすべての貨幣資本だけでなく非生産的諸階級のすべての貨幣をもが、預金として利子生み資本化することによって銀行に集積・集中し銀行信用の準備金の構成要素となる。つまり、銀行の手もとには「あるべき準備金」を超えて銀行準備金が形成・保持されることになる。銀行業・信用・銀行制度の発展は新たな論理段階に入ったことを示している。いまや、一方では発券独占の論理段階が措定されており、他方では銀行による貨幣市場支配の確立段階が考察の対象とされている。ここで指摘されているように「銀行業が発達して、すべての遊休貨幣が銀行に流入するようになる」という論理段階は、資本家階級のすべての予備資本だけでなく、非生産的諸階級の貨幣形態での所得までもが預金としての、利子生み資本へ転成するということであり、そうした社会的に広く散在している遊休貨幣および遊休貨幣資本が銀行に集積・集中するようになるということである。しかし、このことは、銀行信用による商業信用代位が、既述の如く資本家階級の遊休貨幣資本を基礎にするというだけでなく、かかる遊休貨幣・遊休貨幣資本をも包括し源泉とする銀行券をもって手形の割引を行うようになるということである。つまり、それは、これまでの「準備金」把握に基づく銀行信用の内容規定にとどまるだけでなく、商業信用代位による銀行信用という論理系譜での「あるべき準備金」を超えて銀行準備金が形成・保持されるという意味である。この新たな準備金の形成こそが、銀行信用の範疇的枠組を超えて新たな信用形態の展開を可能にするのである。さし当たり重要なことは、この超過部分が新たな信用＝資本信用の形成源泉となり、したがって、資本信用論展開の論理的契機をなすものとなるという点である。

しかしここで、ヒルファディングはこの論理系譜からの資本信用の展開方向へ直ちに向かうわけではいない。むしろ上述の如く、一方においては、中央銀行による銀行券の独占↓銀行券の兌換の確実性と、他方においては、すべての遊休貨幣が銀行に集中されるに至る銀行業の発展、そのもとでの銀行信用による商業信用の代位形態としての「手形割引」、さらに「引受手形」信用の展開、および銀行相互間での貨幣の相殺・決済方法とが明らかにされたうえで、信用貨幣と国家紙幣との関連について論述し、続いて恐慌と信用貨幣の無媒介的矛盾の発現、および信用貨幣としての銀行券の法貨性の問題が取り上げられている。ヒルファディングによれば、この論理段階にあっては銀行券は最低流通必要量領域の紙幣に代位して流通するようになる。(17)

ヒルファディングは信用貨幣と国家紙幣との関連についてさらに次のように述べている。

「国家紙幣が存在しないか、または社会的最小限よりもはるかに低い額に制限されている諸国では、さもなければ国家紙幣に属する場所を銀行券が占める。恐慌時などに際して銀行券に強制通用力が付与されれば、これによって銀行券はそれ自身国家紙幣となる。(18)」しかし、「手形と同じく兌換銀行券も（そして不換銀行券は、現実には強制通用力をもつ国家紙幣にほかならない）、過剰に発行されることはありえない。取引は、もはや必要としない銀行券を銀行に返すことによって片づける。兌換銀行券は手形に代位するのであるから、その発行は、手形流通と同じ諸法則に従い、信用が動揺しない限り手形流通とともに拡張されるが、手形流通が信用恐慌において強力的に収縮させられるや否や、恐慌に際してもその信用が動揺しない支払手段として、現金と並んで手形に代わってあらわれる。[19]」

このように、兌換銀行券は手形（私的資本家の信用貨幣）と同じく過剰に発行されることはありえない。それは本来、手形に代位して流通するのであるから、手形の流通量領域に規定される。取引はもはや必要としない銀行券を銀行に返還することによって処理するからである。したがって、信用が動揺しない限り手形流通とともに拡張される。が、恐慌時において信用が動揺・崩壊し、手形が不安定となり、手形流通が強力的に収縮させられるという事態、つまり、私的資本家の信用貨幣（手形）が不確実となり、その流通量領域が追加流通手段によって充たされなければならないという事態が生ずると、それに代わって銀行券が流通するというわけである。このように手形が拒絶される恐慌の一時期において、なお銀行券が受容されうるということは、もっぱら銀行の不動の信用に基づく。では銀行の不動の信用とは何か。それは、国家の管理下にある中央銀行に銀行券の発行が独占され、銀行券の兌換性が確実なものとなる論理段階ではじめて、実現される銀行信用の国民的信認の獲得に基づく信用の安定性である。

この論理段階にあっては、銀行は銀行券の発行を独占する中央銀行とそれ以外の銀行とに分離される。銀行券の発行が中央銀行に独占され、銀行券の兌換が確実なものとなり、信用貨幣としての銀行券が紙幣との形態的同一性を付与され、紙幣に代位して流通するという論理段階にあっては、その国の資本流通の最終的支払のためには銀行券で足りることになる。そればかりではない。中央銀行はいまやすべての資本家階級の共同の準備金の唯一の保管者となり、国民的信認――国民的信用――を獲得する。中央銀行以外の銀行は中央銀行への預金または銀行券を支払準備金として信用貨幣を創造して、それを生産的資本家に用立てる。銀行券と同じ流通能力をもちうる。

このような中央銀行を頂点とする重層的な信用体系の確立のもとで、「手形が拒絶される恐慌の一時期においても銀行券が受容されるというのは、もっぱら銀行の不動の信用に基づく」ということになるのである。とはいえ、銀行券の紙幣化・現金化はあくまでも仮象・擬制である。この信用も「不動」ではないということである。したがってこの銀行の信用が不安定となり、動揺するに至れば、銀行券には強制通用力が付与され、信用貨幣としての性格を変化させる。これは、私的資本家の信用貨幣（手形）および手形流通と同じ諸法則に従う信用貨幣（銀行券）、つまり、これらを包括した信用貨幣と恐慌との関連の問題であり、信用貨幣の無媒介的矛盾の発現、信用の崩壊と信用貨幣の不確実性の増大、およびそれに対応すべく中央銀行券の兌換性の限界、強制通用力の付与による紙幣化――法貨性――を通じて中央銀行・政府へと支払の責任を上向転嫁する信用関係の体系化の展開方向の問題である。[20] しかし、ヒルファディングはそうした上向的な信用の体系性――全機構的分析――を解明すべく論理的展開の方向性を提示しながらも、それ以上の具体的な分析的解明は試みてはいない。

ところで、信用貨幣は支払約束であり、その機能は無媒介的矛盾を含んでいる。再生産が円滑に進行し、諸支払が相殺される限りでは、貨幣は現実にはあらわれずにすむ。しかし、繁栄から恐慌への転換過程における価格騰貴と利潤（率）昂騰→均衡の攪乱→不均衡化・利潤率低下の潜在的進行→新投資の抑制・停止、販路停滞・梗塞→資金還流の停滞……による商品価格の実現が困難になるといったように、この過程の展開において信用関係の諸条件――価値増殖諸条件――が急速に悪化し、その支払約束を履行しえない事態が生じると、この約束手形＝信用貨幣は無価値となってしまうので、これに代わって「現実の貨幣が登場せねばならない」という問題が惹起する。この点に関しては、すでに繰り返し指摘したが、行論の都合上、ヒルファディングの所説を引用しておこう。

「〔商品に対する〕還流が減り、手形の支払が少なくなれば、資本家たちは追加資本を利用しえねばならない。そうなれば、彼は預金を減らすが、しかし、それとともに、彼らの手形が割引されるための基金を減らすことになる。その代わりをいまや銀行が引き受けねばならない。銀行はそれ自身の信用をもって割引をなさねばならない。しかし、手形流通の基礎なる預金は減少しており、その流動性は小さくなっているので、銀行は危険なしにそれ自身の信用を増加させることはできない。この場合には、還流の緩慢化が銀行信用に対する需要の増大を、そして銀行信用は拡張されえないので、銀行業者にとっては貨幣資本——貸付資本——に対する需要の増大を、喚起したことになる。このことは利子率の上昇において表現される。信用貨幣として機能するという手形の機能は縮小された。手形に代わって貨幣が現れねばならなかった。それは、銀行から引き出されたもので、銀行が貨幣資本に対する増加需要と感ぜられたものである。[21]」

このように、再生産が齟齬をきたし還流が停滞した場合、銀行信用＝手形割引において信用貨幣と銀行の準備金とが連動し、利子率変動——利子率の上昇——に作用するというように、「流通信用についても再生産の齟齬と還流の停滞に関連して資本信用へ転化する論理が説かれている」ということができる。この論点は重要な意味をもつ。この問題は第八章第五節「資本主義的信用と利子率」——利子率の変動——において本格的に論述することになる。ここでは、以上の諸論点にとどめ、続いて流通信用＝銀行信用の「事後的」性格を確認したうえで、次項では資本信用の規定性に関するヒルファディングの所説を検討する。

既述の如く「銀行が手形割引によって生産的資本家たちに用立てる資本を、二重に計算してはならない。[22]銀行預金の最大部分は生産的資本家の階級に属し、彼等は、銀行業の発達とともに彼らの処理しうる全貨幣資本を銀行に置いておく。この貨幣資本は、われわれが見たように、手形流通の基礎をなす。しかし、それはこの階級自身の資本である。手形割引によっては、この階級そのものには新たな資本は供給されない。一つの貨幣形態（私的支払約束）における資本に、他の貨幣形態（銀行の支払約束、場合によっては現金）における資本が代置されるだけである。貨幣資本が問題にされるのは、ただ、それがまさに実現された商品資本に代位する限りでのことに……すぎない。機能的には、問題にされるのは、やはり、貨幣（支払手段または購買手段）である。[23]」

このように、以前は生産的資本家が手形の差額決済のために保持されねばならなかった貨幣＝手形流通の基礎をなす貨幣資本が、いまでは利子生み預金として銀行に流入し、銀行はそれを共同の支払準備金とすることをもって手形割引を行うということである。したがって、この信用関係にあっては、私的支払約束に銀行の支払約束が代置されるだけ、つまり、資本の貨幣形態の問題であるにすぎない。しかし、手形割引は手形流通を基礎とし、手形流通は商品流通を基礎とする。したがって、手形流通は商品流通によって、手形割引は手形流通によって、それぞれ制約されるという関係にある。

「手形が原則的には、なされた取引によってのみ振り出されえ、したがって、手形流通はその取引の総額によって制約される[24]」のであるから、手形流通の拡大運動は、手形の量によって、したがって、取引される商品の量によって究極的に制約されるという関係にある。すなわち、「銀行券発行は、割引手形の数によって制限されており、この手形の数そのものはまた、なされた交換行為〔すでになされた商品取引〕の数によって制限されている[24]」ということである。このことは、流通信用にあっては、商品資本の販売者に対して彼の商品資本に貨幣資本の形態を与えられるだけであり、資本家にはなんら新たな資本は用立てられないということである。したがって、この貨幣資本の大きさは、すでに生産を終えている商品資本の大きさによって制約されざるをえないというわけである。このように、手形割引としての流通信用は、すでに終了している再生産活動の規模によって制限されるという、いわば再生産過程に事後的に介入する信用形態である。その点はこの信用の基本的特質の一つである。したがって、それは銀行資本家にとっては、つまり銀行信用の展開にとっては制約されたものであるということになる。

四　資本信用の展開(1)――資本信用の基本的規定

銀行は貨幣資本の管理を慈善事業としてではなく、徹頭徹尾、資本の事業として営んでいるのであるから、信用の不断の拡張を通じて銀行利潤を生みださなければならない。そうでなければ、「預金の充用可能性」、したがって、銀行に預金として流れ込んできている貨幣資本および貨幣が生産的に使用されうる可能性が制限されざるをえないし、また「銀行預金の利子支払」もはるかに低下せざるをえないであろう。ここにこの信用形態――手形割引としての流通信用――の究極的な制約がある。銀行にとっては、こうした銀行の管理する貨幣資本および貨幣が生産的に使用されるのでなければならない。ヒルファディングは次のように述べている。

「われわれは前に、いかにして信用貨幣が流通から生じたか、を見た。いまやわれわれは、機能していない貨幣を問題にせねばならない。しかし、貨幣はただ貨幣機能のみを果たしえ、しかもこれをただ流通において果たしうる。したがって信用がこの機能においてなしうることは、流通していない貨幣を流通に投ずること以外にない。[25]」「しかし資本主義的信用としては、信用はただより多くの貨幣を引き出すためにのみ貨幣を流通に投ずる。信用は貨幣を、生産的資本に転化するために、貨幣資本として流通に投ずる。これによって信用は生産の大きさを拡張するが、この拡張には流通の大きさの拡張が先行していなければならない。この拡張は、新たな貨幣の介入なしに、ただ、既存の、ただし遊休中の貨幣を流通目的に利用することによってのみ、行われる。[26]」「したがって、ここでもまた、遊休貨幣資本を集め、かつこの集めたものを分配するという経済的諸機能の必要が生ずる。[27]」

ここでの論理の特徴は明らかに産業と銀行との関係を基礎・前提とした銀行側における利子生み資本の論理が据えられており、流通信用の資本信用への上向的な論理展開の方向が見いだされうる。ここでは信用は、流通過程W―G・G―Wを媒介する商業信用の役割を肩代わりする手形割引としての流通信用とは異なり、遊休貨幣資本を集合・集積して社会的貨幣資本たらしめ、再生産の要求に応じて流通過程に再投入して生産的資本に転化させ、それによって、個別資本の生産規模を拡張させる信用の展開方向が明示されている。以下検討するが、この信用こそは、生産手段を購買しようとする生産的資本家に対して、「遊休貨幣および遊休貨幣資本の機能貨幣資本への転化」、つまり、「遊休貨幣資本→貸付可能貨幣資本→生産的資本」という転化形態による「貨幣の移転」であり、生産的資本の機能の拡張である。したがって、それは資本の事業にとっての貨幣形態での資本の供給でなければならない。かかる信用形態が次に問われている資本信用である。ヒルファディングは資本信用を流通信用と対比して次のようにその特徴を述べている。

「ここでは信用は、流通信用とは異なる性格をもつ。流通信用は、貨幣が支払手段として機能するということを生ぜしめる。売られる一商品に対する支払が信用される。さもなければ流通にはいるべきはずの貨幣が、信用貨幣によって代位されたために節約される。さもなければそこに存在せねばならないであろう現実の貨幣が、この額だけ余計になる。他面、資本家にはなんら新たな資本は用立てられない。流通信用はただ彼の商品資本に貨幣資本の形態を与えるにすぎない[28]。」

「資本信用はそうではない。それは、ただ、所有者が資本として充用しえない一貨幣額の、これを資本として充用すべき誰かへの移転である。かく充用されることはこの貨幣額の使命である。なぜならば、それが資本として充用されなければ、その価値は保有されえず還流しえないであろうからである。社会的にみれば、貨幣を安全に貸し出しうるためには、債務者への貨幣の還流が常に必要である。かくてここでは、既存の貨幣の移転が行われるのであって、貨幣一般の節約が行われるのではない。したがって、資本信用とは、移転によって遊休貨幣資本から機能貨幣資本に転化されるべき貨幣の移転である。資本信用は、支払信用のように流通費を節約するのではなく、同じ貨幣基礎のうえで生産的資本の機能を拡張するのである[29]。」

このように、ここでは流通信用と資本信用との本質的な差異性、その区別標識が明示されている。資本信用は貨幣節約をその機能的特質とする流通信用とは異なり、遊休貨幣資本の機能貨幣資本への転化としての貨幣の移転であり、生産的資本の機能を拡張するということにある。一見この分析視角は、「再生産過程の生産的資本家の側にたつもの」に見えるが、しかし、これまでの検討から明らかなように、ここでの資本信用は、銀行に流入してきたところの、①「流通資本」としての貨幣資本の一部、②減価消却基金、③蓄積基金などの、いわば「遊休中」の貨幣資本を形成源泉とするものである。これらの遊休貨幣資本の形成は流通過程の内在的諸傾向に規定される必然性であり、節約できないという点に問題がある。したがって、これらの「預金の充用可能性」と「預金の利子支払」とは、かかる「遊休貨幣資本の機能貨幣資本への転化」によって、つまり、遊休貨幣資本を生産的資本家に用立てることによってはじめて可能となるという点にその特徴がある。したがって、それは、一方では、「再生産過程の生産的資本家の側に立ってのもの」でありながらも、他方では銀行資本の側からの銀行信用＝資本信用の機能の展開という推進的動機から「銀行業者の側に立ったもの」であると考えられうる。

「これまでに述べてきたところでは、銀行はまず第一に支払取引の媒介者として機能した。銀行は、諸支払の集中と地域的差異の調整とによって、支払取引を拡張する。次〔第二〕に銀行は遊休貨幣資本の機能貨幣資本への転化を取り計らった。銀行は貨幣資本を集め、集積し分配し、かくすることによって、これを社会的資本の循環に必要なそのつどの最小限に縮小した。[30]」「銀行はさらに第三の機能を引き受ける。というのは、すべての他の階級の貨幣形態における収入をも集めて、これを資本家階級に貨幣資本として用立てるのである。かくて資本家のもとには、銀行の管理する彼ら自身の貨幣資本のほかに、すべての他の階級の遊休貨幣が流れてきて、生産的に使用されることになる。[31]」「この機能を果たすために、銀行は貨幣所有者の手中に遊休している一切の貨幣を能う限り収集し集積して、これを生産的資本家に貸し出さねばならない。銀行の主要手段は預金に利子を付けることと、預金受け入れのための収集場所（支店）を設けることである。[32]」

この地域的拡散化＝全国的な支店・出張所網の形成は、銀行が社会的に広く散在する遊休貨幣および遊休貨幣資本の形成に対応するものであり、それらの貨幣・貨幣資本を集合しそれを生産的資本家に用立てるという銀行機能の本質に存するものといえる。

このヒルファディングの所説で留意すべきことは、資本家階級の貨幣資本だけではなく、すべての他の階級の貨幣形態における収入までもが、利子生み預金として銀行の手元に集合・集積され、銀行の金庫の中で無差別・同質の大量な貨幣資本─銀行の管理する利子生み資本を形成し、それを生産的資本家に貸し付ける、という新たな論理段階の問題が問われているということである。したがって、この論理段階にあっては、この機能を果たすために銀行は預金に利子をつけ、預金受け入れのための全国的な支店網を設けるというわけである。これら二つの要因が制度的・組織的諸条件として導入されることによってはじめて、いずれもそれだけでは貨幣資本として機能しえないで社会に広く散在し、遊休する小額の貨幣までもが集合・結合されて大量のものとなり、一つの巨大な貨幣力を形成することになる。それが銀行の準備金の新たな追加的構成要素となり、商業信用代位に基づく場合の「あるべき準備金」を超えて新たな信用諸機能の展開を可能にしていくことになる。かかる信用制度の機能は、新たな「特殊的媒介機能」として、本来の貨幣資本家と借り手とのあいだの媒介機能とは本質的に区別されなければならない。

この「特殊的媒介機能」が銀行の機能として措定されうる論理段階は、資本信用および証券発行業務が流通信用＝支払信用に加えて銀行の第三機能として、それぞれの位置を占めるようになる信用・銀行制度の発展段階でなければならない。しかしここでの当面の課題は証券発行業務ではなく資本信用である。したがって、ここでは資本信用のための貨幣資本の形成源泉として「非生産的諸階級の貨幣」の利子生み預金としての集合・集積が強調されているということであり、そのための銀行の主要手段が「預金に利子をつける」一方で、「預金受け入れのための収集場所（支店）を設けること」である。こうして銀行の手元に大量に集合・集積され、貸付可能となった貨幣資本は、その充用可能な諸条件（恒常的・構造的諸要因に基づく条件）を見出しえなければならない。つまり、それは「遊休貨幣を生産的資本家の手に移すという銀行機能の本質」に基づくものである。それは信用の変動的・動態的規定とは異なって、資本の、資本信用の基本的な内容規定に関わるものである。続いてこの資本信用の形態的諸特徴が明らかにされる。「銀行が産業資本家に用立てる貨幣資本は、彼らによって二様の仕方で生産の拡張のために使用されうる。すなわち、貨幣資本が要求されるのは、これを流動資本に転化するためか、または固定資本に転化するためかでありうる。この区別は、これによって還流の仕方が異なるので、重要である。流動資本の購入のために前貸しされた貨幣資本は、同じ仕方で還流する。すなわち、その価値は回転期間の経過後には、完全に再生産されて貨幣形態に再転化される。固定資本への転化のための前貸しにあっては、そうではない。ここでは、貨幣は、より長い何回もの回転期間のあいだ漸次的に還流し、全期間にわたって固定されている。かくて、還流の仕方の相違は、銀行の貨幣が固定化される仕方の相違を制約する。銀行はその資本を資本主義的企業に投じており、そのことによってこの企業の運命に参加している。この参加には銀行資本がこの企業において固定資本として機能すればするほど、ますます固定的である。(33)」

しかし、かような資本の固定化によって、他面ではまた、銀行は預金を不断に払い戻しうるための準備金や保証金に当てるべきより大きな自己資本をも必要とする。したがって、本来の信用供与の機能をもつ銀行は、純粋の預金銀行に比してつねに大きな資本を処理できなければならない(34)。

ヒルファディングは固定資本の独特の回転＝再生産様式に関する経済理論的分析をふまえて固定資本との関連において、新たな論理段階での再生産と信用の関連性を分析的に検討しているが、それは極めて重要な理論的内容を提示しているものといえる。すなわち、①信用形態の本質的変化について、②銀行の資本構成の変化と自己資本化、③景気変動に対応する信用の形態変化について、④銀行資本と産業資本との緊密化の質的変化について、である。この銀行の産業に対する諸傾向、したがって「銀行資本と産業資本との緊密化」の諸傾向は、必然的となる。この基本的な論理の展開方向をふまえたうえで、まず再生産＝景気変動と信用についていえば、産業資本にとって信用が如何に〈競争戦の恐るべき武器〉であるか。信用の率先的利用が如何に特別剰余価値・特別利潤の取得を可能ならしめ、それが〈競争戦の恐るべき武器〉となるか。ヒルファディングは簡単な事例を挙げて次のように述べている。

「ある程度の信用の発展が与えられていれば、信用の利用は資本主義的企業にとっては競争戦が強制する必然性となる。なぜならば、個別資本家にとって信用の利用は、彼の個別利潤率を高めることを意味するからである。平均利潤率が三〇％で利子率が五％ならば、一〇〇万マルクの資本は三〇万の利益をあげるであろう（資本家の計算ではこの利潤のうちから二五万マルクは企業者利得として、五万マルクは彼の資本に対する利子として記帳されるであろう）。この資本家が第二の一〇〇万マルクの借り入れに成功すれば、いまや彼は六〇万マルクの利潤から第二の一〇〇万マルクに対する利子として支払うべき五万マルクを差引いて五五万マルクの利得をあげるであろう。彼の企業者利得は今度は五〇万マルクで、それは前と同じに一〇〇万の自己資本に対して計算すれば、以前の二五％に対して五〇％の企業者利得率をもたらす。より大きな資本が同時に生産の拡張によってより安く生産することを彼に許すとすれば、彼の利得はさらに高められたであろう。他の資本家たちにとっては信用の利用が同じ程度には可能でないか、またはより不利な条件でしか可能でないならば、この恵まれた資本家は特別利潤をあげるであろう。(35)」

「市況が不利な時であれば、信用利用の利益は別の仕方であらわれる。他人の資本を利用する資本家には、彼が他人の資本を利用する範囲内では、その価格を生産価格（費用価格＋平均利潤）以下に、K＋Z（費用価格＋利子）まで下げることが可能である。したがって彼は自己資本に対する利潤を減らすことなしに、その商品の総量を生産価格以下で売ることができる。彼が犠牲にするのは、他人資本に対する企業者利得だけで、自己資本に対する利潤ではない。このように信用の利用は不況時には価格戦で優越性を与える。この優越性は信用利用が大きくなるにつれて増大する。かくして生産的資本家たちの利用する自己資本は、彼らにとっては企業の基礎であるにすぎず、企業は他人資本の助けによって自己資本の限界をはるかに超えて拡張される。信用の利用による企業者利得の上昇は、個別資本家とその自己資本にとってのことである。それはさし当たり社会的平均利潤率の高さには影響しない。しかし同時に、当然利潤量が増大し、したがって蓄積の速度が増す。このような企業者利得の上昇は生産の規模を拡張し労働の生産力を高めることによって、まずはじめには、信用を最初に利用しうる資本家または他の資本家よりも大規模に利用しうる資本家に特別利潤を与えるが、さらに発展が進行するにつれて、多くの場合に生産の拡張と結びついている資本構成の高度化の進展によって、利潤率を低下させることになる。個別資本家の企業者利得の上昇は、彼らにますます強く信用を要求させる。同時にすべての貨幣資本が銀行に集合することによってこうした要求を充たす可能性もまた増す。産業において発生するこの傾向はそれ自身また銀行による信用供与の仕方に反作用せざるをえない。[36]」

このように、産業的集積――産業構造の量的発展と質的高度化――の展開過程での、競争の強制的圧力による企業における信用利用の諸傾向は、それ自身、銀行における信用供与の仕方、その信用の形態に変化を惹起せしめる。

社会的生産力の発展↓生産規模の拡張↓資本の有機的構成の高度化に伴って総資本のうち可変資本に対する不変資本の比率が増大し、したがって、不変資本のうち流動資本に対する固定資本の比率が増大するが、この過程の進行につれて固定資本が大きくなればなるほど、最低必要な資本規模も飛躍的に拡大する。上述の如く、このような産業的集積の進行過程においては、競争の強制的圧力によって企業における信用利用の諸傾向は、それ自身、銀行における信用供与の仕方、その信用の形態に大きな変化を惹起せしめる。固定資本が巨大化するにしたがって再生産過程からの資本還流がますます長期化・緩慢化することになる。こうして固定資本としても信用が要求され、それがますます増大するようになれば、貸付資本の生産過程への長期の拘束化、回収の長期化をもたらさざるをえなくなり、信用供与の諸条件は根底から変化を余儀なくされる。しかし銀行の貸付資本はいつでも払い戻されなければならない。それは、貸付期間に関していえば短期であり、貸付形態に関していえば流動的であることを原則とする。この銀行信用の短期性かつ流動性は個別資本＝産業企業の側の、固定資本信用＝貨幣資本の長期借入の需要とは矛盾せざるをえない。この矛盾はしかし解決されなければならない。では如何にして解決されうるのか。ヒルファディングはまず銀行の手元に形成される長期貸付可能な貨幣資本を析出することによって、固定資本信用成立の可能性を説く。ここでは株式会社・証券市場における資本流動化の論理は分析対象から除外されている。

「銀行が処理しうる貸付資本は、大部分はいつでも払い戻さねばならない。そのうちから固定資本に転化されるために貸出されうるのは、銀行の手中に十分に長く留まる部分である。個別貸付資本はいずれも銀行の手中に長く留まるものではない。しかし、貸付資本全体のうちでは常にある大きな一部分が銀行の手中に留まっている。すなわち、その構成は絶えず変化するが、一定の最小限においては常にそこにあるという一部分である。この常に銀行の自由処分に任されている部分が、固定資本として貸出されうるのである。個別資本は単なる貸付資本の形態にあっては固定的投下には適しないが……この常に銀行の処理しうる最小限は固定的投下に適している。(37)」

このように、ヒルファディングは銀行の手元に「自由な処分に任される部分」の形成↓「長期貸付可能な資本」の形成という側面から固定資本への貸付可能な条件を析出したのである。が、しかし、このことは、それによって直ちに固定資本信用の成立の論理的必然性が説かれているものと理解してはならない。なぜなら、そのことは「銀行が処理しうる貸付資本それ自体の内部に一定の部分的変質——短期性の一部に長期転用可能な部分——が生じる」ということであるが、それは依然として短期性を原則とする信用範疇に包摂されたものである。その基本原則は短期性である。短期性の長期性への質的転化ではなく、基本原則をふまえた短期性の長期性への転用である。むしろここでは、新たな信用形態（新たな信用機能の展開）の形成源泉として、長期貸付可能な貨幣資本の形成が提示され、信用論の独自的な上向展開の論理に即して固定資本信用（の成立）が説かれているにすぎない。株式会社・証券市場が捨象され、いまだその理論的分析を残しており、資本流動化の論理が明らかにされていないこの論理段階にあっては、彼の信用論の方法的視角から、上向的な信用の展開形態として固定資本信用が問題にされているのであり、それがいま指摘されたような論理的制約のもとに論理上向的に把握されていると考えられる。つまり流通信用＝支払信用→資本信用＝銀行信用（短期性）→資本信用＝銀行信用（長期性）というように、信用形態が展開され、資本信用供与の二様の仕方、すなわち、流動資本信用と固定資本信用との区別に移る。その後、この論理系譜上に固定資本信用がもたらす産業に対する銀行の地位の変化と銀行が産業企業に与える影響の増大とが述べられ、最後に、発行活動が「ここで予めあげておかなければならない(38)」ものとして提示され、資本信用との関連で最小必要な限りで補足的に取り上げられているのである。

ここでの主要な論点は、信用が何故に長期的・固定的に利用されうるようになるのか、それによって銀行自身の資本構成はどうなるのか、産業に対する銀行の利害関係がどのように変化するのか、という問題である。したがって、そもそも、何によって如何にして長期的・固定的信用形態が成立・展開しうるのか、という固定資本信用成立の論理的必然性が問題にされているわけではない。本来区別されるべきこの二つの事柄が区別されることなくまったく混同されて捉えられてきたところに、『金融資本論』第二篇第五章「銀行と産業信用」の論理段階での固定資本信用論に関する混乱の原因がある、と考えられる。

従来の支配的解釈にみられるように、ここでは、後続の第七章「株式会社」、第八章「証券取引所」での資本流動化の論理をまたずに、固定資本信用の成立・展開が論述され、固定資本信用供与による貸付資本の固定化の克服としてはじめて資本の流動化が説かれているという、いわば「固定資本信用→資本流動化」論が正当化されるわけではない。第七章「株式会社」、第八章「証券取引所」で示された「直接の呼びかけ」から「銀行を媒介とする呼びかけ」へという論理の展開方法、あるいは個人企業には「支払信用」を与えるにすぎないが、株式会社には「資本信用」を与えるという資本の流動化を前提とした論理展開の特徴は、遡及して第五章での銀行の手元に「自由な処分に任される部分」の形成↓「長期貸付可能な貨幣資本の成立」に基づく新たな信用形態の展開——固定資本信用成立の可能性——に関する論理を必然的に制約するものと理解されなければならない。

ここでは、以上のような制約的諸条件のもとで、固定資本信用が取り扱われているのであり、そしてその限りにおいて、つまり、資本流動化との論理的関連はさし当たり捨象したうえで、もっぱら銀行業における信用形態の上向的展開の論理において固定資本として信用が要求されることになれば、信用供与の諸条件、産業に対する銀行の地位はいかに変化するのか、について論述されているのである。しかし、固定資本信用に関するヒルファディングの所説が、かかる制約的諸条件のもとで展開されているからといって、ここでの固定資本信用がまったく不十分にしか把握されていないというわけではない。むしろ、そうした諸条件が捨象されることによって、逆に一定の限定のうえで、信用論の上向的な論理展開という分析視角から信用形態としての固定資本信用それ自体の本質的把握をより容易にすることにもなる。

五　資本信用と「銀行資本と産業資本との緊密化」(1)

ヒルファディングはこの固定資本信用の論理段階での「銀行資本と産業資本との緊密化」に関して次のように述べている。すなわち、

「この種の信用〔固定資本信用〕があられるとともに、産業に対する銀行の地位も変化する。銀行が支払取引を媒介するにすぎない限り、銀行は本来ただ企業の瞬間的状態、その瞬間的支払能力にのみ関心をもたされる。[39]」が「銀行が産業資本家に生産資本を用立てるようになれば、そうではない。そうなれば、銀行の関心は、もはや企業の瞬間的状態や瞬間的市況に局限されてはいないで、いまやむしろ企業のより遠い運命、市場の将来状況が問題になる。瞬間的関心は恒常的関心となる。そして、信用が大きければ大きいほど、ことに固定資本信用に転化される貸付資本部

分の方が重くなればなるほど、ますますこの関心は大きくかつ永続的である。[40]」

続いて、ヒルファディングは、このような固定資本信用を媒介とする銀行資本と産業資本との関係の緊密化、つまり「長期化」・「恒常化」と同時に、銀行の企業に与える影響が一段と増大することによる産業に対する銀行の優位性について、次のように論述する。

「信用が一時的なものにすぎなかったあいだ、したがって、企業がその流動資本だけを銀行から融通されていたあいだは、この関係の解消も比較的容易だった。回転期間の経過後には、企業は信用を返済し、他の信用授与者を探し出すことができた。固定資本の一部もまた融通されていれば、そうではなくなる。この場合には、債務は比較的長い期間の後にはじめて返済される。企業は銀行に結び付けられたままになっている。しかし、この関係にあっては銀行が優勢な側であるのを常とする。銀行は、流動的な随時出動しうる形態にある資本を、貨幣資本を、常に処理しうる。[41]」「しかるに企業は商品の再転化に頼らされている。流通過程が停滞したり、販売価格が低下したりすれば、追加資本が必要であり、これは信用によって調達されねばならない。なぜならば、信用制度の拡大に伴い各企業の資本の大きさが最小限に限られており、流動資産を増やす必要が突発すれば、そのつど信用操作が必要とされるからであって、その拒絶は企業にとって破産を意味しうるであろう。その資本が生産資本または商品資本として固定されている企業に対して銀行を優勢にするのは、貨幣資本に対する処分力である。[42]」つまり、それは絶えず流動状態にあり、機動力となる資本である。

この後段部分では信用の「形態的」諸特質から直接企業との関係の展開を論述しているというより、信用の基本的分析をふまえたうえでの、動態的分析が試みられているという点である。信用・銀行制度の発達に伴って各企業の資本、つまり自己資本が最小限に縮小されている状態、つまり流動的資本だけでなく固定資本としても信用が供与され、企業の信用依存が恒常的・構造的となり、さらにそれが量的にも質的にも深まっている状態のもとでの追加資本の調達（とくに、ここでは突発的、不規則的な場合）がもっぱら銀行に依存せざるをえないということから生ずる銀行と産業企業との関係、つまり景気変動的諸要因と結びついた場合の、産業に対する銀行の優位性を説いていると考えられる。

総じて、一債務関係の内部における経済的依存を決定するのは、常に資本力の優越であり、ことに恐慌期には自由に処分されうる貨幣資本の大きさである[43]、というのがヒルファディングの考え方である。この二側面の重層的な分析視角から、彼は、すでにこの論理段階においてさえ、産業企業はその資本の大きさを最小限（資本の価値増殖にとっては最大限）にまで縮小されており、したがって、そこでは流動資産を増やす必要が突発しても、流動的に随時出動しうる形態にある資本＝貨幣資本に対する処分権を与えられていないのであるから、そのつど信用操作が必要とされ、その拒絶は産業企業の自己破産を意味するという、産業資本と銀行資本との関係における相互依存の依存性・規定性を明らかにしたのである。そして彼は、そうした論理の展開を、主として固定資本の巨大化、最低必要資本量の厖大化の論理段階での、産業における信用利用の要求に対応すべく固定資本信用→長期的・恒常的関係側面に向けながら、しかも他方、景気変動の諸要因を媒介・契機とする流通信用→資本信用および流動資本信用といった短期的・流動的な関係側面からも把握する。このように、彼はかかる二側面の総体的把握から産業に対する銀行の優位性を析出しているのである[44]。

資本主義およびその信用組織の発展に伴って資本家階級のすべての予備資本だけでなく、非生産的諸階級の貨幣をも信用・銀行制度のもとに集合・集積され、それが、ただ信用・銀行制度の媒介によってのみ貨幣資本に転化されうるようになる。すなわち、信用・銀行制度は、かかる「起動力」・「連続的動力」としての貨幣資本に転化すべき社会に広く散在している貨幣形態での個別的存在を集合・集積し、自由に処分しうる貨幣資本に転化せしめることによって銀行資本として再生産過程との再統一をはかるのである。

こうして、信用・銀行制度は、資本主義的生産が――社会的にみても個別的にみても――新たにはじまるすべての事業の起動力としての、また連続的動力としての、したがって「全過程に衝撃を与える機動力」としての貨幣形態にある資本の絶対的支配者＝巨大な貨幣権力として再生産過程の要請に応じて事前に直接的に介入していくことになる。そしてそのことによって、銀行は「流通は生産の内在的な支配的条件となる」という、いわゆる産業資本の再生産活動の基本的条件でありながら、しかもその進行は外的諸要因に支配されざるをえない流通過程に決定的影響力をもつようになる。かくして銀行はこの流通過程を不可欠の構成過程とする再生産活動全体に大きな影響力をもつことになる。ヒルファディングにあっては、まずこの点に、産業に対する銀行の優位性の基本的な論拠を見いだしているのである。

資本主義的生産の目的は、剰余価値・利潤の生産と取得であり、それは商品の生産と流通とによって媒介される。この過程の担い手が産業資本である。かかる再生産の形態において、産業資本の再生産活動は、まず貨幣形態で開始されなければならない。すなわち、資本として機能すべき一定額の貨幣によって特定種類の商品(W)、すなわち、生産手段(Pm)と労動力(A)とが購入されることによってのみ、生産資本の一定規模の活動、すなわち、生産過程(P)が展開されうる。ここでは価値の形態変化はなく商品形態のままであるが、①商品の使用価値が変化し、②労働力がその機能によって価値を増殖させる。この価値増殖された商品(W')が生産過程を去り、その第二のかつ最後の形態変化、すなわち貨幣(G')に転化されるということになる。このことは、生産過程は商品が貨幣に転化するまでは新しく開始されえないということ、貨幣資本が継続的・連続的に産業資本の諸要素に転化することによってのみ産業資本の連続的運動・生産過程の絶えまのない連続性、つまり産業資本の再生産活動がはじめて可能になるということである。すなわち資本が資本として存在することができるのは、資本が生産過程を新しく開始しうべき流通過程を通過する限りにおいてだけであるということである。その意味において資本主義的生産は流通を自己の固有の条件として措定し、流通は生産の内在的な支配的条件となる。したがって、かかる過程の連続性は資本主義的生産にとって基本的条件となるのである。ヒルファディングはそうした点を強調しているものと考えられる。

ところで、他方、資本主義的生産は私的所有のもとで社会的分業として営まれる商品生産であるが故に、産業資本にとっては、生産過程は直接自己の管理・統制下に置きうるものであるのに対して、生産過程の連続性の条件である流通過程は、その管理・統制の及ばない領域である。したがって流通過程は産業資本の再生産活動の基本的条件でありながら、その進行は外的諸条件に支配されざるをえないということになる。流通過程は、特殊な、相互に無関心な過程として、時間的にも空間的にも分離するといった過程として、その特質を与えられているのである。それ故に、資本のうえにうちたてられた生産にとっては、生産の本質的条件、すなわち、生産の総過程を構成する種々の過程の連続性がつくりだされうるかどうかは、偶然なこととして現れざるをえない。だからこそ、資本の要請するところは、まず流通過程を自らの管理・統制下に置くことにより、再生産過程の連続性を、したがって、絶えず拡張される再生産過程の連続性をつくりだすことにある。そしてそれを可能ならしめるものとして導き出されたものが、信用である。したがって、再生産過程の連続性を維持することは、信用の最も基本的性格をなすものであり、それは信用の展開形態全体を通じて自己を貫徹していくものである。

ヒルファディングによれば、この「再生産過程の連続性を維持すること」を規定的目的とする信用の能動的諸要因が再生産の諸条件の変化に対応して具体的・動態的に展開していくのである。その展開形態が「貨幣および貨幣資本の節約」という流通信用＝商業信用・手形割引の具体的な過程を通じて行われる。その第一の形態がこの論理系譜上に関わりながら、景気変動を媒介とした手形割引＝流通信用から資本信用への転化としての信用の展開である。そしてさらには、その第二の形態が「遊休貨幣資本および遊休貨幣の機能貨幣資本への転化→生産規模の拡張」という資本信用＝流動資本信用・固定資本信用である。産業における生産力の発展→資本の有機的構成の高度化→固定資本の増大・最低必要資本量の上昇という再生産活動の過程的展開に対応して、信用が、いわば「流通信用→資本信用」という上向的な展開形態をとってあらわれながら、銀行と産業との関係の内部における相互依存の依存性を規定する資本力の変化の過程を通じて、両者の関係を、ときには協力的＝協調的関係、ときには強制的＝対抗的関係たらしめ、再生産過程の発展に対応的に自らを展開させていくのであり、そしてそのことによって、その最高の発展としての銀行資本と産業資本との独占的結合関係を導き出すことになるのである。しかしこの過程は株式会社・証券市場論とそれを媒介とする信用・銀行制度の構造的変化――銀行資本論の理論的展開――を必要とする。

六　資本信用と「銀行資本と産業資本との緊密化」(2)

しかし、「流通過程を自らの管理・統制下に置くことによる再生産過程の連続性」の維持機能・維持形態が、生産的資本家が相互に取り結ぶ「流通信用」を主要部分とするものであり、銀行業者が主として手形商人であるにすぎない論理段階にあっては、両者の関係はこれとは別の傾向を示す。ヒルファディングは商業信用＝支払信用から銀行信用＝資本信用へ進む歴史的諸事例を一七世紀および一八世紀のイギリス、フランス等における国際的信用関係から指摘したうえで次のように述べている。

「かような商業信用からの銀行信用の相対的独立は重要である。それは銀行業者にとってある種の優越を意味するからである。商人と産業資本家とは、各自一定の時点までに履行されねばならない信用債務をもっている。しかし、彼自身はこの履行について今日では彼の銀行業者の諸方策に依存したり、銀行業者にその信用を制限されることによって、この履行を場合によっては不可能にもしうるであろう。信用の主要部分が商業信用で、銀行業者は主として手形商人であるにすぎなかったあいだは、そうではなかった。そこではむしろ銀行業者自身が事情の経過に、手形の支払に依存していた。彼は、求められた信用供与を制限することをなんとかなるあいだは能う限りさけねばならなかった。そうしなければ、手形信用全体を破壊することにもなりえたからである。それゆえに、彼自身の信用が非常に緊張して、ついには過度の信用となり崩壊となったのである。今日では、もはや、商業信用はかような役割を演ぜず、資本信用が主要事となっていて、銀行は事態をはるかによりよく制御し支配しうる。(45)」

今日の産業は、産業資本家の所有する総資本よりもはるかに大きい資本をもって経営されるようになっている。信用・銀行制度の発展は各個の資本家の自己資本を最小限にまで縮小させることによって、こうした傾向を一層促すことになる。信用・銀行制度の最も重要な役割の一つは、すべての階級の遊休貨幣および遊休貨幣資本を集合・集積し、それを、再生産の要求に応じて最も有効に過程内に再投入することにある。この一切の貨幣資本の処分力は銀行にある。再生産の要求に応じて、銀行が最も有効にその過程に投入しうる形態とは何か。それは、既述の如く起動力としての貨幣形態での資本の供給であり、その最もふさわしい仕方は、生産手段の諸要素をこれから購買しようとする資本家に対して資本信用を与えることである。

いまでは、流動資本についてだけでなく固定資本についても信用が要求されているのである。銀行が産業資本家に用立てる貨幣資本は、産業資本家によって二様の仕方、すなわち、流動資本または固定資本に転化すること、それによって、生産の拡張のために使用されるということである。つまり起動力としての、連続的動力としての貨幣資本の中核部分に対して信用が供与されるのである。各個の資本家の自己資本は最小限にまで縮小されることにより、産業資本家はその所有する資本よりもはるかに大きい資本をもって経営するという傾向が、一段と強まる。が、同時に固定資本としても信用が供与されるようになると、貨幣資本の還流の仕方が根本的に異なってくる。流動資本の購入のために供与された貨幣資本の価値は、回転期間の経過後には完全に再生産されて貨幣形態に再転化されうるが、固定資本への信用供与の場合には、貨幣資本の価値はより長い何回もの回転期間のあいだに、ただ漸次的に還流し全期間にわたって固定化されざるをえないものとなる。かくて銀行への産業企業の依存も強まってくると同時に、それはまた恒常的・構造的なものとなる。

なぜなら「一債務関係の内部における経済的依存を決定するものは常に資本力の優越であり、ことに自由に処分されうる貨幣資本の大きさである」(46)からである。むろん「銀行が一つの企業に深く係わり合ったために、銀行の運命が企業と密に絡み合わされていて企業の要求にことごとく応ぜねばならないような場合もありうる」(47)が、そうした危険性を回避するために、銀行は特定の企業とのみ関係をもつようなことはせず、幾つかの企業とのあいだに関係をもつことによって、個々の企業（個々の取引）から相対的に独立を確保しようと努める。反対に企業にとっては、おそらく一切がこの取引にかかっているわけであるから、一銀行への依存を深めることになるのである。つまり、「一銀行＝複数企業」制であり、それに基づく「銀行資本と産業資本との緊密化」である。が、いまだこの論理段階では、両者の関係は信用機関としての銀行の機能の側面からのみ捉えられているにすぎない。

ところで、こうした銀行の産業に対する関係の変化は、銀行の諸機能からしても銀行資本の集積・集中に至らしめるあらゆる傾向を強めることによって一層強まる。銀行は、産業の拡大につれて、上記のような信用媒介機関としての機能的側面において、銀行資本の一層の集積が要請されると同時に、金融・発行機関としての機能的側面においても同様に、最大可能な銀行資本の集積が要請されるのである。信用媒介機関としての機能とは、ヒルファディングによれば、①支払信用（＝手形割引）、②資本信用のことであり、金融機関としての機能とは、さし当たり、ここで「予めあげておかねばならない」ものとして、③発行業務がある、(48)ということである。すなわち、金融機関としての機能それ自体の本格的な理論的把握は、株式会社・証券市場との関連において、構造的変化をとげた信用・銀行制度――銀行資本の再規定――の論理段階の問題であるというわけである。

ヒルファディングは、銀行業における集積・集中とそれに基づく銀行の産業に対する関係の変化を次のように述べている。すなわち、支払信用（＝手形取引）の場合、とくに決定的なものは国際関係の拡大である。①広く枝を張った対外関係網の形成、②外国為替の比較的長い流通期間による比較的大きな資本の固定化、③手形の相殺による決済の不均斉化による給付能力をもつ一大組織の必要性、といった対外関係の展開に基づいて、銀行における集積・集中への傾向が一層強まるということである。そうだとはいえ、国内関係の拡大、つまり、工業生産の拡張などに伴う国内手形取引の展開もまた、全国的な支店網をもつ大銀行を必要とすることから、銀行における集積・集中への傾向を一層促すことになる。しかし、この論理段階では、銀行は「これによってはまだ、信用を受ける産業に意識的かつ計画的に干渉する可能性を与えられていない。そこでは、銀行と産業との関係も信用を受けるものの確実さについての必要な吟味と割引利得以上にはでない(49)」とされている。その意味においては、このような手形取引形態としての支払信用は、産業に対する銀行の関係を根本的に変化させうるものではないということができよう。しかし、資本の流動化を予め前提とすれば、次の資本信用・交互計算取引においては事情が異なってくるのである。

ヒルファディングは、資本信用の慣行は当座預金取引＝交互計算取引の意義の増大において表現されると述べた後、ヤイデルスの「所説」から次のように引用している。

「『産業に対する銀行の関係にとってのその意義は、三つの理由から生ずる。①企業の平穏な拡大にとってのその決定的な重要性によって、それは信用供与者への依存をつくり出す。②産業的銀行信用の営業上の性質は、前述の信用業務以上に銀行業の組織に影響を及ぼし、それがもっぱら銀行集積に作用し、かかる産業に対する特有の関係が銀行指導者側の別種の産業知識を要求する。③産業的交互計算業務は、銀行と産業との全取引の軸点である。創業および発行活動、産業企業への直接的参加、監査役会の成員としての産業経営指導における協力は、銀行信用に対して極めて多くの場合に緊密な因果関係に立つ』と同時に、交互計算は『銀行にとって産業を評価し統制するためのよい手段である。規則的な取引は良好な営業状態を意味する。』銀行はこの規則的な関係によって、同時にこの企業に関する正確な知識をえる。この知識は、たとえば取引所業務のような他の関係においても有益でありうる。他方、過度の信用供与の危険は、産業企業の厳格な監視を必要にするが、その第一の前提条件は、企業がただ一つの銀行とだけ取引することである(50)」

ここでは、すでに株式会社・証券市場の成立が前提されており、銀行は「創業および発行活動」を新たな業務として経営する巨大総合銀行である。その基礎の上に「銀行と産業との全取引の軸点」である「交互計算信用」が展開されているのである。従来、「交互計算取引」が株式会社・証券市場を前提としてではなく、むしろそれとは関係なく、それ以前に展開されうるものと理解されてきた。そこから「長期信用＝固定資本信用→株式会社」という信用と株式会社の関連が理解されてきたのであり、またそのことが、「交互計算信用」が「全取引の軸点」と関係づけられて理解されてきた。

しかし交互計算信用が「全取引の軸点」であることは、信用業務と金融業務との二側面を内的に統一し、兼営する総合銀行制度の論理段階では当然のことである。この論理段階では交互計算取引が工場設備信用として全面的に利用され、それが産業企業の平穏にして順調な発展を保証していく槓杆となっているという場合のことであり、手形取引＝支払信用における「短期的」・「一時的」な性格は克服され、産業企業とのあいだに継続的関係が成立し、そのことによって、銀行への産業の依存が生じざるをえないということである。その場合に、この依存性は「短期的」・「一時的」な性格のものではなく、「継続的関係に規定された一定の恒常的性格」のものである。いうまでもなく、銀行資本はその事業を慈善事業ではなく資本の事業として営んでおり、交互計算取引の形式もまた、それに基づく要求であるといわざるをえない。しかし交互計算取引が工場設備信用として利用される場合、信用の継続性・長期化に伴って「銀行資本の流動性」が損なわれざるをえなくなるが、それ自体銀行の「資金繰り」を悪化させるものである。さらに資本主義的再生産は、部分的であるか全般的であるかを問わず、たえざる不均衡、たえざる混乱によって特徴づけられる過程であるが故に、貸し付けられた貨幣資本が確実に返済・回収されるという保証が常に存在するというわけではない。信用が長期化すればするほど、その危険性も増大するといわざるをえない。ここから産業企業の経営状態への銀行の洞察が問題となってくる。

銀行はそのときどきの経営状態の正確な洞察に努めるようになると同時に、産業企業の営業状態を絶えず厳密に監視し、その企業の全取引を自行に限定させ、貸し付けた資本の回収可能性をよく把握しておかなければならなくなるのである。そのためには、産業企業自体の営業に対して、より強い影響力をもたなければならない。また信用の長期化により産業に固定化される資本は、産業企業の規模の拡大に伴ってますます増大するが故に、それに対応しうるように、銀行はますます大きな規模の貨幣資本を集合・集積し、それを自己の支配下におかなければならない。このために、銀行間の競争は激化し、資本規模に制約のある中小銀行は交互計算取引から脱落し、資本力のある大銀行へその業務が集中していくと同時に、大銀行による中小銀行の吸収・合併が進行していくことになる。なお銀行間の競争については第七章「株式会社」、第八章「証券取引所」の分析を経て第一〇章「銀行資本と銀行利得」において詳述されている。

ところで、銀行は手形割引・交互計算等の信用取引を通じて、たえず産業と関係してきたのであるが、そのなかで、銀行は手形割引によってはまだ信用を受ける産業企業に意識的かつ計画的に干渉する可能性は与えられておらず、産業に対する銀行の関係をなんら基本的に変化させるものではなかった。しかし、交互計算は経常的な業務において取得される銀行利潤の主要源泉の一つであるが、手形割引と同様に経常的な貨幣支出のための支払媒介として用いられる場合ですら、対産業との関係に新しい性格が与えられうるのである。なぜなら、規則的な交互計算関係を結ぶことによって、産業企業の経営状態を予測できるようになれば、それは、その限りにおいて「銀行にとって産業企業を評価し制御するための手段」となりうるからである。しかし、交互計算が長期の工業設備信用として用いられるようになると、対産業との関係は根本的な変化を余儀なくされる。信用の長期化に伴う資本の流動性が損なわれるからである。そのために、銀行は貸し付けた資本の回収可能性についての正確な見通しをもつことが必要となる。それゆえに産業企業の規則的・継続的な監視を行わねばならなくなるというわけである。このような交互計算信用の展開は、産業における生産力の発展→生産の拡大→資本の有機的構成の高度化に伴う固定資本の増大、最低必要資本量の上昇によって惹起されたものであるが故に、産業企業の生産規模の拡大に伴って、交互計算信用もまた大規模化し、銀行にとってますます重要な業務となっていくと同時に、それによって、銀行と産業との関係の緊密化もますます恒常的・構造的なものとなっていくことになる。

しかし、長期の設備信用は、銀行にとっては貸付資本の長期化・固定化を意味する。したがって、それは資本の流動化との関連においてはじめて一般的に展開されうるものでなければならない。株式会社制度に基づく資本流動化が成立しているとすれば、産業企業はその返済が長期にわたるであろう厖大な固定資本の借入も、これを株式に転化し、有利な機会にその一部を固定資本の現実の還流に係わりなく売却することによって資本を動員＝流動化しえ、したがって、短期にこの動員＝流動化した資本を対銀行債務の返済に充てうる。株式発行による資本の動員が銀行の媒介で行われざるをえない論理段階では、対銀行債務を増資（株式発行）によって返済するという、いわば産業企業の本来的な機能過程（固定資本信用の借入→株式発行によるその返済）は、逆に銀行の発行活動の過程（固定資本信用の供与→その証券化・流動化による回収）にとって代わられる。それ故に「信用（設備信用・固定資本信用）」の場合でさえも、銀行は必要あるいは都合に応じて、産業支配に必要な株式数を保有し、長期にわたって産業との関係を保持することが可能になる。したがって、かかる信用が繰り返されるとすれば、そのあいだ銀行資本と産業資本との関係は維持され、銀行の産業に対する支配もまた持続するであろう。かくて「交互計算業務は銀行と産業との全取引の軸点である。」「創業および発行活動、産業企業への直接的参加、監査役会の成員としての産業経営指導における協力は、銀行信用に対してきわめて多くの場合に緊密な因果関係にたつ」ということになるわけである。

しかし、こうした分析視角からの論理の展開方向は、ここでは直接には論じられてはいない。むしろそれは第二篇第七章「株式会社」、第八章「証券取引所」論の分析から遡及して、この論理段階における資本信用＝固定資本信用の論理を制約・規定するものとなっている、と考えられる。ここ〔第五章「銀行と産業信用」〕では、発行業務が銀行の主要業務として銀行資本の集積・集中との関係で捉えられ、この両者が「資本の流動化→資本の動員」機構としての株式会社・証券市場において、いかなる展開形態をとってあらわれるか、その基本的観点を先取り的に提示しているだけである。しかし、肝要なことは、後述の第七章「株式会社」および第八章「証券取引所」での、その具体的な論理展開それ自体のなかに、発行業務が据えられ、それが銀行の主要業務となった論理段階においてはじめて、上述の「銀行資本と産業資本との関係」の具体的内容とその問題点も理論的に解明されうるということである。

以上述べたように、信用媒介者としての銀行が産業の拡大につれて銀行資本の集積・集中の進展を要求してきたのであるが、発行業務が銀行の主要な一機能となると、それはまた同様に最大可能な集積・集中を要求するようになる。「まず、この最も利得の大きい業務〔発行業務〕で、大銀行の直接的優越が最も明瞭に実現される。大銀行は、より多くの仕事、より大きな仕事、より有利な仕事をなすであろう。銀行が大きいければ大きいほど、銀行が発行をなす際の安全性も大きい。銀行は発行額の一大部分をそれ自身の顧客に売りさばきうるであろう。しかし、また銀行は、ますます大きくなる必要額を確実に調達しえねばならない。そのためには、銀行は大きな自己資本と市場に対する大きな勢力とを必要とする。(51)」

ここでは、「予めあげておかなければならない」という限定のもとで、発行業務が大銀行の主要業務となる論理段階での銀行資本の集積・集中の新たな展開の必然性が指摘されている。すなわち、発行業務が①大規模の資本力、②市場に対する影響力、③産業に対する正確な知識、こうした三つの条件を必要とするからである。それはまた、銀行に最大規模の自己資本を要求する。銀行資本の再規定――信用・銀行制度の構造的変化――の分析的解明を要求するというわけである。

ヒルファディングはこの論理段階におけるそうした信用の基本的分析をふまえたうえで、さらにその動態的分析を試みているのである。

「銀行の発行力〔発行業務能力〕に対してなされる要求は、産業の発達とともにますます大きくなる。資本の可動化は、生産の拡張に対して、もはやただ技術的適当という一条件を課するにすぎない。同時にそれは、企業の拡張のために自己経営の余剰への依存をも除き、また突発的な強い資本要求を伴うところの、急激な、好況期にはしばしばまさに飛躍的な拡張を許す。資本の動員は、この資本を、それが大量に集積されてあるところ、すなわち、銀行からのみ受け取ることができ、また貨幣市場を動揺させることなしにこの資本を調達するという配慮をも銀行に任せねばならない。銀行がこれをなしうるのは、銀行の支出する資本が再び銀行に急速に還流する場合か、または取引がただ帳簿上だけでなされる場合かに限る(52)。」

続いて、この新たな集積・集中の展開の方向が「資本の可動化」→「資本の動員と結合」との関係において捉えられることによって、後述の『金融資本論』第二篇「資本の可動化と擬制資本」第七章「株式会社」、第八章「証券取引所」および第一〇章「銀行資本と銀行利得」への上向展開の論理的方向が明らかにされている。

こうして、ヒルファディングは「かように、産業集積が銀行集積をもたらすと同時に、銀行集積を促す諸傾向が、銀行経営そのものの技術から生ずるのであるが、銀行集積の第一次的原因をなすものは産業集積である(53)」と述べているのである。しかし、第五章「銀行と産業信用」の論理段階では、発行業務は「予めあげておかなければならない」ものとして与えられているにすぎず、それ自体、論理的把握の対象にはなっていない。したがって、その論理的展開は第七章「株式会社」、第八章「証券取引所」および第一〇章「銀行資本と銀行利得」からなる第二篇「資本の流動化、擬制資本」論を待たなければならない。そして、そのときはじめて上述の如く信用・銀行制度の構造的変化に基づく固定資本信用と資本の流動化、あるいは固定資本信用と発行業務との関連および株式会社制度に基づく「銀行資本と産業資本との緊密化」、「銀行資本の産業資本への転化」の論理が全面的に明らかにされうるであろう。

(1) *Das Finanzkapital*, S. 94. 訳①一五六、㊤一四四頁。
(2) a. a. O., S. 94. 訳①一五六—一五七、㊤一四四—一四五頁。
(3) a. a. O., S. 94. 訳①一五六—一五七、㊤一四五頁。
(4) a. a. O., S. 95. 訳①一五七—一五八、㊤一四六頁。
(5) a. a. O., SS. 95-96. 訳①一五八、㊤一四六—一四七頁。
(6) a. a. O., S. 97. 訳①一六〇、㊤一四九頁。
ここでの手形信用は商業信用としての流通信用のことである。
(7) a. a. O., S. 97. 訳①一六〇、㊤一四九頁。
(8) a. a. O., S. 96. 訳①一五九、㊤一四八頁。
(9) a. a. O., S. 97. 訳①一五九、㊤一四八頁。
(10) a. a. O., S. 97. 訳①一五九—一六〇、㊤一四八頁。
(11) a. a. O., S. 98. 訳①一六〇—一六一、㊤一四九—一五〇頁。
(12) a. a. O., S. 98. 訳①一六一、㊤一五〇頁。
(13) a. a. O., SS. 102-103. 訳①一六六、㊤一五七頁。
(14) a. a. O., S. 103. 訳①一六七、㊤一五八頁。
(15) a. a. O., SS. 103-104. 訳①一六七—一六八、㊤一五八—一五九頁。
(16) a. a. O., S. 104. 訳①一六八、㊤一五九頁。
(17) 高山洋一、前掲論文、二七—二八頁。
(18) *Das Finanzkapital*, S. 99. 訳①一六二、㊤一五一頁。
(19) a. a. O., SS. 101-102. 訳①一六六、㊤一五六頁。
(20) a. a. O., SS. 99-102. 訳①一六二—一六五、㊤一五一—一五六頁。
(21) a. a. O., S. 108. 訳①一七三、㊤一六五—一六六頁。

(22) a. a. O., S. 103. 訳①一六七、㊤一五八頁。
(23) a. a. O., SS. 103–104. 訳①一六七―一六八、㊤一五八―一五九頁。
(24) a. a. O., SS. 98–99. 訳①一六一、㊤一五〇頁。
(25) a. a. O., S. 105. 訳①一七〇、㊤一六一頁。
(26) a. a. O., S. 106. 訳①一七〇、㊤一六一―一六二頁。
(27) a. a. O., S. 106. 訳①一七〇、㊤一六二頁。
(28) a. a. O., S. 106. 訳①一七〇、㊤一六二頁。
(29) a. a. O., S. 106. 訳①一七〇―一七一、㊤一六二―一六三頁。
(30) a. a. O., S. 109. 訳①一七四、㊤一六七頁。
(31) a. a. O., S. 109. 訳①一七五、㊤一六七頁。
(32) a. a. O., SS. 109–110. 訳①一七五、㊤一六七―一六八頁。
(33) a. a. O., S. 110. 訳①一七五―一七六、㊤一六八頁。
(34) a. a. O., S. 111 訳①一七六、㊤一六九頁。
(35) a. a. O., S. 114. 訳①一七九―一八〇、㊤一七三―一七四頁。
(36) a. a. O., SS. 113–115. 訳①一八〇―一八一、㊤一七四―一七五頁。
(37) a. a. O., S. 116. 訳①一八二、㊤一七六―一七七頁。
(38) a. a. O., S. 118. 訳①一八四―一八五、㊤一八〇頁。
(39) a. a. O., SS. 116–117. 訳①一八三、㊤一七七―一七八頁。
(40) a. a. O., S. 117. 訳①一八三、㊤一七八頁。
(41) a. a. O., SS. 117–118. 訳①一八三―一八四、㊤一七八―一七九頁。
(42) a. a. O., SS. 117–118. 訳①一八三―一八四、㊤一七八―一七九頁。
(43) a. a. O., S. 118. 訳①一八四、㊤一七九頁。
(44) a. a. O., S. 118. 訳①一八二―一八三、㊤一七七―一七八頁。
高山洋一、前掲論文を参照されたい。
(45) Das Finanzkapital, S. 113. 訳①一七九、㊤一七三頁。
(46) a. a. O., S. 118. 訳①一八四、㊤一七九頁。
(47) a. a. O., S. 118. 訳①一八四、㊤一七九頁。

(48) a. a. O., S. 118. 訳①一八五、㊤一七九―一八〇頁。
(49) a. a. O., SS. 118-119. 訳①一八五、㊤一八〇頁。
(50) a. a. O., SS. 119-120. 訳①一八六―一八七、㊤一八一―一八二頁。
(51) a. a. O., S. 121. 訳①一八八、㊤一八三―一八四頁。
(52) a. a. O., SS. 121-122. 訳①一八八―一八九、㊤一八四頁。
(53) a. a. O., S. 122. 訳①一八九、㊤一八四―一八五頁。

第五節　資本主義的信用と利子率

一　利子生み資本の規定性

ヒルファディングは「資本主義的基礎のうえでは、どの貨幣額も、すべて資本として機能する能力、したがって、利潤を生む能力をもっている。そのための条件は、その貨幣額が生産的資本家に用立てられることである」(1)と述べている。つまり、この論理段階では、貨幣は資本に転化されうるものであり、それによって自己増殖する価値となるということである。それは貨幣として本来有する使用価値のほかに資本として機能するという使用価値――追加的使用価値――をうけとるということである。この点について、彼は『資本論』第二巻からの引用で次のように例示する。

「年平均利潤率を二〇%と仮定しよう。そうすれば、一〇〇ポンド・スターリングの価値ある一機械は、平均的諸条件のもとで平均程度の知能と合目的的活動をもって資本として使用されるならば、二〇ポンド・スターリングの利潤を生むであろう。したがって、一〇〇ポンドを処分しうる人は一〇〇ポンドを一二〇ポンドにする力、または二〇ポンドの利潤を生む力をその手にもっている。つまり、彼は一〇〇ポンドという可能的資本をその手元にもっている。

この人がこの一〇〇ポンドを現実にこれを資本として充用する他の人に、一年間委託するとすれば、前者は後者に二〇ポンドの利潤を生産する力を、彼にとってなにも費やさず、彼がそれに対してなんらの等価を支払わない剰余価値を生産する力を与える、わけである。後者が一〇〇ポンドの所有者に、年末に五ポンドを、すなわち、生産された利潤の一部を、支払うとすれば、これによって彼は、一〇〇ポンドの使用価値に、その資本機能、すなわち、二〇ポンドの利潤を生産するという機能の使用価値に、支払うのである。彼が前者に支払うこの利潤部分は、利子とよばれる。したがって、これは、機能資本家が自分のポケットに入れないで資本の所有者に払い渡さなければならない利潤中の一部分をあらわす特別の一名称、特別の一項目にほかならない。一〇〇ポンドの所有が、その所有者に、利子、すなわち彼の資本によって生産された利潤の一定部分を引き寄せる力を与えるということは、明らかである。もし彼が一〇〇ポンドを他人に渡さなければ、この人は利潤を生産しえず、一般にこの一〇〇ポンドに関しては資本家として機能しえないであろう。(2)」

このように、『資本論』からの引用は、ヒルファディングが新たな信用論の展開に当たって、利子生み資本の範疇的確立を理論的前提としていることが分かるであろう。さらにこの「引用」を受けて、ここでは、資本主義的生産の基礎のうえでは貨幣が利子生み資本となるという、前述の利子生み資本範疇の成立が、いわば確認の意味において明確に表示される。彼は次のように述べている。

「貨幣所有者がその貨幣を貸し出すことによって、この貨幣は彼にとって資本として、貸付資本として機能する。というのは、それはある時間の後には増殖された貨幣として彼のもとに返るからである。しかし、資本は、ただ生産過程において労働力の搾取、不払労働の獲得によってのみ、価値増殖される。したがって、貸付資本家の貨幣資本は、生産過程で自己を実証するためには、利潤を生むためには、生産的資本家の貨幣資本とならねばならない。この利潤はいまや分割される。一部分は利子として貸付資本家のもとに返り、他の部分は生産的資本家のもとに留まる。(3)」

ヒルファディングは、『資本論』の論理段階における貨幣の利子生み資本への転化、利子生み資本成立の論理を継承して、「利子率」の基本的規定の問題に言及し、それをふまえて、前章で論及された景気変動的諸要因を媒介契機とする利子率の変動の問題を総合的に取り上げ、資本主義的信用の理論的展開――流通信用と資本信用および両者の関連・その統一的把握――を試みている。

上記の「引用文」で明示されているように、利子生み資本の範疇的確立のもとでは、貨幣は貸付資本として貸付けられうるのであり、借手＝機能資本家はこの貨幣を資本の再生産過程に投下し資本として実現させ、増殖した価値＝利潤の一部分を利子という名称で貸手に支払うということであった。つまり、この場合、利子は価値の増殖部分たる利潤の一部分である。したがって、「利潤は利子の最高限界である。そしてこれが利潤と利子とのあいだの唯一の関係である(4)」というわけである。このように両者の基本的関係を述べた後で、利潤の分割としての利子の高さ（利子率）について、ヒルファディングは次のように論述している。

「平常な事情のもとでは、利子は利潤の一部であるから、利潤は利子の最高限である。そしてこれが利潤と利子とのあいだの唯一の関係である。これに反して利子は利潤のなんらかの仕方で規定された、確定された部分ではない。利子の高さは、貸付資本の需要供給に懸かっている。人々は貨幣所有者と生産的資本家とが同じであるという前提、言い換えれば、すべての生産的資本家が同時に必要な貨幣資本をも自由に処理しうるという前提のもとに、資本主義社会を考え、その諸原則を導き出すことができる。その場合には利子は生じないであろう。(5)」

このように、ヒルファディングは自己資本をもって事業を営む生産的資本家の場合には、利潤は分割されず、すべて彼のものであると述べているが、そのことは、本来、生産的資本家は利子をめぐる競争には加わらないということである。したがってこの点からだけでも、利子は生産的資本家自身の運動にとっては内在的なものではなく、外在的なものであるということができる。また利潤からの分割である利子は、事実上、生産的資本家と貨幣資本家とへの分裂から導出されうるものであり、その分割を決めるのは、この両者のあいだの競争、つまり貸付資本の需要供給の関係に懸かっているということである。このように述べた後で、ヒルファディングは利子（利子の高さ）を規定する諸要因について言及する。彼によれば、利潤は「客観的に規定された諸要因」であり、利潤の分割である利子は、それに反して「偶然的事実から生ずる」というのである。その点を次のように述べている。

「利潤の生産は資本主義生産の条件であり、目的である。利潤の生産、剰余生産物に体化されている剰余価値の生産は、客観的に規定されている。利潤は、直接には経済的関係から、資本関係から、すなわち、労働からの生産手段の分離および資本と賃労働との対立から生ずる。利潤の大きさは、労働者階級が既存の生産手段をもって生産する新価値と、資本家階級と労働者階級とのあいだにおけるこの新価値の分割とに懸かり、この分割はまた労働力の価値によって規定されている。利潤の場合にわれわれの関わるところは、純粋に客観的に規定された諸要因である。(6)」「利子はそうではない。それは労働からの生産手段の分離という資本主義の本質に対しては偶然的な、次のような事実から生ずる。すなわち、第一には貨幣に対する処分力をもつものは生産的資本だけではないという事実、次には個別資本の循環においては常に全貨幣資本がはいらなければならないのではなく、貨幣資本はときどき遊休するという事実、である。そこで、利潤のどれだけの部分を貸付資本家が獲得しうるかは、この貨幣資本に対する生産的資本家側の需要関係の変動に懸かっている。(7)」

いうまでもなく、利潤の生産が資本主義的生産の推進的動機であり、規定的目的である。利潤は生産過程における賃労働によってつくり出される「新価値」の分割部分の現象形態であり、内在的・客観的に規定されたものである。これに反して利潤の分割部分である利子は、内在的・客観的に規定された諸要因は問題にはなりえず、経験的事実から生ずるにすぎない。利子は利潤が資本と賃労働との対立、つまり、資本家と労働者とのあいだの関係から生ずるのとは異なり、二人の資本家、つまり、貨幣資本家と生産的資本家とのあいだの関係である。このことは利子生み資本が賃労働に対立せず、労働を搾取しない資本であり、生産過程と流通過程とに媒介されることなしに、総じて再生産過程とは無関係に、利子を獲得する資本であるということを意味する。資本が現実に機能して利潤を生産するのは、生産的資本家の機能資本として生産過程において労働の搾取、不払労働を獲得することによってである。その意味では、利潤の生産において利子生み資本は「なんらの役割も演じない(8)」のである。

このように、利潤の生産においては機能資本が規定的に作用し、利子生み資本はなんらの役割も演じないのであるから、生産された利潤は本来的には純利潤と利子とに分割されるべき内在的・客観的規定はまったくないのである。そこには、ただ貸付資本の需要供給関係、貨幣資本家と生産的資本家とのあいだのかかる競争によってのみ決定されるところの、純粋に偶然的な事実、外在的諸契機による単なる量的分割があるだけである。

二　利子率の規定性――基本的規定と変動的規定

上述の如く利子生み資本の概念規定をふまえて、まず、利子率の基本的規定について、ヒルファディングは次のように述べている。

「利子は需要と供給とに懸かるとすれば、こんどは需要と供給とは何によって規定されるのか、を問わねばならない。一方の側には、目下、遊休しているが価値増殖を求めている貨幣がたち、他方の側には、機能資本家たちが貨幣資本として機能資本に転化しようと欲する貨幣に対する彼らの需要がたつ。この分配を取り計らうのが資本信用であり、したがって、利子率の高さは資本信用の状態に懸かる。与えられた各瞬間に、資本主義社会の処理しうる量的に与えられた貨幣額があって、これが供給をあらわし、他方には、同じ瞬間に同様に、生産および流通の大きさによって与えられている機能資本家の貨幣資本需要がある。したがって、ここで問題とされるのは、各瞬間に決定されている二つの大きさであって、この二つが需要と供給として貨幣市場で出会い、『貨幣の貸付価格』すなわち、利子率を規定するのである。[9]」

このように、一方における資本の価値増殖欲求は、貸手＝貨幣資本家のより大きな利子の追求としてあらわれ、他方の側における貨幣資本としての機能資本への転化欲求は、借手＝機能資本家のより大きな純利潤の追求としてあらわれる。この両者の利害の対立が利潤の分割をめぐる利害の対立↓利子率をめぐる利害の対立としてあらわれるのである。が、元来、両者はそれぞれ固有の対立的諸条件、つまり、供給諸条件と需要諸条件とに規定されている。したがって、貸手と借手とが個別的・分散的に自分の条件に適合する相手を探すというのでは、供給側の諸条件と需要側の諸条件との一致は困難であり、したがって、利子生み資本の運動は一般的には成立しない。こうした諸困難・制約を回避するには、大量の需要と供給とが集積され、両者の諸条件がつき合わされて貸借が遂行される場が要請される。それが貨幣市場であり、その貸借を「取り計らうもの」が資本信用である。ヒルファディングはこのように述べているのである。

貨幣市場が集積された貨幣資本の需要と供給の場であるという場合、この需要と供給とは、いわば「与えられた各瞬間に決定されている二つの大きさ」をなしているものであり、したがって、それらが貨幣市場に集積されて需要の量と供給の量との相対的関係＝需要供給関係を形成し、それが利子率を規定する、というわけである。つまり、利子率に直接作用するのは、「貨幣形態にある資本の供給と需要との関係」であり、そうである限りにおいて、利子率の高さはこの関係を媒介する資本信用の状態に関わるということになるのである。しかしヒルファディングは「この規定は、これ以上になんらの困難をも呈しない。困難は利子率の変動の分析においてはじめて生ずる[10]」と述べている。

では「利子率の変動の分析」から生ずる「困難」とは何か。

「生産の拡大、したがってまた、流通の拡大は貨幣資本に対する需要の増大を意味する、ということである。そこで、供給が同じままならば、需要の増加は利子率の上昇を引き起こさざるをえないであろう。しかし、困難は、需要の変化と同時に、そしてまさに需要の変化の結果として、供給もまた変化するということから生ずる。供給を形成する貨幣量を考察すれば、それは二つの部分からなっている。第一は現存の現金から、第二には信用貨幣から。[11]」「生産の増大は同時に流通の増大を意味する。増加した流通過程は、増加した信用貨幣によって処理される。手形流通は拡大される。そしてそれが拡大されうるのは流通に入る商品量が増加しているからである。かくしてかような流通の増大は、金貨幣に対する需要が増大する必要なく行われる。貨幣資本の需要と供給との関係にも変動の生ずる必要はない。なぜならば、増加した商品量に基づいて信用貨幣がより多量に発行されうるので、流通手段に対する需要の増加と同時に、またそれと同じ割合で供給が増大しうるからである。[12]」「この場合、手形流通は増大している。この増加した信用は現実の生産資本の諸要素の供給と需要の関係にも、少しも影響する必要はなかった。むしろ両者とも等しく増大した。生産過程は拡張され、そしてそれとともに生産規模の拡張に必要な諸商品が生産された。かくてわれわれはここで増加した信用と増加した生産資本とをもつ。この両者は増加した手形流通において表現される。しかし、このことには、貨幣形態にある資本の供給と需要との関係におけるなんらの変化も結びつけられてはいなかった。しかし、利子に作用するのは、ただこの需要だけである。したがって、信用の増加には――それがただ単に流通信用であれば――利子率は不変のままで行われうる。[13]」

このように、流通信用にあっては、信用貨幣は生産の拡大とともに拡大される可変的要因である。それは流通信用が本質的には資本主義的商品流通において、生産的資本家相互のあいだに取り結ばれる信用であり、商品資本を基礎とした前貸しであるということである。したがって、ここでは、「生産の増大→流通の増大」による増加した流通過程は、増加した信用貨幣によって処理されるのである。つまり、かかる流通信用では「商品量の増大（増減）と信用貨幣（手形）量の増大（増減）とは一致（比例）」する。ここでの核心は、信用貨幣の流通によって流通費＝流通空費としての貨幣が節約されるという点である。この場合、流通信用は「利子生み資本運動に基づく『貨幣信用』とは異なり、利子率の変動とは本質的には関係がない」[14]のであり、したがって、「利子率には作用しない」というわけである。では「利子率の変動」に係わりをもち、「利子率に作用する」というのは、どのような場合が考えられうるのか。

ヒルファディングは「生産の拡大は、貨幣資本に対する需要の増加を意味する。しかしまた、この増加した需要は、生産の拡大の結果、増加した信用貨幣によって与えられている増加した供給をも見いだす。したがって、利子率の変化は、貨幣資本に対する需要の変化が供給の変化よりも激しい場合にのみ、現れるであろう」[15]と述べている。しかし、ここではまだ、それは具体的には展開できない。これまで分析対象が流通信用の資本の再生産過程におけるW—G、G—Wの売りと買い、資本の姿態変換を媒介する商業信用の論理的側面（流通信用＝商業信用の側面）についてであり、この論理段階での信用の基本的規定が問題にされていたからである。いまや商業信用の銀行信用による代位としての手形割引の論理的側面（流通信用＝手形割引の側面）をなす流通信用からの、利子率との関係が問われなければならない。どのような場合、それは起こりうるであろうか。

「まず第一に、信用貨幣の増加は、信用貨幣を不断に貨幣に換えるための準備として必要な現金額の増加を要求する。次に信用貨幣の流通とともに、相殺されない信用貨幣の差額決済のために保持されねばならない現金額部分も増大する。同時に流通の拡大とともに信用貨幣があまり役立たない現金部分も増大する。労働者への支払のためや小売商業における増加した取引の決済のために必要な額は、たいてい現金からなっている。かようにして、貸付取引のために用いられうる額は、現金の一部がこれらの別の諸機能のために必要とされるので、減少する。最後に、信用貨幣の増加が、増大した生産および流通の要求に追いつかなくなるのは、繁栄期の終わりに商品の売れ行きが停滞するか、または緩慢になるときである。[16]」だから現金額の増加が要求されるということになる。

ここでは、手形割引としての銀行信用を規定的関係とする流通信用の論理段階における信用貨幣が取り上げられ、上述の課題との関連において、手形割引の本質規定——基本的分析視角——をふまえたうえでの、景気変動と信用貨幣との関連における手形割引の「質的」変化――動態的分析視角――の論理的契機が析出されている。商業信用の銀行信用による代位形態としての手形割引の基本的規定については、既述（第五章「銀行と産業信用」）のように、銀行は支払取引の媒介者として手形を買い、その手形に代えて自らの信用・銀行信用を与えることによって、私的、個別的な手形流通の限界を越えて信用機能の社会化を可能にするということであった。しかし、そこでの商業信用の銀行信用による代位形態である手形割引＝流通信用の機能的特質は、商業信用＝手形流通を基礎とするその流通領域に限定されたものである。したがって、「銀行券の発行は割引手形の数によって制限されており、この手形の数そのものがまた同時に、交換行為の数によって制限されている」[17]というのである。この銀行券による手形割引は信用貨幣の創造において成立する流通信用である。

かような信用貨幣の創造によって成立する「流通信用は生産を既存の現金額の制限から独立させる」[18]が、「流通信用そのものによっては、一生産的資本家から他の生産的資本家への貨幣資本の移転も行われないし、他の（非生産的）諸階級の貨幣が資本家階級に流入してこの階級によって資本に転化されるということも起こらない。かくて流通信用は現金に代位するという機能を果たす[19]」にすぎない。これによって貨幣節約は拡大されるが、新たな貨幣は供給されないので、この手形割引による銀行信用＝流通信用は直接には利子率の変動には関係しないということであった。それはいわば「事後的なもの」であり、「起動力」となる「事前的なもの」ではなかった。

ところで、流通信用は信用貨幣の創造によって成立するが、信用貨幣は「支払約束にすぎない」のである。支払約束にすぎない限り、信用貨幣は「その名目価値の額において絶対的に現実の貨幣を代表する限りでのみ、貨幣」なのであり、「信用貨幣の貨幣への兌換可能性」が確保されている限りでのみ、それは流通しうるのである。だからこそ、銀行が信用を創造するということは、創造したすべての信用貨幣に対して支払準備をもたなければならないことを意味している。だがもちろん、信用貨幣債務の全額に対して、それと同額の支払準備をもつ必要はない。しかしこのことは、繰り返すことになるが、次のような場合には、利子率の上昇に作用することを意味する、とヒルファディングは主張する。

すなわち「準備金」の枯渇→現金額の増加要求→利子率の上昇の理由については、①信用貨幣の増加に伴って支払のための準備金として必要な現金額の増加、②信用貨幣の流通につれて相殺されない信用貨幣の差額決済のために保持すべく現金部分の増大、③流通の拡大→現金取引の増大に伴う現金需要（労賃、小売り取引）の増大、これらの現金需要の増大によって貸付取引のために用いられうる現金額が減少している、という事情が生ずる。が、こした諸事情のもとでは、繁栄期の終わりに商品の売れ行きが停滞するか、または緩慢になるときは、信用貨幣の増加した生産および流通の要求に追いつかなくなる、という事態が発生する。このことは、期限のきた手形が相殺されえないことを意味する。現金での支払が求められる。それが利子率の上昇に作用する、とヒルファディングは主張するのである。彼は次のように述べている。

「実際、この停滞または緩慢化は、商品に対して振り出されている手形がもはや相殺されないこと、また少なくとも手形の有効期間が延長されることを意味する。しかし、期限のきた手形が相殺されなければ、それらは現金で支払われねばならない。かくて信用貨幣（すなわち、手形またはそれに代位する銀行券）は、貨幣機能を、商品の流通を、もはや従来通りの範囲では果たしえない。手形を支払うために、現金に対する増加需要が生ずる。かくて現実に機能する信用貨幣は減少したが、同時にその代わりに現金に対する需要は増大する。この需要が利子率の上昇を引き起こすのである。かくて利子率の絶対的高さは資本信用の状態に懸かるとすれば、その諸変動は何よりもまず流通信用の状態に懸かる。この諸変動のより詳細な分析は産業景気の変動の説明に属し、したがってこれとの関連において与えられるであろう。(20)」

手形割引＝流通信用は、一方では商業信用＝手形流通→銀行信用＝銀行券による手形割引という、いわば商業信用を基礎・前提としたその代位形態として準備金に連動しない信用貨幣の創造による流通信用の論理と、他方では、かかる銀行券＝信用貨幣の創造による流通信用の展開の論理を基礎・前提とした景気変動的諸要因の取り込みによって、現金による手形割引として準備金に連動する資本信用への転化の論理とが明確に論述されている。しかし、この諸変動のより詳細な分析――景気変動の過程における流通信用と資本信用との関連の詳細な分析――は、産業的景気の諸変動の説明に属するので、『金融資本論』第一八章「景気の経過における信用関係」との関連において与えられることになる。ここでの「理論的分析」の対象はここまでである。

三　資本信用の展開(2)――資本信用の変動的規定

こうした諸論点を分析的に解明したうえで、ヒルファディングは、利子率の諸変動は貸付資本の供給に懸かっているという、次のマルクスの所説に対して疑義をただしている。

「利子率の諸変動は（比較的長期間にわたって生ずる変動または相異なる諸国間の利子率の差異は別として。前者は一般的利潤率における諸変動によって、後者は利潤率における差異および信用の発展における差異によって、制約されている）、貸付資本の供給に懸かっている（他の一切の事情は、信頼の状態等を不変とすれば）。ここにいう貸付資本とは、貨幣、すなわち硬貨および銀行券の形態で貸し付けられる資本であって、そのものとして商品形態で商業信用を介して再生産当事者自身のあいだで貸し付けられる産業資本とは区別された資本である。[21]」

「われわれの見解はこれと完全に一致しない。マルクスは利子率の諸変動を、貨幣、すなわち、硬貨および銀行券の形態で貸し付けられる資本の供給に懸かるものとする。しかし、その場合には、銀行券の額はどれだけであるうるか、という問がまだ残されている」と反論し、次のように述べている。

「ここでマルクスの念頭にあるのは明らかにイギリスの事情であるが、そのイギリスについては、答はピール条例の法的規定によって与えられている。硬貨と銀行券の総額は、流通にある硬貨の総額と、イングランド銀行の金保有と、無準備銀行券流通額をあらわす銀行券での一四〇〇万ポンドとから構成されている。実際にこの銀行券は、貨幣章標によって代位されうる流通最小限をそれが代表する限りでは……国家紙幣の機能を行う。したがって銀行券の総額は、法律によって一定の範囲に最終的に確定されている。しかし問題を一般的にたてれば、利子率の変動は、貸付けられうる貨幣の供給に、その数量に懸かっている。しかし流通していない貨幣はすべて貸し付けられる。そして流通しているのは、第一には最小限に相当する貨幣章標需要であり、第二には一定額の金である……残金の一部分は国内流通のための準備金として、一部分は国際流通のための準備金として、役立つ。……残余は貸付けられることができ、……それに対する要求〔需要〕が利子の高さを規定するところの供給を規定する。[22]」

ここでは、ピール条例下での銀行券の額を一四〇〇万ポンドで捉え、流通している貨幣がこの銀行券一四〇〇万ポンドと一定額の金とからなり、そしてさらに、この両者を差し引いた残額、つまり残額の金額からの一部分が国内・国際流通のための準備金に割り当てられ、その残り部分（純残額）の金が貸付の対象となる、というわけである。このように貸付資本を構成する銀行券が金に還元され、それに対する要求、つまり貸付資本に対する需要——資本信用に対する需要——が利子率の高さを規定するところの供給を規定する。したがって、それは利子率の高さを規定するものとなるというわけである。

この資本信用に対する需要そのものは、流通信用の状態——信用貨幣の供給限界——に再生産当事者たちが相互に与え合う「商業信用」に懸かっているわけである。かくて「利子率の絶対的高さは資本信用の状態に懸かるとすれば、その諸変動はなによりもまず、流通信用の状態に懸かる」ということになるのである。ここにおいて、流通信用と資本信用との区別とその内的関連性とが分析的に解明されたということができる。こうして、ヒルファディングは利子率の決定を資本信用に、利子率の諸変動を流通信用の状態に求めることによって、景気変動的諸要因を媒介とする信用の動態化への論理的展開をはかるのである。彼は次のように述べている。

「商業信用が、増大した需要が要求するのと同じ程度で拡張されうる限り、利子率における変動は生じないであろう。しかし需要の最大部分は需要と同時に増大する供給によって充たされる、ということを忘れてはならない。信用の最大部分は『商業信用』である。あるいは……むしろ流通信用である。ここでは、需要と供給、すなわち、いわば需要の充足手段とが、同時に相伴って、かつ生産の拡大とともに増大する。この信用の拡張は、利子率へのなんの作用なしに可能である。繁栄の初期には、かような拡張が、利子率への特別な影響なしに行われる。銀行の金在高が減少し、準備金が最小限に近づき、したがって銀行が割引率の引上げを余儀なくされるとき、はじめて利子率は上昇する。しかしそうなるのは、好景気の時期のことで、流通がより多くの金を要求するからである（可変資本の、取引一般の、したがってまた差額決済に用いられる額の、増大）。しかるに貸付資本に対する需要が最も強くなるのは、まさに、より多くの金を吸収する流通の必要によって金保有が最も少ないときである。貸し付けられうる金保有の枯渇は、かような時期に利子率の調節器となる銀行割引率の引上げへの直接的誘引となる。(23)」

ここでの信用把握の特徴は景気変動を媒介とする動態的分析にある。それは、なによりも銀行信用〔手形割引〕による商業信用代位の形態であっても、利子率に作用しない基本的規定の場合とは異なり、再生産の齟齬と還流の停滞が生ずる「繁栄の末期から恐慌への局面転換」の過程では、貸付資本に対する需要に応えるものとして性格変化をきたす。そのことによって、商業信用は貨幣信用へ、つまり流通信用は資本信用へ転化↓利子率の変動に作用するものとなる、という注目すべき論点を提示したことである。この信用の動態的分析の論理系譜上において、信用は景気変動を媒介として、一方では信用・銀行組織上の、いわば「支払負荷」の上向転嫁の重層的信用関係から析出される中央銀行の形成――「負荷」の転嫁形態としての信用形態の上向展開上に措定される中央銀行信用――の論理と、他方では景気変動・恐慌を媒介とする集積・集中、すなわち、一方における産業的集積・集中、他方における銀行集積・

集中およびこの二側面を媒介する銀行資本と産業資本との緊密化→金融資本と独占の形成、および金融資本と恐慌の媒介的な促進要因として位置づけられるか、あるいはそうした観点からの論理展開の方向が示されているのである。

以上明らかにしてきたように、ヒルファディングの信用論は、一面では信用の基本的規定――「流通空費の縮減」と「資本所有の量的制限の止揚」――の析出であり、他面ではその基本的規定を理論的前提・基礎として、上述のように景気変動を媒介とする信用の動態化が説かれているという点である。信用の基本的規定の論理系譜上においては、①流通信用は支払信用〔商業信用〕の克服とその社会化〔手形割引〕→近代的信用・銀行制度の導出……と、②資本信用は信用・銀行制度の発展→銀行資本と産業資本との緊密化・銀行の産業支配……という論理の展開過程に関わって説かれている。しかし、後者②における固定資本信用はそれ自体、本来の「信用の対象領域」を越えるものであり、株式会社・証券市場論――資本の流動化メカニズム――を媒介せざるをえない。それによってはじめて、固定資本信用は論理的にも実際的にも展開可能となりうる。それだけではない。銀行は、発行業務を取り込み、それを第三の機能とする。そのことによって、信用は証券市場における擬制資本の流通運動と結合し、より高次の展開を獲得する。信用・銀行制度の構造的変化が解明され、銀行資本論の理論的展開が試みられている。さらにこの論理系譜上に投機取引が措定され、それを第四の機能として包括する銀行資本の再規定が与えられ、資本の蓄積様式の構造的変化とそれに伴う寄生的・賭博的かつ腐朽的傾向の必然性を論証する。銀行は信用業務と金融業務とを内的に結合し統一的に運用する「兼営」銀行＝総合銀行に転化する。

この論理系譜上において、信用は「資本所有の量的制限の止揚→固定資本の巨大化・最低必要資本規模の厖大化→資本の流出入困難→少数化・同等化した巨大資本間の死活的闘争→利潤率の平均以下への低下傾向→競争の制限」という独占形成と、他方、この過程的展開に対応した銀行集積→銀行連合・独占の形成、およびこの二側面の過程進行を媒介する「銀行資本と産業資本との緊密化・銀行の産業支配→両者の独占的結合」という金融資本の成立、の一般的傾向の論理に関わって説かれているのである。上述の信用の動態的分析は、この基本的規定を理論的前提・基礎として「景気変動―恐慌」との関連において展開されているということができよう。しかし、こうした論点は次篇の課題のなかで、より「具体的」に展開されるであろう。

（１）*Das Finanzkapital*, S. 123. 訳①一九〇、㊤一八六頁。
（２）a. a. O., SS. 123–124. 訳①一九〇―一九一、㊤一八六―一八七頁。（『資本論』岩・一〇・七頁）
（３）a. a. O., S. 124. 訳①一九一、㊤一八七―一八八頁。
（４）a. a. O., S. 124. 訳①一九一、㊤一八八頁。
（５）a. a. O., S. 124. 訳①一九一―一九二、㊤一八八頁。
（６）a. a. O., SS. 124–125. 訳①一九二、㊤一八八頁。
（７）a. a. O., S. 125. 訳①一九二、㊤一八八―一八九頁。
（８）a. a. O., S. 125. 訳①一九二、㊤一八九頁。
（９）a. a. O., SS. 125–126. 訳①一九三、㊤一九〇頁。
（10）a. a. O., S. 126. 訳①一九三、㊤一九〇頁。
（11）a. a. O., S. 126. 訳①一九四、㊤一九〇―一九一頁。
（12）a. a. O., SS. 95–96. 訳①一五八、㊤一四六―一四七頁。
（13）a. a. O., S. 96. 訳①一五八、㊤一四七頁。
（14）a. a. O., S. 96. 訳①一五八、㊤一四七頁。
（15）a. a. O., S. 126. 訳①一九四、㊤一九一頁。
（16）a. a. O., SS. 126–127. 訳①一九四、㊤一九一―一九二頁。
（17）a. a. O., S. 98. 訳①一六一、㊤一五〇頁。
（18）a. a. O., S. 104. 訳①一六九、㊤一六〇頁。
（19）a. a. O., S. 105. 訳①一六九、㊤一六〇頁。
（20）a. a. O., S. 127. 訳①一九五、㊤一九二頁。
（21）a. a. O., SS. 127–128. 訳①一九五、㊤一九二―一九三頁。

(22) a. a. O., SS. 128–129. 訳①一九六、㊤一九三—一九四頁。
(23) a. a. O., S. 129. 訳①一九七、㊤一九四—一九五頁。

第九章　『金融資本論』と信用論(2)

――『金融資本論』第二篇第一〇章「銀行資本と銀行利得」を中心として

第一節　「近代」資本主義と信用(2)――銀行制度の構造的変化・銀行資本の再規定と「兼営」銀行

ここではまず、「株式会社・証券取引所」論を経て銀行は本来的な信用業務としての支払媒介および信用媒介の活動領域を超えた新たな活動部面である金融業務＝発行活動と投機取引を取り込み、主要業務とすることによって構造的変化をとげたことが概括されている。銀行は信用業務と金融業務との二側面を内的に結合し、統一的に運用する「兼営」銀行となる。このことは、第一篇「貨幣と信用」第五章「銀行と産業信用」で銀行の三つの機能として取り上げられた支払信用、資本信用、および「発行業務」（予めあげておく）が、「株式会社・証券取引所」論――資本と所有の二重構造化に基づく証券市場における擬制資本の流通運動の展開――の論理段階における銀行の諸機能の内容分析を経て、支払媒介、信用媒介、発行および投機の四つの機能に拡充・再規定され、それらの諸機能の総括的形態として「兼営」銀行が措定された。つまり「総合」銀行化である。

いまでは銀行は貨幣市場だけでなく証券市場の支配者となることによって、それらを構成要素とする総体的関係としての金融市場の絶対的支配者となる。こうして信用・銀行制度は、産業――その主導的部門としての重工業――における「資本の有機的構成の高度化→固定資本の巨大化・最低必要資本量の厖大化→資本の流出入困難→利潤率の部門間格差」という競争諸条件の構造的変化に対応的な形態として措定される。

従来、ヒルファディングにおいては「兼営」銀行が金融資本概念の措定のまえに置かれて、前者が後者の導出主体となっていることが、特殊ドイツ的事情を不当に一般化したものとして、批判の論拠の一つにされてきた。しかし「これらの業務〔発行および投機〕」が一つの銀行によって信用業務と内的に結合され統一的に運用される「兼営」銀行型であろうと、あるいは相異なる金融機関において独自的機能として行われる投資銀行型であろうと、理論的には事柄の本質を変えるものではない。近代的発展はいたるところでこれらの機能の総括に導いていく。[1] この「総括」に導く要因は、これらの諸機能のいずれにおいても「資本は、特殊な意味における貨幣資本として、そのつどの投下から、随時、再び貨幣として引き揚げられうる貸付資本としてあらわれる」[2]という「共通性」にある。この「共通性」を基礎にして、内的に結合し統一的に運用される「兼営」銀行の活動のうちに総括されるというわけである。このヒルファディングの叙述それ自体が如上の「特殊ドイツ的事情を不等に一般化したもの」と言う批判の不当性を語っているものといえよう。

（1）*Das Finanzkapital*, S. 243. 訳①三二九、㊤三五五—三五六頁。
（2）a. a. O., S. 243. 訳①三二九、㊤三五五頁。

第二節　銀行資本と銀行利得——銀行資本の再規定と銀行利得の変容

一　**銀行資本と利子——貸付資本と利子率**

ところで、ヒルファディングは「これらの種々の機能を分析した後に、はじめて銀行資本の利得がいかなる源泉から流出するか、また銀行資本の領域では利得と資本――銀行の自己資本および銀行に任された他人資本――との関係がいかなる態様を取らねばならないか、を考究することが可能になった」[1]と述べている。彼はこれまでに行った銀行の諸機能の分析をふまえて、構造的変化を遂げた信用・銀行制度下での、銀行資本の利得の分析、およびその利得と銀行資本との関係の分析へと進む。彼は概ね次のように述べている。

銀行利得の第一の部分は貨幣の保蔵、準備、送付、諸勘定の取り立て、および支払等の貨幣取扱業務に基づくものである。この貨幣取扱業務においては、銀行は産業資本および商業資本と同様に範疇的意味の平均利潤を実現する。それ以外の銀行の諸業務における諸利得、すなわち、信用媒介業務における貸付利子＝総利得あるいは貸付利子と預金利子との差額＝純利得、発行業務における創業者利得および投機活動における投機利得などは、かかる貨幣取扱業務における利得とは本質的に異なるものであり、範疇的意味での平均利潤ではありえない[2]。

しかし、銀行業といえども慈善事業ではなく、営利を目的とした資本の事業である。銀行経営も他の各部面と異ならない資本の一投下部面である。産業または商業の部面におけると同じ価値増殖可能性を見出すであろう場合にのみ、資本は、この部面に流入するであろう。ここでも「平均利潤」が実現されなければならない。しかし、銀行利得は範疇的な意味における利潤ではなく、その高さは平均利潤率によって与えられてはいない。それは他の貨幣資本家の利得と同じく利子から生ずる。そうだとすれば、銀行資本における平均利潤の位置づけは一体どのように把握されるべきか。

まず、信用の媒介者としての銀行の総資本は自己資本と他人資本とからなり、総利得は貸付資本に対する利子であり、純利得は貸付利子と預金利子との差額である。この純利得は利子からなり、社会的平均利潤の一部にすぎない。その過程について、ヒルファディングは次のように述べている。

「まず、貸付資本一般の需要供給によって利子率が確定され、この利子率は、銀行がその処理しうる自己資本および他人資本の貸付によって受け取る銀行の総利得を規定する。その際、銀行の自己資本と他人資本とがどのような比率をなしているかは、利子率の高さの形成にも、総利得の大きさにも全く無関係である。」「諸銀行相互間の競争は銀行の方から預金に補償せねばならない利子の高さを規定し、さらにこの高さには総利得と費用とが与えられていれば、純利得がかかっている。(3)」

このように、貸付資本と利子（率）、信用の媒介者としての銀行の利得と銀行資本との関係が明らかにされる。重要な論点は、銀行の利得が「自己資本にではなく、総じて銀行の処理しうる貸付資本にかかっている(4)」ということである。ここから次のように銀行利得と自己資本との関係が取り上げられ、自己資本が銀行資本と平均利潤率との関係概念として析出されるのである。

二　銀行資本と平均利潤——自己資本の概念規定

ヒルファディングは銀行の利得は与えられたものであって、銀行の自己資本の大きさはこれに適合せねばならない(5)、と主張する。つまり、銀行は総貸付資本のうち銀行の利得が許すだけを自己資本となしうるというわけである。しかし、資本にとっては、銀行経営も他の各部面と異ならない一投下部面である。産業または商業の部面におけると同じ価値増殖可能性を見出すであろう場合にのみ、資本はこの部面に流入するであろう。そうでなければ、資本はこの部面から流出するにちがいない。しかし、銀行の利得は与えられたものである。したがって、銀行の自己資本は次のように考えられる。

「銀行の自己資本は、自己資本について計算された利得がこの資本に対する平均利潤に等しくなるように算定されなければならない。ある銀行が一億マルクの貸付資本を処理しうる場合を仮定しよう。この資本によって銀行は六〇〇〇万の総利得および二〇〇〇万の純利得をあげるとする。この場合には、銀行の自己資本は、利潤率が二〇％ならば、一〇〇〇万であることができ九〇〇〇万は預金として銀行の処理に任されることになろう。(5)」

銀行の自己資本規定であり、自己資本概念の論理的展開である。ヒルファディングはこのように銀行の自己資本を規定することによってはじめて、銀行資本が企業者利得＝産業利潤を産むのではなく、利子を実現するだけであるにもかかわらず、何故に「平均利潤」を取得しうるのか、銀行（株式銀行）の創業または増資の際に、何故に創業者利得が生じうるのか、を理論的に解明したといえよう。すなわち、「銀行利得は平均利潤に等しいが、株主は利子だけを受ければよいので、ここに創業者利得の可能性が生ずる。銀行が貨幣市場で支配的地位をもっていれば、創業者利得を全部または一部自ら収得しうる(6)」というわけである。ここではそのことが、信用・銀行制度の構造的変化に対応した銀行資本＝貸付資本の形態変化であり、自己資本概念に伴う銀行資本の再規定である。

ここで留意すべきことは、銀行の自己資本と他人資本とがいかなる比率をなしているかは、銀行利得には全く関わりがない、ということである。この事情こそは、「それ自体、平均利潤ではない利潤が、それにもかかわらず平均利潤に等しくなるように、自己資本の大きさを算定することを可能にする(7)」のである。こうしてヒルファディングは、資本にとっては、銀行経営が他の各部面と異ならない一投下部面であり、そこには同じ価値増殖可能性を見出すかぎりでのみ、資本が流入するという、いわば銀行経営の部面における資本の同等性とその実現形態である平均利潤（率）の概念の内容を論理的に展開したということができよう。しかしそれは信用・銀行制度が信用業務と金融業務とを内的に結合し統一的に運用するという「兼営的」・「総合的」機構へ構造的変化をとげた論理段階における銀行の自己資本概念の展開に対応したものといえよう。

以上のように、彼は銀行資本の利得、およびその利得と銀行資本との関係を明らかにしたうえで、銀行の「創業または増資の際に、何故に創業者利得が生じうるかを分析的に解明する。

続いてヒルファディングは銀行資本を産業資本、商業資本および貨幣取扱資本と対比して次のように分析する。「銀行資本は、自己資本も他人資本も、貸付資本にほかならず、この貸付資本は現実には生産的資本の貨幣形態にほかならないのであって、ここで重要なのは、この資本が大部分は単なる形態であり、したがって、純粋に計算的に存在するということである。(8)」

三　銀行資本と創業者利得——金融機能と金融利得

銀行利得の第三の部分は、発行活動および投機活動から生ずる創業者利得および投機利得であるが、そこにもこれまでに述べてきたような銀行利得と自己資本の関係と同じものを見出す。ヒルファディングは次のように述べている。「創業者利得または発行利得は利潤でも利子でもなく、資本還元された企業者利得である。その前提は産業資本の擬制資本への転化である。発行利得の高さは、第一には平均利潤率によって、第二には利子率によって規定される。平均利潤マイナス利子は企業者利得を規定し、企業者利得は支配的利子率で資本還元されて、創業者利得をなす。創業者利得は決して銀行の自己資本の高さにかかるものではない。(9)」

このヒルファディングの考え方は、株式会社・証券市場を基礎にして、自由な貨幣資本は、それが貨幣資本としての、その本来の機能において確定利子付貸付への投下を競争するのと同様に、そのものとして、すなわち、利子生み資本として株式への投下を競争するという資本の流動化を前提としたものである。したがって、この論理段階では産業資本の擬制資本への転化可能性は、利子生み資本の形態を保持したままで生産的資本への転化を待つところの貨幣資本の量に懸るということになるのである。ヒルファディングは「産業資本の擬制資本への転化可能性は、ただ、利子付資本の形態を保持したままで生産的資本への転化を待つところの、貸付けられる資本一般の量に懸るだけである。利株式への投下のために十分に貨幣が存在せねばならない(10)」と述べている。ところでこの場合、次のことが区別されるべきである。

「既存産業資本の株式資本への転化は、証券市場における株式の流通に必要な額だけの貨幣を拘束する。……しかしまた、株式資本の発行が同時に企業の創設または拡張をも意味することもある。この場合は、取引 $G-W<{}^{Pm}_{A}$ … P … $W'-G'$ を行うために、また第二には、株式そのものの取引〔$A-G_2-A$〕を行うために、必要な額だけの貨幣資本を要する。現存貸付資本の量は同時に利子率の高さを規定し、この利子率が、資本還元にとっては、したがってまた発行利得の大きさにとっては決定的である。(11)」

ここでも、発行利得・創業者利得は銀行の自己資本の高さに懸かっていない。信用・銀行制度が発展し、銀行が貨幣市場で支配的地位を確立した段階では、資本家階級の貨幣資本だけでなく、非生産的諸階級の貨幣形態での所得までもが銀行に集合・集積され、銀行の準備金に取り込まれる。こうした諸要素を包含した準備金は、信用創造の基礎となる銀行準備金の枠を超え、新たな利子生み資本の運動領域——証券市場——の開拓への強制圧力として作用する。こうして貸付可能な貨幣資本の一部が上述の貨幣資本の機能規定のもとで、証券投資、証券取引の「資金」源泉となる。したがって、「既存産業資本の株式資本への転化は証券市場における株式の流通に必要な額だけの貨幣を拘束する(12)」が、この拘束される貨幣資本も銀行の自己資本には全く関わりなく、貸付可能の貨幣資本一般に懸かるということである。それはまた、株式資本の発行が同時に企業の創設・拡張を意味する場合の $G-W<{}^{Pm}_{A}$ … P … $W'-G'$ においても、株式そのものの取引 $A-G_2-A$ においても、共通していえることであるし、また「投機利得についても同様である(13)。」なぜなら、「投機への参加も、銀行の処理しうる資本の自己資本と他人資本への分割に懸かるのではなく、その総額の大きさに懸かる(14)」からである。にもかかわらず、銀行は「資本の能う限り大きな部分を自己資本として保有しようと努力する(15)」のである。それは一体何故であろうか。

（1）*Das Finanzkapital*, S. 243. 訳①三二九—三三〇、㊤三五六頁。

(2) a. a. O., SS. 244-245. 訳①三三〇—三三一、㊤三五六—三五八頁。
(3) a. a. O., SS. 246-247. 訳①三三三—三三四、㊤三六〇頁。
(4) a. a. O., S. 247. 訳①三三四、㊤三六〇—三六一頁。
(5) a. a. O., S. 247. 訳①三三四、㊤三六一頁。
(6) a. a. O., SS. 247-248. 訳①三三四—三三五、㊤三六一—三六二頁。
(7) a. a. O., S. 248. 訳①三三五、㊤三六二頁。
(8) a. a. O., S. 249. 訳①三三六、㊤三六三頁。
(9) a. a. O., S. 249. 訳①三三六、㊤三六三—三六四頁。
(10) a. a. O., S. 249. 訳①三三六、㊤三六四頁。
(11) a. a. O., SS. 249-250. 訳①三三六—三三七、㊤三六四頁。
(12) a. a. O., SS. 249-250. 訳①三三六—三三七、㊤三六四頁。
(13) a. a. O., S. 250. 訳①三三七、㊤三六五頁。
(14) a. a. O., S. 250. 訳①三三七、㊤三六五頁。
(15) a. a. O., S. 250. 訳①三三七—三三八、㊤三六五頁。

第三節　銀行資本の集積と自己資本の増大

一　資本流動化のもとでの自己資本の拡大傾向

「信用媒介活動からも、金融および投機からも集積への傾向が生じ、またこの傾向と同時に資本の能う限り大きな部分を自己資本として保有しょうとする努力が生ずる。自己資本は、借入資本のように随時返還を請求されることなく、したがって、はるかにより大きな安全性をもって産業的投下に固定されうるからである。ことに創業業務は、株式の売却によって貨幣資本が再び銀行に還流するまで、長短の期間、貨幣資本を産業に固定することを意味する。かくて自己資本の拡大は、産業企業に対する、より大きな永続的参加と終局的支配との可能性を、また商品投機および証券投機に対するより強力な干渉の可能性を意味する。それゆえ、銀行は利子利得および発行利得によって、可能な限り、絶えずその資本を拡大する傾向をもつのである。[1]」

　信用・銀行制度の構造的変化に基づく銀行資本の再規定に伴う自己資本の展開であり、信用業務と金融業務とを内的に結合し統一的に運用する「兼営」銀行＝「総合」銀行の新たな特徴的傾向である。利子生み預金化を通じて銀行に集合・集積された厖大な貨幣・貨幣資本は銀行の金庫の中で私的・個人的所有の枠を越えて無差別・同質の貨幣資本＝階級共有の資本にまで自立化する。したがって本来、銀行はなんら自己資本をもつことなく、この共同化した準備金を基礎にして無準備の自己に対する債務を負うことによって、貸付を行う――銀行信用の供与――のであるが、いまや銀行資本はその範疇的枠を越えて新たな展開を示す、というわけである。

　しかしここでの「自己資本拡大化」の傾向に関する問題は、まず株式の売却可能性の確立段階――資本流動化メカニズムの確立段階――における再生産過程への投下資本の拘束性を契機とする問題である。株式の売却可能性と随時回収可能性の成立とそれに対応する株式資本の貨幣資本化とは既述のように再生産過程に投下される資本の長期固定化を止揚し、固定資本信用の展開と貨幣資本の産業資本への投下を可能にした。しかし、ここでは再生産過程における資本の長期固定化の止揚を可能にした株式の売却可能性・随時回収可能性が擬制資本としての株式の流通上の諸事情から免れえないという制約に基づく新たな論理段階の問題である。

　このように、銀行が自己資本を拡大しようとするのは、それを産業に固定しうるため、発行利得をうるため、そして産業を支配しうるためである。ここではすでに、信用・銀行制度は構造的変化を達成しており、銀行は「総合的」銀行である。自己資本の拡大はその内的必然性である。それはいまや最大の利得である「発行利得うるため……」という金融業務との関連での、銀行資本の新たな内容規定に関わる性質のものである。実際、支払信用の媒介のためだけならば、ある限界以上への自己資本の拡大は不要であろう。むしろ上述の如く本来銀行は自己資本を擁しない。しかしいまでは銀行は一般に貸付可能な貨幣のより大きな部分を自己資本として保有するようになる。しかし、それだけの理由でもって銀行はより大きな資本を産業に固定しうるわけではない。貸付可能な貨幣資本の一部分しか支払媒介（流通信用）に必要でないので、これを超える部分、つまり、商業信用代位による銀行信用＝流通信用供与に必要とされる「あるべき準備金」を超える部分が産業的投下（資本信用と株式引受）に用立てられうるのである。他人資本の自己資本への転換可能性は、処理可能資本一般のうちの資本信用および株式引受に用立てられる部分である。「この限界の内部では、銀行発展の傾向は、貸付資本のますます大きな部分を銀行の自己資本に転化するようになる。(2)」

ここではさし当たり、資本信用の展開側面からのみ把握され、株式引受＝株式投資の側面には言及されていない。が、自己資本の増大との関連で取り上げられた銀行資本の産業資本への転化は、むしろ「資本信用の供与」と「株式の引受」の二様の仕方で行われるのであり、その「二様の仕方」との関連で自己資本の展開がこの後に続いて取り上げられることになる。自己資本の大きさは銀行の意志だけに懸かるものではなく、また拡大された資本の価値増殖可能性だけに懸かるものでもない。ここでは明示されてはいないが、それは産業部面における再生産の諸条件、諸事情、ことに投下資本の資本構成の構造的変化によって、信用業務だけをみても、それに対応した信用の形態的展開が、したがって、流通信用部分と資本信用部分あるいは流動資本信用部分と固定資本信用部分とへの構成比が根底的に規定され、それ故に、自己資本の大きさはこれらの構成比によって構造的制約を余儀なくされる、というわけである。

二　銀行資本（自己資本）の拡大と擬制資本の展開

ところで、銀行資本の増加は差し当たり法律上の処理を意味するだけで、経済的機能変化を意味しない。銀行が自己の資本を増加するのには、他人の貨幣資本を銀行自身のそれに転化するほかはない。発展した貨幣制度のもとでは処理しうる貨幣はすべて銀行に集合・集積されている。だからこそ、銀行資本の増加は差し当たり銀行の預金の一部が、いまでは株式発行の方法等によって銀行資本に転化されることにほかならない。つまり「銀行資本（自己資本）の増加は、株式資本の、したがって、擬制資本の形態で行われる(3)」のである。この場合、擬制資本に転化される貨幣は依然として銀行資本であり、経済的にも貨幣資本である。そのことは、貨幣資本の擬制資本への転化が貨幣資本家または貸付資本家としての個別資本家の性格を変えないことでも分かるであろう。ヒルファディングは次のように述べている。

「この〔増加された〕銀行資本の一部は、産業資本に転化されるが、その際、この転化は二様の仕方で行われうる。銀行が産業企業に信用を与え、したがって単にその資本をこれに貸したことになるか、または銀行が産業企業の株式を引受けて、いまやこれを、……永続的に所有するかである。後の方の場合には、銀行資本の増加の結果は貨幣資本がまず、銀行資本に転化されて、それからこの銀行資本が生産的資本に転化されるということであった。私的貨幣資本家が直接に彼らの貨幣を産業株式に投下するということに代わって、彼らはその貨幣を銀行株式に投下し、それから銀行が産業株式を買うことによって、それを産業資本に転化したのである(4)。」

このように、「諸私人の処分可能な貨幣資本は最大可能な範囲で銀行資本に転化」され、それから「この銀行資本を産業資本に転化する」という傾向が指摘されている。かくして「貨幣資本は擬制的には銀行株式資本に転化され、現実には銀行の所有に移る。この銀行資本がいまや擬制的には産業株式に転化され、現実には生産資本の諸要素に、生産手段および労働力に転化される(5)」というわけである。

三　銀行資本（自己資本）の拡大と産業支配の展開

重要なことは、叙上の如き「銀行資本の産業資本への転化」によって、いまでは銀行は「この操作の媒介者であるだけでなく、銀行資本の所有者として産業企業の共同所有者にもなっている(6)」という点である。つまり「自己資本の拡大は産業企業に対するより大きな永続的参加と終局的支配の可能性を意味する(7)」というわけである。ここに擬制資本の流通運動の確立段階――したがって、固定資本巨大化、最低必要資本量の厖大化の論理段階――における自己資本の拡大動機がある。

貸付の場合は、信用による固定資本への資本の供与であるが、資本流動化メカニズムの確立段階では、それの出資形態への転換、証券化の可能性が付与され、銀行の産業支配の諸条件を、それ自体の論理のうちに取り込むことが可能となる。銀行は信用供与→出資形態→株式証券化によって、それを随時、証券市場に売却することによって貨幣形態で回収することが可能になるが、またその一定額を保持することによって、産業企業を支配し、創業者利得を獲得する可能性をも手に入れるわけである。しかしこの場合には、本来的には「貸借」関係に基づくものであり、それによって根本的には規定されざるをえない。資本の流動化→資本の動員と結合に基づく「資本所有の私的制限の止揚」は、固定資本の巨大化・最低必要資本量の厖大化を実現したが、それは資本の擬制資本への転化を媒介する資本の動員と結合である。それゆえ、この資本の社会的動員による大規模な資本形成も、擬制資本そのものが独特の商品であり、売却によってはじめて貨幣に再転化されうる性格のものであるという点に制約されざるをえない。すなわち、擬制資本の貨幣資本への再転化のためには一定の流通期間が必要であり、そのあいだ、銀行の資本はこの商品に固定されざるをえない。しかも売却はいつでも可能というわけではないのに、銀行の債務はいつでも貨幣形態で履行されねばならない。ここにも擬制資本の流通運動の「成熟」段階――したがって、固定資本巨大化の論理段階――における銀行の自己資本の拡大動機の一つがある。

こうした固定資本巨大化の論理段階では、信用業務はもちろん、金融業務も巨額の貨幣資本、とりわけ自己資本を必要とする。これら二側面の内的結合に基づく統一的運用において、銀行は絶えずより大きな貨幣資本量を、ことに自己資本の拡大を強制される。金融業務は銀行にとって最も利得の大きな業務であり、それによって、銀行は創業者利得の全部または一部を手に入れ、自己資本の増大、準備金の強化をはかる。またそれが銀行にとっては、さらなる自己資本の拡大傾向に拍車をかけることになる。なによりも銀行資本それ自体が産業資本に転化し、結合体として永続的な価値増殖過程に参加――経営陣の主要ポストを握ることなど――することになり、その必要性をさらに増すことになる。こうしてこの段階における自己資本拡大の論理は、産業における「固定資本の巨大化・最低必要資本量の厖大化→資本の流出入困難→利潤率の部門間格差」という競争諸条件の構造的変化を特徴とする産業的集積――産業企業の金融化――の過程に対応した信用・銀行制度の構造的変化に基づく銀行の自己資本概念の新たな内容規定であり、この論理段階における自己資本の拡大を基軸にした銀行集積・集中の過程的展開の理論的分析である。ではそこにおいて、銀行間の競争は一体どのように行われるのか。

（1）*Das Finanzkapital*, S. 250. 訳①三三七―三三八、㊤三六五頁。
（2）a. a. O., S. 251. 訳①三三九、㊤三六七頁。
（3）a. a. O., S. 253. 訳①三四一、㊤三六九頁。
（4）a. a. O., S. 253. 訳①三四一、㊤三六九―三七〇頁。
（5）a. a. O., S. 254. 訳①三四一、㊤三七〇頁。
（6）a. a. O., S. 253. 訳①三四一、㊤三七〇頁。
（7）a. a. O., S. 250. 訳①三三七、㊤三六五頁。

第四節　銀行間競争とその発展方向

一　銀行間競争の基本的特徴――利子の取得をめぐる競争の展開

銀行間の競争は、銀行業に固有な性質に基づいて行われるものであって、産業および商業部面における諸資本の競争とは本来的にその形態と内容を異にする。この点についてヒルファディングは次のように述べている。「最も重要な差異は、まず第一に、貨幣市場では資本は貨幣形態をもっているが、商品市場では、これから資本が商品資本から貨幣資本に転化されねばならないということである。……商品の競争にあっては、問題は資本の実現であって、単にその価値増殖だけではない。貨幣資本の競争にあっては資本そのものは確保されていて、ただその価値増殖、利子の高さだけが問題である。(1)」

このように、銀行間の競争は産業の場合とは異なり、資本にとっての、いわば「命がけの飛躍」を意味する「資本の実現」問題からははじめから解放されており、貨幣資本そのものは確保されているのである。だから、銀行資本の競争にあっては、もっぱらその価値増殖、つまり、利子の高さだけが問題になる。したがって、銀行間の競争は主として、この利子の取得をめぐって展開されるのである。しかし利子については、中央銀行の割引政策が金融機関にとって決定的であり、それには比較的狭い限界内での活動の余地が与えられるにすぎない。またこの面では銀行間の競争は、産業における競争が「技術革新・新生産方法の導入→特別利潤の獲得」をめぐって行われるのとは異なり、こうした特別利潤の獲得はなんらの役割をも持ちえない。しかし、活動の余地が小さければ、それだけ取引範囲の大きさという量的契機が大きな役割を演じることになる。取引範囲がきわめて大きい場合でなければ、手数料の引き下げや預金利子の引き上げはできないからであり、また信用媒介の分野では、比較的小さい企業に対して大規模な企業の場合には「節約と損失回避および危険分散の容易さ」によって唯一生じうる特別利潤を入手できるからである。(2) したがって、量的契機の面で、取引範囲の大きさに加えて経営資本の規模の大きさが重要な役割を演じるのである。

二　銀行間競争と経営資本の規模の拡大

この論理段階では、社会に広く散在する遊休貨幣および貨幣資本を利子生み預金として集合・集積するための全国的な支店網の形成、したがって、取引範囲の量的・質的拡大が促される一方で、この過程の展開のなかで、銀行間の競争が大銀行による中小銀行の吸収・合併、系列化を、したがって、経営資本の規模の飛躍的拡大を伴って行われる。中小銀行は主として地方都市を事業基盤としており、金融の中心地である大都市に比して特定地域に散在する貨幣および貨幣資本の絶対量がはるかに少なく、その取扱量に限界がある。また地方における貯蓄銀行や信用組合など比較的預金利子の高い競争相手との対抗上、それに見合うように預金利子を一般に引き上げざるをえない。こうした事情のもとで、大銀行が金融の中心地だけでなく、全国的な範囲にわたって支店網の形成に乗りだしてくるにおよんで独立を維持できなくなった中小銀行は大銀行に吸収・合併されるか、系列に組み込まれていく。他方、この過程で大銀行は地方的諸条件を主要な事業基盤とした地方銀行との関係を持つ産業企業にも影響を与え、自己の支配下に組み入れていくのである。(3)

こうした過程の展開は、すでに指摘したように産業における固定資本の巨大化・最低必要資本量の厖大化↓資本の流出入困難↓利潤率の部門間格差」という競争諸条件の構造的変化を伴う産業的集積に対応して、銀行は厖大化する信用需要に積極的に対応していくことになる。流通資本信用はもとより、ことに産業企業への固定資本信用の供与、つまり、総合的な信用業務と産業企業の株式の引受・株式所有つまり金融業務との内的結合による統一的運用によって産業との関係を一層緊密化させる。この論理段階にあっては、銀行間の競争は信用業務の面においてだけではなく、とくに金融業務の面においてより大きな役割を演ずるようになる。ここでは「創業者利得の大きさが廉価競争に広い余地を許す(4)」からである。

しかし、ヒルファディングによれば、廉価競争の面でも非常に広い余地があるというわけではない。むしろここでは銀行側の条件よりもそれまで与えられている信用による産業の従属度の方がより決定的である。しかしヒルファディングにあっては、銀行間の競争には、信用業務よりも金融業務がより大きな役割を演じるとしながらも、発行業務→創業者利得の獲得が廉価競争の余地如何の観点から捉えられているだけである。創業者利得→自己資本の拡大→産業への投下資本の固定化→銀行の産業支配の論理の側面はすでに論述されたものとして、あるいは直接銀行間の競争を意味するものではないとして前提にされるか、除外されているのであろう。金融業務による銀行の産業支配・産業の従属の側面にはふれずに、「銀行側の条件よりも信用による産業の従属度の方が決定的である」と述べるにとどまっている。しかし、銀行間の競争において決定的な要因は、銀行側の条件でなく産業との利害の関係にあるとすれば、銀行は、擬制資本の創造・資本の流動化過程を支配し、かつこの過程を自ら担当することによって、一方では固定資本信用供与→出資形態→株式証券化→産業支配と創業者利得の獲得と、他方では産業企業の創設・拡張にあたっての創業業務・増資に伴う出資→株式証券化→産業支配と創業者利得の獲得という、これら二側面(信用業務と金融業務)の内的結合に基づく統一的運用を競争的に遂行していくことに、銀行間競争のより具体的な展開部面があるといえるのではないだろうか。

三　銀行間競争とその展開方向

ところで、競争の問題には技術的な側面と経済的な側面とがあり、銀行の場合には、技術は同種の銀行間ではほぼ同じであるので、その差異は問題になりえない。ここでは経済的差異が問題になるだけである。それは純粋に量的なものであり、営業資本の規模の量的差異が問われるだけである。つまり「営業資本の大きさ（したがって、取引範囲の大きさ）」の如何が銀行間の競争の優劣を規定するものとなる。[5]この点に銀行間競争の特質があるが、それゆえに、また他方、銀行経営上、「最大の確実性」が要請されざるをえないのである。こうした銀行間競争特有の性格が、産業企業間の競争の場合とは異なって「銀行に種々様々な変転する仕方で、時には互いに競争し、時には互いに協力することを許す[6]」のである。しかし、いずれにせよ、銀行技術上の原則は最大の確実性にある。それ故、銀行は競争を好まない。産業集積に対応した銀行集積の一定の発展段階においては、ことに銀行は産業における競争の排除に特別関心（共通の利害関心）をもち、カルテルによる競争の排除と恒常的、安定的利得の確保を追求するようになるのである。ヒルファディングは次のように述べている。

「銀行制度の発展とともに銀行と産業との関係の絡み合いが、ますます緊密になるとともに、一面では銀行相互間の競争をますます排除し、他面では一切の資本を貨幣資本の形態で集積して、銀行の媒介を通じてのみこれを生産的資本家に用立てる、という傾向が強くなる。[7]」

結局、この傾向は、金融資本の成立を導くとともに、一方では銀行独占の形成と他方における一つの銀行または一つの銀行群が全貨幣資本の処理権を握ること、[8]つまり「中央銀行」の形成による社会の全貨幣資本の処理権を掌握することに至らしめるであろう。そして、それによって「中央銀行」は全社会的生産の上に統制を及ぼすにいたるであろう。ヒルファディングはそのように銀行資本の論理展開の方向を提示するのである。その場合、「銀行制度の発展とともに、一方における銀行集積→銀行相互間の競争の排除→銀行連合・銀行独占の形成」という、銀行独占形成の論理は、『金融資本論』第三篇「金融資本と競争制限」第一四章「資本主義的独占と銀行、資本の金融資本への転化」において論理的に展開されることになる。また他方では「一つの銀行群が全貨幣資本の処理権を握る」という「中央銀行の形成」の論理は第四篇「金融資本と恐慌」第二〇篇「恐慌の性格における変化、カルテルと恐慌」において独占段階の恐慌の作用の変化との関連で信用・銀行制度の展開方向のなかに位置づけられることになる。

（1）*Das Finanzkapital*, SS. 255-256. 訳①三四三—三四四、㊤三七二—三七三頁。
（2）a. a. O., S. 256. 訳①三四四、㊤三七三—三七四頁。
（3）a. a. O., S. 256. 訳①三四四—三四五、㊤三七三—三七四頁。
（4）a. a. O., S. 256. 訳①三四五、㊤三七四頁。
（5）a. a. O., S. 257. 訳①三四五、㊤三七四頁。
（6）a. a. O., S. 257. 訳①三四五、㊤三七四頁。
（7）a. a. O., S. 258. 訳①三四五、㊤三七六頁。
（8）a. a. O., S. 258. 訳①三四五、㊤三七六頁。

引用・参考文献

飯田繁「ヒルファディングの信用理論」（『講座信用理論体系』Ⅳ学説篇、日本評論社、一九七〇年）
飯田繁「貨幣資本と利子つき資本——ヒルファディング『資本信用』論にたいする一批判」（『バンキング』第105号、一九五七年）
飯田裕康『信用論と擬制資本』有斐閣、一九七一年。
飯田裕康「ヒルファディングにおける貨幣と信用(Ⅰ)・(Ⅱ)」（『三田学会雑誌』第70巻6号、一九七七年、第72巻2号、一九七九年）、
　同『貨幣と信用の理論』三嶺書房、一九八五年。
伊藤誠『信用と恐慌』東京大学出版会、一九七三年。
大泉英次「独占段階の信用制度論に関する一考察」（和歌山大学『経済理論』164号、一九七八年）
岡橋保「流通信用論——ヒルファデングの信用論研究」（『金融経済』第156号、一九七六年）
岡橋保『現代信用理論批判』九州大学出版会、一九八五年。
小野朝男「ヒルファディングの信用論——流通信用と資本信用——」（和歌山大学『経済理論』第207号、一九八五年）
坂本正「『流通信用』と再生産——ヒルファディングにおける商業銀行機能の把握(1)——」（九州大学『経済学研究』第43巻4号、一九七七年）、同「『資本信用』と商業銀行——ヒルファディングにおける商用銀行機能の把握(2)——」（熊本商科大学『現代経済学の諸問題』、一九七八年）

佐羽菊次「ヒルファディングの『流通信用』と『資本信用』」(『立川短大論集』第18号、一九六八年)
鈴木喜久夫「ヒルファディングの信用論」(東北大学『経済学』第39号、一九五五年)
鈴木芳徳『信用制度と株式会社』新評論、一九七四年。
高山満「景気循環と信用(Ⅲ)―(Ⅸ)」(『東京経大学会誌』第57・60・64・67・71・88・96号、一九六八―一九七六年)
高山洋一「中央銀行と管理通貨制に関する一考察」(『金融経済』204号、一九八四年)
中田常男『擬制資本論の理論的展開』未来社、一九九三年。
野田弘英『金融資本の構造――『金融資本論』研究――』新評論、一九八一年。
春田素夫「ヒルファディングの信用論について(1)(2)」(『新潟大学法経論集』第14巻3号、第15巻1号、一九六五年)
深町郁弥「管理通貨制度と信用論(1)(2)」(九州大学『経済学研究』第39巻1－6合併号、一九七四年、第40巻4－6合併号、一九七五年)
松井安信「ヒルファディングの信用(制度)論――一般的規定と変動的規定――」(松井安信・三木毅編著『信用と外国為替』ミネルヴァ書房、一九七八年、所収)
松井安信編著『金融資本論研究』『北海道大学図書刊行会』一九八三年。

第四篇　金融資本と恐慌・産業循環の変容

一　問題の所在――構成の概要

ヒルファディングの「恐慌の形態変化」論は『金融資本論』[1]第四篇「金融資本と恐慌」において取り上げられている。第四篇は第一六章「恐慌の一般的諸条件」、第一七章「恐慌の諸原因」、第一八章「景気の経過における信用関係」、第一九章「沈滞期における貨幣資本と生産資本」、第二〇章「恐慌の性格における変化。カルテルと恐慌」から成っているが、「恐慌の形態変化」論はそのうち最後の第二〇章が当てられているにすぎない。そのことが「羊頭狗肉」、「看板に偽り」といわれる所以でもある。その分析に当たって、前提となる論理（第一六～第一九章）は、自由な競争関係を対象とする恐慌に関する諸要因とその内的関連の分析によって、資本主義的恐慌を一般理論的に説いたものである。第二〇章は、それを基礎・前提とし、かつ基準として独占段階における恐慌がなぜ、いかに変容するのかを分析したものである。

本書第四篇「金融資本と恐慌・産業循環の変容」は資本主義的恐慌・産業循環の一般理論に関する第一六章～第一九章の理論的分析を基礎・前提として第二〇章「恐慌の性格における変化。カルテルと恐慌」に焦点を合わせ、そこから恐慌の形態変化に関するヒルファディングの所説を分析する。その際、肝要なことは、この問題がカルテルと恐慌に関するものであり、独占段階における資本の蓄積・再生産と信用に関わる問題であるという点である。しかしそれは、ヒルファディングによれば「ただ発展の一般的な線を引く[2]」という試みにすぎない。それは、いわば「スケッチ」であり、理論的には十分な展開を示しえていない。とはいえ、そこからなにをどう引き出すのかということになると、次の点が留意されなければならない。『金融資本論』の理論体系からいえば、ここでの「恐慌の形態変化」

論は『金融資本論』第三篇「金融資本と自由競争の制限」第一一章「利潤率の均等化における諸障害とその克服」、第一二章「カルテルとトラスト」、第一三章「資本主義的独占と商業」、第一四章「資本主義的独占と銀行。資本の金融資本への転化」および第一五章「資本主義的諸独占の価格決定。金融資本の歴史的傾向」の分析を経て析出された恐慌の形態変化に関する理論であるという点である。したがって、ここでの「恐慌の形態変化」論の理論的分析はかかる第三篇「金融資本と自由競争の制限」の論理との関連において把握することが必要になる。本篇はそうした問題視角からヒルファディングの所説を検討する。

補記　『金融資本論』は第一篇「貨幣と信用」、第二篇「資本の可動化。擬制資本」、第三篇「金融資本と自由競争の制限」、第四篇「金融資本と恐慌」および第五篇「金融資本の経済政策」の五つの篇から成っている。本章第四篇第十章、第十一章の分析対象は、このうち第三篇「金融資本と自由競争の制限」であり、その分析の概要である。この独占資本主義の経済構造と運動法則の一般理論的解明を試みた第三篇「金融資本と自由競争の制限」は、第一一章「利潤率の均等化における諸障害とその克服」、第一二章「カルテルとトラスト」、第一三章「資本主義的独占と商業」、第一四章「資本主義的独占と銀行。資本の金融資本への転化」、および第一五章「資本主義的諸独占の価格決定。金融資本の歴史的傾向」の五つの章を構成要素とする『金融資本論』体系の理論的な基軸的、核心的部分をなすものである。この基軸的部分の理論的分析は「理念的平均」を方法的特徴とする『資本論』の理論の対象領域を超えるものであり、また「競争と信用および株式会社」の理論を前提し媒介してはじめて展開されうる性質のものである。

『金融資本論』の課題は四つに大別されうる。第一課題は「貨幣・信用―株式会社・証券市場―銀行資本の再規定」に関する理論的分析である。各々の独自的な内容と意義に関しては既述の如くであり、ここでは触れないが、まず三つの課題の関連についていえば、第一課題は金融資本と独占形成の理論的前提となるものである。それは『資本論』の理論の継承と発展に関わるものである。第二課題（第三課題を含む）は「金融資本と独占」に関する理論的分析、つまり、独占資本主義の経済構造と運動法則に関する一般理論的解明であり、かつ資本主義の社会主義への移行の客観的条件の理論的分析である。この第二課題は『金融資本論』体系の基軸的部分をなす。第三課題は金融資本と恐慌・産業循環の変容に関する理論的分析――スケッチ――であり、本篇の分析対象である。以上、第一、第二、第三課題が理論篇である。第四課題は政策篇として理論篇とは一応区別され、理論篇で解明された「金融資本の諸法則と機能」、「金融資本と恐慌」を理論的前提とした金融資本の経済政策を分析し、社会主義革命への道筋を提起する内容のものとなっている。が、予定した本書第十三章「世界市場と資本輸出――世界市場と恐慌――」は資本輸出論が「カルテルと恐慌」の論理と理論的な関連性において把握されたものであることを予め指摘しておきたい。しかしこの論点に関するテーマ設定は本書では割愛せざるをえなかった。

二　課題――課題と方法

「資本主義的生産の発展は恐慌の現象形態にもある種の変化を引き起こす。いまやこれを考察しなければならない。とはいえ、ここでは、ただ発展の一般的な線を引こうとするにすぎない。恐慌における変化を各個の国について比較説明するのは、個別発展史の任務である。ここではただ特殊のうちの一般を示そうとするにすぎない。だが、これがなかなかむずかしい。というのは、資本主義の進展につれて、経済諸現象の国際的絡み合いがますます甚だしくなり、したがって恐慌時にも一国の諸現象がそのあらゆる時間的、技術的および組織的発展段階の特殊性をもって他国の恐慌に反作用するからである。(3)」

「そうかといって、ただの一国たとえばイギリスの恐慌史から、恐慌の変化についての一般的諸法則を導き出すことも、やはりできない。それは、資本主義的恐慌はまさに世界市場現象であって……ある一国だけの恐慌は、その国における資本主義的発展の特殊性によって一定の諸変形をうけるのであって、これら諸変形の一般化は誤謬に導かざるをえないからである。[4]」

「だから、もし恐慌現象における変化を確かめようとすれば、われわれはこの変化を同時に理論的にも導き出しうるのでなければならない。そうすれば、資本主義の一段階に照応する特殊な、したがって全体としては恐らく偶然的な諸現象ではなくて、資本主義的発展の本質から生まれる諸傾向が問題なのだという確かさがえられよう。[5]」

長文を煩わずに引用したが、ここでの課題は資本主義的生産の発展――競争の独占への転化――が引き起こす恐慌の現象におけるある種の変化を考察することである。しかし、それは差し当たり発展の「一般的な線を引く」という試みだけである。このように、まず、その分析課題が提示され、それが極めて限定された試論的なものであることが指摘されている。またその分析方法は恐慌の現象におけるある種の変化を各個の国について比較記述的に示すのではなく「特殊のうちの一般」、つまり資本主義発展の一段階に対応し、しかも資本主義発展の本質から導出される諸傾向を示すことである。つまり、それは独占段階という資本主義発展の一段階における恐慌の変容について、その発展の本質から析出される一般的諸法則の解明を企図したものである。それは「二面性におちいっている[6]」というものではない。こうした分析方法は「競争の制限・止揚」に関する一般的諸傾向の分析にもみられるように、金融資本論体系の理論的把握に一貫したヒルファディングの基本的な考え方・分析方法である。

（1）R. Hilferding, *Das Fianzkapital, Eine Studie über die jüngste Entwicklung des Kapitalismus*, Dietz Verlag, Berlin, 1955.
（2）a. a. O., S. 425. 訳②一八八、㊦二三五頁。
（3）a. a. O., S. 425. 訳②一八八、㊦二三五頁。
（4）a. a. O., SS. 425–426. 訳②一八八―一八九、㊦二三六頁。

この点に関してヒルファディングは、「トゥガン-バラノフスキーも、イギリスの恐慌史に関する彼のすぐれた信頼すべき記述からの諸論結において、必ずしもこの過誤を免れていないように思われる。」（S. 426. 訳②一八九、㊦二三六頁）と述べている。

（5）a. a. O., S. 426. 訳②一八九、㊦二三六頁。

（6）侘美光彦「ヒルファディングの恐慌形態変化論」（武田隆夫他編『資本論と帝国主義論』下、東京大学出版会、一九七一年）

「ヒルファディングがここでは、一国の恐慌現象を他国の特殊な恐慌現象と区別する必要があることを強調しつつ、同時に他方では、資本主義的恐慌は世界恐慌でしかないとその世界性をも強調するという、二面性におちいっていることに注意されねばならない。その上、この両者の関連は理論的にどのように整理さるべきかという問題になると、彼は、これについては何も明らかにしないで、ただ一九〇七年恐慌におけるアメリカの『特殊性格』や、一国恐慌の一般化の誤りをくりかえすだけに終始している。」（同、一四一頁）

しかし、こうした批判はヒルファディングの論理展開の特徴を無視したものといえよう。

第十章　独占的諸結合の市場支配・価格支配メカニズム

第一節　独占的諸結合の市場支配・価格支配の理論的基礎

一　金融資本と独占形成の展開方法

「カルテルと恐慌の形態変化」に関わる「金融資本と独占形成」について、ヒルファディングは次のような課題認識を明示している。

「資本関係一般にまつわる神秘的な外観が、ここでは最も見透し難いものとなる。反射したものでありながら、独立してあらわれる金融資本の特有の運動、この運動が行われる多様な諸形態、産業資本および商業資本の運動に対するこの運動の分離と独立化、これらの事象は、ますます分析を要望する、というのは、金融資本の急速の成長が、また資本主義の今日の段階において金融資本の振舞うますます強大な勢力が、金融資本の諸法則と機能とを知ることなしには、現在の経済的諸傾向の理解を不可能にし、したがってまた、いっさいの科学的な経済学と政策とを不可能にするからである。(1)」

このように、ヒルファディングは「最近の資本主義的発展の経済的諸現象」の解明を「金融資本の諸法則と機能」の把握に求め、それの科学的分析なしには、現在の経済的諸傾向を理解することは不可能である、と述べている。このことは、『金融資本論』の分析課題が「理念的平均」の方法に基づく資本主義の一般的法則の解明を基本的な課題とする『資本論』の理論の単なる解釈にとどまっていればよいといった問題ではないこと意味する。それは「最近の資本主義的発展の経済的諸現象」という最も具体的な過程の分析であり、そのための理論的武器としての「現代」資本主義の理論体系の構築であるという点である。それは『資本論』を理論的前提としながら、一つには自由競争の論理段階における貨幣・信用の問題であり、株式会社・証券市場——再生産過程から解放され、自立化した所有集積運動としての擬制資本の流通運動、その流通過程に吸着し寄生しながら、自立化した投機取引——の問題であり、産業的集積運動から分離・解放された所有集積運動の問題である。他方、こうした所有集積運動から切り離され、「安定的」な継続性を獲得した資本の循環・回転過程における産業的集積運動の問題である。そして、そうした諸関係を媒介とする信用・銀行制度の構造的変化を内容とする銀行資本論の展開、それに対応した銀行資本と産業資本との関連の問題である。これらの部分が「貨幣・信用——資本の可動化・擬制資本」に関する理論的分析であり、『資本論』の理論の継承と発展に関わるものである。いま一つはそうした「貨幣・信用—資本の可動化・擬制資本」を理論的前提とする、より具体的な資本の蓄積過程、産業循環の動態的過程とそれを媒介とする「集積」過程の問題である。この『集積』過程こそは「最近の資本主義的発展の経済的諸現象」の最も主要な分析対象をなすものである。

ヒルファディングによれば、「かの集積過程」の分析視角は、一方では「カルテルやトラストの形成による『自由競争の止揚』」、つまり「産業的集積→独占的諸結合」という産業における「独占形成」の論理系譜をなすものであり、他方では「銀行集積→銀行連合」という銀行業における独占形成の論理系譜であり、かつこの二側面の集積過程の進行に伴う「銀行資本と産業資本とのますます緊密なる関係」という「銀行資本と産業資本との緊密化」の論理系譜である。そしてさらに「集積過程」の二側面、すなわち一方での産業的集積、他方での銀行集積とを連結・結合せしめる「銀行資本と産業資本との緊密化」の過程進行を直接的契機とする「資本の金融資本への転化」の論理であり、それらが金融資本によって集約的に表現され、かつ総括されるものとなっている。だからこそ「最近の資本主義的発展の経済的諸現象」すなわち「資本が金融資本という形態をとる資本主義の発展段階」の「経済的諸現象」の分析、したがって、その特徴をなす「集積過程」の分析は、具体的には金融資本の特有の運動、つまり金融資本の蓄積様式の分析でなければならない。したがってそれは「資本主義的生産様式の内的構造をその理念的平均」において叙述し、「資本の一般的本性を把握する」ことを基本的性格とする『資本論』の対象領域を越えた理論的展開が要請されているのである。以上の課題認識をふまえてヒルファディングは次のような『金融資本論』の方法を提起する。

従来、『金融資本論』の方法については「マルクスのそれと根本的に異質」であり、「『資本論』の理論の恣意的組替え」であるなどといった諸批判があるが、私の見解は拙著で詳論しているが、そうした理解の仕方とは根本的に異なる。それは基本的には『資本論』の方法を継承し、それを「卓越」した分析視角から、本書の課題との関連でいえば「金融資本と独占」の分析に適用したものである、と考えられる。『金融資本論』の方法は『金融資本論』の基本的な論理構造を知るうえで決定的な重要性をもつ。その方法的特徴はマルクスの経済学の方法＝「資本論」の方法に則った「分析的方法」がとられているという点である。それは「下向的分析」を必然的前提とする「上向的分析」を基本的内容とするものとなっている。しかしここでは、そのことには触れない。

二　産業的集積→競争制限・独占的諸結合の形成

「産業的集積→独占の形成」の論理は、第一一章「利潤率の均等化における諸障害とその克服」において展開されている。この論理段階では、株式会社制度における資本と所有の二重構造化による「資本所有の私的制限の止揚」に基づく「資本の動員と結合」を理論的前提として、重工業部門において生産の飛躍的発展、資本の有機的構成の高度化、固定資本の巨大化、最低必要規模の厖大化が進み、このことが資本の部門間流出（入）を困難化――利潤率均等化傾向の障害・制限――することになる。資本主義的産業の発展とともに増大する、この「新たな経済的諸要因」は、資本の構成に応じて、ことに固定資本が総資本中に占める大きさに応じて種々の産業部門に異なる強さで作用するが、この作用が最も強く現れる重工業部門における競争諸条件の構造的変化が理論的に解明される(4)。

さらに、この競争諸条件の構造的変化に規定されて、これらの部門における競争が、少数化、同等化した巨大資本間の死活的闘争に転化すること、またこうした「固定資本の巨大化・最低必要資本規模の厖大化→資本の部門間流出入困難→少数化・同等化した巨大資本間の死活的闘争」が、これらの部門における過剰生産・過剰蓄積→利潤率の平均以下への低下傾向をもたらす一方で、資本の部門間流出入を一層制限・困難化し、部門間の不均衡をさらに拡大し利潤率の平均以下への低下傾向をさらに強めることが明らかにされる。こうして「自由競争」が、一定の構造的諸制限をうけながらも、いまだ、その支配的な論理段階での部門間利潤率の格差・部門間不均衡の拡大とその比較的長期間にわたる傾向が析出される。これらの発達した産業部門＝重工業部門では、競争が小規模経営を淘汰してしまっているか、およそ小経営が存在しない部面であり、しかも大経営が支配するだけでなく、ますます同等となり、かくして競争は弱者が滅ぼされて資本の過剰が除かれる、そのような強者と弱者との競争ではもはやなくなり、少数化し同等化した大資本間の「死活的」闘争に転化するというわけである。他方では、中小経営の支配的な諸部門＝軽工業部門においても、「群小資本の殺到→競争の激化→資本の絶えざる破壊と再生→過剰生産→利潤率の一層の低下」という「利潤率の平均以下への低下傾向」が析出されることによって、この論理段階における資本主義的生産の、いわば両極において利潤率の平均以下への低下傾向が解明されるのである(5)。

続いて、重工業部門において「少数化・同等化した大資本間の「死活的」闘争→過剰生産・過剰蓄積→利潤率の平均以下への低下傾向」が、資本の自己否定に導く利潤率の危機としてあらわれることが析出され、そこから、この危機回避のための少数化した大資本間の競争制限のための協調関係の内的必然性が明らかにされる。かくして「共同の努力」による競争制限――独占的諸結合が導出され、さらにそれを起点として関連諸部門への独占的諸結合の波及が解明される。この過程が信用と株式会社を主要な梃子として推進されていく、というわけである。こうした論理の展開を経て「独占的諸結合の形成→利潤率の平均以上への引上げ」が析出され、それがカルテル化諸産業とその製品を生産手段の諸要素として購入する非カルテル化諸産業との関係の問題として把握されることによって、独占形成段階における利潤率の部門間格差の構造的変化が明らかにされる。

カルテル化諸産業部門の成立に伴って非カルテル化諸産業部門の利潤率はさらに圧迫されることになるが、それによって、これらの部門の諸資本は、一方では自らのカルテル化を通じて利潤率を引上げていく方向——独占的諸結合の波及——と、他方その道が閉されている非カルテル化産業部門にあっては、独占的諸結合の支配の影響を受けながら、激烈な競争→利潤率の低下によって絶えず破綻と再生とを繰り返していく部面であり、そこには「片足をいつもプロレタリアートに入れた人々」が在り、破綻は常住現象である。種々の形態で大資本の間接的従属関係に置かれていく部面である。それぞれまったく異なった諸原因に基づく「激烈な競争→過剰生産→利潤率の平均以下への低下傾向」を媒介する、一方における「競争の制限→カルテル化諸産業＝支配資本化」と他方における「激烈な競争→非カルテル化産業＝被支配・従属的資本化」の方向とに二極分解——二重構造化——することが明らかにされる。

さらにこの論理段階では、これらの生産部門における「過剰生産→利潤率の平均以下への低下傾向」以外に、激烈な販売競争が展開される。すなわち、過剰生産→激烈な販売競争→販路梗塞→利潤率の平均以下への低下傾向……である。かくして、資本主義的発展の両極においてまったく異なる原因から平均以下への利潤率の低下傾向が生ずる。いまやこの傾向はそれ自身また、資本力が十分に強いところでは、その克服への反対傾向を呼び起こす。この反対傾向は結局、自由競争の止揚に導く。ヒルファディングはこのように論述したうえで、このように産業資本の内部において、まさにその最も発展した諸部面において生ずるこの傾向は銀行資本の利害関係によって促進されるとして、続いて「産業における集積は同時に銀行の集積をもたらす。が、……銀行の集積とともに銀行が信用供与者および金融機関として参加する産業企業の範囲も同時に拡大する」(6)と述べている。ここではこの点の指摘にとどめ、この側面は後述する。

上述の如く独占段階における再生産・蓄積構造の変容――資本の二重構造――が析出され、さらに分析は、競争制限＝独占形成の論理段階におけるこの資本の二重構造化をふまえてそのもとでの独占的諸結合の価格支配と市場支配という、より具体的問題へと上向する。

独占的結合は、価格設定にあたって、不況期にも価格を維持し、独占的な利潤を確保しうるように「常に販路を見出す生産の基本額」を設定して、それに対応する価格の形成を試みることが明らかにされる。つまり、独占的結合は「常に販路を見出す生産の基本額」とそれに対応する価格設定に基づいて生産・供給を制限する一方、景気需要の充足を非カルテル化諸企業に委ね、それによって、景気変動による一切の負荷を彼らに転嫁する、(7)というわけである。ヒルファディングはカルテルの設定する価格をこのように分析する。この分析をふまえて、独占的結合が産業循環の全局面を通じて市場支配・価格支配を可能にすることが明らかにされる。生産価格・平均利潤の形成（メカニズム）は独占的価格・独占的利潤の形成（メカニズム）に転化するのである。しかし、独占的価格・独占的利潤は、第一二章「カルテルとトラスト」→第一三章「資本主義的独占と商業」→第一四章「資本主義的独占と銀行、資本の金融資本への転化」への上向的な分析方法を通じてより具体的な諸要素の関連の分析によって仕上げられていく。

続いて、このように独占的諸結合の形成・波及は、産業と緊密な関係をもち利害を「共有」する銀行にとっても、同様に「共同の努力」を通じて独占的諸結合の形成・波及の過程を協力的・強制的に促進し、両者の関係を独占的な結合関係に転化させる。が、「銀行集積→銀行独占」の形成について、本格的な独自的分析は、『金融資本論』第三篇第一一章での「産業的集積→独占形成の分析および第一二章での独占的諸結合（カルテル・トラスト）の形態的諸特質とその市場支配・価格支配メカニズムの分析を経て、第一四章「資本主義的独占と銀行。資本の金融資本への転化」で取り上げられる。

三　銀行集積→銀行連合・銀行独占の形成——集積の発展→銀行資本と産業資本との緊密化→資本の金融資本への転化

『金融資本論』第三篇第一四章「資本主義的独占と銀行、資本の金融資本への転化」では、産業的集積→独占的結合の形成を理論的前提として、それに対応・関連した銀行集積→銀行連合・銀行独占の形成過程が分析される。「資本主義的産業の発展は、銀行業における集積を発展させる。集積された銀行制度は、それ自体、カルテルおよびトラストにおける資本主義的集積の最高段階に到達させる重要な一動力である。そこで今度は、カルテルやトラストが再びいかに銀行制度に反作用するか？　カルテルまたはトラストは、最大の資本力をもつ企業である。資本主義的諸企業の相互依存関係において、いずれの企業が他の企業に従属するに至るかを決定するものは、なかんずく資本力の強さである。元来、相当に進展したカルテル化は、諸銀行もまたカルテルやトラストに対して従属関係に陥らないように互いに連合し大規模化するという方向に作用する。かくて、カルテル結成そのものが諸銀行の連合を促進するとともに、逆に諸銀行の連合がまたカルテル結成を促進する(8)。」

例えば「いくつかの銀行が諸製鋼工場の連合に関心をもつ場合には、これらの銀行はその連合を誘致するために、個々の産業資本家の意志に反しても協力しあう。逆に、まず産業資本家によって誘致される利益共同の結果として、従来は競争していた二つの銀行もまた共同の利益をもつようになり、さし当たり一定の領域で共同に行動するということもありうる(9)。」

ここでは、既述の第一一章「利潤率の均等化における諸障害とその克服」における「産業的集積→競争制限・独占の形成」に対応した「銀行集積→銀行連合・独占の形成」の論理であり、そしてそれは、この二側面からなる「かの集積過程」の後者の側面すなわち「銀行集積→銀行連合・独占形成」の分析視角から二側面の過程進行の相互依存・

相互規定関係を捉えたものである。第一一章における「産業的集積→競争制限・独占の形成」、第一二章における「独占的諸結合の市場支配・価格支配」での、銀行に関する叙述は「産業的集積→独占形成」の分析視角から、それに必要な限りにおいて論述されたものにすぎない。この両者の新たな関係は、産業の株式会社の発展と信用・銀行制度の構造的変化に基づく「巨額の支払信用＝短期信用と生産信用＝長期信用」の実現である。すなわち「カルテルは、それ自身、一産業部面全体の巨額の支払信用および生産信用に常に応じうる一大銀行を前提する。[10]」かくして「カルテルはまた、銀行と産業との関係のさらにより以上の強化をも生ぜしめる。[11]」

「一銀行＝複数企業」制から「銀行連合＝独占的結合企業」制への上向転化と、かかる二側面の集積過程を連結・結合せしめる「銀行資本と産業資本との緊密化」→両者の独占的な結合・融合による金融資本への転化が導き出される。続いて、第一五章「資本主義的諸独占の価格決定、金融資本の歴史的傾向」では、第一四章までの理論的分析を前提としてカルテル化産業と非カルテル化産業との間の支配・被支配＝収奪・被収奪関係に基づく利潤率の「格差」構造が明らかにされる。この「利潤率の格差」は、独占的価格＝カルテル価格の形成に基づいてカルテル化諸産業が非カルテル化諸産業の利潤の一部を「分け取り」「横取り」することによって、前者の利潤が「高位」に平準化する一方で、後者では、カルテル価格での、製品＝生産手段の諸要素の購入を強制され利潤の一部を「分け取り」「横取り」されることに規定されて、利潤率が「低位」平準化することが明らかにされる。この場合、非カルテル化諸産業における利潤率の「低位」平準化は、カルテル化諸産業の利潤の「分け取り」「横取り」による利潤率の「低位」化が、さらにこれらの部門間の資本の流出入運動の媒介によって低位に平準化――限りなく一般利子率の水準に接近する傾向――される一方で、それがまた逆に、他方ではカルテル価格引上げの上限を規定することによって、カルテル化諸産業の「高められた利潤率」を「高位」に平準化することになる[12]、というわけである。

こうした独占段階における資本の蓄積メカニズム、資本の支配構造の二重化の分析によって、これまでの「共同」

行動に基づく資本の平等性は、「資本による資本の支配」という支配と被支配＝収奪と被収奪の関係に転化することが明きらかにされる。またこの分析をふまえて、独占段階における資本蓄積の特徴的傾向として資本と労働の体制的過剰化が析出される。すなわち、カルテル化諸産業では、カルテルの第一の方策は、生産制限であり、したがって、資本投下を緩慢化させること、他方、非カルテル化諸産業では、利準率の低下が資本投下を抑制すること、この二側面における資本と労働の体制的過剰化の傾向が明らかにされる。

こうして独占段階では、この両極において資本投下の緩慢化が惹き起こされ、構造化する。かくて、一方では、蓄積されるべき資本量が急速に増大するのに、他方では、資本の投下可能性が縮小するとされ、この矛盾の解決を資本輸出に見出す。以上は、「現代」の経済的諸傾向を理解するための独占的諸結合＝金融資本の諸機能と経済法則、つまり、金融資本の支配のもとでの蓄積様式の理論的分析である。この分析をふまえて、金融資本の運動としてあらわれる独占段階の蓄積＝再生産の、より具体化・動態化としての周期的恐慌＝産業循環の分析に進む。それが第四篇「金融資本と恐慌」である。

ここでは、『金融資本論』第四篇「金融資本と恐慌」第一七章「恐慌とその諸原因」の分析を通じて独占的結合＝カルテルは「景気現象に質的変化を引き起こしうるかどうか」についての、つまり、当時の「修正主義論争」の中心的テーマでもあった「カルテルと恐慌」――恐慌の性格における変化――についての理論的分析へと向かう。この第四篇「金融資本と恐慌」は『金融資本論』の理論的部分の結びをなすものであると同時に「金融資本の経済政策」の媒介環をなすものである。以上が当面の課題にとって理論的に関連する部分である。

（1） *Das Finanzkapital*, S. 1. 訳①四九、㊤九―一〇頁。
（2） 有井行夫「ヒルファディングとマッハ――『金融資本論』の方法――」（駒沢大学『経済学論集』第9巻第1号、一九七七年）、拙著『擬制資本論の理論的展開』（未来社、一九九三年）、同『金融資本と独占の理論』（未来社、一九九三年）を参照されたい。

（3）森岡孝二『独占資本主義の解明』（増補新版）新評論、一九八七年、五五―五八頁）。拙著『擬制資本論の理論的展開』（未来社、一九九三年）、同『金融資本と独占の理論』（未来社、一九九三年）を参照されたい。
（4）*Das Finanzkapital*, SS. 263-268. 訳②五―一二、㊦七―一六頁。
（5）a. a. O., S. 274. 訳②一八、㊦二四頁。
（6）a. a. O., SS. 274-275. 訳②一八―一九、㊦二四―二五頁。
（7）a. a. O., S. 292. 訳②三九―四〇、㊦五〇頁。
（8）a. a. O., S. 332. 訳②八五、㊦一〇七頁。
（9）a. a. O., S. 332. 訳②八五、㊦一〇七―一〇八頁。
（10）a. a. O., S. 332. 訳②八六、㊦一〇八頁。
（11）a. a. O., S. 333. 訳②八六、㊦一〇八頁。
（12）拙著『金融資本と独占の理論』第二篇第八章「独占的価格の形成」四「独占的価格と利潤率の『高位』平準化傾向」を参照されたい。なお拙論と見解を異にするものとして高山満「競争の形態変化と景気循環の変容(Ⅲ)」（『東京経済学会誌』第84号、一九七四年）がある。参照されたい。

第二節　独占的諸結合の市場支配・価格支配メカニズム

一　独占的結合＝カルテルの市場支配と価格支配

単一の費用構造の場合　ヒルファディングにあっては、独占的結合の市場支配・価格支配の論理は、経済的独占としての結合に関する市場支配・価格支配の論理であり、そのものとして設定されている。従来の諸批判は当たらない。この論理の基本的諸特徴は独占的結合の経済的諸要因に基づくその優越性であり、その優越性による市場支配・価格支配の展開の論理である。この論理展開の道筋は、独占的結合を形成基盤とする生産性の格差・費用格差に基づく優越性とそれによる市場支配・価格支配であり、さらにこれらの経済的諸要因に独占的結合の「規模の大きさ」と

「技術的設備・基盤」を結合させる・より強固な優越性とそれによる市場支配・価格支配の展開であり、そしてさらに独占的結合が「生産の最大部分を支配する」という条件の成立に基づく最強固な優越性の実現とそれに基づく市場支配・価格支配の展開であり、そうした独占的結合の経済的諸要因の総合的優越性に基づく市場支配・価格支配の持続的維持体制確立の分析的解明である。そのうえで、この産業的独占の市場支配・価格支配の展開に当たって、彼は次のように述べている。

「経済的独占そのものは、新たな企業を起こすのに必要な資本が大きければ大きいほど、そして銀行と独占的結合との結びつきが緊密であればあるほど、ますます強固であろう。[1]」

このように、ヒルファディングは独占的結合の市場支配・価格支配がその「資本力→技術的基盤」を大規模化すればするほど、それに伴ってますます強固なものになっていくであろう、と述べ、そのうえで、独占的結合の市場支配・価格支配の経済的基盤の強化過程は、他面独占的銀行との関係の緊密化過程であるがゆえに、この両者の関係が緊密になればなるほど、その支配はますます強固なものになるであろうと述べている。それは独占段階における資本支配の最高の形態が独占的産業資本と独占的銀行資本との結合・融合関係に基づく金融資本的支配の形態を必然的にとるであろうこと、そしてその場合に、資本の支配は最も強固なものになるだろうと述べている。

ヒルファディングは第三篇第一一章「利潤率の均等化における諸障害とその克服（後段部分）」では、独占的結合の市場支配・価格支配についてその基本的諸条件の析出に焦点を合わせており、そこでは独占的結合は単一の存在、したがって単一の費用構造において捉えられ、それと対抗・競争関係にあるものとしてアウトサイザーが存在するという場合が考察されている。したがって①この論理段階においては、単一の独占的結合による市場支配・価格支配の問題であるがゆえに、独占的結合の参加諸資本相互の関係は捨象されているということ、②部門外からの資本の参入は考慮に入れておらず、もっぱら一般的な内部事情下での「需要と供給の関係」において取り扱われているにすぎないということ、である。こうした限定のうえに独占的結合が、①強固な経済的基盤を確立できておらず、生産の最大部分を支配するに至っていない段階、②一定の経済的基盤を確立し、生産の最大部分を支配するに至った段階というこの二つの段階に区分され、各々の段階——とくに前者①に焦点を合わせて——での独占的結合の市場支配・価格支配が、その競争者＝アウトサイダーとの対抗・競争関係——支配と従属——のなかでいかに成立・展開するのかを明らかにしている。(2)

この論理段階では独占的結合＝カルテルは「常に販路を見出す生産の基本額」を設定し、それに対応する価格を形成することによって、好況・繁栄期には追加需要の充足の範囲内にアウトサイザーの生産量を抑え、恐慌・不況期には過剰生産の負荷を彼らに転嫁することによって、景気変動の全局面を通じてその市場支配を可能にすることができるが、それは独占的結合のアウトサイザーに比しての上記の優越性に基づくものである。この優越性は独占的結合の経済的基盤がいかに確立・強化されていくかによって、規定される性質のものである。が、ここでは、それは単一の独占的結合、単一の費用構造における経済的諸要因の問題として取り上げられ、それがアウトサイザーとの比較において、どのような優越性をもちうるかによって、その優越性に基づく市場支配・価格支配の論理が導き出され、その諸特徴が明らかにされたのである。

しかし、このような優越性は、もっぱら独占的結合を単一のものとしてみた場合の、アウトサイザーに比しての優越性なるものであり、それに基づく「常に販路を見出す生産の基本額」の設定と価格形成である限り、こうした論理段階での考察は、独占的結合の市場支配・価格支配における問題を明確にするうえでの、一定の理論的基準をあたえるものとしては意義をもちうるとはいえ、それ以上のものではない。このように、独占的結合の優越性が独占的結合を単一のものとみなした場合の、アウトサイザーに比してのそれである限り、独占的結合の生産性や技術的設備、および生産の最大部分の支配……といった優越性（経済的諸要因）もその限りにおいての優越性たりうるにすぎないのであり、したがってその限りにおいて不況期における「生産の基本額」の設定と価格形成を可能にし、そのことによって不況期だけでなく好況・繁栄期をも、したがって景気変動の全局面を通じての市場支配・価格支配を可能にする条件になりうるということにとどまらざるをえない(3)。

しかし独占的結合が単一体ではなく複数の巨大資本の結合体であるということ、しかも参加諸資本は契約に基づいて、その独立性が制限されるとはいえ、いまだ独立した資本相互の契約に基づく結合体であるということである。そうだとすればその優越性はかかる独占的結合＝複数の巨大資本の結合に基づく優越性として、新たな内容規定が付与されなければならない。この論理次元での、市場支配・価格支配の問題は少数の巨大資本の参加による独占的結合、したがって異なった費用構造のもとでの市場支配・価格支配の場合である。そうだとすれば、上述の独占段階における市場支配・価格支配の全過程を主導する独占的結合＝カルテルは、単一の独占的結合ではなく複数の巨大資本の参加による独占的結合でなければならない。

異なる費用構造の場合　こうして複数（少数）の巨大資本の参加による独占的結合の市場支配・価格支配の問題が取り上げられることによって、この支配の論理は第三篇第一一章「利潤率の均等化における諸障害とその克服（の前段）」における独占的諸結合の形成、すなわち、重工業部門における「資本の有機的構成の高度化→固定資本の巨大化・最低必要資本規模の厖大化→資本の流出入困難→少数化・同等化した巨大資本間の死活的競争→利潤率の平均以下への低下→競争制限」という独占形成の論理から導出された独占的結合＝カルテル・トラストを考察の対象領域に取り入れることになる。そこにおいてはじめて、独占段階における市場支配・価格支配の主体としての独占的結合が、最も単純化された、最も抽象的なもの——理念的基準——から、より一般的、より具体的なものへと接近し、独占的結合の価格形成を論理上向的に展開せしめることになる。ここではそうした条件のもとで、独占的結合＝カルテル・トラストの優越性がどのように捉えられ、それに基づいてその市場支配・価格支配の論理がいかに展開されるのか、ヒルファディングの所説に則して検討しよう。

単一の費用構造をもつ単一の独占的結合の市場支配・価格支配の論理においては、その基本的条件としての「常に販路を見出す生産の基本額」の設定、これに対応する価格の形成およびそれを規定する独占的結合の優位性は、アウトサイザーとの対抗・競争関係の側面からのみ捉えることができたが、これに対して少数の巨大資本が市場を分割している・その場合には、まず当該部門における少数の巨大資本相互間の競争関係を考慮に入れなければならない。ここでは、市場支配・価格支配の問題は、これら少数の巨大資本がどのような「協調関係」をつくりだして「常に販路を見出す生産の基本額」を設定し、それに対応する価格を形成することによって景気変動の全局面を通じてその支配を貫徹しうるか、ということになるであろう。そこでこの場合、あらかじめこれら少数の巨大資本の形成基盤が明らかにされていなければならない。少数の巨大資本が当該産業部門において協調関係をつくりだし、それによって「生産の基本額」を設定し、価格を引き上げて生産制限・供給調整を実行しうる条件が存在しているかどうか。存在しているとすれば、それはどのような条件でありうるか、が把握されていなければならない。

いうまでもなく、独占形成に関する基軸的な論理は、鉄鋼生産のような重工業部門における独占的結合の成立に関するその一般的諸傾向の論理であり、そこを発生地点とする関連諸部門への独占的諸結合の波及の論理である。ヒルファディングによれば、社会的な再生産過程の主導部門である重工業の場合には、資本の有機的構成の高度化に伴って固定資本が巨大化し、かつ最低必要資本規模が厖大化しており、したがってこの部門における資本の流出入が困難化するとともに資本の集中化も最高度に進み、少数化・同等化した巨大資本間の競争関係が展開した。そこでは、このような資本間の競争は、それが少数化・同等化し、かつ巨大化した者同士の競争であるがゆえに、「死活的なもの」となり、この「死活的闘争」の強制圧力のもとで「生産と資本の過剰化の潜在的進行↓販路の停滞・梗塞↓過剰生産↓市場価格の下落↓利潤率の平均以下への低下」という、「利潤率の危機」による資本の自己否定の状況が顕在化したということである。こうした状況のもとで、少数化した巨大資本相互の間には共倒れを回避すべくかような「価格の破滅的下落→利潤率の危機」をなんとか回避・阻止しようと「共同の努力」が開始され、価格を協定し死活的な競争の制限を実現したのである。こうして独占的結合は、この部門における死活的競争によって引き起こされた「利潤率の危機」を「競争制限・価格協定」を通じて回避することによって、まずは利潤率を平均的水準に回復させ、「資本の自己否定化」の状況を克服し、さらに結合を強めながら利潤率の漸次的上昇を目指すということであった。(4)

このような、いわば緩やかな独占的結合＝カルテル形成の場合には、とくにその発展の初期段階においては、結合それ自体がなおきわめて脆弱であり不安定なものである。独占的結合を構成する参加諸資本は同等化した巨大資本であるとはいえ、各々はその生産能力、販売能力、資本調達力あるいは生産設備の償却度などに差異があり、当然、そうした「経済的諸要因」に基づく異なる主張（したがって潜在的対立）を抱えているといわざるをえない。このような、いわば「潜在的対立」は事情の如何によっては顕在化して共同の利益を多少犠牲にしても自己の直接的、短期的利益の個別的追求を優先させようとする場合もありうる。ことに不況期における過剰生産という事態の発生のもとでは、参加諸資本のなかには、製品の売れ残りを案じて自己の製品在庫だけは売り尽くしたいということになろう。いずれの資本もそう願うであろうから、協定の網の目を潜ってまでも行動するようになる。この場合、いずれの資本も同じ行動をとるであろうから、巨大資本相互間の競争が再燃・顕在化し、協定価格以下で値引き競争・販売競争が激化するようになる。協定は破棄され、独占的価格は独占的価格でなくなってしまう。独占的「超過」利潤は失われ、ふたたび利潤率の危機を引き起こさざるをえないであろう。こうした状況をふまえて、ヒルファディングは「不況期にはカルテルはその加盟者にとって無価値となり、瓦解してしまうことになろう(5)」と述べている。つまり独占的結合の市場支配・価格支配の崩壊である。

そこで、独占的結合＝カルテルの市場支配・価格支配の問題は、その市場支配・価格支配を崩壊させた不況期における「過剰生産→供給過剰」とその負荷から自分だけは逃れようとする各個の資本の個別的行動、その結果としての協定破棄、競争の再燃・顕在化にいかに対処するかということになる。ヒルファディングはこの問題を取り上げるに当たって、まず諸資本の結合形態について次のように述べている。すなわち、それは、(1)結合の技術的特性に関する側面から同種的結合と結合生産的結合とに区別され、(2)企業結合の形式的組織の相違の側面から利益共同と企業合同とに区別される。(2)の場合、前者は互いに独立していた二つ以上の企業の契約に基づくものであり、後者は二つ以上の企業が一つの新たな企業のうちに解消することを意味する。続いて(3)市場の価格支配・市場支配の側面から部分的形態と独占的形態とに分けられる。前者は競争を制限するのではなく、当該部門において自由競争を存続させる。[6]したがって、それは価格を支配するのではなく価格に支配される。逆に後者は競争を制限し価格を支配するとされる。後者の場合、注意すべきことはその結合が市場における価格決定に決定的な支配力をもちうるならば、この結合と並存する独立企業もまた、それらの価格において前者の価格決定に従わざるをえないということであり、この部門で理論的、経済的意味における自由競争はもはや存在しない[7]と述べている。

諸資本の結合形態についての、このような三つの規定をふまえて、ヒルファディングは「競争の能う限り完全な排除によって、価格と、したがって利潤とを高めることを目的とする」市場支配・価格支配の形態が独占的結合形態であり、その形式的組織形態が独占的利益共同つまりカルテルであり、かつ独占的企業合同つまりトラストであると述べ、こうした独占的結合——カルテルを中心として——を立論の基軸に据えて独占的結合の市場支配・価格支配の論理を展開していくのである。まず独占的結合＝カルテルの市場支配・価格支配について彼は次のように述べている。

「〔独占的結合＝カルテルの〕価格支配は同種の企業が全部結合されているということに懸かっていない。それには、景気変動のすべての段階を通じて市場供給に不可欠な生産部分の支配で足りうるが、その場合、この生産の費用はアウトサイダーの費用よりも小さくなければならない。ただこの場合にのみ、恐慌期に必要な制限はアウトサイダーに負わされるであろうし、また価格はカルテルの生産価格まで引き下げられるだけでよい[8]」
このヒルファディングの叙述は独占的結合の市場支配・価格支配についての彼の基本的な考え方であり、その特徴である。

二　独占的結合＝カルテルと価格協定

「単純」な価格協定の場合

独占的結合＝カルテルは「価格引き上げによる利潤引き上げ」を目的とする。したがってカルテル協定の内容それ自体も、すでにそのことによって基本的に規定されているということができる。なぜなら、価格協定においても設備投資においても、このカルテルの目的＝行動原理が基本的に貫徹されなければならないからである。では、「価格引き上げによる利潤引き上げ」というカルテルの目的はいかにして達成されうるのか。ヒルファディングは次のように述べている。

「独占的共同利益〔カルテル〕の契約内容は、すでにその目的によって規定されている。目的は価格引き上げによる利潤引き上げである。これは最も単純な価格協定によって達成される。しかし価格はけっして随意なものではない。それは、まず第一に需要供給に懸かる。単なる価格協定は、価格が上昇傾向をもつ繁栄期にのみ、そしてただ限られた範囲でのみ実行されうるであろう。しかしこの場合にも、単純な価格協定では不十分である。上昇した価格は生産の拡張に誘う。供給は増大し、結局、価格協定は維持されえなくなり、おそくとも不況の出現とともにこのようなカルテルは解体される[9]。」

このように、カルテルが単純な価格協定にすぎない論理段階において、価格協定それ自体は、価格が上昇傾向をもちながらも、需要が供給を上回っている好況期において、しかもその場合でも、限られた範囲においてのみ維持されうるということである。すなわち、好況期においてさえも単純な価格協定だけでは不十分であるというわけである。

カルテルの構成メンバーである諸資本は、各々生産能力、販売能力、資本調達力、あるいは生産設備の償却度などに差異がある。したがって、それに基づいて異なる主張（潜在的対立）を持ち合わせているが、価格面での競争をやめ、協調することによって高利潤が約束されている限りでは、価格協定に基づく行動の統一・共同行為が堅持されうるであろう。が、さし当たり、そのことがかえって自己の個別的利潤の引き上げを抑える条件になった場合には、共同の利益を犠牲にしても、当面する自己の直接的利益の個別的追求を優先させる場合がありうる、というわけである。

ヒルファディングによれば、こうしたことは、不況期における「過剰生産→供給過剰」という異常な事態の発生を伴う場合だけでなく、好況期における価格の上昇傾向のみられるときにも起こりうるということである。すなわち、好況期において上昇した価格は、生産の拡張を誘発する。この生産の拡張は供給を増大させ、販路をめぐってのカルテル参加諸資本間の競争を激化させる。結局「価格協定は維持されえなくなり、おそくとも不況の出現とともにかようなカルテルは解体される」(10)ことになろう。他方、需要の縮減に伴う「過剰生産→供給過剰」の発生という不況期においては、景気的な販路制限の進展のなかでカルテルは最大の苦境に追い込まれる。この局面では各資本は自分の商品在庫だけを売り尽くしたいと願うであろう。いずれの資本もそう願うであろうから、カルテル参加諸資本間の競争は激しくなる。価格協定は破棄され、協調は死活的闘争にとって代わられるであろう。

このように単なる価格協定の論理段階では、独占的結合＝カルテルの協定は、容易に破棄または回避されうる「単なる契約」の性質が強いものであるから、参加諸資本に対する拘束（力）も弱いということができよう。この論理段階では、カルテルの参加諸資本は資本としての独立性を保持しながら、価格協定に基づく相互の協調＝競争制限によって、いわゆる「価格引き上げによる利潤引き上げ」という「共同利益」の確保を通じて自己の利潤を実現しようとするのである。その意味においては、なお結合全体の利潤よりも自己の個別的利潤の追求が参加諸資本にとっての究極的目的をなしているということができよう。こうした事情のもとでは、相互間の協調路線が、むしろ自己の製品の売れ残りを生ぜしめると予想されうる場合においては、値引き、安売りをしたりするようになる。いずれの資本もそう願い、そう行動するであろうから、この場合にもまた、諸資本間の競争は激化し、価格協定は廃棄され、したがって市場支配・価格支配も困難となり、独占的価格メカニズムは崩壊するであろう。その結果として個別的利潤の追求も困難となるであろう。

「常に販路を見出す生産の基本額」と生産の割当・供給の調整　そこで、独占的結合が市場支配・価格支配を持続的に可能にするためには、景気変動の全局面を通じて価格を維持しうるのでなければならない。それはいかにして可能であろうか。ヒルファディングは次のように述べている。

「それ故に、カルテルが永続的であるためには、契約はさらに進まねばならない。契約は、協定された価格が市場で守り通されるような、需要に対する供給の関係をつくりださねばならない。したがって、供給を規制せねばならず、生産を割り当てねばならない。これらの規約の厳守は、たしかにカルテル全体の利益ではあるが、必ずしも個々の成員の利益ではない。すなわち、自己の生産の拡張によって自己の生産費を低下させることができ、したがって往々カルテル規約を回避しようとする成員の利益ではない(11)。」

ここでの市場支配・価格支配の問題は、単一の独占的結合とアウトサイダーとの対抗・競争関係のもとでの価格競争ではない。したがって、それはアウトサイダーに比しての独占的結合の優越性に基づく市場支配・価格支配の論理を基調とするものではない。むしろそうした論理をふまえたうえで、より展開された論理段階で問題が設定されているということである。ヒルファディングによれば、独占的結合＝カルテルが、その市場支配・価格支配を持続せしめるには、参加諸資本の結合をさらに強化しなければならないというわけである。その最低必要と思われる強化の程度は、協定された価格が市場で守り通されるような需要に対する供給の関係をつくりだすこと、つまり個別的利益を抑えても生産を割り当て供給を規制する点にまで、結合力そのものを強化しなければならないというのである。

では独占的結合＝カルテルが市場支配・価格支配を持続的に可能ならしめうるに必要な生産の割当、供給の規制とはどのように理解すればよいだろうか。それはすでに独占的結合の市場支配・価格支配における問題を明確にするうえで理論的基準を析出する論理段階で明らかにされた「常に販路を見出す生産の基本額」を基軸論理とするものでなければならない。しかしその場合、この「常に販路を見出す生産の基本額」は単一の費用構造をもつ単一体としての独占的結合のそれではないということである。それは複数の巨大資本の参加による独占的結合のそれであるがゆえに、必然的に参加諸資本の直接的利益の個別的追求との関係が問題とならざるをえない。

この論理段階での「常に販路を見出す生産の基本額」の設定とそれに基づく生産の割当・供給の規制は、基本的にはカルテル全体の利益が優先されるのでなければならない。ここではカルテルの参加諸資本は自己の生産の拡張によって自己の生産費を低下させることができる場合でさえも、個別的行動による個別的「超過」利潤の追求を優先させることはしないで、一時的には自己の利益を制限することになる場合でも、基本的方向としてはカルテル全体の利益を守ることによって、自己の個別的利潤を維持しょうとする道を選択せざるをえない(12)、とヒルファディングは述べているのである。

このようにカルテルの参加諸資本が全体の利益を守ることによって、個別的利潤を維持しようとする市場支配・価格支配の論理段階は、むしろ結合を強め協調を通じて共同の長期的利益を追求し、カルテル利潤を長期的・安定的に確保しようとするという、いわば安全かつ有利な方針を選ぶ独占段階に特有の傾向を示すようになるということができよう。したがって、この論理段階におけるカルテルの市場支配・価格支配の論理の特徴は、参加諸資本の全体的利益を優先させることによって、個別的利潤を確保するという協調的・共同的行動を可能ならしめるほどに強められた「結合力」に基づいて「不況期においてさえも販路を見出す生産の基本額」を設定することができるということであろう。この「生産の基本額」を設定し、それを共同して堅持することによって好況期の追加需要の充足をアウトサイダーに委ねるとしても、不況期の需要の縮減に伴う過剰生産→供給過剰の負荷を彼らに転嫁させることによって、共同の利益を確保し、併せて個別的利潤を維持していくことができるのである。

しかしこの論理は、この段階での「常に販路を見出す生産の基本額」の設定とそれに対応する価格の形成を解明することによって、はじめて十分なものとなるであろう。すなわち、「常に販路を見出す生産の基本額」の設定とそれに対応する価格の形成とが実現することによってはじめて、この価格協定が「価格が上昇傾向をもつ繁栄期にのみ、そしてただ限られた範囲でのみ実行されうる」ような単純な協定ではなくなり、景気変動の全局面を通じて維持されうるものとなるであろう。(13) ここにこの論理段階での独占的結合＝カルテルの市場支配・価格支配のいま一つの重要な問題がある。では「常に販路を見出す生産の基本額」の設定とそれに対応して独占的価格＝カルテル価格はいかに形成されるだろうか。

三　独占的価格＝カルテル価格と「超過」利潤

独占的価格と「正常」利潤――カルテル化産業の部門内競争関係を中心として

ヒルファディングは「カルテルは価格の確定に際して、最も生産費の高い工場の生産価格から出発せざるをえない」(14)と述べている。すなわち、独占的結合＝カルテルの参加諸資本は同等化した巨大資本であるとはいえ、各々生産能力、販売能力、資本調達力、あるいは固定資本設備の償却程度などに相違がある。したがって、生産費の格差・費用格差が存在することになるが、そのなかで最も生産費の高い資本、つまり最も生産性の低い資本の「生産価格」を出発点＝基準にしなければならないというわけである。このことは、最劣位の資本にも一定の利潤が保障されるように価格が設定されなければならないということを意味している。この利潤が、この論理段階では独占的結合＝カルテルの参加諸資本のなかで最劣位の生産価格を基準とした価格形成によって、参加諸資本が等しく取得可能な利潤として新たな内容規定を与えられることになる。

またこのことは、最劣位資本が好況期には高い特別利潤を実現し、不況期には正常利潤を実現するのとして、カルテル価格が設定されなければならない(15)ということである。

こうして、不況期に全体の利益を優先させることによって、個別的利潤を維持するという基本的立場から設定された「常に販路を見出す生産の基本額」を基準に生産量を割り当て、この産出量のための費用（単位当たり費用）を最劣位資本の費用において把握し、その費用を「正常」な利潤形成の費用とすることによって、価格を設定するのである。この価格がこの論理段階における独占的結合＝カルテルの価格である。このようにして独占的結合——最劣位資本を基準にして——は、不況期における「生産の基本額」の設定とそれに対応する価格の形成を通じて、不況期においてさえも過剰生産→供給過剰の一切の「負荷」をアウトサイダーに転嫁することによって、価格を維持し独占的「超過」利潤＝「正常」利潤を取得しうることになる。この不況期における「生産の基本額」の設定と価格の形成とに基づいて、好況期には追加需要の充足をアウトサイダーに委ねながらも、価格上昇による高い独占的「超過」利潤を取得しうる。かくして独占的結合＝カルテルは景気変動の全局面を通じて市場支配・価格支配を持続的に可能ならしめるのである。

ところで、独占的結合＝カルテルの参加諸資本間の生産諸条件の差異は、この結合体全体の利益を高めようとするその価格水準と各個の参加諸資本とのそれとの不一致を必然化させる。そうした不一致は、当然のことなのであるが、生産高においても生ぜざるをえない。平均以上の優れた生産諸条件もつ資本は、結合体全体の高い利潤化のための価格よりも低い水準の価格設定を要求するであろうし、いわゆる「正常操業度」をより高い水準に引き上げることを要求するにちがいない。しかし逆に平均以下の生産諸条件の諸資本の場合は、それとは対照的な要求をもつ。さらに、需要の縮減する不況期における価格政策、生産制限・供給調整に対しても各々異なった要求をもつだろう。しかしヒルファディングにあっては、この点に関する論理の展開は明示的ではない。が文脈に則してこの点をいま少し検討しよう。

独占的結合＝カルテルの価格設定は、このような異なる諸要求をもつ参加諸資本の調整によって成立する。すなわち、この調整の在り方如何によって、実際のカルテル価格は「結合体全体の利潤を高める価格」の水準から上方にも下方にも乖離しうる水準で設定されることになる。しかしこの「調整能力」はカルテル参加諸資本が等しく持ち合わせているわけではないし、各資本間に自動的に働くわけでもない。ここでもまた、力の論理が貫徹するのである。参加諸資本間の調整に当たって自己の主張を貫徹させうるかどうかは、一般的には調整不能によって生ずるであろう全面的な競争戦において各々が発揮しうる競争能力に懸かっているであろう。それは、生産能力、資本力（資本調達力をも含む）、および技術水準などによって規定されるがゆえに、これらに関する優位性の程度が競争能力の程度を規定するということができよう。

この点に関するより具体的な内容把握はともかくとして、その調整の結果カルテル参加諸資本のなかの最劣位資本でさえも、「正常」利潤を確保しうることになる。が、同時にまた生産性の高い資本は「一つの超過利潤」＝「特別利潤」をも取得しうるのである。すなわち「カルテルは、通常、拡大された生産をその諸資本に均等に配分せねばならない」[16]ので、「カルテルの価格設定によって、技術的によりよく装備された資本にとっては特別利潤が生じる」[17]とヒルファディングは述べている。またこの「特別利潤」について彼は次のように述べている。

「この特別利潤は、カルテルが競争を排除しているので、競争によって平均化されることがなく、したがって、差額地代の性格をとるようにみえる。しかし、地代との相違は最劣等工場はけっして最劣等地のように市場の需要充足のために不可欠なのではないということにある。最劣等工場は、その生産が設備のより良い工場に移されれば、排除されうる。しかし、差し当たりはカルテル価格が維持されるので、生産の拡大は、より低廉に生産する工場にとっては特別利潤を意味する。かくして、より高価に生産する工場の生産を取り除くことが有利になる。しかしその場合には、『差額地代』は消え去って、ただ高いカルテル利潤だけが存在する。[18]」

このような「特別利潤」の取得見込みが自己の直接的利益の個別的追求に基づく場合に、より大きければ大きいほど「技術的によりよく装備された企業」にとっては、生産の割当・供給の調整といった独占的結合＝カルテルの協定を遵守することは、カルテル全体の利益ではあるが、必ずしも自己を利するものにはならないということになる。むしろこの場合には、全体的利益と個別的利益との矛盾が明白にあらわれる。このような「矛盾」は、独占的結合＝カルテルが単一の費用構造をもつ単一の存在形態でなく、複数の巨大資本が各々資本としての独立性を維持しながら、協調に基づく行動を通じて個別的利潤を確保していくことを基本的特質とするという独占的結合形態であることから不可避的に生じるものである。独占的結合＝カルテルは、この「矛盾」をいかにして克服しようとするのか。

ヒルファディングによれば、独占的結合＝カルテルは生産の割当・供給の調整、販路の一元化・原料の共同購入、さらには設備の不良・老朽化した経営の排除・休止、および技術的設備によっては特定の生産物にとくに適した経営の専門化、いわゆる「個別経営の技術的独立への干渉[19]」という参加諸資本の「独立性の制限」の強化にまで及ぶ。こうした「政策的選択」を通じてかかる「矛盾」を克服していくことになる。かくしてカルテル参加諸資本の独立性はトラストとの差異が消失するほどにまで制限され、その結合は一層強固なものとなる。このような論理段階では、独占的結合＝カルテルの参加諸資本は、むしろ全体の利益を守ることを通じて個別的利潤を維持しようとし、そのことによって結合を強め協調を通じて共同の長期的利益を追求し、独占的「超過」利潤を長期的・安定的に確保しようという、いわば安全かつ有利な方針を選ぶ独占段階に特有の傾向が明らかにされる。このように、ヒルファディングにあっては、独占的価格は独占的結合＝カルテルによる当該部門内の競争制限によってまず形成されるものであり、価格形成つまり価格がいかなる水準の点に設定されうるかは、基本的には独占的結合の「結合力」の程度によって内在的に規定されるということになるであろう。

独占的結合の市場支配・価格支配と利潤率均等化メカニズムの構造的変化——カルテル化諸産業と非カルテル化諸産業部門間の競争関係を中心として

これまでは、独占的結合＝カルテルの価格決定の問題は、部門間の競争諸条件を捨象してもっぱら、当該産業部門における独占的結合＝カルテルの価格支配を取り上げてきたが、それは、一つには単一の費用構造をもつ単一体＝カルテルの価格形成であり、独占的結合＝カルテルの価格形成の理論的基準となる論理であり、二つは費用構造を異にする複数の巨大資本を構成メンバー—とする独占的結合＝カルテルの価格形成であり、その価格はカルテル参加諸資本の結合の程度、独占的結合力によって内在的に規定されるとする論理である。が、ヒルファディングの所説に則してみれば、この二側面の統一的論理こそが独占的結合＝カルテル価格形成の基本的論理であるということになろう。ここではこの基本的論理を基礎・前提として部門間の競争諸条件をその構成諸要素に組み込むことによって、独占的結合＝カルテルの価格形成・価格支配の論理がより具体的に展開されるであろう。

競争制限に基づくカルテル化諸産業の形成は、自由な資本の部門間移動＝資本の流出入運動を阻止することによって、生産価格形成メカニズムを独占的価格形成メカニズムに転化させるが、独占的価格形成メカニズムの成立段階では、競争段階における利潤率の一般的均等化法則の支配のもとでの諸資本による総剰余価値・総利潤の平等分配の関係が、いかに構造的変容を余儀なくされ、カルテル化諸産業部門による非カルテル化諸産業部門の利潤の収奪・横奪関係に転化するか、および両者間の収奪・被収奪関係＝総剰余価値・総利潤分配の不平等関係のなかで、カルテル化諸産業と非カルテル化諸産業との間にいかなる対抗・競争関係が展開されうるのか、が検討されなければならない。

「カルテル価格の引き上げによって実現される利潤率の引き上げは、他の諸産業部門における利潤率を低下させることによってしか惹起されえない。カルテルの利潤は、まず第一に他の諸産業部門の利潤の分け取り・横取り以外のなにものでもない。……資本が僅少で経営の分散が甚だしい産業部門では利潤率の社会的平均以下への低下の傾向がある。カルテル化は、この傾向の強化を、これらの部門における利潤率の一層のおし下げを意味する。このおし下げがどこまで進みうるかは、これらの生産部面の性質に懸かっている。過度のおし下げは、これらの部面からの資本の流出をもって答えられるであろう。[20]」

「カルテル結成は、平均利潤率における変化を意味する。利潤率は、カルテル化諸産業では上昇し、非カルテル化諸産業では低下する。この相違は、結合生産とさらに進んだカルテル化とに至らしめる。カルテル化の外にある諸産業にとっては、利潤率は低下する。非カルテル化諸産業で価格がそれらの産業部門の生産価格以下に低落した額だけ、カルテル価格はカルテル化諸産業の生産価格以上に上昇するであろう。非カルテル化諸産業に株式会社が存在する限りでは、価格はK＋Z（費用価格プラス利子）以下には低下しえない。というのは、そうでなければ、資本の投下は不可能だからである。かくして、カルテル価格の引き上げは、カルテル化不可能諸産業における利潤率の引き下げの可能性に、その限界を見出す。非カルテル化諸産業の内部では……種々の投下部面をめぐる諸資本の競争が存続することによって、より低い水準への利潤率の均等化が行なわれる。[21]」

ヒルファディングにあっては、カルテル価格の形成・価格引き上げの実現は、非カルテル化諸産業部門の利潤の「分け取り」「横取り」によってはじめて可能になるということ、カルテル価格は生産価格を上回るが、カルテル価格の形成は非カルテル化諸産業部門の価格を生産価格以下に引き下げることによってのみ可能であるということ、そして生産価格と「非カルテル価格」との差額（非カルテル化諸産業部門の利潤の一部分）がカルテル化諸産業部門によって「分け取り」「横取り」され、カルテルの「超過」利潤となって生産価格に追加される。かくして独占的価格・カルテル価格は生産価格プラス非カルテル化諸産業部門の利潤の「分け取り」「横取り」部分である。それがカルテル価格＝生産価格＋独占的「超過」利潤である。この独占的「超過」利潤はカルテル参加諸資本が等しく取得しうるものであり、したがって、その意味においては産業企業はカルテル化によって利潤率の「平準化」「均等化」が導き出されるということである。この「平均利潤」＝独占的「超過」利潤は、非カルテル化諸産業部門の利潤の「分け前」「横取り」以外のなにものでもないので、カルテル化諸産業部門におけるカルテル価格の形成・価格の引き上げは、非カルテル化諸産業部門における価格を生産価格以下にどこまで引き下げることができるかに懸かっているということになる。(22)

しかしカルテル価格の一層の引き上げは、その製品を生産手段の諸要素として充用する非カルテル化諸産業部門の資本家の購買意欲をそぎ、需要を減退させずにはおかないであろう。これらの部門に株式会社が存在すれば、価格が「費用価格プラス利子」以下には低下しえない。そうでなければ、これらの部門への資本の投下は不可能になるからである。このようにヒルファディングは述べている。

（1）*Das Finanzkatital*, S. 295. 訳②四三、㊦五四—五五頁。
（2）拙著『金融資本と独占の理論』未来社、一九九三年、三〇一—三〇二頁を参照されたい。
（3）a. a. O., SS. 290-291. 訳②三八、㊦四八頁。
＊a. a. O., S. 292. 訳②四〇、㊦五〇頁。
＊例示としてa. a. O., SS. 291-292. 訳②三九、㊦四九—五〇頁。
（4）拙著、前掲書、三一二頁を参照されたい。
（5）a. a. O., S. 297. 訳②四五、㊦五八頁。
（6）a. a. O., SS. 296-297. 訳②四四—四五、㊦五六—五七頁。
（7）a. a. O., S. 286. 訳②三三、㊦四二頁。
（8）a. a. O., S. 296. 訳②四四、㊦五六頁。
カルテルの「生産価格＋平均利潤」とは何か。それはどう理解すべきか。拙著・前掲書（第九・一〇章）を参照されたい。
（9）a. a. O., S. 297. 訳②四五、㊦五七—五八頁。
（10）a. a. O., S. 297. 訳②四五、㊦五八頁。
（11）a. a. O., S. 298. 訳②四六、㊦五九頁。
（12）a. a. O., SS. 298-299. 訳②四六—四七、㊦五九—六〇頁。

(13) a. a. O., SS. 291-292. 訳②三九—四〇、㊦四九—五〇頁。
(14) a. a. O., SS. 301-302. 訳②五〇、㊦六四頁。
(15) a. a. O., S. 291. 訳②三八、㊦四八頁。
(16) a. a. O., S. 302. 訳②五〇、㊦六四頁。
(17) a. a. O., S. 302. 訳②五一、㊦六四—六五頁。
(18) a. a. O., S. 302. 訳②五一、㊦六五頁。
(19) a. a. O., S. 300. 訳②四八—四九、㊦六二頁。
(20) a. a. O., S. 343. 訳②九七、㊦一二二頁。
(21) a. a. O., S. 344. 訳②九八—九九、㊦一二三—一二四頁。
(22) 拙著、前掲書、三四五—三八四頁を参照されたい。

第十一章　独占的価格・「超過」利潤体系と再生産構造

第一節　独占的価格と「超過」利潤の一般理論の形成(1)

一　理論的基準の設定――単一の費用構造の場合

非カルテル化諸産業、とくに中小経営が支配的であるカルテル化不可能産業では、資本が僅少で経営の分散が甚だしく、利潤率も社会的平均以下への低下を余儀なくされているそうした競争的産業部門である。それゆえに、生産手段の諸要素を高いカルテル価格で購入せざるをえないときにも、その分を自分の生産物の販売価格に転嫁させることができなかったし、また、他の非カルテル化諸産業へ資本を移動させることによって、その一部分を補填することも困難であった。これらの部門がみな等しくカルテル化諸産業部門の影響をうけているからであった。したがってカルテル化不可能である非カルテル化諸産業は生産手段諸要素のカルテル価格引き上げ分だけ利潤が削減され、利潤率が引き下げられる。

そこでまず、最も抽象化・単純化されたものとして「非カルテル化産業が一つの単一体」であるとすれば、非カルテル化産業は、その生産手段の諸要素を全面的競争下での場合よりも高いカルテル価格で購入するにもかかわらず、それを自分が生産した商品に転嫁できないがゆえに、生産手段の諸要素のカルテル価格引き上げ分だけ利潤の減少、利潤率の低下を余儀なくされるであろう。ヒルファディングは次のように述べている。

「非カルテル化産業が一つの単一体をなすとすれば、非カルテル諸生産物の価格は不変のままであろう。この価格は、以前よりも低い利潤率をしか意味しないであろう。というのは、原料の価格が、したがって、費用価格が高くなっているからである。以前は価格が一〇〇、利潤率が二〇%だったとすれば、それがいまでは一〇%に下がる。なぜならば、以前八〇だった費用価格がカルテル結成によって、いまでは九〇に上がっているからである。[1]」

この論理段階では、カルテル価格の引き上げによるカルテル「超過」利潤は、すべてこの非カルテル化産業の利潤になる。この場合、カルテル化産業部門における価格引き上げは、非カルテル化産業の利潤の減少量と量的に一致するということを直接に「分け取り」「横取り」したものであって、非カルテル化産業部門からの「資本の流出→需要の減退」が生じえないということ、したがって「需要の減退→価格の変動」もおこりえないということによって、カルテル化産業はその生産を制限することなく、価格を引き上げることができるのである。

二　非独占的価格＝生産価格－「超過」利潤――独占的価格＝生産価格＋「超過」利潤

複数の非カルテル化諸産業部門が存在し「個々の非カルテル化産業では、それぞれの有機的構成に応じて異なる仕方で費用価格が上がる[2]」という条件をカルテル価格形成要因に取り込むことによってはじめて、「非カルテル化諸産業部門をめぐる資本の競争――より低い水準への利潤率の均等化[3]」というカルテル化諸産業部門の市場支配・価格支配の論理段階における非カルテル化諸産業部門の価格引き上げの可能性、――その限界性――、つまりカルテル価格形成・価格引き上げの可能性――その限界性――の問題を一般理論的に解明することが可能となる。ヒルファディングは次のように述べている。

「しかし、個々の非カルテル化産業では、それぞれの有機的構成に応じて異なる仕方で費用価格が上がるので、その間に均等化が行われなければならない。カルテルによって騰貴した原料をより大量に消費する諸産業は、その生産物の価格を引き上げざるをえず、より少なく消費する諸産業はその価格の引き下げを経験するであろう。言い換えれば、その資本の有機的構成が平均以上である諸産業は生産価格の上昇を、資本構成が平均以下の諸産業は生産価格の低下を経験するであろうが、平均構成の諸産業では生産価格は不変のままである。[4]」かくしてこのような利潤率の不均等・格差の形成はこれらの部門間における資本の流出入運動を引き起こし、激しい流出入運動の結果としてこの不均等が均されて利潤率の均等化がもたらされるであろう。このように、ヒルファディングは述べている。

「通例は、価格上昇だけに着目して、それから直ちに、生産費の上昇はすべてそのまま消費者に転嫁されうるもののように考える。しかし、生産費の上昇が、一定の事情のもとでは、価格の低下をさえ誘致するものである。」（なおここでの資本の有機的構成とは「社会的総資本の平均的有機的構成をいうのではなく非カルテル化諸産業のそれを意味するにすぎない[5]」）。

これまでは捨象されてきた非カルテル化諸産業部門の有機的構成の相違、したがって異なる費用価格の形成→利潤率の不均等の形成による諸部門間の資本の流出入運動→利潤率の均等化……の論理が、いまやカルテル価格と独占的「超過」利潤の論理に組み込まれることになる。そのことによって、ヒルファディングはカルテル価格引き上げの可能性――その限界性――とカルテル「超過」利潤形成の論理をより「具体的」、より一般理論的に展開していく。

ところで、非カルテル化諸産業部門間に成立するこの利潤率の均等化なるものは、競争が全面的に展開していれば成立するであろう利潤率均等化の水準の点よりも、「低められた利潤率の均等化」である。なぜなら、それは生産手段の諸要素たる製品のカルテル価格引き上げによって余儀なくされるところの、これらの部門の利潤の「分け取り」「横取り」による利潤率の引き下げを反映した「低められたもの」になっているからである。このことは、カルテル価格の引き上げによる非カルテル化諸産業部門の「利潤率の引き下げ」＝利潤の「分け取り」「横取り」に伴う「負荷」が資本の部門間流出入運動を通じて非カルテル化諸産業部門にいわば均等に配分されることを意味する。かくしてこの論理段階においては、カルテル価格の引き上げによって実現されるカルテル化諸産業部門の非カルテル化諸産業からの利潤の「分け取り」「横取り」は、カルテル製品を生産手段の諸要素として充用する非カルテル化諸産業部門からの直接の「分け取り」「横取り」とは、量的には一致しないことになる。

しかしもちろん、この場合、カルテル価格の引き上げによってカルテル化諸産業部門が非カルテル化諸産業部門から「分け取り」「横取り」する独占的「超過」利潤の総計が、非カルテル化諸産業部門における利潤の削減の総計と一致することはいうまでもない。また、以上のことからも「通例、価格上昇だけに着目して、そこから直ちに生産費の上昇はすべてそのまま消費者に転嫁されうるもののように考える」という、そうした見方は誤りであって、「生産費の上昇が一定の事情のもとでは価格の低下をさえ誘致する」(6)ということができるのである。このヒルファディングの所説から次のような論理の展開が可能になる。

カルテル化諸産業部門と非カルテル化諸産業部門との間の、資本の支配・被支配＝収奪・被収奪関係に基づく利潤率の構造的格差＝不均等の形成は、一方ではカルテル化諸産業部門における利潤率の「高位」平準化・均等化をもたらし、他方では非カルテル化諸産業部門における利潤率の「低位」平準化・均等化を余儀なくさせることになる。が、その場合、この二側面における利潤率均等化はまったく異なったメカニズムを通じてあらわれる。独占的結合＝カルテル化による利潤率の「高位」平準化・均等化は、競争制限に基づくカルテル価格の形成・価格引き上げによるものであり、非カルテル化諸産業部門の利潤の「分け取り」「横取り」をその内容とする。他方、非独占的結合＝非カルテル化による利潤率の「低位」平準化・均等化は、かかる支配・被支配＝収奪・被収奪関係のもとでの、非カルテル化諸産業部門間の資本の流出入運動＝諸資本の部門間競争によるものであり、カルテル化諸産業部門による利潤の「分け取り」「横取り」をその内容とする。

「高位」平準化としての利潤率均等化の論理的特徴は、非カルテル化諸産業部門の利潤（率）を収奪・横奪するという資本の平等性・同等性の否定のうえに、かかる収奪関係＝収奪構造に基づく独占的結合＝カルテルとしての、「平等性」・「同等性」の実現形態であり、独占段階における独占的結合資本の、資本としての平等性・同等性をあらわすものである。それゆえにまた、「高位」平準化・均等化の論理はかかる資本による資本の支配に基づく収奪関係に直接規定され、かつ非カルテル化諸産業部門の利潤の「分け取り」「横取り」をこの部門の利潤率の均等化を媒介して間接的に反映するものとなっているのである。他方「低位」平準化としての利潤率均等化の論理的特徴は、カルテル化諸産業部門による収奪、したがって、その「負荷」を非カルテル化諸産業部門間の資本の流出入という共同作業を通じて均らして共同分担していくということによる非カルテル化諸産業部門の資本としての「平等性」「同等性」の実現形態でありうるが、しかしそれはカルテル化諸産業部門の資本との支配・被支配＝収奪・被収奪関係のもとでのそれであるがゆえに、同時に被支配資本としての従属、カルテルの使用人化を反映するものとなっている。

（1）*Das Finanzkatital*, S. 344. 訳②九九、㊦一二四頁。
（2）a. a. O., S. 344. 訳②九九、㊦一二四頁。
（3）a. a. O., SS. 344-345. 訳②九九、㊦一二四—一二五頁。
（4）a. a. O., S. 345. 訳②九九—一〇〇、㊦一二四—一二五頁。
（5）a. a. O., S. 345. 訳②九九—一〇〇、㊦一二五頁。
（6）a. a. O., S. 345. 訳②一〇〇、㊦一二五頁。

第二節　独占的価格と「超過」利潤の一般理論の形成(2)

一　独占的価格＝カルテル価格と「超過」利潤

ここでは、ヒルファディングの所説からカルテル価格引き上げの限界を次の二側面の論理的関連の分析を通して明らかにし、独占的価格と「超過」利潤の総括的規定内容を提示することにある。二側面とは、一方で「非カルテル化諸産業に生産の続行を可能にする利潤率を許さなければならない。(1)」つまり「第一の限界」である。他方、「〔一般的消費者の〕消費をあまり甚だしく減らすものであってはならない。(2)」つまり「第二の限界」である。が、これ自体は、直接的には生産的でない諸階級の処理しうる所得の大きさに依存する。

カルテル価格引き上げの可能性――その限界性――は、「すべての非資本家的諸層の消費(3)」つまり一般的消費の側面と「資本家的消費(4)」つまり生産的消費の側面との二側面から把握されることによって、カルテル価格の引き上げ→独占的「超過」利潤の形成は、一方では、①独占的結合＝カルテルによる非カルテル化諸産業部門の利潤の「分け取り」「横取り」を通じての、総剰余価値＝総利潤の再分配、つまり不平等・不均等分配にかかわるものであること、加えて②一般的消費者の所得の収奪による国民所得の再分配に関わるものであることが、理論的に分析される。同時に国民所得それ自体は生産的消費と一般的消費とによって根本的に限界づけられていることが明らかにされる。それはまた、カルテル価格の形成・価格の引き上げによる非カルテル化諸産業部門の利潤の「分け取り」「横取り」が、「非カルテル化諸産業部門の諸資本の生産を維持しうべき利潤率を許さない点を超えては進みえない(5)」というように、そこには部門間の経済的・技術的諸連関があり、一定の越えがたい資本の再生産的限界があるのである。他方、カルテル化諸産業部門は労働者をはじめとする消費者一般の所得の一部を収奪しており、その所得＝消費購買力は消費手段におけるカルテル価格形成・価格引き上げ→独占的「超過」利潤の重要な一源泉をなす。しかしそこからカルテルの価格形成・価格引き上げは「消費市場を余り圧迫しない程度のものでなければならない(6)」というように、そこには最終消費部面としての一般的消費市場との関連があり、一定の越えがたい限界があるのである。すなわち、独占段階における「生産と消費の間の一定率の資本の価値増殖」の一般的規定性である。

二　非カルテル化諸産業部門と利潤率の利子率化

非カルテル化諸産業部門における「より低い水準への利潤率の均等化」は、その内容においては、これらの部門の利潤率を一般利子率の水準の点にまで、限りなく引き下げていく傾向をもつているということである。なぜなら、カルテル化不可能としての非カルテル化諸産業部門はそこに個人企業が存在する限りでは、「監督賃金の水準の点にまで利潤率を引き下げうる可能性をもっているから(7)」であり、また、そこに株式会社が存在する限りでは「一般的利子率の水準の点にまで利潤率を引き下げうる可能性があるから(8)」である。非カルテル化諸産業部門は、こうした個人企業なり、株式会社なりによって構成され、各々資本が技術力、組織力も相違し、それゆえにまた、その限りにおいて有機的構成を異にし、異なった費用構造をなすものとして存在しており、かかる非カルテル化諸産業部門としてカルテル化諸産業部門による収奪＝被収奪関係に置かれているのである。このように非カルテル化諸産業部門における利潤率の「低位」平準化＝均等化の論理と、その均等化が限りなく一般利子率の水準の点にまで進んでいく傾向をもつことを明らかにし、カルテル価格引き上げの可能性――その限界性――の一般理論的解明を可能ならしめたのである。

非カルテル化諸産業部門の価格が、これらの産業部門における資本の流出入による利潤率の均等化運動を通じて利潤率が一般利子率に、利潤が利子に限りなく接近する水準の点にまで引き下げられうるとすれば、カルテル化諸産業部門によるこれらの部門の利潤の「分け取り」「横取り」は、結局、非カルテル化諸産業部門の「生産価格－『費用価格＋利子』」部分に当たり、この「部分」が『非カルテル化諸産業で価格がそれらの生産価格以下に低落した額」であり、したがって、この「額」だけ「カルテル価格はカルテル化諸産業の生産価格以上に上昇する」ことになるから、この「額」＝「この『部分』が、この論理段階での独占的『超過』利潤に当たり、カルテル価格の形成要素に組み込まれることになる。生産価格をK、この「額」＝この「部分」をαとすれば、カルテル価格＝K＋αとなり、他方、非カルテル価格＝K－αとなる。(9)この論理段階においてはじめて、独占的価格＝カルテル価格は個別性を止揚して一般理論的に解明されることになる。

ヒルファディングはカルテル化諸産業部門における非カルテル化諸産業部門の利潤の収奪に基づく利潤率の構造的格差・不均等の形成が、一方ではカルテル化諸産業部門における利潤率の「高位」平準化・均等化をもたらし、他方では非カルテル化諸産業部門における利潤率の「低位」平準化＝均等化を余儀なくされるという、資本の二重構造化に対応した利潤率均等化の二重化を理論的に分析し、かような部門間競争を媒介とする独占的結合＝カルテルの市場支配の論理段階における価格形成に固有の特徴的傾向を導き出したのである。

このようにヒルファディングは「非カルテル化諸産業で価格がそれらの産業の生産価格以下に低落した額だけ、カルテル価格はカルテル化諸産業の生産価格以上に上昇するであろう」という場合の、非カルテル化諸産業部門の「生産価格以下に低落した額」＝カルテル化諸産業部門の「生産価格以上に上昇した額」を、最も単純化した抽象的な性格・内容のものから個別的・特殊的な性格・内容のものにおいて捉え、そしてさらに、独占段階における利潤率の均等化＝平準化の二重構造の論理を組み入れることによって、そこからより具体的な論理段階での一般的性格・内容のものにおいて捉えることができたのである。また同時に、それは、「カルテル利潤はまず第一に、他の諸産業の利潤の分け取り、横取り以外のなにものでもない」という場合の、「分け取り」「横取り」をも限定された個別的・特殊的な性格・内容のものとしてでなく、一般的性格・内容においてとらえることを可能ならしめたということになろう。

ここではしかし、いまだ一般的消費との関連については論述されていない[10]。したがって、次にはカルテル価格引き上げの第二の限界が問題になってくる。

三　独占的価格・「超過」利潤と一般的消費

カルテル化諸産業部門と非カルテル化諸産業部門との利潤率の格差・不均等は、前者による後者の利潤の収奪関係を反映したものであり、その限りではカルテル価格の引き上げは非カルテル化諸産業部門における利潤率の引き下げの程度、つまりその引き下げの可能性に規定される。しかし、カルテル価格の形成・価格の引き上げは、カルテル化諸産業部門による非カルテル化諸産業部門の利潤の一部を「分け取り」「横取り」するばかりでなく、消費者一般の所得の一部をも収奪することによって、「なお若干の諸特性を提示する」[11]とヒルファディングは述べて、カルテル価格の引き上げが消費者一般の所得の大きさにもまた依存する、と。そしてそれが「カルテル価格の第二の限界である」[12]と主張している。彼は次のように述べている。

「カルテル化諸産業の資本を五〇〇億と仮定しよう。利潤率を二〇％とすれば、生産価格は六〇〇億となる。そのうち、非カルテル化諸産業は五〇〇億を買うとする。これらの産業の生産価格は、利潤率が同じならば、やはり六〇〇億となる。したがって、総生産物も価格は一二〇〇億となる。しかし、カルテル化諸産業は、その利潤率を高め、それによって、非カルテル化諸産業の利潤率を低めた。そこで、非カルテル化諸産業の利潤率は一〇％にしかならないとする。その利潤率が減らされたのは、これらの産業は原料に五〇〇億ではなく約五五〇億を支払わなければならないからである（私は可変資本を無視する。それはこの例では問題に影響を与えない）。しかし、カルテルが五〇〇億に対して五五〇億を受け取るとすれば、六〇〇億に対しては六六〇億を受け取らねばならない。価格は、資本家的消費者にとってだけでなく、すべての消費者にとって同じでなければならない。したがってわれわれの前提によれば、直接に消費者のもとに行く最後の一〇〇億は、一〇〇億ではなく一一〇億で売られなければならない。かくして、消費者は非カルテル生産物の大量を旧価格で買い、カルテル生産物を高められた価格で買う。したがってカルテル利潤の一部分は消費者からでてくる[13]。」

このように、ヒルファディングはまず、カルテル化諸産業部門における価格支配のもとで非カルテル化諸産業部門における価格形成の諸特性およびそれとの関連でカルテル価格の消費者に及ぼす作用を指摘したうえで、そこから次のような結論を導き出す。

「しかし、消費者は価格が高くなれば、おそらく彼らの消費を制限するであろう。そして、ここでわれわれはカルテル価格の第二の限界に達する。価格引き上げは、第一に、非カルテル化諸産業に生産の続行を可能にする利潤率を許さなければならない。また第二には、消費をあまり甚だしく減少させてはならない。第二の限界は、それ自身さらに直接には生産的でない諸階級が処分しうる所得の大きさに懸かっている[14]。」

ここでは、カルテル化諸産業部門における価格引き上げによる独占的「超過」利潤の取得が、第一には非カルテル化諸産業部門の利潤の「分け取り」「横取り」であること、第二には消費手段のカルテル価格引き上げによる消費者の所得の収奪であることが疑問の余地なく明確に論述されている。

四　独占的価格＝カルテル価格と「超過」利潤の総括的規定

以上の諸論点を総括的に捉えれば、次の通りである。独占的結合＝カルテルの市場支配・価格支配の論理段階においては、カルテル化諸産業部門の利潤率と非カルテル化諸産業部門の利潤率との格差・不均等が構造化するが、この格差・不均等は、これらの部門間の経済的・技術的な諸連関を無視して、独立にカルテル化諸産業部門の価値増殖の動機によってのみ規定されるものではなく、客観的・経済的に一定の越えがたい資本の再生産的限界を有しているということである。それは、カルテル化諸産業部門といえども、社会的総再生産過程を担う一部門（それが、いかに基幹的産業部門であり、資本の総再生産過程を主導する産業部門であるとしても）であるがゆえに、他の諸産業部門との間の経済的・技術的な構造的諸連関のもとで自己の再生産活動＝価値増殖運動を維持しうるのでなければならない。

また他方では、カルテル化諸産業部門は非カルテル化諸産業部門の利潤の一部を「分け取り」「横取り」するだけではなく、労働者をはじめとする消費者一般の所得の一部をも収奪しているのである。この「収奪」関係は、カルテル化諸産業部門にとってはカルテル利潤の「収奪」構造を構成する一側面をなすものとして重要である。労働者をはじめとする消費者一般の所得、つまり、その消費購買力は、消費手段における独占的結合＝カルテルの価格形成・価格支配↓独占的「超過」利潤の重要な一源泉をなすからである。しかし、そのことは同時に、消費手段におけるカルテル価格の引き上げが高くなれば、それに対して消費者は消費を制限せざるをえなくなるであろう。消費者はその数が厖大であり、しかも個別的・分散的であるがゆえに、直ちに効果的な組織的対応は容易ではないし、また最終的消費者であるがゆえに、かかる「負荷」を他に転嫁することも困難である。しかし結局、消費者は自らの消費を制限するという自衛手段を取ることによって価格引き上げによるその「負荷」をできるだけ免れようとするであろう。したがって、カルテル価格の形成・価格支配は「消費市場をあまり圧迫しない程度のもの」にしなければならないのである。

もしそうでなく、その程度・水準を越えてカルテル価格の制定・価格引き上げが行われるとすれば、それはかえって、最終消費部面としての一般的消費市場を圧迫し、消費者一般の消費購買力、したがって実質的消費を削減し狭隘化する方向に作用することになり、社会全体の最終消費が削減され、狭隘化されざるを得なくなるであろう。そしてそれはまた、上向反転して消費手段生産部門の需要を減少させ、価格と利潤の変動を引き起こし生産の縮小↓生産手段生産部門の需要の減少、生産の基本額とそれに対応した価格の維持国難↓価格と利潤の変動を引き起こし、一層の生産制限を余儀なくされるであろう。かくして他の事情に変化がないとすれば、最終消費需要がより大きい場合に比して社会全体の再生産規模を縮小——資本・設備および労働の過剰化——することを余儀なくされ、それだけ独占的「超過」利潤の形成源泉、したがってカルテル価格の形成・価格支配の基盤を圧迫することになるであろう。こうした観点をふまえたうえで、ヒルファディングはカルテル化諸産業全体にとっては、生産的消費の方が、非生産的消費よりもはるかに大きい役割を演ずるので、第一の限界〔——非カルテル化諸産業における生産の続行を可能にする利潤率を許さなければならないというカルテルの価格形成・価格引き上げの限界——〕が、一般に本来的に規定的なものである、[15]と述べているのである。生産と消費の矛盾は独占的結合の支配の下では、新たな展開＝形態変化をとげる。

（1）*Das Finanzkatital*, S. 346. 訳②一〇一、㊦一二六頁。
（2）a. a. O., S. 346. 訳②一〇一、㊦一二六頁。
（3）a. a. O., SS. 345-346. 訳②一〇〇—一〇一、㊦一二六—一二七頁。
（4）a. a. O., SS. 345-346. 訳②一〇〇—一〇一、㊦一二六—一二七頁。
（5）a. a. O., S. 346. 訳②一〇一、㊦一二六頁。
（6）a. a. O., S. 346. 訳②一〇一、㊦一二六頁。
　拙著、前掲書、四一三—四一七頁を参照されたい。
（7）a. a. O., S. 344. 訳②九八—九九、㊦一二三—一二四頁。
（8）a. a. O., S. 344. 訳②九八—九九、㊦一二三—一二四頁。
（9）a. a. O., S. 344. 訳②九八—九九、㊦一二三—一二四頁。
　拙著、前掲書、四〇二—四〇四頁を参照されたい。
（10）拙著、同上、四〇〇—四〇四頁を参照されたい。
（11）a. a. O., S. 345. 訳②一〇〇、㊦一二五頁。
（12）a. a. O., S. 346. 訳②一〇一、㊦一二六頁。
（13）a. a. O., S. 345. 訳②一〇〇、㊦一二五—一二六頁。

（14）a. a. O., S. 346. 訳②一〇一、㊦一二六頁。
（15）a. a. O., S. 346. 訳②一〇一、㊦一二六頁。
拙著、前掲書、四一六―四一七頁を参照されたい。

第十二章　金融資本と恐慌・産業循環の変容
――第二〇章「恐慌の性格における変化。カルテルと恐慌」を中心として

第一節　「集積」の発展と恐慌諸現象の変容

一　産業的集積の発展と恐慌諸現象の変容

資本主義的生産の支配と恐慌現象　まず、ヒルファディングは「恐慌現象における変化」を恐慌の「激発性」の緩和という問題視角から次のように把握している。

「資本主義的生産の発展につれて、手工業的生産および自家需要向け生産は広範囲に破壊される。そうなると恐慌は生産に打撃を与えても、その生産の制限には限度がある。それは相対的にも絶対的にも著しく大きな社会的需要を充たす必要があるからである。生産の進展につれて、どんな事情のもとでも生産の継続されねばならない部分、そしてそれの継続が生産過程や流通過程のほとんど完全な停止を緩和する部分もまたふえる。そこで消費に役立つ産業諸部門では、恐慌の打撃が比較的弱いことになり、しかもその生活資料が必需品であればあるだけ、したがって、その消費の動揺が少なければ少ないだけ、一層弱いことになる。(1)」

ここでは、資本主義的生産の発展につれて、社会の物質的再生産のために「どんな事情のもとでも生産の継続されねばならない部分」、「それの継続が生産過程や流通過程のほとんど完全な停止を緩和する部分」が増大するが、そう

すると相対的にも絶対的にも著しく大きな社会的需要を充たす必要から、その生産の制限には限界が画され、それに関係する諸産業部門では、恐慌による打撃は比較的弱く、生産が完全に麻痺状態に陥ることは少ないというわけである。ここでの問題は、上述の「……部分」が資本主義的生産の進展につれて増大し、その部分が資本主義的生産によって支配されることを通じて、恐慌時にも再生産過程が完全に麻痺状態に陥ることはなくなるという意味で、「恐慌現象における変化」が生ずると述べている。それは資本主義的生産による支配という最も抽象的な論理次元で把握されうる変化である。にもかかわらずこの部分もまた、資本主義的生産の支配のもとに置かれることによって、価値増殖の過程に包摂され、最低必要な生産部分をめぐる利潤獲得競争が展開されるわけであるが、この論理次元では、このような「生産の継続性」という意味において消費に役立つ産業部門が「恐慌の打撃の比較的弱い部門」であるという、一般的な指摘にとどまっているのである。ここではまだ、資本主義的生産のいかなる発展段階の、どのような特定の産業部門ないし産業諸部門間の問題であるのか、そうした段階諸規定をふまえて設定されているわけではない。

「近代」の大経営と恐慌現象の変容　次に、恐慌現象における変化が「資本主義的集積の進展」との関連において説かれるが、ここでの論理の特徴は、その変化が集積主体としての、近代の大経営の形成とそれの資本主義的生産・流通支配の進展との関連において明らかにされるという点である。

「恐慌現象における変化は、資本主義的集積の進展によっても起こらざるをえない。個別的企業が大きくなれば、その抵抗力も増す。経営が小さければ小さいだけ、物価の崩落が完全な破産をもたらす危険は大きい。小企業者はおそらくその全販路を失うだろう。物価の崩落と休業とは、彼の商品資本の貨幣資本への転化を不可能にする。彼はその支払義務を果たしえなくなる。それは、彼には予備資本もなく、わけても恐慌時には信用も得られないからである。そこで恐慌のたどりつくところは、まだ小さい資本主義的企業の大量的崩壊であり、信用の拒絶であり、大量的破産であり、支払停止であり、倒産であり、したがって、パニックである。……これら諸経営の大量的崩落は、技術的にまだ生存能力ある企業者たちをも破壊させる。[2]」

例えば、それを歴史的に見れば、「一八五九年の恐慌およびそれにも増して一八七三年の恐慌は、生産能力のあまり差のない諸企業＝製鉄業における諸企業の多数に、いや大多数に打撃を与えた。そのために一般的崩壊で多くの工場が純技術的には生産能力をもち生存価値をもちながら倒れた。……恐慌はある種の淘汰をなしたが、今日の恐慌はそれとはまったく異なるケタちがいの産業的集中をもたらした」と、ヒルファディングはヤイデルスの「所説」から引用している。[2]

「近代の大経営は恐慌に対して、これとは異なった関係にある。それの生産は大きいから、恐慌時にもその一部分は続行されうる。アメリカの製鋼トラストは恐慌時には生産を半減せざるをえないかもしれない。だが、その生産の一定の最低限以下にまで制限する必要はない。このようにして諸経営の集積につれ、これらの経営がその生産を続行しうる範囲も増す。[3]」「だから、資本主義的生産の発展につれて、どんな事情のもとでも続けられる生産部分の範囲が、絶対的にも相対的にも増す。[4]」

ここでは、「恐慌現象における変化」の問題は競争の独占への転化段階での、独占的産業におけるカルテルの価格支配・市場支配との関連で具体的に論述されているわけではない。が、資本主義的集積の進展→カルテルの形成を視野に入れたものであり、既述の、いかなる事情のもとでも「最低必要な生産の継続部分」の対象領域、つまり「消費に役立つ産業部門」に限定されていたのとは、論理段階を異にしているのが分かる。いまでは近代の大経営が再生産過程を主導するのである。例えば、アメリカの製鋼トラストが例示されているような重工業部門＝生産手段生産部門が対象にされていることである。とはいえ、歴史的にはすでに独占形成期の独占的大企業であるが、それが論理的には一定の抽象化を通じてこの論理段階の一般的な大経営として対象化されているといえる。この論理段階では、その問題は「近代の大経営は〔が〕恐慌に対して、これ〔弱小諸経営の破産〕とは異なった関係にある[5]」という問題視角から把握されたものである。近代の大経営は理論的にはいまだ抽象的内容にとどまっている。引用分の「アメリカの製鋼トラスト」もこの次元の一例示にすぎない。

この論理段階では「どんな事情のもとでも続けられる生産部分の範囲が絶対的にも相対的にも増大して」おり、近代の大経営は「その生産を一定の最低限以下にまで制限する必要はない」という関係にある。[(6)] 集積の発展に伴って、大経営が「その生産を続行しうる範囲」、「恐慌でもなんの打撃もうけない商品流通の範囲」も増し、それが大経営の支配に組み込まれるにつれて、これを基礎とする流通信用も増大し、この「商品流通の範囲」の拡大とそれの大経営による支配の進展が信用の展開の「安定的」基盤となる[(7)]というわけである。

ここでは、恐慌現象における変化が、まず近代の大経営の成立とその支配下での、生産の拡大と商品流通の範囲の増大との関連で説かれている。それは近代の大経営の「生産が大きいから恐慌時にもその一部分は続行されうる[(8)]」という問題視角から、近代の大経営の支配下での、生産の拡大と流通範囲の増大を基礎に据え、そこから析出される恐慌現象における変化である。そのうえで、信用が近代の大経営との関連で捉えられ、その継続性を獲得するというわけである。ここではまだ、カルテル・トラストが「常に販路を見出す生産の基本額[(9)]」を算定し、それに対応した価格を設定することによって、市場支配・価格支配を可能ならしめ、かつそれとの関係において恐慌現象における変化を把握するという、より具体的レベルの問題が取り上げられてはいない。また、信用についても産業的集積の過程的展開に規定されながらも、相互促進的関係にある流通信用の展開、および流通信用から資本信用への上向展開という側面から信用恐慌、貨幣恐慌、銀行恐慌の形態変化、およびその変化と産業的独占の形成→独占的結合＝カルテルの市場支配・価格支配との諸連関によるこの論理次元の恐慌における変化が説かれているわけではない。

「資本主義的生産の発展につれて、どんな事情のもとでも続けられる生産部分の範囲が、絶対的にも相対的にも増す。それにつれてまた、これを基礎とする流通信用も増す。だから、信用も資本主義初期の諸恐慌におけるように完全に破壊されるとは限らない。そこで、信用恐慌が発展して、一方では銀行恐慌となり他方では貨幣恐慌となることも、一方では信用組織の変化により、他方では商業と産業との関係の推移によって困難となる。[10]」

二　銀行集積の発展と恐慌現象の変容

信用・銀行制度の構造的変化——信用組織の変化と支払手段の欠乏緩和

この論理次元では、恐慌現象における変化の問題は、生産の拡張と流通範囲の増大を基礎・前提とした信用と恐慌との関連、つまり再生産構造の量的発展（と質的高度化）に伴う流通信用・資本信用の展開と恐慌による影響、そのある種の変容が取り上げられる。したがって、ヒルファディングにあっては「パニック回避の可能性は純粋に金融制度や信用関係の問題に限定して取り扱う……[11]」という従来の批判的見解には問題がある。

「資本主義的生産の発展→どんな事情のもとでも続行されうる生産部分・商品流通の範囲の拡大[12]」が、近代の大経営の支配に組み込まれ、それによって、恐慌現象における変化が生ずるが、他方、この、どんな事情のもとでも続行されうる「生産部分の拡大・商品流通の範囲の増大」は流通信用・資本信用の拡大とそのいわば「安定した継続性」の現実的基盤の形成・強化を意味する。が、信用恐慌における変化を問うには、その基礎的な規定関係を指摘するだけでは十分でない。信用がいかなる担い手によって行われるのか、それが再生産過程との関連でいかに変化し強化されるのか、が信用制度論の問題視角から明らかにされなければならない。この点が、ヒルファディングによれば、一方では「信用組織の変化」であり、他方では「商業と産業との関係の推移」である。この二側面の展開によって、「信用恐慌が発展して一方では銀行恐慌となり、他方では貨幣恐慌となることも……困難になる。[13]」彼はこのように述べている。そしてさらに、次のように述べている。

「信用恐慌が貨幣恐慌に発展するのは、信用の崩壊が支払手段の突然の欠乏を生みだすときである」[14]が、いまや「総じて支払手段の欠乏が起こらないということである。なぜかといえば、第一に信用の発達によって例えば小切手取引や手形交換取引が続けられ、したがって、恐慌時にも支払手段の需要が抑えられるからである。また第二には、恐慌時にも信用の揺るぎない発券銀行によって、この支払手段が提供されうるからである。[15]」

ここでは、すでに信用・銀行制度は銀行券の発行を独占する中央銀行とそれ以外の銀行とに分離し、重層的な信用組織が形成・発展していることが、基礎・前提とされている。一方では中央銀行以外の銀行は、中央銀行への預金または銀行券を支払手段として信用貨幣を創造して、それを生産的資本家に用立てる。銀行券と同じ流通能力をもちうるのである。他方では銀行券の発行が中央銀行に独占され、銀行券の兌換が確実なもととなり、信用貨幣としての銀行券が紙幣との形態的同一性を付与され、紙幣に代位して流通する。中央銀行はいまやすべての資本家階級の共同の準備金の唯一の保管者となり、国民的信認——国民的信用——を獲得しているからである。この論理段階では、その国の資本流通の最終的支払のためには、銀行券で足りることになる。

こうして流通の現実の要求に対して銀行は、銀行自身の信用貨幣を用立てて、支払手段の需要を充たしうるようになる。だが、これによって銀行は、支払手段の需要を流通に必要な現実の需要に限ることになり、したがってそれを超えて進む「ほとんど無際限な需要」を防止することになる。その場合、必要なことは銀行信用が動揺しないこと、銀行券の増発が兌換性をおびやかさないことである。が、そうしたことは、発券銀行が一方では優れた「経営指揮」によって、恐慌時にも信用の揺るがない社会的信認を維持・確保すること、他方では十分な金準備をもって「絶対的保証」にのみ銀行券を発行すること、こうした措置によって、支払手段の需要を充たすことが可能となる[16]、とヒルファディングは主張する。理論的にも政策論的にも示唆に富む。一定の条件を前提にすれば、銀行券の増発が抑えられ、兌換性を脅かす恐れが少なくなるのだが、逆の場合が生じうることにもなる。その逆の場合についてヒルファディングは次のように述べている。

「……そして、このことは発券銀行が恐慌時の高まった〔需要の〕要求に応ずることを可能にする。もちろん、銀行がその経済的諸機能を法律的強制によって阻止されないということが、前提である。かような阻止は、イギリスではピール条例によって、合衆国では無意味な正貨準備規定によってなされ、それがイギリスでは典型的な意味における貨幣恐慌をもひき起こしたのである。(17)」

銀行集積の発展→銀行と産業との緊密化→恐慌現象の変容　ところで、銀行恐慌が信用恐慌や貨幣恐慌の結果としてでなく、主として銀行資金のこげつきや信用授与の損失から生まれる限りでも、資本主義的発展、ことに銀行の集積は、資本のために恐慌を緩和する傾向をもつ、とヒルファディングは主張する。

「ここでも最大の役割を演じるのは銀行の集積である。銀行の集積は、業務範囲の膨大な拡張により、また資本主義的発展段階を異にする諸国の経済領域にまたがっての拡大によって、はるかによく危険を分散しうる。さらにこの銀行集積の進展は同時に投機や商業や産業に対する銀行の地位の変化を伴う。(18)」この「銀行の地位の変化」はまた、「危険の分散」を促すことにより、「資本のために恐慌を緩和する傾向」を強めるであろう。同様に「銀行恐慌の発生を……困難化するものには、産業における恐慌現象の変化と産業に対する銀行支配の進展とがある。……集積の増進は、完全な破産という恐慌の極度の作用に対して、産業企業の抵抗力を一層強める。この抵抗力は株式会社という組織形態によって強められるが、この組織形態は同時に……産業に対する銀行の勢力を異常に高める。(19)」

ここでの分析視角は前項の中央銀行信用の論理系譜とは異なり、金融市場→銀行集積→金融資本の論理系譜上に求められるが、両者の関連は必ずしも明確でない。銀行は株式会社・証券市場の分析を経て導出された「兼営」銀行である。それは信用業務と金融業務とを内的に結合し統一的に運用する総合的機構・制度であり、信用・銀行制度の構造的変化を意味する。この論理段階での銀行の集積はこの二側面の統一的運用を通じて展開される。なお「株式会社という組織」の抵抗力・優越性という場合、その企業形態の基本的特徴は『金融資本論』第二篇第七章「株式会社」・第八章「証券取引所」、とくに第七章第三節「株式会社と個人企業」において論述されている。ここでは「産業に対する関係の変化」の問題視角から銀行との関連でその組織的特質に言及するにとどめ、産業に対する関係の変化に伴う銀行集積の発展が、いかに両者の関係を一層緊密化し、銀行の産業支配の諸傾向を一段と強め、それによって、いかに恐慌の作用に対する産業企業の抵抗力が強化されるのか、について検討する。なお、国際的な経済・信用取引についても省略する。

ところで、信用業務と金融業務とが一つの銀行で内的に結合され、統一的に運用されるか、それとも相異なる金融諸機関によって行われるかは、この場合、理論的には重要でない。前者が「兼営」銀行型であり、後者が投資銀行型ないしマーチャント・バンカー型である。周知のように、ヒルファディングは前者を据える。銀行は、本来的な信用業務を基礎にして、一方では固定資本信用を展開させながら、他方では株式の引受・発行活動に取り組む。固定資本信用の供与自体、多額の資本を必要とするし、それが出資に転換、証券化されても、産業支配に必要な株式数を確保するとすれば、その部分は長期的・永続的に維持されなければならない。他方、産業企業の創設・拡張に伴う「出資→証券化→産業支配」の場合も、それに必要な株式数を保持することを余儀なくされる。この場合は、銀行にとって、さらにより多額の資本、ことに長期的運用に適した自己資本を必要とするであろう。つまり、これら二側面からの銀行集積の進展であり、それに伴う「業務範囲の膨大な拡張」「全国的な支店網の形成」であり、かつそれに対応した銀行と産業との関係の緊密化、銀行の産業支配の進展である。

また、投機取引についてはは信用取引が売買取引の形態をとるようになると、繰延取引によって、銀行は本来投機証券としての株式を一時的に取得し、それを支配証券に転化することによって、この面からも産業企業との関係の緊密化、産業企業の支配を可能にする。しかも、この投機証券の一時的取得による産業支配は、銀行が繰延利率を引き下げ、繰延取引を容易にすれば、銀行にとっては、投機界からこの証券を手に入れることは容易である。

こうして、銀行は、一方では支払信用、資本信用、発行業務、および投機取引の四つの機能を併せもつ「兼営」＝総合銀行として構造的変化をとげ、新たな領域・分野への進出を可能にし、他方では産業との結合の進展によって、企業の事情を精確に知り、収益を予測し、場合によっては収益の高さそのものにまで自己の望むように影響を及ぼしうるのである。証券取引所取引は、いまや銀行の支配下に組み込まれ、その「従属的な道具」[20]に転化する。

大銀行は、一方では産業の巨額の信用需要に応え、他方では、株式証券の引受・発行業務のための巨額の貨幣および貨幣資本の要請に応じなければならない。大銀行は信用業務と金融業務とを結合した「兼営」＝総合銀行であり、この二側面の統一的運用を通じて近代の大経営と緊密な関係にある。この、いわば「大銀行＝大経営」制のもとで、大銀行は貨幣市場・割引市場だけでなく証券市場をも支配することによって、それらを包括する金融市場全体を自己の支配下に再編成しようとする。銀行にとっては、いまや金融市場を動揺させることなく、産業側の巨額の貨幣資本の要請に、安定的に、かつ確実に応えていかねばならない。

こうして、近代の大経営の支配の論理段階では、上記の「産業における恐慌現象の変化」に加えて、「銀行の集積→銀行資本と産業資本との緊密化→産業に対する銀行支配」の進展によって、大規模化した生産と商品流通の範囲が確保され、それを基礎に、それに対応して信用も部門全体としては、どんな事情のもとでも一定の「安定的」「継続的」関係を維持することを可能ならしめる。その限りにおいて、この論理段階では「恐慌の極度の作用に対して産業企業の抵抗力を一層強める」[21]ことによって、「信用恐慌が発展して、一方では銀行恐慌となり他方では貨幣恐慌となることも、一方では信用組織の変化によって、他方では商業と産業との関係の推移によって、困難となる」[22]というわけである。

しかし以上に挙げた諸要因は、恐慌現象におけるある変化を引き起こす諸原因を認識させるものであるが、取引所恐慌、銀行恐慌、信用恐慌、貨幣恐慌のような恐慌の発生を排除するものではけっしてない。[23] このようにヒルファディングはそれらの原因が恐慌の発生を起こしにくくするが、けっして排除するものではないと述べたうえで、その論点を次のようにごく簡単にしめ括っている。しかし同時に「〔それらは〕なぜ、かような恐慌が起きにくくなるか、を説明するものである。それが起こりうるかどうかは、諸攪乱の重さと攪乱発生の突然さとにかかる。[24]」と。

以上は第二〇章「恐慌の性格における変化。カルテルと恐慌」の前半に当たるが、「全体としてこの章をみると、ここでの主要部分となるべき前半の形態変化論がいつのまにか、カルテルによっても恐慌は変化しないという、後半のいわば不変化論にすりかえられる感が強い[25]」という論者の批判がある。が、そうだろうか。次にその「後半部分」を検討しよう。「後半部分」は独占的諸結合＝カルテル・トラストと恐慌・産業循環の変容について、その基本的な論理の展開――そのスケッチ――が試みられている。しかしそこでは、「前半部分」での「生産の集積につれて大経営がどんな事情の下でもその生産を続行しうる範囲」「恐慌でもなんの打撃もうけない商品流通の範囲」も増大するという論理をふまえて、「産業における恐慌現象の変化」の問題を独占形成段階におけるカルテルの価格支配・市場支配――「常に販路を見出す生産の基本額」とそれに対応したカルテル価格の設定――との関連においてより具体的に取り上げられることになる。

（1）*Das Finanzkatital*, S. 427. 訳②一九〇、㊦二三七―二三八頁。
（2）a. a. O., S. 427. 訳②一九〇―一九一、㊦二三八頁。
（3）a. a. O., S. 428. 訳②一九一―一九二、㊦二三九―二四〇頁。
（4）a. a. O., S. 428. 訳②一九一―一九二、㊦二三九―二四〇頁。
（5）a. a. O., S. 428. 訳②一九一―一九二、㊦二三九―二四〇頁。
（6）a. a. O., S. 428. 訳②一九二、㊦二四〇頁。
（7）a. a. O., S. 428. 訳②一九二、㊦二四〇頁

(8) a. a. O., S. 429. 訳②一九二―一九三、㊦二四〇―二四一頁。
(9) a. a. O., S. 292. 訳②三九、㊦五〇頁。
(10) a. a. O., SS. 428-429. 訳②一九二、㊦二四〇頁。
(11) 長島誠一『独占資本主義の景気循環』新評論、一九七四年、一一九頁。
(12) *Das Finanzkatital*, S. 428. 訳②一九二、㊦二四〇頁。
(13) a. a. O., S. 428. 訳②一九二、㊦二四〇頁。
(14) a. a. O., S. 429. 訳②一九二、㊦二四〇頁。
(15) a. a. O., SS. 429-430. 訳②一九二、㊦二四〇―二四一頁。
(16) a. a. O., SS. 430-432. 訳②一九二―一九四、㊦二四一―二四三頁。
(17) a. a. O., S. 432. 訳②一九四、㊦二四二―二四三頁。
(18) a. a. O., S. 432. 訳②一九六、㊦二四六頁。
(19) a. a. O., SS. 434-435. 訳②一九九、㊦二四九頁。
(20) a. a. O., S. 209. 訳①二九〇、㊤三〇八頁。
(21) a. a. O., S. 434. 訳②一九九、㊦二四九頁。
(22) a. a. O., S. 428. 訳②一九二、㊦二四〇頁。
(23) a. a. O., S. 437. 訳②二〇二―二〇三、㊦二五二―二五三頁。
(24) a. a. O., S. 437. 訳②二〇二―二〇三、㊦二五二―二五三頁。
(25) 侘美光彦、前掲論文、一四二頁。

第二節　恐慌・産業循環の形態変化(1)

一　カルテルと景気諸現象の変容

そこで、次に問題になるのは、産業の組織形態における大きな変化、つまり資本主義的機構の調整力たる自由競争の継続的止揚による独占が、景気変動現象に質的諸変化を引き起こしうるかどうかである。この論理段階ではじめて、「自由競争の継続的止揚による独占[1]」という段階規定をうけたカルテルが措定され、恐慌の形態変化、産業循環の変容がカルテルの価格支配・市場支配との関連で説かれることになる。

「われわれはカルテルが価格水準のある変位をひき起こしうることを知っている。カルテルはカルテル化生産部門と非カルテル化生産部門とで、異なった利潤をつくりだす。そうしておいて、この変化した土台のうえで景気現象が行われるが、この現象そのものがまたカルテルによって一定の変形をうける。[2]」「カルテルのもたらす第一の効果は、一生産部門の内部で競争がなくなること、もっと正確にいえば潜在的になること、つまり、この部面の内部で競争の価格引下げ作用が働かなくなることであり、第二の効果は、カルテル化した部面が高い利潤率に基づいてカルテル化しない産業と競争するということである。だが、カルテルは投下部面をめぐる資本の競争や価格形成に対する蓄積の作用を少しも変えうるものではなく、したがって、不均衡状態の発生を阻みうるものではない。[3]」

二　カルテルとアウトサイダー――「常に販路を見出す生産の基本額」の設定

ここでは、部門内競争制限と部門間競争の二側面、およびその内的関連から投下部面をめぐる諸資本の競争や価格形成に対する蓄積の作用が分析され、部門間不均衡の必然性が説かれている。そこでまず、カルテル化産業における価格支配・市場支配が、景気変動の諸段階に組み込まれ、それとの関連においていかに展開するのか、が問われなければならない。この論理段階では「どんな事情のもとでも続けられる生産部分」は、既述の「景気変動のすべての段階を通じて市場供給に不可欠な生産部分」として再規定され、そこからカルテルの価格設定との関連において景気変動のすべての局面を通じて「常に販路を見出す生産の基本額」なる概念が析出されたのである。この論理段階では、その「常に販路を見出す生産部分」が「生産の基本額」として設定され、それに対応した価格の形成によって、カルテルの支配のもとに組み込まれ、それを超えた景気需要の充足部分がアウトサイダーに委ねられ、それによって「景気変動による一切の負荷」が彼らに転嫁されることになる。

ヒルファディングはその「顕著な一例をなすもの」として、アメリカ鉄鋼業における独占的結合の市場支配・価格支配と恐慌作用の変形に関する例証を、ヘルマン・レヴィの「所説」から引用している。

「顕著な一例をなすのは鉄鋼トラストの政策である。この会社（コーポレーション）はその生産を容易に高めうるであろう。それをしないのは、不況期に過剰生産の重荷を負うことを避けるためである。『鉄鋼生産業における結合された大企業には、常に販路を見出す生産の基本額をもつことが、望ましく思われる。この目的を達するために、需要の旺盛な時期には、生産費の高い結合されていないアウトサイダーを安んじて増加させ、そのうえ、買い取りによって彼らに仕事を与えさえもする。そこで遅れた企業も価格の上昇によって再び利益をあげうるようになり、投機熱は新たな結合外の諸経営を生じさせ、要するに、従来の最低生産費に比して上昇する生産費でもって生産が増大する。これは増大する需要が飽和させられて価格が再び低下するまで続く。そこで、好景気の時期に運転され始めた高炉が、高い生産費で作業する限り、売り手としては市場から姿を消す。それは、まもなく記録すべき余剰をもたなくなるからである。最も低廉に作業するものだけが後に残る。それらはなお余剰をあげつつ生産しうるからである。なかんずく、トラスト、大きな結合企業および特別恵まれた、『単独』な高炉である。[4]」

「かくして、その大量において不況期にも好況期にも余剰をあげつつ作業することができ、そして販路をも見出す生産、かような生産の基本額を形成するものは、かの諸大企業、なかんづくこのコーポレーションである。好況の時期にアウトサイダーのより大きな競争が生じてもコーポレーションに害を与えるものではない。なぜならば、コーポレーションが増大する需要に自ら応じようとするならば、需要の減退期に際しては過剰生産をより痛切にわが身に感ずることになるが、この過剰生産はまず第一番にアウトサイダーに命中するからである。[5]」

ヒルファディングによれば、景気変動の全局面――とくに恐慌・不況局面において――を通じてカルテルによる市場支配・価格支配が実現するためには、第一に、アウトサイダーがその供給量を好況期の追加需要が要求する範囲を超えては生産できない場合に限られること、第二には、アウトサイダーがカルテルよりも高い費用で生産を行う場合に限られること、である。だから、カルテルは、生産性格差・費用格差を市場支配・価格支配の構成要素に組み入れることによって、「常に販路を見出す生産の基本額」を設定し、その範囲において生産を割当て供給を調整し、かつこれに対応する価格をカルテル参加諸資本中の最劣位資本の生産価格を基準に確定する。それに基づいてカルテルは、「追加需要」の要求範囲、つまり「景気需要」の範囲内にアウトサイダーを封じ込んで、恐慌・不況期には過剰生産の負荷をもっぱら彼らに転嫁する一方で、自らは「市場供給に無条件に必要な需要」の充足部分を受けもつことによって、常に販路を確保し、景気変動の全局面を通じてその市場支配・価格支配を維持することができる。つまり「カルテルのもたらす第一の効果」である。

しかし一方で、ヒルファディングは「カルテルは価格形成に従うもので、これを決定するものでない(6)」ともいう。そして「〔そのこと〕は、生産の全機構から生じることである(7)」と述べている。この見解は上述の基本的論理と矛盾するかのようにみえる。実際、「一見極めて奇妙な……立論を行う(8)」と批判される論者の見解も見られる。

三　カルテル化諸産業と非カルテル化諸産業――産業諸部門間格差と景気諸現象の変容

そこで、生産の全機構との関連が問題になるが、差し当たり部門間の競争関係が問われなければならない。カルテル化産業における市場支配・価格支配が、生産性格差、費用格差に加えて「生産の割当・供給の調整→販路の一元化・共同購入→参加諸資本の技術的独立への介入(9)」によって、持続的に維持されうる最高度の結合形態をとりえたとしても、カルテルが投下部面をめぐる競争関係それ自体を止揚できない限り、需給関係＝買い手と売り手間の関係――

産業諸部門間＝カルテル化諸産業と非カルテル化諸産業との関係――は競争メカニズムが作用し、カルテルもかかる競争メカニズムに基づく需給関係の変化を通じて導き出される価格と利潤の変動とに従わざるをえない、というわけである。

またカルテルは価格形成に対する蓄積の作用を少しも変えうるものではない。独占的「超過」利潤は「まず第一に、他の諸産業部門の利潤の分け取り・横取り以外のなにものでもない。[10]」ここでの他の諸産業部門とは競争がいまだ支配している非カルテル化諸産業のことであり、カルテル化諸産業の製品を生産手段の諸要素として独占的価格で購入することを余儀なくされている産業のことである。このいわば支配と被支配＝収奪と被収奪関係を通じてカルテル化諸産業の資本は、非カルテル化諸産業の利潤の一部分を「分け取り」・「横取り」することによって、競争が展開していれば成立するであろう「平均利潤」を上回る利潤＝独占的「超過」利潤を取得する。つまり「カルテルのもたらす第二の効果」である。

しかしこの論理次元では、生産制限・供給調整による販売量の制限が、逆にカルテルにとっては需要の減少、遊休・過剰設備を多くし、それによる損失の増大が利潤量の減少傾向に強く作用することになる。過剰設備は価値を生産物に移転しなくても、その更新を断つわけにはいかない。そうだとすれば遊休・過剰設備から生ずる損失分＝費用を価格に上乗せするか、利潤に組み入れ、そこから差し引くかする以外にない。つまり、それは価格に転嫁し、カルテル価格の設定を通じて非カルテル化諸産業部門の利潤から「横取り」・「分け取り」される、というわけである。このことは、価値移転のない、価値実態のない過剰設備の費用＝負担を価格支配を通じて、非カルテル化諸産業の資本に転嫁・販売することである。それもまた価格形成に対する蓄積の作用であり、不等価交換の強制であるが、その分だけ需要の形成源泉が削減されることになる。したがって、カルテルは部門間の不均衡を阻みうるものではなく、むしろ拡大・激化せしめるというわけである。こうした問題視角から、ヒルファディングはカルテルは生産の無政府性から生ずる恐慌を止揚することはできない、と主張する。さらに次のように述べている。

四　カルテルの「生産の基本額」と「過少」生産との矛盾

「カルテルが繁栄期にも低い価格を保つとしよう。そうすれば、利潤は上がらず、蓄積もふえない。カルテル化産業の価格が低いままで、非カルテル化産業のそれが上がったとすれば、資本はカルテル化産業から流れ出るだろう。そこで、たちまち現れるのは、非カルテル化産業部門での資本の過剰生産であり、カルテル化産業での過少生産〔したがって過剰資本化と過剰労働力化〕であり、そして、極めて激しい不均衡であろうが、この不均衡が一般的恐慌に導くのであって、恐慌は生産が以前のままであっても、いや減少してさえも、起こりうる。現実には、カルテルはとっくに壊されているであろう。というのは、カルテルは利潤欲を充たさないばかりかこれを妨げ、したがって、カルテル存立の動機をなくしてしまうからである。(11)」

「カルテルが繁栄期にも低い価格を保つとしよう」という上述の仮定は、いかにも不自然に見えるかもしれないが、けっしてそうではない。なぜなら、カルテルが「増大する需要に自ら応じようとするならば、需要の減退期に際しては過剰生産をより痛切に感じることになるであろう(12)」からである。だから、需要の旺盛なこの時期には、「生産費の高い……アウトサイダーを安んじて増加させ……彼らに仕事を与えさえもする(13)」のである。また、この時期には旺盛な需要→生産の拡張→価格の騰貴・利潤の増大は、さらなる景気の上向が予測され、生産費の高い旧費用構造の工場が再開され、高価格によって利潤を増し、さらに生産を拡大する。景気需要が委ねられるアウトサイダーの価格は上昇し、生産は拡大し利潤は増大するのである。他方、それに対応して非カルテル化諸産業部門の需要も増大するし、生産は拡大する。価格は上昇し利潤も増大するであろう。しかしカルテル化諸産業部門においては、独占的「超過」利潤を安定的・長期的に確保するために景気変動のすべての局面を通じて「常に販路を見出す生産の基本額」を設定し、それに対応した価格を形成している。だから当然、繁栄期の旺盛な需要→価格の上昇に対してカルテル化諸産業では非カルテル化諸産業に比して「価格は低く保持され、利潤は上がらず蓄積も増えない」ということになる。むしろカルテルは不況期にも独占的「超過」利潤を確保するために、この時期にこそ「販路を見出す生産の基本額」とそれに対応して設定された価格を保持することによって、景気変動の全局面を通じて販路を維持しうるのである。この場合、カルテル化諸産業は参加諸資本中の最劣位資本の生産価格を基準に「常に販路を見出す生産の基本額」を算定し、かつそれに対応した価格を設定することによって、繁栄期にもこのカルテル価格を維持し景気需要をアウトサイダーに委ね、恐慌・不況期の「負荷」を彼らに転嫁するか、アウトサイダーが存在しない場合には、景気変動の「負荷」から免れる価格政策を採ることによって、自らは「好景気には高い利潤を、不況期には正常利潤を獲得する」のである。だから、繁栄期の追加需要による全般的価格上昇の中では、カルテル価格は相対的に低い水準を維持することになるが、供給は制限されており、したがって、部門内においてはアウトサイダーに比して利潤は上がらず、蓄積も増えない。他方、生産諸部門間についていえば、非カルテル化諸産業では、繁栄期を迎えて需要の増大→生産の拡大→価格高騰→利潤率の上昇（＝利潤の増大）をもたらす。この傾向が強くなればなるほど、カルテル化諸産業ではカルテル参加の優位資本の個別的利害欲を充たしえなくなる。そこで資本——貨幣形態の資本——はカルテル化諸産業から非カルテル化諸産業へ流出するであろう。すなわち「カルテルは価格形成に従うもので、これを決定するものではない。」「それは生産の全機構から生じることである」というわけである。

カルテル化諸産業にあっても、各個の資本の生産拡大への衝動は極めて強い。カルテルはその「超過」利潤によって随時蓄積される貨幣資本を自由に処分しえ、これを利潤率の最も高い部面に最も好んで投下しようとする性向をもつ。(14) にもかかわらず、カルテル諸協定によって生産拡張は阻まれている。しかし、カルテルは投下部面をめぐる諸資本の競争を少しも変えるものではない。(15) カルテルがいまだ強固な結合をなしていない場合には、最良の設備をもつ企業にとっては、カルテル政策によるその販売量の削減が堪え難いものになる。新たに競争戦を開始して、比較的弱小な諸企業を倒して、その販路を手に入れ、競争戦の後、新たな基礎のうえで強大なカルテルを形成しようとか[16]、あるいは利潤率の高い他部面＝非カルテル化諸産業への資本進出をはかろうとする場合がある。かくして、前者における「過剰生産」[17]、後者における過少生産、したがって過剰蓄積→過剰資本化と過剰労働力化となり、全般的恐慌に至るべき極めて甚だしい不均衡が生ずるであろう、と。このようにヒルファディングは述べているのである。

五　部門間不均衡の拡大→販路梗塞→「生産の基本額」・カルテル価格の破綻→恐慌の形態変化

前述の如くカルテル化による「部分的調整」――常に販路を見出す生産の基本額とそれに対応した価格形成に基づく市場支配――は、産業諸部門間の相互比例関係――「均衡」関係――を少しも変えるものではなく、したがって、「恐慌の発生」を止揚できないのは明らかである。ヒルファディングはそのように述べているのである。

ところで、繁栄末期から恐慌への局面転換の過程での、非カルテル化諸産業における「過剰生産の潜在的進行→再生産の齟齬と販路・還流の停滞→新投資の中止→過剰生産→価格の破壊と利潤率の急落」にみられる商品の最終実現の制限・困難化→価格破壊は、結局、これらの部門における生産手段の諸要素に対する需要を激減させることになり、したがって、カルテル価格がたとえ不況期にも販路を見出し独占的「超過」利潤を確保できる水準に策定した「生産の基本額」に対応した価格であっても、その水準を維持しようとすれば、カルテルの製品価格は実現困難となり、減価を余儀なくされるであろう。カルテル価格を維持しようとすれば、さらに生産を制限・縮小し、過少となり、したがって逆に、過剰蓄積・過剰資本化・過剰労働力化となるであろう。しかし「さらなる過少生産→価格維持→利潤確保」の道はもはや困難となり、この道を選択する余地はない。価格破壊は加速し独占的「超過」利潤は消滅するであろう。また販路を維持するために価格を、縮小した需要水準に応じて引下げようとする場合も、同様に独占的「超過」利潤を減少させるであろう。しかしこの場合は、カルテルは低められた新たなカルテル価格を形成し、それに対応した利潤を手に入れるか、カルテル自身の解体・崩壊を余儀なくされるか、のいずれかであろう。さらにこの過程は信用によって媒介される。一方では商品価格の破壊・商品価値の実現困難や貨幣形態での資本還流の停滞・梗塞を生ぜしめ、再生産過程の流動性を制約すると同時に、他方ではそれを介して資金還流の停滞を生ぜしめ、信用の基礎を制約し震撼させることになるであろう。

この論理段階では、信用の展開、その継続性の維持のいわば「安定的基盤」とされた近代の大経営の支配下での、生産の拡大と流通範囲の増大という一般的な規定内容が、産業循環の過程においてカルテル化産業におけるカルテルとアウトサイダーとの競争、およびカルテル化産業と非カルテル化産業との部門間競争を媒介することによって、不安定要素を包含したものに転化する。それは「常に販路を見出す生産の基本額」の維持が困難化する部門間不均衡の特定局面における新たな内容規定である。そしてそれが上述のように、不安定要因に転化した場合、信用の基礎が制約されることによって、信用が動揺し、制限され、かくして逆に不均衡化を促すものとなるであろう。価値増殖諸条件の悪化の累積的拡大・潜在的進行である。すなわち、上記の二側面からの制約要因の増大は商業信用＝流通信用による債権・債務の相殺の要求を増大せしめるが、他方では銀行はこの商品価値の実現困難・減価、資本還流の停滞による銀行信用の要請に対して、手形割引で応じることになる。しかし、この場合の手形割引による銀行信用は、銀行信用による「商業信用代位→流通費の節約」をもたらす手形割引による銀行信用＝流通信用ではもはやなく、銀行にとっては追加貨幣資本の貸付、つまり資本信用である。

商品の価値実現の困難・減価や資本還流の停滞が生じると、支払の必要が生じ、支払手段としての貨幣が現れなければならなくなる。銀行から「現金」が引き出される。貸付可能な貨幣資本の本格的な出動であるが、この「現金」準備＝貸付可能な貨幣資本は、すでに銀行利得の獲得のために多面的運用に供されて減少しているので、需給の逼迫によって利子率を高騰させることになる。

ところで、この論理次元――独占的結合体制の形成段階――では、カルテルは、独占的「超過」利潤を予測し、この利潤が、個々の株主の投下した資本に「利子＋危険割増」程度の配当を分配しうるように、株式資本（額面総額）を擬制資本（株価総額）に等しく設定することを可能ならしめる。すなわち、カルテルは、創立の際に予測されうる独占利潤または独占的「超過」利潤を資本還元して創業者利得の形態で一括先取りする一方で、個々の株主の配当を利子程度にまで縮減せしめることを可能ならしめるということである。（ここでは独占的銀行との結合関係は除外されている。）

しかしいまや、カルテルの形成の際に、予測されたその利潤は期待されえないことになる。このことは、一方では信用逼迫による貨幣市場・割引市場における貨幣資本の運動をさらに一層圧迫し、利子率を急騰せしめる。他方ではこの予測された独占的「超過」利潤を資本還元して得られる擬制資本と、この擬制資本化した株式資本（額面総額）と機能資本との差額としての創業者利得の展開基盤である経済的・社会的基礎を制約し、株価を急落せしめることになるであろう。このように、一方では、上述の信用逼迫が貨幣市場・割引市場における貨幣資本の流通運動にも影響を及ぼし、他方では、株価の急落が金融市場＝証券市場における擬制資本の創造・流通運動を制限することになる。こうして、かかる諸側面の制限が相互に作用し合いながら独占的価格・「超過」利潤体制を動揺・震撼させ、その蓄積運動を制限する一方で、かかる諸制限がこの論理次元の銀行の対応能力と鋭く対立するに至ると、その限界を突破するものとして中央銀行信用（の展開）が要請されるのである。ヒルファディングの所説はこのように理解できるであろう。

（1）*Das Finanzkatital*, S. 437. 訳②二〇二、㊦二五三頁。

(2) a. a. O., S. 437. 訳②二〇二、㊦二五三頁。
(3) a. a. O., S. 439. 訳②二〇四、㊦二五六頁。
(4) a. a. O., SS. 291-292. 訳②三九、㊦四九—五〇頁。
(5) a. a. O., S. 292. 訳②三九—四〇、㊦五〇頁。
(6) a. a. O., S. 440. 訳②二〇五、㊦二五七頁。
(7) a. a. O., S. 440. 訳②二〇五、㊦二五七頁。
(8) 高山満、前掲論文(1)、第75号、一〇一—一〇二頁、拙著、前掲書、四七四頁。
(9) *Das Finanzkatital*, S. 301. 訳②四八—四九、㊦六二頁。
(10) a. a. O., S. 343. 訳②九七、㊦一二二頁。
(11) a. a. O., S. 440. 訳②二〇五、㊦二五七頁。
(12) a. a. O., S. 292. 訳②四〇、㊦五〇頁。
(13) a. a. O., S. 291. 訳②三九、㊦四九頁。
(14) a. a. O., S. 486. 訳②二五六、㊦三二二頁。
(15) a. a. O., S. 439. 訳②二〇四、㊦二五六頁。
(16) a. a. O., S. 459. 訳②二二五—二二六、㊦二八四頁。
(17) a. a. O., S. 459. 訳②二二五—二二六、㊦二八四頁。

第三節　恐慌・産業循環の形態変化(2)——過剰生産・過剰蓄積と過剰労働

一　不況期の長期化と循環の形態変化

ヒルファディングは次のように述べたあとで、カルテルが恐慌を完全に排除しうると説く論者の見解をきびしく批判する。

「われわれはカルテルが価格水準を変位しうることを知っている。カルテルは、カルテル化生産部門と非カルテル化生産部門との間で相互に異なる利潤率をつくり出す。そこで、この変化した基礎のうえで景気変動現象が展開され、この現象そのものがまたカルテルによって一定の変化を受ける。(1)」しかし論者によれば、「カルテルは、恐慌作用の変形を意味するだけでなく、恐慌を完全に除去することができる。なぜなら、カルテルは生産を調整して供給を常に需要に適合させうるからである、というのである。(1)」

「この見解は恐慌の内的本質をまったく見落としている。恐慌の原因がただ単に市場展望の不可能から生ずる商品の過剰生産に求める場合にのみ、カルテルが生産制限によって恐慌を排除しうるとも考えられよう。恐慌は商品の過剰生産と同じものであるということ、またはこれを「原因」とするということは覆せない確かなことに見える。たしかにそれは、表面に現れている手近な事実だ。価格が低いのは供給が需要を越えるからであり、過多な商品がそこにあるからである。市場報告を一見すれば、いずれも商品が倉庫にあふれて売れずにあること、したがって実際に商品の過剰生産が存することを示す。しかしカルテルは一産業部門全体に生産制限を行うことができる。以前は盲目的な価格法則が価格の低落によって多数の経営を停止させたり破産させたりしたが、いまではカルテルを結成した生産指導者たちの結合理性が、この祝福された生産制限をより急速により苦痛なく取計らうことができる。それだけではない。カルテルは価格を決定することができ、いつでも『需要と供給との一致をはかる』ことができ、投機を排除し、商業を直接引き受けないまでも、厳重に管理し監視する。それなのに、どうして生産を需要にぴったりと合わせることによって、この世から恐慌を完全になくし、経済生活上の小さな撹乱をも急速かつ動揺なく除去できないだろうか?」(a. a. O., S. 438. 訳②二〇三、㊦二五四―二五五)

このように、ヒルファディングは恐慌理論家の見解とその問題性を指摘したうえで、そのような問に対して「それは結構すぎる話であり、そういうことにはならない」と断定し、「商品の過剰生産→恐慌」説に関して既述の如く次のように批判している。

「恐慌を簡単に商品の過剰生産と同一視するものは、まさしく肝要な点を、生産の資本主義的性格を見落としている。」「生産物は単に商品であるだけでなく資本の生産物でもある。そして恐慌時の過剰生産は単なる商品の過剰生産ではなく、資本の過剰生産である。それは、資本の価値増殖条件がその実現条件と矛盾するに至るほどに資本が生産に投じられ、そのためにもはや生産物の販売が、これ以上の拡張、これ以上の蓄積を可能にするような利潤を生まないということにほかならない。商品の売れ行きが止まるのは生産の拡大が行われなくなるからである。それゆえに資本主義的恐慌を単純に商品の過剰生産と同一視するものは、恐慌の分析ではまだ序の口に立往生しているのである。問題が単なる商品の過剰生産ではありえないことは、恐慌後まもなく市場が以前よりもはるかに多量の商品を吸収しうることからもわかることである。次にくる繁栄期はいずれも以前の繁栄期をはるかに凌いでいる。このような吸収能力の増進は、けっして人口の増加からも、消費に向ける所得の増加からも説明できるものではない。やはり問題は単なる消費能力とはまったく異なる諸要因にある。(2)」

ヒルファディングによれば、結局、カルテル化諸産業と非カルテル化諸産業との部門間格差下での――支配と被支配下での――景気変動＝景気需要に対応する異なる価格と利潤（率）の不均等拡大→「価格調整メカニズム」の攪乱・破壊→不均衡化は、カルテルによって弱められるのではなく、かえって激化されるのである。だからカルテルは、過剰生産・過剰蓄積の潜在的累積→顕在化を、したがって価値増殖条件と実現条件との矛盾の発展→顕在化を除去することなどできるはずがない。つまりカルテルは恐慌を止揚することはできないのである。ここでは生産の資本主義的性格、恐慌の内的本質を正しく理解することの重要性が強調されており、単なる商品の過剰生産と資本の過剰生産との本質的相違性と関連性が指摘されている。この論理段階では商品の過剰生産は単なる商品の過剰生産ではなく資本の過剰生産であること、したがってそれは均衡諸条件の攪乱→不均衡であり、それはまた、価値増殖条件と実現条件との矛盾の現れであるというわけである。このように彼は、いま問われている恐慌は資本主義的恐慌であり、したがってそれは単純な商品の過剰生産とは本質的に異なるものであり、それと単純に同一視するのは、恐慌分析においてはまだほんの序の口で立ち往生しているようなものである、ときびしき論断しているのである。

「繁栄の再来のための前提条件には二つあって、一つは沈滞をなくするに必要な均衡状態の回復であり、他はそれのみが繁栄期を意味する生産の拡張である。だが、前述のカルテル政策は、これらの条件の成立をまさしく困難にするだろう。つまり生産の制限は新投資をすべてなくすることを意味し、価格のつり上げは、カルテル化しない、またはあまりカルテル化の強固でないすべての産業に対して、恐慌の作用を先鋭化する。ここで利潤がもっと下がるか、または損失がもっと増えて、そのため、そこでは生産がもっと制限されざるをえなかろう。それによって不均衡状態はまたしても強められるばかりである。[3]」

独占段階ではカルテル化諸産業と非カルテル化諸産業とは支配・被支配＝収奪・被収奪の関係にある。通常この関係のもとで、後者の利潤の一部分が、前者の「超過」利潤の形成源泉となり、「分け取り」・「横取り」されている。それはカルテルの製品を独占的価格（生産価格＋独占的「超過」利潤）で購入することを通じて行われる。したがって、恐慌・不況期の事情のもとでなくとも、非カルテル化諸産業では非独占的価格（生産価格―独占的「超過」利潤）を余儀なくされているのである。そのうえに、恐慌・不況期においては、一方で自己の商品価格の実現困難・価値破壊と生産資本の過剰とによって、圧迫を受けながら、しかも他方で生産手段の諸要素として充用しているカルテルの製品価格が一定の水準に維持されることによって、費用価格の引下げ困難を余儀なくされている。この時期には、こうした、いわば二重の圧力がオーバラップして現れることによって、非カルテル化諸産業の利潤率はさらに一層圧し下げられる。ヒルファディングは「〔カルテル化諸産業における〕生産制限→高価格の維持はすべての非カルテル化諸産業にとって……恐慌の作用を強くする。これらの産業では、利潤〔率〕はより甚だしく低下し、また損失がより大きく」なり、両部門間の「不均衡は甚だしく拡大する[4]」と述べている。しかし逆に、このような非カルテル化産業の利潤率の甚だしい低下は生産手段の諸要素に対する需要を激減させ、カルテル化産業の販路を一層狭め、さらなる不均衡に導くであろう。

「カルテル化産業の販路の悩みは増し、強い制限にも拘らず『一般空費』は変わらないで資本のより以上の遊休化が増えることを意味し、したがって、高い価格が維持されるとしても、原価の一層の上昇を意味し、したがって、利潤の一層の減少を意味する。(5)」

いまやカルテルは、カルテル価格維持のための生産制限に伴う、これ以上の「負荷」を価格に上乗せし、非カルテル化産業に転嫁するわけにはいかない。かくしてカルテルは生産性の引上げ→利潤率回復のために改良技術・新技術をもってする生産方法の導入をはかるであろう。新生産方法の論理段階においてカルテルは不況期に販路を見出す生産の基本額を策定し、それに対応する価格を設定するであろう。それは同時にその全生産を「景気変動のすべての段階を通じて、市場供給に不可欠な生産部分」に等しくせしめることであり、したがって、その枠内に抑えることによって、カルテル価格を維持し、不況期でも「正常」利潤を獲得しうるはずである。カルテルはその方向を選択するであろう。しかし新生産方法の導入はより大量の生産を必至とし、それの販売は価格の引下げを必要とし、引下げなければ、消費の拡大が不可能であるという問題が生ずるであろう。その場合には、どうするか。カルテルは設備の旧式化・老朽化した経営・工場を休止させ、改良技術・新技術は二、三の経営・工場で充用し、これらの経営・工場の生産だけで、不況期にも「販路を見出す生産の基本額」を保持し、したがってカルテル価格を維持し、より高い利潤を確保しようとするであろう。

「たとえば、鉄鋼トラストがかような改良技術を二、三の経営で使用し、かような経営の生産だけで従来の価格での全需要を充たすに足りるようになり、その代わりにトラストは他の諸経営を休止するということもありうるであろう。価格は同じまま、生産費は低下し、利潤は上昇するということになるわけである。生産拡張は行わず、改良技術は労働者を遊離させたことになり、彼らは雇用の見込みを見出さないであろう。同様な結果は、カルテル組織においても生じうるであろう。最大の諸工場は改良を採用し、これによって、自分たちの生産を拡張する。このことをカルテルの内部で行いうるためには、最大の諸工場は、比較的小さい諸工場からそれらの割当分を買い取って、これらの工場を休止させる。改良された技術は充用され集積をも生じさせたが、生産の拡張を引き起こしはしなかったわけである。(6)」

しかしここでも、いまだ景気回復の二つの前提条件である均衡の回復も生産の拡張もみられない。むしろ過少生産であり、したがって逆にまた過剰資本化・過剰労働力化である。しかし恐慌・不況期にも、カルテルがその価格を維持することは、部門内の資本関係および部門間の競争関係に次のような変化を生ぜしめるであろう。

二　恐慌・不況局面――カルテルとアウトサイダーおよびカルテル化諸産業と非カルテル化諸産業

まず当該部門にあっては、「アウトサイダーを誘惑する。……すべての価格が下がっているので、より低い設備費と営業費とを計上しえ、したがって、競争能力をもつようになり、カルテルよりも低い価格で売り始める。カルテルはもはや価格を維持しえなくなる。(7)」

この指摘だけでは十分でない。カルテルよりも低い価格で売りうるにはアウトサイダーの生産費用が問われなければならない。ヒルファディングは次のように述べている。

「価格支配は、同種の企業が全部結合されているということには、懸かっていない。それには、景気変動のすべての段階を通じて市場供給に不可欠な生産部分の支配で足りるが、その場合、この生産費用はアウトサイダーの費用よりも小さくなければならない。ただこの場合にのみ、恐慌期に必要な制限はアウトサイダーに負わされるであろう。(8)」そうであるとすれば、逆に、「アウトサイダーが新技術を自分のものとして、カルテルに対する新たな競争戦でこれを利用するかもしれないという危険が生ずる。(9)」

そこで、先の場合アウトサイダーが改良技術・新技術をもってする生産方法の導入を行ったとすれば、アウトサイダーは、低価格政策をもって競争戦を挑み、カルテルの販路を侵蝕することになるであろう。カルテルは、「生産の基本額」に対応したカルテル価格を維持することが困難となり、場合によっては、市場支配・価格支配力を失い、自由競争の再現ともなりかねない。そこで、カルテルも、改良技術・新技術をもってする生産方法によって得られる特別利潤を犠牲にしても、価格を引下げ、販路を確保しようとするであろう。カルテル価格は引下げざるをえない。カルテルは新たな生産力水準に見合う価格の引下げを余儀なくされる。それは「労働者を遊離させたことになり、彼らは雇用の見込みを見出しえない」であろう。それはまた現役労働者の賃金の抑制に作用し、一般消費を圧迫することになるだろう。

次にカルテル化諸産業と非カルテル化諸産業との部門間にあっては、恐慌・不況期でのカルテルの高価格政策はその競争＝需給関係に決定的な影響を与える。この期のカルテル価格の維持は、非カルテル化産業においては上記のごとく二重の圧力がオーバラップして現れることによって、資本価値破壊が進行し、その結果として生産制限を余儀なくされているが、非カルテル化諸産業における一層の生産制限は逆に、カルテル化諸産業の製品に対する需要を減少させ、その販路をますます制限・困難化し、商品の売上を激減させるであろう。そのために、カルテルは一層生産制限を強化しようとするが、それはかえって、「過剰資本」・「過剰労働力」を抱え込みながら、さらなる生産制限によって「『一般費用』が変わらないままでの資本のより以上の遊休化・過剰化」、したがってそれに対応した労働力の遊休化・過剰化を余儀なくされるであろう。いまやこの二重の負担によって、カルテルは利潤率を強く圧迫されることになる。生産を制限し、供給を調整してカルテル価格を維持し、利潤を確保しようとすればするほど非カルテル化諸産業の利潤をさらに圧迫し、逆に自らの販路をさらに縮減せざるをえないであろう。販路を維持しようとすれば価格を引き下げざるをえない。かくして価格はさらに引き下げられ、利潤率はさらに低落するであろう。

この論理次元では、カルテル化諸産業、例えば鉄道、鉄鋼、造船、機械等において、カルテルが成立していればカルテル価格での生産諸要素の購買は、そのまま自己の製品価格に上乗せするし、それに続く部門でも同様の経過を辿る。こうして遊休・過剰設備の費用＝負担が再生産体系の、いわゆる「下位行程」に位置する非カルテル化諸産業に転嫁され、その利潤の一部が「横取り」されるに及ぶと、そこでも一方で失ったものを他方で取り戻そうと、激しい競争戦が展開し、集中が進み、その中でカルテル化の道を選択する諸資本も現れる。だが、すべての非カルテル化産業が独占的結合への道を選択できるわけではない。むしろこれらの産業は、そのための経済的・技術的諸条件を持ち合わせていない多くのカルテル化不可能産業である。

三　不況の長期化——カルテル化諸産業と非カルテル化諸産業

これらの非カルテル化産業は複数の部門によって構成されている。各部門は、カルテル化産業から資本構成の差異に基づき異なった影響を受けることによって、費用価格の差異、利潤率の差異を生ぜしめる。これらの産業にあっては、カルテル化諸産業による利潤の「横奪」・「負荷」→利潤率の相違は、激しい資本の流出入運動を通じて均らされ、これらの部門に平等に負わされる。利潤率は利子率の水準にまで「低位」平準化する。

しかもこの場合、非カルテル化諸産業では高い費用価格をその製品価格に転化し、その「負荷」を一般消費者に転嫁しようとしても、彼ら自身統一した行動をとりえず、個別・分散的で無政府的な競争を展開するがゆえに、消費者の反応に直接影響されざるをえない。

非カルテル化諸産業では、原料価格の上昇を販売価格に転嫁しようとしても無力であるか、その一部しか転嫁できない。したがって、不況期にもカルテル価格が維持されることは、非カルテル化諸産業がカルテル化諸産業の遊休・

過剰設備の費用を負担させられ、それによって、彼らが購買するはずの生産手段の諸要素を縮小せざるをえなくなるか、あるいは価格を転嫁することによって最終消費量が過剰資本の転嫁分だけ縮減すること——一般消費者は商品が値上がりすれば、それに応じて買いひかえに向かうだろうから——になり、逆にその影響が反転上向してカルテル化諸産業の製品の販路を一層狭めることになる。

この再生産体系上の制約は独占利潤・独占的「超過」利潤を形成源泉とする創業者利得の形成と実現をも制約する社会的条件——価値増殖諸条件の悪化——に転化する。カルテル化諸産業での独占的価格・利潤体制に基づく巨大な生産力の拡大は再生産の過程的展開を媒介して流通信用・資本信用の形成基盤を飛躍的に拡大し、その安定化した継続的要因となっていたが、いまや逆に、それが非カルテル化諸産業との不均衡の一層の拡大、さらには労働力の過剰化——一層の低賃金化——のもとでの一般的・大衆的消費力との対立を一層強めることによって、商品価値の実現困難や資本還流の停滞を生ぜしめるにいたる。このことは信用の基礎を制約することによって、信用の展開を圧迫し、利子率は低位にとどまる一方で、証券市場では株価が現実の収益に相応する水準以下に低落した状況がなお続き、金融市場における擬制資本の創造・流通運動を媒介とする資本の蓄積運動を制約することになる。不況過程がなお続くということである。

しかし独占段階では、一方において過剰資本による損失負担を転嫁しうる諸条件が絶えず維持されていなければならない。カルテルの利害によって、当該部門におけるアウトサイダーや関連諸部門、とくに非カルテル化諸産業が残存・存続し、遊休・過剰資本の費用負担を転嫁されるが、いまやそれがカルテルにとっての制約要因に転化したというわけである。カルテル化諸産業では価格維持のために一層の生産制限、供給調整を強め、遊休・過剰設備をさらに多くすることによる、非カルテル化諸産業への、これ以上の損失転嫁は困難となり、新たな生産力水準に見合う価格の引下げを通じて販路を確保する道を選択せざるをえなくなる。

四　不況から回復へ

このように、一方では、部門内におけるカルテルとアウトサイダーとの競争↓販路確保のための生産の基本額とそれに対応したカルテル価格の破綻と見直し↓価格引下げ、他方では、カルテル化産業と非カルテル化産業との部門間不均衡↓販路確保のための生産の基本額とカルテル価格の破綻・見直し↓価格引下げという二側面からの価格引下げ作用が相乗的に働く。かくしてこの価格の引下げはまず非カルテル化産業の生産を刺激し、利潤率の回復に有利に作用する。この部面の生産の回復は反転上向して需要を喚起し、カルテル化産業の生産を刺激するであろう。ヒルファディングは次のように述べている。

「新たな価格形成を土台として、さまざまな生産諸部面の間に資本が新たに配分され、そして次第にまた「均衡」状態がやってくる。沈滞は克服される。技術的革新または新市場が需要の増加をよび起こし、この増加が生産資本わけても固定資本の新投下をひき起こすにいたるや否や、繁栄が始まる。[10]」この再生産の上向展開に規定されて、信用—貨幣資本—が求められ、それがこの過程の展開を促す。この信用充用の前提は生産の拡張であり、その逆ではない[11]。

結局、カルテルは「恐慌の重荷を非カルテル化産業に転嫁する限りでは恐慌の作用を変形する[12]」が「恐慌の作用をなくするものではない[13]」のである。以上は第四篇「金融資本と恐慌」第二〇章「恐慌の性格における変化。カルテルと恐慌」つまり「カルテルによる恐慌の形態変化」に関するヒルファディングの基本的な見方——ごく簡単なスケッチ——である。

（1）*Das Finanzkatital*, S. 437. 訳②二〇二—二〇三、㊦二五三—二五四頁。
（2）a. a. O., SS. 438-439. 訳②二〇三—二〇四、㊦二五五—二五六頁。
（3）a. a. O., S. 441. 訳②二〇六—二〇七、㊦二五八—二五九頁。

(4) a. a. O., SS. 440-441. 訳②二〇五—二〇七、㊦二五七—二五九頁。
(5) a. a. O., S. 441. 訳②二〇七、㊦二五八頁。
(6) a. a. O., S. 347. 訳②一〇二—一〇三、㊦一二八—一二九頁。
(7) a. a. O., SS. 441-442. 訳②二〇七、㊦二五九—二六〇頁。
(8) a. a. O., S. 296. 訳②四四、㊦五六頁。
(9) a. a. O., S. 347. 訳②一〇二、㊦一二七—一二八頁。
(10) a. a. O., S. 442. 訳②二〇七、㊦二五八—二五九頁。
(11) a. a. O., S. 419. 訳②一八〇、㊦二二五頁。
(12) a. a. O., S. 442. 訳②二〇八、㊦二六〇頁。
(13) a. a. O., S. 442. 訳②二〇八、㊦二六〇頁。

引用・参考文献

坂本正「『金融資本論』の基本構成——金融資本と金融市場(1)——」（九州大学『経済論究』38号、一九七六年）
坂本正「ヒルファディング『独占形成』論の構造——金融資本と金融市場(2)——」（九州大学『経済論究』39号、一九七七年）
佐合紘一「金融資本と資本蓄積」（生川栄治『現代の金融資本』有斐閣、一九七六年）
佐合紘一「アメリカにおける巨大株式会社の形成と財務方策」（大阪市立大学『経営研究』第36巻第5・6号、一九八六年）
侘美光彦「ヒルファディングの恐慌形態変化論」（武田隆夫他編『資本論と帝国主義論』下、東京大学出版会、一九七一年）
佐々木秀太「『金融資本論』における株式会社・独占・金融資本（上）・（下）」（『立命館経済学』第29巻第6号、第30号、一九八〇—一九八一年）
高山満「競争の形態変化と景気循環の変容(I)—(IV)」（『東京経大学会誌』第75・76・84・85号、一九七二・一九七三・一九七四年）
中田常男『金融資本と独占の理論』未来社、一九九三年。
長島誠一『独占資本主義の景気循環』新評論、一九七四年。
西田博「アメリカ独占確立期におけるトラスト形成と『株式水割り』財務方策」（京都大学『経済論叢』第100巻第4号、一九六七年）
西田博「アメリカ独占確立期における『水割り』財務方策と公表会計実務」（京都大学『経済論叢』第101巻第6号、一九六八年）
野田弘英『金融資本の構造——『金融資本論』研究——』新評論、一九八一年。
本間要一郎『競争と独占』新評論、一九七三年。
本間要一郎『現代資本主義分析の基礎理論』岩波書店、一九八四年。

保住敏彦『ヒルファディングの経済理論』梓出版社、一九八四年。

前田豊昭「独占資本主義と恐慌」(京都大学『経済論叢』第108巻第6号、一九七一年)

松井安信編著『金融資本論研究』(『北海道大学図書刊行会』、一九八三年。

森岡孝二『独占資本主義の解明』新評論、一九八一年。

上条勇『ヒルファディングと現代資本主義』梓出版社、一九八七年。

黒滝正昭『ルードルフ・ヒルファーディングの理論的遺産』近代文芸社、一九九五年。

河野裕康『ヒルファディングの経済政策思想』法政大学出版局、一九九三年。

[著者略歴]

中田　常男（なかだ　つねお）

1937年　宮崎県に生まれる
1967年　中央大学経済学部卒業
1974年　中央大学大学院商学研究科博士課程単位取得
1977年　高知大学助教授，教授を経て
1989年　三重大学教授
現　在　三重大学名誉教授，経済学博士（中央大学）
主　著　『擬制資本論の理論的展開』未来社，1993年
『金融資本と独占の理論』未来社，1993年
共　著　古沢友吉編著『現代資本主義論への道標』三嶺書房，1990年
現住所　〒514-0124　三重県津市大里川北町401番地の20

金融資本論と恐慌・産業循環

2011年２月10日　第１刷発行

著　者　中　田　常　男
発行者　片　倉　和　夫

発行所　株式会社　八《はっ》　朔《さく》　社《しゃ》
東京都新宿区神楽坂２-19　銀鈴会館内
郵便振替口座番号 00120-0-111135番
Tel. 03-3235-1553　郵便番号162-0825
mail: hassaku-sha@nifty.com

組版・渡辺美時雄　印刷製本・藤原印刷

ISBN 978-4-86014-052-6